KB049618

바디우의 『존재와 사건』 입문

바디우의 『존재와 사건』 입문

크리스토퍼 노리스 지음 | 박성훈 옮김

서광사

이 책은 Christopher Norris의 *Badiou's Being and Event* (Bloomsbury Publishing Plc., 2009)를 완역한 것이다.

바디우의 『존재와 사건』 입문

크리스토퍼 노리스 지음
박성훈 옮김

펴낸이 | 김신혁, 이숙
펴낸곳 | 도서출판 서광사
출판등록일 | 1977. 6. 30.
출판등록번호 | 제406-2006-000010호

(10881) 경기도 파주시 회동길 77-12 (문발동)
Tel: (031) 955-4331 | Fax: (031) 955-4336
E-mail: phil6161@chol.com
http://www.seokwangsa.co.kr | http://www.seokwangsa.kr

제1판 제1쇄 펴낸날 · 2020년 8월 20일

ISBN 978-89-306-1221-0 93160

차례

감사의 글

지난 수년간 카디프대학 철학과 동료들—특히 로빈 앳필드, 팻 클락, 리안 러트레이, 앨리슨 베나블스 그리고 배리 윌킨스—이 보여준 우정과 격려에 대해 고마움을 표한다. 매주 정기적으로 잡혀 있는 비공식적 세미나에서 석사 및 박사 과정생들과 활발한 토론을 하고, 지적 자극을—그리고 이와 함께 사교적 격려를—받을 수 있었던 것은 매우 행복하면서도 감사한 일이다. 바디우에 관한 작업은 엘리자베스 프레사와 디미트리스 바둘라키스가 조직하여 2006년 9월에 호주 멜번 소재 빅토리아 예술대학교(Victorian College of the Arts)에서 '스피노자와 함께 방황하기(Wandering with Spinoza)'라는 제목으로 개최된 멋진 학회에서 바디우를 만나 들었던 이야기로 보강될 수 있었다. 이 학회는 또한, 『존재와 사건』이 그 자체로, 이 책이 너무나도 인상적으로 기록한 사유의 역사에서 중요한—'사건적'—출현들 중 하나라고 느꼈던 내 감각이 사실임을 확인하는 계기가 되었다. 그 이후로 나는 기디언 캘더, 샘 질레스피, 폴 고튼, 제랄드 굴드, 테오 그라메노스, 피터 홀워드, 테리 혹스, 베스나 메인, 빌리 맥머트리, 스콧 뉴튼, 로렌스 페들, 로버트 레이-존스, 앨리슨 스콧-바우만, 롭 스트래들링 그리고 리 윌든(을 비롯한 다른 모든 사람들)과 함께한 토론과 독해로 이 안내서의 저술에 도움과 지지를 얻었고, 때때로 일부 새로운 방향을 알게 되었다. 마누엘 바베이토 바렐라는 나를 산티아고 데 콤포스텔라(Santiago de

Compostela)로 초청해 주어서, 이 책 일부의 즉흥적인 형태를 발표하고, 한 주 동안 지적 자극을 일으키는 즐거운 시간을 학생들과 함께하는 혜택을 누릴 수 있었다. 리키 시볼드는 이 책의 초고를 읽고, 몇 가지 매우 정통하면서도 중요한 비평을 제시해 주었다. 레그 코어츠, 데리브 힐드럽, 데이브 흄 그리고 딕 제임스—조정선(control-line)을 다루는 충직한 친구들인—는 내가 평온을 유지하고 저술의 고독을 피할 수 있게 해 주었고, 사우스 브리스톨 모형 항공기 클럽(South Bristol Model Aircraft Club) 소속의 팀 앤드루스, 리차드 에반스, 존 밀링, 고든 메이, 디그비 페리엄 및 다른 친구들 또한 마찬가지다. 컨티뉴엄 출판사(Continuum Books)의 새라 캠벨은 내가 처음 바디우에 관심이 있다고 이야기했을 때 재빠르게 이 책에 관한 기획 아이디어를 짜내고, 이 작업이 진행되는 동안 도움과 조언을 제공해 주었다. 비록 나는 이제 지난 20년이 넘는 시간 동안 비슷한 방식으로 번갈아 가며 긍정적인/낙관적인 효과를 일으켰던 문장들로 책 서문을 쓰고 있음을 깨닫지만, 웬디 루이스, 레이 데이비스, 디 코르커, 마거릿 이노센트, 린 머리라이드, 비티 스미스 그리고 Cor Cochion Caerdydd(카디프의 붉은 합창단, the Cardiff Reds Choir) 소속의 내 모든 동지들은 정치적으로 좋지 않은 시기를 지나는 데 있어 희망의 훌륭한 원천이자 지속적인 영감이었다. 앨리슨, 클레어 그리고 제니에게—언제나 그랬듯—사랑과 감사를 보낸다.

카디프에서

2008년 10월

저자의 말

책이 나올 때쯤이면 알베르토 토스카노(Alberto Toscano)가 번역한 바디우의 『세계의 논리(*Logiques des mondes*)』 영어판이 출간되어 있을 것이라는 점을 언급해 둬야겠다(Paris, Seuil, 2006, *Logics of Worlds*, London: Continuum, 2009). 그 책은 규모나 철학적 야망에 있어 『존재와 사건』에 비견될 만한 책으로, 정치와 존재론의 주제들을 논리적 · 수학적 영역의 발전 및 형식적 절차들과 마주 놓고 비교하는 바디우의 사유에서 몇 가지 중요한(때로 매우 기이한) 새로운 출발을 나타낸다. 실제로 바디우의 『실존에 관한 짧은 설명: 이행적 존재론에 관한 소고 (*Briefings on Existence: A Short Treatise on Transitory Ontology*)[프랑스어판 원제: *Court Traité D'ontologie Transitoire*]』(프랑스어판으로는 1998년에 출판)가 나올 시기에 이미 이 새로운 방향을 나타내는 명확한 징후가 있었다. 이는 바디우의 저술 전체에서 그 책의 자리에 관한 혼란을 설명하는데, 왜냐하면 이 새로운 책이 최초로 모습을 드러낸 이후로 영어판 출판이 임박한 지금 『존재와 사건』의 'II권' 혹은 '후속작'으로 기술되기 때문이다. 『세계의 논리』를 읽어 본 이후—나는 반드시 이렇게 말해야 하겠는데—충분히 명확해지는 것은, 그 책이 이전의 저술에서 여러 노선의 논증을 가져오지만, 이에 대한 보충물, 연속, 포함되는 부분 혹은 결론적 진술이 되기보다는 오히려 후속작으로 볼 수 있을 정도로 확연히 구별되는 한 가지(혹은 여러 다양한) 각도의 논증을 가져오기에, 대체로 자기 충족적인 텍스트로 정립되기에 충분하다는 점이다. 여기서 내가 검토할 내용을 고려할 때, 『존재와 사건』이 그 자체로 에베레스트산과 같은 무엇이기에, 그 책은 바디우의 철학적 기획의 엄격함과 엄청나게 멋진 발전을 전달하기 바라는 주해자에게 남겨져야 할 무엇이다.

내 책이 바디우의 신중하게 선택된 논증 시퀀스로부터 따온 몇 개의 구절들을 가지고 논의를 이어 가는 주해서이기에, 나는 명료함을 위해 3장 이후로는 그의 설명적인 (때로 상당히 긴) 절들의 제목을 그대로 사용하여 이 제목들을 이 책의 논의 경로에서 편리한 이정표로 사용하기로 결정했다. 『존재와 사건』에 대한 인용 표시는 텍스트 내에서 단지 페이지 수로만 주어지고, 바디우의 다른 저술에 대한 인용은 [책 마지막에 위치한] 각 장의 미주에서 제목으로만 제시되며, 자세한 서지 정보는 '더 읽어 볼 책들' 장에서 제시한다. '더 읽어 볼 책들' 장에는 바디우 저작의 다양한 구체적 측면들에 대한 관심을 지닌 독자들을 위해 바디우에 관한 저술들을 선택적으로 제시한 목록이 포함된다. 다른 모든 자료들은 각 장의 각주에 표기했다.

1장
전후 맥락

책을 만드는 일에 있어(그리고 책에 대한 책을 만드는 일에 있어) 완전히 끝은 없다고 여겨지기에 이런 과정에 적어도 몇 마디 자기 변명 정도는 뒤따라야 할 것 같다. 사실 이러한 글의 저술은 또한 바디우의 『존재와 사건(*Being and Event*)』을 그러한 정당화에 합당한 작업으로 간주하는 것이며 이에 따라 책의 독자에게는 예외적인 노력이 요구된다.[1] 말하자면 단순히 수학, 정치학, 윤리학, 미학 및 정신분석뿐만 아니라 이와 함께 논리 철학, 언어 철학, 인식론 그리고—모든 다른 사유의 분과학들에 관한 변함없는 준거점을 제공하며 바디우의 기획에서 중심적인 위치를 점하고 있는 분과로서—존재론에 미치는 매우 광범위한 주제 영역들에 관해 정신의 범위를 확장하고자 하는 독자의 의지를 넘어서는 무엇이 요구된다는 것이다. 이는 또한 상당히 '대륙적인'(즉, 칸트 이후 유럽 본토의) 노선에서 나타나는 고도로 사변적인 정신과 극도의 개념적·논리적 정확성을 구하고자 노력하는 접근법의 범상치 않은 조합을 파악하려는 노력을 요구한다. 그러므로 바디우의 책은 애초에 모호함과 자만 그리고 문체적 자기 탐닉에 반대하는 '분석적' 미덕을 옹호하거나, 혹은 '분석적' 색채가 진한 주류 영미권 철학의 권태롭

---

1   Alain Badiou, *Being and Event* (trans.) Oliver Feltham (London: Continuum, 2005). 이후의 추가적인 인용은 괄호 안에 *BE*라는 기호나 『존재와 사건』 본문의 페이지 번호로 제시될 것이다.

거나 황량한 기술적 요소와 편협하게 전문화된 사조에 반대하여 '대륙
적인' 창조성과 지성적 능력을 옹호하는 통상의 마니교적[이분법적]
설명 형태와 아무런 관계도 없다는 점이 명확히 드러난다. 바디우의 저
작은 이 두 가지 지성적 문화 간에 자리한 거대한 골을 뛰어넘는 것으
로, 양측 모두 칸트로부터 후세에 전해진 특정한 주제들과 해결되지 않
은 문제들에서 직접적인 원류를 찾는다.

   이러한 도약의 한 가지 이유는 바디우가—인식론, 윤리학, 미학 혹
은 정치적 사유를 막론하고—칸트적 의제를 확고하게 거부한다는 점
인데, 이러한 의제의 효과는 주체와 대상, 정신과 세계, 감각적 직관들
과 이해(오성悟性, understanding)의 개념들, 현상계(phenomenal)와
예지계(noumenal), 혹은 절대적 도덕법의 단순한 경향(아무리 무해한
것이라 하더라도)과 명령을 나누는 것과 같이 적극적으로 오해를 일으
키는 다양한 이원론들을 부과해 왔다는 것이다.[2] 각각의 경우에, 바디
우의 거부는 이러한 (그 자체로는) 결코 해결할 수 없는 문제들이라는
물려받은 짐을 내던지고, 그 대신 철학의 고유한 사명이 되는 종류의
구성적이거나 혹은 창조적-설명적인 사유의 공간을 생성하고자 하는
모든 기획의 출발점은 인식론이 아니라 존재론이어야만 한다는 그의
주된 주장과 궤를 같이한다. 바디우는 단 한 순간도 철학자를 진리와
지식 그리고 지혜의 주권적 분배자로 설정하거나, 혹은 다른 분과학들
(자연 과학, 사회 과학 그리고 인문 과학)이 정확히 구별되는 영역의
권리를 주장하기 이전의 시간으로부터 이어져 내려오는 과거의 철학적

---

2   추가적인 논의를 보려면 다음을 참고할 것. Graham Bird (ed.), *A Companion to
Kant* (Oxford: Blackwell, 2006); Ruth F. Chadwick and Clive Cazeaux (eds),
Immanuel Kant: Critical Assessments 4 vols (London: Routledge, 1992); Paul Guy-
er (ed.), *The Cambridge Companion to Kant* (Cambridge: Cambridge University
Press, 1992).

영광을 재연하기 바라지 않는다. 오히려, 그는 철학이 그 자체의 지성적 권위나 혹은 사법적 권한을 소유한 자기 충족적 기획이 아니고 실제로 결코 그랬던 적이 없었으며, 따라서 철학에 비해 정돈이 덜되었다고 추측되는 다른 주제영역들을 위한 검증이나 진리의 잣대를 내려놓아야 한다는 주장을 멈추지 않는다. 실제로 바디우 저작의 중심 전제—『존재와 사건』 같은 텍스트에서 나타난 그 자신의 실천을 통해 입증된—는 이런 것인데, 말하자면 철학은 특정한 철학 외적인 '조건들'에 대한 철학 자체의 결정적인 종속을 인정할 때에야, 즉 (아카데믹적 노동의 전형적인 구획에 따를 때) 순전한 철학으로 간주되는 것 외부의 논쟁과 활동에 항시적인 관여가 필요함을 인정할 때에야, 진보하거나 가치 있는 결과를 달성할 수 있다는 것이다.

바디우에게 있어 [철학의] 가장 본질적인 조건들은 과학, 정치, 예술 그리고 사랑인데, 여기에서 사랑은 대체로 (하지만 결코 독점적이지 않은 방식으로) 정신분석적인 측면에 따른 것이다. 철학은 이러한 지식이나 경험의 네 가지 주요 영역의 발전과 관계 맺음을 통해서만 진정으로 영속적인 발전 단계에서 드러나는 개념적·윤리적 돌파구를 고찰할 수 있다. 물론 그러한 관계의 성격과 그러한 관계가 각각의 조건들에서 취하게 될 다양한 형식은 훨씬 더 상세한 설명을 요하는 주제들이며, 우리는 이 책의 여러 지점에서 이러한 주제들로 되돌아가게 될 것이다. 지금 내가 강조하고자 하는 것은 실제로 바디우가 한때 (그리 오래지 않은 과거에) 유행하던 것과 같은 방식으로 철학의 사법적 역할의 확대를 바란다거나 혹은—오늘날의 일부 포스트모더니스트들(postmodernists)[3]이나 신실용주의자들(neo-pragmatists) 그리고 비

---

3 [이하 '포스트근대론자들'. 같은 방식으로 '포스트모더니즘'은 '포스트근대론'으로 표기.]

트겐슈타인 추종자들과 같이—철학자들 모두에게 직업을 버리거나 혹
은 인식론적 영광이라는 망상을 포기하고 단지 '인류의 문화적 대화'
에서 하나의 의견이 되는 데 그치라고 요구할 정도로 철학을 격하하지
않는다는 점이다.[4] 철학의 격하를 요구하는 이러한 의견은 바디우가 가
장 열정적으로 비난해 왔던 무엇이며, 철학과 그 네 가지 조건들 사이
에 조율된 이해관계의 균형에 위험을 가할 뿐만 아니라, 보다 폭넓게
볼 때 지성적 영역, 윤리적 영역, 문화적 영역 및 사회·정치적 영역의
주제들에 관한 비판적 성찰의 역량에도 위험을 가한다고 보는 의견이
다. 바디우의 설명에 따를 때 순수-분석적[*echt*-analytic] 양식(프레
게-러셀), 비트겐슈타인 또는 오스틴에게서 유래하는 반동적인 '일상
언어(ordinary language)'의 접근법으로부터 해석학, 포스트구조주의,
포스트근대론 그리고 리처드 로티 같은 인물에 의해 신봉되는 유형의
'강한' 기술주의적('strong'-descriptivist)인 사유나 혹은 초超구성주
의적(ultra-constructivist) 사유에 이르기까지 다양한 철학적 학파들을
가로질러 광범위하게 드러나는 '언어적 전회(linguistic turn)'에는 무
언가 매우 의심스러운 측면이 있다. 이 학파들의 깊은 차이가 무엇이든
지 간에 이들은 한 가지 주요한 전제를 공유한다. 말하자면, 오로지 언
어를 모든 탐구의 기초로 설정하고 이에 의지할 때, 철학은 데카르트로
부터 칸트와 그 이후에 이르는 인식론적 '관념의 길(way of ideas)'에
의해 유발된 그러한 거짓된 딜레마로부터 탈출할 수 있을 것이라는 전
제이다.

---

4   특히 Richard Rorty, *Contingency, Irony and Solidarity* (Cambridge: Cambridge
University Press, 1989); 또한 Christopher Norris, *What's Wrong with Postmodern-
ism?* (Brighton: Harvester, 1990) 그리고 *The Truth About Postmodernism*
(Oxford: Blackwell, 1993) 참조.

바디우가 보기에, '언어적 전회'는—언어적 전회의 지지자들이 믿는 것처럼—닳아빠진 진부한 관념이나 잘못 이해된 의사擬似 딜레마(pseudo-dilemma)로부터의 해방을 위한 수단이 아니라, 오히려 철학이라는 이름을 얻기에 합당한 모든 철학적 기획의 중심에 자리하게 될 [중요한] 문제들로부터 주의를 돌리는 수단이다.[5] 이러한 문제들은 우리의 지식에 관련된 인식론적 질문과 구별되며, 말하거나 설명하거나 혹은 정당하게 주장할 수 있는 것에 관련된 언어학적 질문과 구별되는 존재의 질문—다양한 종류 혹은 양상을 띠는—과 직접적으로 관련되기에, 그 문제들의 성격은 존재론적인 것으로 생각하는 편이 가장 적합할 것이다. 언어 우선적 접근법을 취하는 자들은 글자 그대로 진정한 의미의 철학자들이라기보다는 플라톤이 진리와 정의의 이익을 위하기보다 단순한 달변을 조장할 뿐이라고 비난했으며, 다재다능한 달변가의 면모를 드러내기도 했던 고대의 소피스트들로부터 내려오는 노선에 선 철학자들이다. 언어—다른 방식으로 '담론', '패러다임', '설명적 구조(descriptive framework)' 혹은 '개념적 도식'으로 읽기도 하는—를 궁극적인 상소 법원(appeal court)으로 취급함으로써, 이 사상가들은 다소간 공공연하게 실용주의나 관습주의 또는 공동체주의의 입장을 취하며, 이에 따라 '진리'는 모든 '신념의 길에 유효한' 것으로서, 혹은 동의나 좋은 의견을 구하고자 하는 자들(관련된 대상 집단)을 설득하는데 맞춰진 방식으로, 어떠한 실용적 목적의 이익에도 봉사하게 된다. 바디우의 비판에서 특기할 사항은 그가 로티처럼 자신의 견해가 그러한 특성에 일치한다고 흔쾌히 동의할 사상가들뿐만 아니라, 또한 이

---

5 예를 들어 Michael Devitt, *Realism and Truth*, 2nd edn (Oxford: Blackwell, 1986)과 Norris, *Philosophy of Language and the Challenge to Scientific Realism* (London: Routledge, 2004).

러저러한 언어적 전회에서 주된 접근법을 취하는 오늘날의 철학에서
광범위한 분야에 걸쳐 있는 사상가들까지도 이 소피스트의 계통에 위
치시킨다는 사실이다.

무엇보다, 앞으로 보게 될 그대로, 비트겐슈타인의 후기 사유와 현재
학문적 토론의 여러 영역에 만연한 그러한 사유의 영향력은 바디우가
실재적인 문제들을, 심지어 가장 긴급한 철학적 문제들을 무시하는 고
압적인 태도가 유래하는 단 하나의 유력한 근원으로 확인하는 것인데,
그러한 영향력은 철학의 문제들을 이러저러한 '언어게임'이나 집단적
'삶의 형식'에 대한 유감스러운 실패에 그칠 뿐인 문제들로 간주한다.[6]
바디우는 그러한 철학의 고유한 역할의 포기에 반대하는 자신의 논지
를 역설한다. 요컨대, 비록 철학이 네 가지 '조건들' 중 어느 하나로부
터 던져진 사안이나 도전에 노출되지 않는 이상 결코 무언가 가치 있는
것을, 즉 구성적이거나(constructive) 인간적으로 이로운 무엇을 추구
할 수 없기는 하지만, 철학이 그 자체의 관계적 자율성과 (반성적이면
서도 비판적인) 고유한 역할을 보존하지 않는 한, 철학의 조건들은 타
성적으로 정통적이거나 또는 수동적으로 순응주의적인 사유의 길로 빠
져들게 될 것이라는 논지를 말이다. 이런 작용이 가장 결정적으로 발휘
되는 지점은 다른 분과학들에 직접적으로 관련되지만 그럼에도, 다양
한 실제적 제약들을 고려할 때, 해당 분야에서 전문적으로 활동하는 누
구에게라도 우선순위 목록에서 상위에 놓이지 않을 그러한 문제들을
제기하거나 혹은 그러한 주제들에 기꺼이 개입하는 태도이다. 바디우
는 수학이 그러한 경향을 가장 극명하게 드러내는 분야라고 주장하는
데, [그의 주장에 따를 때] 대개 철학자들이 이야기할 법한 무언가에

---

6 특히 Ludwig Wittgenstein, *Philosophical Investigations* (trans.) G. E. M. Ans-
combe (Oxford: Blackwell, 1951).

거의 관심을 두지 않는 현역 수학자들과 접근법이나 토론 주제의 선택에 있어 흔히 부정적인 반응을 부르기 마련인—특히 분석적 주류에 속한—철학자들 사이에는 큰 거리가 있다. 철학자들이 수학자들과 거리를 두는 것은 주로 철학자들 자신이 다루는 유형—원형적으로 규칙 준수에 관한 주제—에 맞는 문제들에 집중하고, 이에 따라 어떤 의미에서 그들 자신이 수학적 창의성의 원천에 보다 긴밀하게 가닿을 수 있게 할 수학적 사유 방식에 실패하는 탓이다.[7] 바디우의 작업을 결정적으로 두드러져 보이게 하는 것은 (철학 내부적이기에) 익숙한 유형의 토론에 참여하지 않겠다는 거부와 또한 '수리 철학(philosophy of mathematics)'이 그 이름으로 불리기에 합당하다는 평가를 받기 위해서는 그 자체의 분야를 지성적으로 지배할 능력을 보이는 데 그칠 뿐만이 아니라 충분히 높은 수준의 개념 작업을 수행할 역량을 보여야만 할 것이라는 주장이다.

　『존재와 사건』에서 이 작업은 칸토어 이후 집합론의 발전상에 관련되며, 또한—바디우가 보이고자 하는 것처럼—그 발전상이 잠재적으로 사회적 존재뿐만 아니라 정상적으로(즉 제한적으로) 정의된 수학적인

7　예를 들어 Paul Benacerraf and Hilary Putnam (eds), *The Philosophy of Mathematics: Selected Essays*, 2nd edn (Cambridge: Cambridge University Press, 1983); 또한 W. D. Hart (ed.), *The Philosophy of Mathematics* (Oxford: Oxford University Press, 1996) 참고. 규칙 준수에 관한 주제를 보려면 Ludwig Wittgenstein, *Philosophical Investigations* (trans.) G. E. M. Anscombe (op. cit.), Sections 201-92 *passim*; Saul Kripke, *Wittgenstein on Rules and Private Language: An Elementary Exposition* (Oxford: Blackwell, 1982); Alexander Miller and Crispin Wright (eds), *Rule-followig and Meaning* (Chesham: Acumen, 2002). 이 저작들 대부분에 대한 바디우의 결정적으로 적대적인 견해를 보려면, 'Ontology is Mathematics' in *Theoretical Writings* 참고. 이후 『존재와 사건』 외에 바디우의 다른 저작은 제목으로만 언급한다. 4장 '더 읽어볼 만한 자료들'에서 출간된 모든 저술에 관해 상세한 내용을 찾을 수 있기 때문이다.

것을 훨씬 넘어서는 지성적 탐구에 관한 분과학이나 실천들 및 양상들에 미치는 전환적 효과들과 관련된다. 여기에서 가장 중요한 것은 칸토어가 무한을 구상하는 철저하게 혁신적인 방식인데, 이러한 무한의 구상은 신비에 준하거나(quasi-mystical) 혹은 은밀하게 신학적인(crypto-theological) 용어들을 사용하여 [무한을] 정의상 인간의 추정이나 계산적 파악에 있어 최고의 능력을 넘어서는 무엇으로 간주하지 않으며, 오히려 확실히 셈해질 수 있고 정확하게 서로 계산 가능한 관계에 따라 배치될 수 있는 초한적인(transfinite) 수와 양 그리고 비율들의 영역에 귀속되는 것으로 보는 방식이다.[8] 이 발견—바디우가 매우 단호하게 검토하는 것처럼 어떤 특정한 시점에 수학자들 사이에서 단순한 패러다임 시프트나 변화라기보다는—은 그의 철학 기획 전체의 중심이며, 따라서 이후에 이어질 상세한 설명의 초점이 될 것이다. 지금 당장 설명을 요하는 세 가지 주된 논점이 있다. 첫 번째는, 칸토어를 따라서, 무한 집합을 그 구성원들의 수가 그 자체에 속한 한 부분집합의 구성원들의 수와 같은(즉, 일대일 관계가 성립하는) 집합으로 정의할 수 있게 되었다는 것이다. 이에 따라 자연수(자연 정수)라는 무한 집합[의 구성원들]은 홀수라는 무한 집합[의 구성원들]과 일대일로 짝지어질 수 있다. 후자[홀수]가 전자[자연수]의 부분집합 혹은 어떠한 '정상적인' (유한한) 셈하기 방법으로도 하나의 정수에 대해 매번 두 개의 정수가 제해지게 될 집합임에도 불구하고 말이다. 두 번째로, 이에 따르는 귀결은 무한 집합에 다수의 위계 또는 '크기'가 실존할 수밖에 없게 된다는 것이다. 무한 집합의 기수성(cardinality)이나 또는 서로에 대한 비율은 유비적으로 정수들과 짝수들 사이의 비율로 생각하는 것이 가

---

8   보다 분명한 이해를 위해, Badiou, *Metapolitics*, *Polemics*, *The Century*를 참고할 것.

장 좋은 방편일 수 있겠으나, 어쨌든 무한 집합은 모두 그 자체의 부분 집합들 중 하나와의 수적 등가성(equivalence)이라는 동일한 구성적 특성을 가진다. 세 번째로, 이것이 의미하는 바는 집합론의 개념이나 절차 또는 가설들의 발전이, 칸토어의 독창적인 발견에서 동기를 얻은 발전과 같이, 극한점(limit-point)에 이르는 일련의 추가적인 마주침들을 통해 진행될 수 있다고 기대할 수 있다는 것이다. 달리 말하자면, 탐구(enquiry)의 양식이 개념적 토대를 침식할 위협이 되는 어떤 장애물이나 역설 또는 여태껏 알려지지 않은 이상異常(anomaly)과 마주하게 되는 지점에서, 전형적으로 가장 현저한 발전들이 달성되었던 것이다.[9]

버트란드 러셀(Bertrand Russell)이 자기 준거적(self-referring)이거나 혹은 자기 서술적인(self-predicative) 표현들과 관련하여 발견한 잘 알려진 문제가 바로 그런 것이었다. 즉, 우리가 '그 자체의 구성원이 아닌 모든 집합들의 집합' 같은 표현을 이해하려고 할 경우 귀결되는 딜레마나 논리적 모순 말이다.[10] 러셀은 순전히 약정된(stipulative) 규칙을 받아들임으로써 이 문제를 해결하고자 했는데, 그 규칙은—사실상 결정(fiat)의 문제로서—그러한 표현이 두 가지 논리적으로 구별되는 층위에 속하는 항들을 내포하며, 따라서 반드시 모든 형태의 혼란을 야기할 것이라는 이유를 들어 [논리적으로] 금지된다(illicit)고 정하는 것이다. 다른 한편으로, 일부 집합론자들—바디우에게 비교적 좋은 평가를 받는 사람들—은 이러한 노선에 따른 어떠한 퇴행적(fall-back) '해법'도 거부하며, 그때까지 증명될 수 없었던 언표들(state-

---

9   명료하고 매우 관련성이 높은 연구를 보려면, Michael Potter, *Set Theory and its Philosophy: A Critical Introduction* (Oxford: Oxford University Press, 2004) 참고.
10   Bertrand Russell, *Introduction to Mathematical Philosophy* (London: Allen & Unwin, 1930).

ments)이나 정리들(theorems)의 진리를 요구하는 매우 추측적이며, 심지어 모험적이지만 그런 만큼이나 엄격하고 영향력을 미치는 가설 형성의 양식을 선택했다. 바디우가 매우 분명하게 제시하는 것은, 칸토어에서 현재에 이르기까지, 수학자들이 그러한 문제들에 대해 그들의 사유가 그 자체에 앞서가도록 이끌리게 하는 방식으로, 이를테면 그 당시로서는 최선인 집합론의 파악력을 넘어서는 무엇을 통한 방식으로 대응했다는 점이다. 이런 종류의 진보가 일어나는 방식은 현재 알려져 있으나 지금까지 [문제 풀이에] 저항하는(recalcitrant) 문제의 영향을 통하거나, 그렇지 않다면 아직 분명하게 수면 위로 떠오르지는 않았지만 수학자들이 일종의 추정상의 이상異常을 식별해 낼 수 있다는 선행적인 문제 인식에 따르거나, 혹은 기존의 방법이나 증명 절차들의 한계로 인해 지금은 막혀 있을 가능성이 있다는 감각에 따른 것이다. 그러므로 바디우의 기획은 폴 코언(Paul Cohen)이 발전시킨 특정한 집합론적 방법들—특히 '강제(forcing)'와 '유적인 것(the generic)'—에 중심을 두며, 이 방법들은 그것들 사이에서 어떻게 그러한 발전이 일어날 수 있었는지 설명할 수단을 제공한다.[11]

여기에서 다시 한번, 나는 텍스트에 관한 상세한 주해와 관련된 단계에 이르기 전까지 이 복잡한 사안들에 관한 보다 적합한 서술을 미뤄야 하겠다. 이는 『존재와 사건』의 다른 주요 주제영역들—정치, 과학, 예술, 사랑—에 관해서도 마찬가지인데, 바디우는 이 주제영역들을 모든 철학적으로 중요한 사유의 기획에 영향을 주어야 하거나, 줄 수밖에 없는 주된 '조건들(conditions)'로 개진한다. 정치적 차원은 수학에 관한 그의 저술에 직접적으로 연결되는데, 수학이 바디우에게 사회적 존재

11   Paul J. Cohen, *Set Theory and the Continuum Hypothesis* (New York: W. A. Benjamin, 1966).

론—즉, 인간의 집단성에 관한 성격을 규정하는 다양한 구조들과 상호
작용의 양상들에 관한 이해—의 기초를 제공할 뿐만 아니라, 무엇보다
다양한 사회·정치적 질서들의 작동방식(*modus operandi*)을 설명할 면
밀한 유비적 수단을 제공하기 때문이다. 따라서, 오늘날 자유 민주주의
를 위해 제시된 주장들—포괄성, 평등, 정의, 보편적 권리, 법치에 의
해 보장된 자유 등—과 이러한 모든 개념적 성취들 하나하나에 대한
명시적인 예외들이 드러나는 현실 사이에는 넓지만 정확히 특정할 수
있는 간극이 있다. 바디우에 따르면 이러한 민주주의의 결함을 설명하
고, 사회적 구성원 자격에 관한 지배적인(공식적이거나 합의적인) 관
념들 아래 지각되지 않거나 인정받지 못한 채로 간과되는 그러한 억압
되거나 배제된 사회적 원소들의 위치를 찾아내는 사안에 관한 한, 집합
론은 단연코 가장 적합한 개념적 자원들을 제공한다. 따라서 그는—정
통적인 사유 방식으로 교육받은 독자들에게는 전혀 그럴듯하게 여겨지
지 않겠지만—한편으로, 사회적 정의나 정치적 재현(representation)
의 긴급한 사안들과, 다른 한편으로, 부분(part)과 구성원(member),
귀속(belonging)과 포함(inclusion), 또는 비일관적 다수성(multiplici-
ty)과 일관적 다수성이라는 선명하게 구별되는 개념들 사이에 긴밀한
구조적 동질성이 있다는 점을 보이는 작업에 착수한다.
    이러한 구별은 수학이 사회나 정치뿐만 아니라 과학이나 자연의 존
재론에 있어서도 기초가 된다고 주장하는 바디우의 논변에서 결정적인
역할을 한다. 바로 항상 현존하는 일관적 다수성에 대한 비일관적 다수
성의 초과—합법적이거나 사회적으로 어떤 주어진 상황[12]에 귀속된다

---

12 [바디우가 말하는 '상황'은 일종의 집합과 같은 것이다. 자세한 이야기는 앞으로
다시 언급하겠지만, 우리는 무한히 많은 사물을 결코 있는 그대로 받아들일 수 없기에
하나로-셈하기를 통해, 다시 말해 어떤 일자로 만드는 방식으로 인식한다. '상황의 상

고 인정되는 구성원들에 대한 그 상황의 진리를 구성하는 부분들의 초
과―를 통해, 급진적인 참여 민주주의의 정치는 강화된 비판적 입장을
얻을 수 있을 것이다. 그럼으로써, 바디우의 논변은 배제되거나, 권리
를 박탈당하거나 또는 억압받는 소수자들(상파피에[*sans-papiers*][13] 혹
은 '미등록자[paperless]', 즉 프랑스에 살고 있지만 법적으로 인정받
지 못한 이주민 같은)에 집중한다. 요컨대 공무원이나 선거 또는 사회
복지 같은 사안에서 개인으로 셈해지지 않는 사람들 말이다. 즉, 그들
은 어디에서도 법적·행정적 '하나로-셈하기(count-as-one)'에 있어
중요성을 인정받지 못한다는 것인데, 여기서 '하나로 셈하기'라는 개
념은 바디우가 집합론과 정치 철학이라는 두 영역 간의―그저 느슨한
유비 또는 암시적인 구조적 유사성이 아닌―직접적인 등가성을 상정
할 수 있게 하는 주요 개념들 중 하나이다. 그러니까 인정된 정치적 실
체(body politic)의 가장자리에 위치한 특정한 위치 혹은 '사건의 자리
(evental sites)'에서, 지배적 질서는 언제나 그 주권적 권력이나 혹은
사법적 권력을 초과하며 이에 이의를 제기하는 무언가와의 강제된
(forced) 마주침을 통해 압박을 받게 될 개연성이 매우 높다. 그럴 때
(때때로) 혁명의 힘(force)으로 출현하는 것은 바디우가 말하는 '상황
의 상태(state of the situation)'와 '상황(situation)' 자체 사이의 차이
를 드러내는 어긋남이다. 즉, 정통주의나 개혁주의 또는 사회 민주주의
의 관점에서 조망한 사회·정치적 질서와 그 질서의 장악력을 초과하여

___
태'(혹은 간략히 '상태')는 상황 안에 숨어 있는 '공백'(혹은 '공집합')을 잡아내기
위해 상황을 다시 셈하게 된다(부분집합의 셈). 거칠게 말하자면, 상황과 상태의 관계
는 사회와 국가의 관계로 비유할 수 있다.]
13 [sans-papier 또는 paperless라는 말은 글자 그대로 '등록증이 없는 사람'을 뜻하
며 여기에서는 '미등록자'로 번역하지만 일반적으로 '미등록 이주민'으로 번역되는
단어다.]

(지금까지 억제되거나 위장되었던) 항시적인 위협을 제기하는 어떤 것 사이에서 타협의 여지가 없는 균열이 갑작스레 모습을 드러낸다는 것이다. 수학이나 논리를 비롯한 여타 형식 과학들—흔히 어떤 은밀히 감춰진 장애나 역설과의 마주침을 통해 전면적으로 징후가 드러나는 [분야인]—의 경우에 그런 것과 마찬가지로, 정치적 맥락에서도 사회가 최초로 임박한 구조적 변화의 징후들이 나타나는 것은 언제나 이러한 최대 압력이 가해지는 지점들이다. 여기서도 중요한 것은 가능하다고 예상할 수 없었던 결정적인 사건들(다시 한번 특수하게 수학적 의미에서 바디우가 '단독성들[singularities]'이라는 용어로 지칭하는)인데, 이 사건들은 기존의 사회적 존재론 내에서 어떠한 장소도 발견하지 못하지만, 이후에는—이 단독적인(singular) 사건에 이어서—이전의 상황에서 실제로 가능했던 것이 무엇인지에 대한 우리 이해의 범위에도 마찬가지로 급진적인 변화를 수반할 수 있다.

여기에서 우리는 이 책의 제목에서 적확하게 병치된 두 용어를 상기해야 할 터인데, 이 두 용어는 그것들 사이에 위치한 철학의 영역을 표시하며, 바디우는 이 영역을 가로지르고자 한다. 존재(*Being*)는 존재론의 영역, 즉 무엇이든 (자연적이거나 추상적인) 개체들의 실존에 관해 정확하게 말해질 수 있는 것의 영역인데, 이 개체들의 실존은 언제나 현행적으로 최상의 지식—곧, 경험적 입증이나 형식적 증명—의 범위를 뛰어넘지만, 그럼에도 어떤 추가적이면서도 보다 진전된 탐구(조사, enquiry) 단계에서 발견될 객관적인(objective) 진릿값(truth-value)을 가진다. 바디우는 이러한 진리와 지식 사이의 기본적인 구별에 관해 많은 이야기를 할 것인데, 그의 주장은 경험주의, 논리 실증주의, 반反실재론은 물론이거니와 포스트구조주의, 신실용주의, 사회구성주의 등, (그러한 조류들이 이해하는 그대로) 어찌할 수 없을 정도로 시

대에 뒤떨어진 '형이상학적' 구상과 상관하지 않을 다양한 사유 방식
과 반대되는 방향으로 흐른다.[14] 그러므로—다시 반복하자면—이런 면
에서 유일하게 수학의 힘에 관해 역설하는 바디우의 주장은 우리를 사
변적인 사유의 영역으로 데려가는데, 그러한 사유의 영역에서 지식은
언제라도 그 한계에 직면하도록 강제될 수 있고, 분명히 현행적인 진리
주장들(truth-claims)과 방법들과 절차들에 대한 다소간 급진적인 재
사유를 요구하는 무언가의 의미에 따라 그러한 지식의 한계 너머로 이
끌릴 수도 있다. 다른 한편으로, 사건(Events)은 엄격하게 예상할 수 없
으며—불확실한 시기에 나타나기에—전적으로 새로운 것의 우발적인
난입이며 이 새로운 것만이 유일하게 강력하고 지속적인 효과를 행사
하지만, 사건이 실존하는(즉, 지금까지 사유할 수 있는) 사물의 차원에
속하지 않는 이상, 존재론적 특징규정(specification)을 벗어나는 것으
로 드러난다. 그런 만큼, 사건들의 본성과 발생 양식들은 직접적으로
진보적이거나 발전적인 진리 구상—다시 말해, 진리란 지식이 항상 열
망하는 무엇이라고 보거나 혹은 조사(enquiry) 이후에 견실하게 [지식
에] 병합된다고 여기는 구상—을 받아들이는 설명에 의해 포착될 수
없다. 오히려, 이러한 사건의 성격—지식 획득의 축적적인 과정에 반
대되는 것으로서—에 대한 파악으로부터 오는 결과는 사건이 그 과정
의 어느 주어진 단계에서 어느 정도까지나 지식의 범위를 초과하거나
초월할 수 있는지 선명하게 파악할 수 있게 된 감각이다.

예컨대, 완전히 전환된 무한의 구상으로 하나의 [새로운] 개념적 지

---

14   이러한 발전상에 관한 설명을 보려면 Norris, *Against Relativism: Deconstruc-
tion, Philosophy of Science and Critical Theory* (Oxford: Blackwell, 1997)와 *Philos-
ophy of Language and the Challenge to Scientific Realism* (London: Routledge,
2004) 참고.

형—새롭게 발견된 존재론적 자원들의 영역—을 여는 귀결을 가져온
칸토어의 집합론(Cantorian set theory)의 출현이 바로 그런 것이었고,
그러한 지형의 발견은 이전의 발전이나 성공에서 이어진 추가적 결과
라기보다는 오히려 이전의 논리적 교착 상태 너머에 이르는 도약의 산
물이었다. 그러니까 집합론은 사건들이—바디우가 엄격하게 정의한
이 용어의 의미에 따를 때—이중의 성격을 지님을 보여 주는 놀라운
예시를 제공하는데, 여기에서 사건들을 구성하는 이중의 성격이란 청
천벽력같이 혹은 보다 정규적인 일어남(occurrence)의 양식들을 수반
하는 그런 종류의 부분적인 예견도 없이 [갑자기 닥치는] 도래와 또한
사건들의 추가적인 전개가 논리적이거나 윤리·정치적인 귀결들에 대
한 엄격한 충실성으로 완수되어야 한다는 요건이다. 다양한 가짜 대용
품들—바디우의 생각에 따를 때, 그중에 소위 '주요한', '획기적인',
또는 '세계사적인' 것으로 간주되는 에피소드들도 있는데—과 구별되
는 진정한 사건을 표시하는 것은 사건이 이후에 오는 것들에 대해 이러
한 비타협적인 요구를 행사하며, 추가적인 (지금은 모호하거나 추측할
수 없는) 영향을 산출하기 위해 가능한 한 압력을 가하는 선택적이거
나 자기 부과적인 과제를 지닌다는 사실이다. 이런 이유로 바디우는 그
가 보기에 사유가 취한 재앙적으로 잘못된 전회라 할 수 있을 무엇을
대신하여 제1 철학으로서 존재론의 복귀를 결연히 역설하는데, 여기서
그가 재앙이라 여기는 것은 먼저 인식론을 향해 돌아서는 전회(요컨대
진리의 문제보다는 지식[앎]의 범위와 한계에 관한 주제들에 특권을
부여하는 전회)이며, 그다음은—이것이 더 나쁜 것인데—인간 이해에
서 궁극적인 지평을 이룬다고 알려진 것으로서의 언어를 향한 전회이
다. 이는 또한 그가 모든 존재론적 탐구의 기초로서 수학에 관해, 그리
고 이와 궤를 같이하여, 인간의 과학적, 정치적, 윤리적, 예술적 시도라

는 다양한 영역들을 구성하는 그러한 다양한 기획들 혹은 진리절차들
(truth procedures)의 핵심적으로 형식적인 성격에 관해, 끊임없이 강
조하는 이유이기도 하다.

그래서 바디우는 진리를 위한 '투사(militant)'라는 개념을 제시하는
데, 이 진리의 투사는 현재로서는 최선인 성과나 인식적(epistemic) 파
악의 힘 너머에 놓인 무언가[사건]의 암시를 붙들고서—혹은 그러한
암시에 붙들린 채로—그것을 찾아내는 데 요구되는 완고한 의지와 역
량을 지닌다. 바디우의 작업에서 가장 이해하기 어려운 것은 아마도 결
정적으로 존재와 사건 사이의 구별을, 혹은 존재론의 영역과 본질적으
로 모든 기존의 존재론적 파악 양식을 회피하는 무엇 사이의 구별을 주
장한다는 점일 것이다. 결국, 바디우의 주된 주장은—수학이나 형식
과학 또는 자연 과학에 관련될 뿐만 아니라 마찬가지로 진리를 관건으
로 하는 모든 주제영역의 범위를 가로질러—언제나 이러한 질서의 발
전에 앞서 어떤 형식적 발견이나 혹은 어떤 새롭고도 존재론적으로 획
기적인 절차의 발명이 있으며, 이러한 발견이나 발명이 이어서 인식할
수 있는 진리들, 입증할 수 있는 정리들 혹은 공인된 사실들의 영역으
로 들어가기 위한 공간을 만든다는 것이다. 이 경우에 다음과 같은 질
문을 할 수 있는데, 새로운 존재론적 기반으로 나아가는 바로 앞에서
언급한 모험에 의해 열린 가능성의 공간이 언제나 이미 실존하지 않는
다면, 어떻게 그러한 발전이 일어날 수 있겠는가? 즉, 바디우는 외견상
충돌하는 듯한 이 두 가지 주장들이, 먼저 절대적인 철학적 원칙의 문
제로서 이전의 존재론의 지위에 관한 주장과 다음으로 정의상 모든 인
식할 수 있는 존재론의 영역 너머에 있는 것으로서 사건에 관한 주장
이, 어떤 방식으로 부합한다고 생각할 수 있는가? 실제로, 본질적으로
존재론적인 탐구에 관련된 진리 관념('존재자들의 존재'와 존재자들에

관해 사유할 수 있는 모든 것에 관련되기에)과 그 일어남이 결코 어떤 기획에 의해서도 (목표로 하거나 의식적으로 추구하기는 고사하고) 상상할 수 없는 그러한 사건들에 대한 엄격하게 사후적인(*post hoc*) 충실성에 관련된 진리 관념 사이에는—완전한 모순까지는 아니더라도— 논리적 긴장이 뚜렷이 드러나는 듯 보일 것이다.

이 주제는 수리 철학뿐만 아니라 바디우가 철학을 가능케 하는 네 가지 조건들을 구성한다고 간주하는 다른 각각의 주요 분야들에서도, 그의 작업의 핵심을 건드린다. 한편으로 그가 강변하는 바에 따를 때, 약간의 유감이 남기는 하지만, 철학은 그 자체로는 그러한 유類적인 진리절차들(generic truth-procedures) 중 하나라고 주장할 수 없는데, 왜냐하면 철학이 (유적인 진리절차들과 달리) 구체적이고, 맥락에 특수한 사례들에 접근하는 수단이 아니며 또한 (수학과 달리) 지금까지 탐색되지 않은 존재론적 지형의 발견에 관련된 일차적인(first-order) 분과학이 아니기 때문이다. 따라서 철학이 할 수 있는 최선은 존재와 사건 사이의—혹은 존재론과 예기치 않게 모습을 드러내어 그러한 탐색들을 예상된 경로로부터 이탈하게 하는 무엇 사이의—구별을 주의 깊게 살펴보는 한편, 그러한 사건들이 일어나 철학 자체의 기본적인 조건들 중 어느 하나에 심대한 전환적 효과를 미치게 되는 과정에 관해 명료한 설명을 추구하는 것이다. 어쨌든 바디우는 자신의 입장이, 자연과학을 견실한 기초 위에 서서 합리적으로 수행되어 지식에 기여하는 탐구의 모델이라 여기며, 철학을 모종의 엄격하게 종속적이거나 또는 '하위 작업자(under-labourer)'의 제한적인 역할로 격하시키는—로크(Locke)로부터 논리 실증주의자들에 이르는—사상가들의 입장과 거리가 멀다는 점을 분명히 한다. 과학자들, 정치 이론가들, 예술가들, 그리고 ('전문가들'로서 사랑에 관해 우리에게 가장 많은 이야기를 해야 한다고 여겨지는) 정신분석가들에 관한 그의 견해는 지식과 진리를 구별하려 할 때—혹은 [달리 말해] 현재 가능한 최선의 개념 파악의 범위 안에 놓인 무엇과 그러한 범위를 벗어나지만 그럼에도 풀리지 않는 문제들이나 딜레마들 또는 증명의 실패들에서 오는 압력으로부터 부재를 느끼게 되는 무엇을 구별하려 할 때—그들[전문가들]이 모두 결정적으로 철학에 의지한다는 것이다. 게다가—그리고 수학이 당면한 과제에 적당하지 않은 어떤 국지적인 존재론의 기초를 구성한다는 분명한 믿음에도 불구하고—바디우는 수학자들(심지어 그들 중 가장 저명한 사람들) 또한, 진정으로 그들의 사유로부터 인가되는 추가적인 함축을 이끌어낼 때, 철학의 조력이 필요하다고 간주한다.

　이는 바디우가 자기 분과의 내부적인 논쟁에만 집중하여 실제적인 수학적 도전들에 대한 진지한 관여를 피하는 경향을 보이는 분석철학자들에게 때로 상당히 신랄한 비판을 제기하는 이유를 설명해 준다. 하지만 바디우는 또한—그가 최고의 존경을 보내는 업적을 남긴 몇 사람을 비롯한—'현역 수학자들(working mathematicians)'이 철학자들의 노력을 (그들이 추정하는 바) 수학적으로 정통하지 못한 지적 허영이라는 혐의를 이유로 간단히(*tout court*) 무관하거나 헛된 일로 치부하는 행태에 대해서도 이의를 제기한다.[15] 바디우의 논변에서 (내가 여기에서 명시하며 앞으로 보다 자세하게 논증하게 될 것처럼) 이러한 혐의는 칸토어(Cantor)로부터 코언(Cohen)에 이르는 집합론의 발전상을 꼼꼼하게 따져 나가는 바디우 자신의 설명을 대한다면 잘못된 것으로 밝혀질 수 있다. 하지만 바디우의 입장에 대한 가장 설득력 있는 변론은 그 자신이 『존재와 사건』의 경로에서 제공하는 무엇이며, 다시 말

15　특히 Badiou, 'Ontology is Mathematics' (각주 7)에 실린 이 효과에 대한 여러 논평을 참고할 것.

해 (대부분의 분석철학자들에게 있어) 집합론이 전혀 동떨어져 있다고 여겨질 법한 주제 영역들에 관한 모종의 매우 생산적이고도 혁신적인 사유 방식을 위한 기초를 제공할 수 있다는 바디우 자신의 입증이다. 이는 그의 책이 지난 50년 동안 출간된 철학 저술들 중에서, 플라톤의 『국가/정체(*Republic*)』, 아리스토텔레스의 『형이상학(*Metaphysics*)』, 데카르트의 『성찰(*Meditations*)』, 스피노자의 『에티카(*Ethics*)』, 칸트의 『순수이성비판(*Critique of Pure Reason*)』, (비록 바디우는 강하게 반대하겠지만) 비트겐슈타인의 『철학적 탐구(*Philosophical Investigations*)』 등과 같이 고전으로 인정받는 책에나 붙여질 법한 면밀한 주의를 기울인 종류의 해설적 주석이 붙여질 가치가 있는 몇 안 되는 책 중 하나인 이유이다. 비트겐슈타인의 책을 제외하고, 앞에서 언급한 고전적 텍스트들이, 폭넓은 공감과 지지를 보내는 입장에서 다뤄지거나 혹은 주로 비판적이면서도 [문제를] 진단하는 입장에서 다뤄지거나에 상관없이 『존재와 사건』의 주요 준거점이라는 점도 우연은 아니다. 이 책의 놀라울 정도로 지적으로 고무적인 여러 측면들 중 하나는 바디우가 근래의 '대륙적' 사유—흔히 전범적인 텍스트에 관한 상세한 해설에 주안점을 두는—와 [영미권의] 주류 분석철학—과거에 이미 쓰였던 어떤 것에도 마치 새로운(*de novo*) 것마냥 최소한의 준거를 두고 가장 생산적으로 문제들을 다루는 방식이 최선이라고 보는—사이에 있다고 가정되는 장르 구분을 가로지르는 방식이다.

그래서 나는 『존재와 사건』이 앞에서 언급한 일단의 탁월한 텍스트들과 동열에 들어갈 충분한 가망이 있는 저술이라는 얼핏 보기에 과도한 주장을 제기한다. 바디우는 이러한 비교들이 정확하게 암시하는 의미에서 정말로 독창적인 사상가이다. 누군가 낡아빠진 철학적 주제들에 새롭게 사소한 비틀기 방식을 발명했다거나 혹은 진정으로 새로운 노

선의 논증을 제시하는 사람을 지칭하는 '독창적'이라는 말의 이제 진
부해지기조차 한 낙후된 의미에서 그런 것이 아니라, 완전한 도착성
(perversity)에서 혹은 누구도 그런 것을 생각해 낼 개연성이 전혀 없었
다는 이유에서 말이다.[16] 물론 논쟁의 방향을 틀어서 바디우에 대해 피
장파장이라고 대응하거나, 이런 면에서 자신의 탁월한 지위를 내세우
는 몇몇 분석철학자들이 있을 것이다. 그러니까 그들은 추상적인 존재
론—그보다 한층 더 추상적인 집합론적 사유의 자원에 근거한—으로
부터 자연 과학뿐만 아니라 정치, 사회, 윤리, 또 심지어 미학적 이해에
관한 실체적 진리들을 도출해 낸다고 주장하는 사유의 기획보다 더 도
착적인 것이 무엇이겠느냐고 물을 것이다. 이에 대한 적절한 대답이 있
다면, 그것은 『존재와 사건』에 관한 주석의 형태를 취해야 할 것인데,
이 작업은 그러한 도전을 항시적으로 염두에 두는 동시에 바디우의 사
유가 그러한 분석적 패러다임의 한계를 어느 정도나—그리고 어떤 구
체적인 방법 또는 결정적인 방법으로—뛰어넘는지 알리는 방식이 될
것이다.

그런 것이 이후에 이어질 논의에서 제시될 나의 목표이며, 이 목표는
독자가 내 책을 옆으로 치워버리고 마침내 놀라운 범위와 깊이를 지닌
바디우의 철학적 통찰에 관해 예리하게 다듬어진 감각을 지니고 [바디
우의] 원래 텍스트로 돌아간다면 완수되었다 할 수 있을것이다. 독자의
편의를 위해서—그러나 또한 바디우가 자신의 논의를 펼쳐냄에 있어
복잡하지만 엄격하게 일관적인 순서를 따르기에—나는 이 책을 주로

---

16   이 주장을 지지하는 추가적인 논거를 보려면, Norris, 'Change, Conservation
and Crisis-Management in the Discourse of Analytic Philosophy', in *Language,
Logic and Epistemology: A Modal-realist Approach* (Basingstoke: Palgrave-Macmil-
lan, 2004), pp. 227-66 참고.

두고 볼 수 있을 만한 안내서(*vade mecum*)로 계획했고, 그래서 가능한 한 내 주석을 『존재와 사건』 텍스트와 밀접하게 맞춰 쓰는 방식을 시도했다. 전체를 관통하는 접근법은 면밀한 해석(특히 집합론에 관한 기초 지식이 없는 사람들에게 방해가 될 공산이 큰 개념들이나 논증들에 언제나 유의하며 진행되는)과 바디우의 저술에서 내가 추가적인 시사점들을 끌어내는 보다 일반화된 비평으로 이루어진 구절들의 혼합이다. 그 과정에서 나는 또한 바디우가 종종 상당히 인상적인 강도와 범위로 진행하는 논의에 끌어들이는 현재나 과거의 다른 여러 사상가들과 이 책의 관계를 명료하게 밝히고자 한다.

2장
주제들의 개관

1. 출발점: 문화적 조류에 반하여

영어판 번역서가 모습을 드러낸 2005년에 이르러 알랭 바디우는 『존재와 사건』이 출판된 이후 15년의 궤적을 되돌아볼 수 있게 되었다. 그는 은연 중에 자부심을 드러내며 '위대한' 책을 써서 자기 '이름을 철학사에', 무엇보다 '여러 세기들에 걸쳐 해설과 주석의 대상이 될 그러한 철학 체계들의 역사에 기입하'려는 욕망을 완수했다는 생각을 내비친다(BE xi). 이는 절제된 자기 평가라고 할 수는 없겠지만, 장래의 독자들에 대하여 향후 펼쳐지게 될 500페이지의 강도 높은 철학적 논증을 통해 그의 작업이 무엇을 달성할 수 있는지에 관해 의식하면서 우리에게 정면으로 내놓는 진술이다. 실제로 이 책[존재와 사건]은, 그가 기꺼이 고지하는 바 그대로, 보통 플라톤 이래 위대한 (그리고 대부분 오래전에 작고한) 철학자들에 의해 저술된 작업들에 관해 아낌없이 쏟아졌던 학구적이며 비판적인 종류의 집중적인 '해설과 주석'을 요청하는 —또한 만일 이 책에 잘 준비된 독자층을 얻을 희망이 있다면, 심지어 요구하는—텍스트이기 때문이다.

바디우의 영어판 서문(Preface)은 책의 창작 기원과 특히 그 저술의 역사·정치 및 사회·문화의 배경에 관한 몇 가지 회고적 논점을 제시하는 방향으로 나아간다. 그는 자신이 이전 시기에 그리고 오늘날에도 여전히 지성적 문화에 상당히 해로운 영향력의 근원이라고 간주해 왔던 몇몇 사유의 입장이나 운동들과 분명한 거리를 둔다. 그런 입장이나 운동들 중 가장 두드러진 것은 '자유 진영(free-world)'이 주창하는 종류의 자유주의—바디우의 관점에서 볼 때, 오래된 냉전 시대 양식의 프로파간다에서 연원(淵源)한 수사법에 얇은 가림막을 씌워 받아들인 용어—인데, 이는 대체로 한때 다양한 급진 좌파 집단에 속했던 자들이 1968년 5월의 사건들[les événements](실패한 혁명)의 발발과 함께 충성의 방향을 돌리는 이데올로기적 순응의 표지였다. 바디우는 이러한 '인권' 교설의 보급자들에 대해 오직 경멸의 시선을 견지할 뿐인데, 이를테면 이러한 교설은 매우 선택적으로 적용되고 철학적인 면에서만이 아니라 정치적인 면에서도 파산했음을 방증하며, 그의 서술에 따를 때, "완전한 지성적 퇴행 가운데 있"는 문화와 "정치 철학을 가장한 도덕 철학"을 표시했다는 것이다(p. xi). 이와 함께 널리 퍼져 나간 것은—대체로 마르크스에 대한 첨예한 대립의 위치에 놓이는—칸트로의 회귀였는데, [여기에서] 정치에 관한 칸트의 구상(혹은 철학자들이 정치를 조망함에 있어 취해야 할 고유한 방식에 관한 칸트의 관념)은 정치의 결과에서 실제적인 이해관계를 지닌 자들의 능동적인 참여 방식과 관련된 것이 아니라, 정치를 이상적으로 어떠한 조급한 진영 선택에도 연루되지 않은 자의 입장에서 내리는 관조적 판단의 주제로 사유하는 것이다.[1] 다시 말해, 칸트의 정치 철학은—특히 (대체로 그랬던 것처럼) 포스트근대론의 렌즈를 통해 읽을 때—철학자들은 지금까지 세계를 해석해 왔으나 이제부터 그들의 과제는 세계를 바꾸는 것이라는 마르크스의 유명한 금언에 내포된 추동력을 전복시킨다는 의도를 지닌

---

1   특히 Immanuel Kant, *Political Writings* (ed.) Hans Reiss (Cambridge: Cambridge University Press, 1970) 그리고 *Kant on History* (ed.) L. W. Beck (Indianapolis: Bobbs-Merrill, 1963) 참고.

모든 자들에게 풍부한 자원을 제공한다. 따라서, 바디우가 생각하기에, '자유 진영'의 민주주의와 '인권'이라는 깃발 아래 모인 여러 갱생한 보충병들(즉, 이전의 좌파들)에게 칸트에 대한 관심의 회복이 두드러지게 나타나는데, 여기에서 '인권'이라는 용어에는 이데올로기적 의미가 담겨 있다고 이해된다. 그런 것이 "우리 시대의 추상적 보편"이자, "마치 유일하게 가능한 교설인 양 전세계적인 범위에서 기능하는" 이러한 "시장과 의회주의의 동맹"이었으며 여전히 그러하다(p. xii). 무엇보다, 이는 최근에 인류학과 문화 연구라는 근거지로부터 개연성이 떨어지는 다른 영역들, 예컨대 과학 철학, 인식론, 역사기록학(historiography)이나 심지어 (지식사회학에서 말하는 이른바 '스트롱 프로그램[strong programme]²'을 통해) 논리나 수학에 이르는 잡다한 분과학들에 걸쳐 나타난 다양한 문화 상대주의적(cultural-relativist) 사유에서 열렬한 반향을 얻었다.³

이러한 전개는, [영미권에서] 주류를 이루는 분석적 전통이나 전반적으로 '대륙적인'(유럽 본토의) 계통을 막론하고, 20세기 후반기 동안 매우 중요한 특징이 된 '언어적 전회'에 의해 추가적으로 강화된다.⁴ 더 정확히 말해서, 전자는 영향력 있는 분석적 기획의 지류를 통해

---

2 [strong programme은 1970년대 에든버러대학 소속의 사회학자인 데이빗 블루어(David Bloor)와 배리 반스(Barry Barnes) 등에 의해 시작되었으며, 과학적 지식이나 혹은 보다 폭넓은 범위에서 사회 과학 일반의 지식 형성이 당대의 사회·문화적 배경과 관련될 수밖에 없고 따라서 그 형성은 이러한 배경과 관련지어 설명해야 한다는 취지에 따른 과학 및 지식 사회학의 연구 방법이다.]
3 이러한 다양한 전개에 대한 추가적인 논의를 보려면, Christopher Norris, *Against Relativism: Philosophy of Science, Deconstruction and Critical Theory* (Oxford: Blackwell, 1997), *Philosophy of Language and the Challenge to Scientific Realism* (London: Routledge, 2004) 참고.
4 유용한 예를 보려면 Richard Rorty (ed.), *The Linguistic Turn* (Chicago, IL: University of Chicago Press, 1967) 참고.

이러한 보다 광범위한 문화 상대주의적 동향에 지지를 보냈는데, 이러한 기획은 후기 비트겐슈타인과 그의 '언어게임(language-games)'이나 '생활형태(life-forms)' 개념에서 주요한 통찰을 발견하며, 이러한 개념을 모든 철학적인 탐구만이 아니라, 모든 윤리적, 역사적, 인류학적 탐구에 있어, 심지어 과학적 탐구에서도 종착점으로 간주된다.[5] 바디우는 고틀로프 프레게(Gottlob Frege)와 버트란드 러셀이라는 창시적 인물들로 거슬러 올라가는 다른 주요 지류에 훨씬 기우는 편인데, 이 지류는 [앞서 언급한 지류와] 반대로 '일상언어(ordinary language)'가 사유에 적합한 전달 수단으로 기능하는 한편 어떠한 종류의 개념적 혼동도 만들어 내지 않도록 하려면 분석—즉, 수정, 교정 및 논리적 개선—을 필요로 한다는 입장을 고수한다.[6] 실제로 바디우의 작업은 철학하기의 '분석적' 양식과 '대륙적' 양식 사이에 있다고 가정되는 큰 간극을 분명하게 가로지를 뿐만 아니라 분석적 계통의 공동체를 갈라놓았던 문제들에 깊숙이 관여한다. 이러한 문제들에는 다양한 유형의 실재론자들(realists)과 반反실재론자들(anti-realists) 사이의 논쟁이 포함되며, 그 가운데는 특히 수리 철학에 관한 논쟁이나 또—내가 이야기한 그대로— '일상언어'로부터 얻어야 할 지침의 현명한 수용을 조언하는 사상가들과, 자연 과학이나 정치, 윤리 또는 예술 등의 분야를 막론하고, 이러한 조언이 그러한 관점이 조장하는 '상식적'인 종류의 완고한 허상에 대한 수동적 묵인을 종용하는 조언이라 간주하는 사상가들(바디우는 이들 중에 속한다) 사이의 논쟁이 있다. 이런 방식

---

5 특히 Ludwig Wittgenstein, *Philosophical Investigations* (trans.) G. E. M. Anscombe (Oxford: Blackwell, 1953) 그리고 *On Certainty* (ed. and trans.) Anscombe and G. H. von Wright (Blackwell, 1969) 참고.
6 Rorty (ed.), *The Linguistic Turn* (op. cit.) 참고.

으로 바디우는 비트겐슈타인, J. L. 오스틴(Austin) 그리고 다른 분석적으로 인정된 변이형들로부터 하이데거의 해석학과 포스트구조주의 그리고 포스트근대론의 담론을 구성하는 이러저러한 (흔히 서로 잘 어울리지 않는) 관념들의 혼합물(*mélange*)에 이르는 어떠한 외양의 언어적 전회(linguistic turn)에 대해서도 강력하게 정면으로 맞선다. 게다가 그는 언어적 전회를 윤리-정치적 기반만이 아니라 '순수하게' 철학적인 기반에서 기각하는데, 언어적 전회는 여기서도 정통적인 믿음이나 가치 혹은 전제를 받아들이는, 이데올로기 면에서 순응주의적인 관점이나 무비판적인 자발성을 생산하는 경향을 보이기 때문이다. 결국, 바로 그런 것이 오직 동일한 언어게임을 공유하거나 또는 동일한 형태의 공동체 생활에 귀속되는 자들의 동의를—혹은 적어도 호의적인 이해를—얻는다는 측면에서만 명시될 수 있을 어떤 주어진 주제영역에 한하여 유효성이 보장되는 그러한 철학의 문화 상대주의적 결론이다.

이로부터 바디우가 『존재와 사건』을 쓴 주요 목적이 제시된다. 그 목적이란 바로 이러한 [문화 상대주의적] 교설이 영향을 남긴 모든 분과학들에 대해 최대한 강력하게 반대 주장을 개진하고, 덧붙여 그럼으로써—상대주의자들, 포스트근대론자, '강한' 원문주의자들('strong' texualists), 그리고 최근의 소피스트적 유행의 다른 전달자들에 반대하여—자신의 모든 작업의 중심에 진리를 확고하게 위치시키는 것이다. 오직 이런 방식을 통해서야 바디우는, 신랄한 그의 말 그대로, "모든 문화가 동일한 가치를 가지고, 모든 공동체가 그 자체의 가치들을 발생시키며, 모든 상상적인 것의 생산이 예술이며, 모든 성적인 실천이 사랑의 형식이"라는 등의 취지로 유포된 일반적인 자유주의적-다원론적 신조에 반박할 희망을 품을 수 있었다(p. xii). 이러한 경로는 바디우의 사유가 적어도 이른바 '문화적 좌파(cultural left)'에 관해 다수 의견으로 한정된 현행의 통상적 방향과 어느 정도까지 배치背馳되는지 알 수 있는 단초를 제공한다. 말하자면, 바디우의 사유는 모든 진리를 말하는 담론이―어떤 특정한 문화들이나 하위 문화들(sub-cultures)에 결정적으로 부족하다고 밝혀질지도 모를 보편적으로 적용 가능한 표준들에 관한 담론은 차치하더라도―심각하게 보수적이거나, 권위주의적이거나 또는 신제국주의적인 정신 상태의 산물일 뿐이라고 간주하는 자들을 흡족하게 할 개연성은 떨어진다. 역으로, 바디우의 관점에서, 자유, 민주주의 그리고 정의 같은 가치들이 잘못되거나 거짓된 사용으로 이 가치들에 의해 전달될 수 있는(그리고 전달되어야 하는) 정확한 의미와 정반대의 의미를 나타내는 상황으로 가는 길을 열었던 것은 바로 그들―문화적-언어적 상대주의자들과 이러한 진리에 반하는 전회를 신봉하는 지지자들―이다. 『존재와 사건』에서 그는 대체로 어떻게 이런 상황이 일어나게 되었는지 상세히 진단하고 이를 전달하는 데 주된 관심을 둔다. 그리고, 보다 건설적으로 볼 때, 대답되지 않았거나 혹은 혼란스럽거나 부적합한 대답이 주어졌던 질문들에 대해 새롭게 관여함으로써 상황을 돌려놓기 위한 일련의 제안들을 제시하는 데 할애한다.

보다 분명하게 말해서, 이 책[존재와 사건]은 상대주의가 가장 치명적인 영향력을 미쳤던 네 가지 주요 배경―과학, 정치, 예술, 사랑―각각에 그러한 의문을 제기한다. 이 책이 그러한 의문을 제기하는 방식은, 바디우에 따를 때, 이 네 가지 주요 배경을 상식적이거나, 직관적이거나 또는 이데올로기적인 믿음의 전달 너머에 이르기를 추구하는 모든 탐구에 있어 주요한 준거 지점이 되어야 할 또 다른 배경 가운데 위치시키는 것이다. 이것은 존재론의 영역―곧 실존의 다양한 형식이나 종류 또는 구별되는 양식에 따른 존재들의 영역―이며, 그런 이유로 이 영역으로 접근하는 유일한 수단은, 그것이 사유 또는 개념화의 범위 안에 있는 이상, 그 영역을 탐색하는 소명을 지닌 형식 과학으로서의 수학 곧 집합론(set theory)이다. 자신의 [영어판] 서문에서 바디우는 이 주제들을 단지 이후의 전개를 염두에 두고 검토할 뿐이지만, 이 주제들은 여기에서 예외적으로 간결하고 명료한 방식으로 펼쳐진다. 요컨대, 첫 번째로, 그는 우리에게 "상황들(situations)은 그것들의 존재에 있어 순수하게 무차별적인 다수성들일 따름이"라는 점을, 즉 [상황들이] 주목 받아야 할 유일무이하거나, 독보적(*sui generis*)이거나 또는 특권화된 권리를 구성할 어떠한 특정한 특징들—문화 상대주의자들에 의해 원용되는 것들과 같은—에 따라서도 명시되거나 분간될 수 없는 엄격하게 구별 불가능한 원소들로 이루어진다는 이해를 제시한다. 그러므로 "차이들 사이에서 어떤 규범적인 역할을 하게 될 무언가를 찾는 일은 무의미할 것인데, [왜냐하면] 진리들이 실존한다면 그것들은 분명히 차이들에 대해 무차별적이[기 때문이]다"(p. xii). 또한 이것은 그저 기발한 역설을 담고 있는 서술 정도로 보이는 데 그치지 않을 것이다. 바디우가 이어서 제시하는 주장—"문화 상대주의가 다양한 상황들이 실존한다는 진부한 언표를 넘어설 수 없"으며, 바로 이런 이유로 "차이들 가운데 정당하게 주체들과 관련되어 있는 무언가에 관해서 우리에게 아무것도 말해주지 않는다"(p. xii)—의 논리를 파악해 낸다면 말이다. 이로부터, 두 번째로, 진리들이 모든 개별 주체에 대해, 그 또는 그녀의 계급, 성별, 사회적 지위, 민족적 정체성, 직업, 문화적 배경 등과 완전히 동떨어진 채로 관련되는 이상, 진리들은 보편적이지만, 그럼에도 진리들의 발견과 추가적인 전개 그리고 유포가 (많거나 적음에 관계없이) 몇몇 헌신하는 개인들의 일인 이상, 진리들은 본질적으로 주체에 내포된 것이라는 귀결이 따라 나온다. 이들은 예시적인 '진리의 투사들'이며, 이들 중에는 "인류 전체의 해방을 위해 일하는 정치적 투사"와 함께 "예술가-창조자나 새로운 이론의 장을 여는 과학자 또는 마법에 빠진 세계를 사는 연인"이 포함된다(xiii).

이러한 주장들은 대부분의 분석철학자들에게서 비꼬는 듯한 경멸로부터 당황이나 완전한 불신에 이르는 다양한 반응을 받게 될 공산이 크다. 즉, 그들은 한 사유의 기획이―심지어(혹은 특히) 집합론적으로 유도한 형식적 존재론에 기반한 기획이―정치, 과학, 예술, 사랑 같이 너무나 다양하거나 완전히 어울리지 않는 주제들에 관해 무언가 의미 있는 이야기를 한다는 발상 자체를 터무니없는 무엇이라 여길 것이다. 하지만, 바로 그런 것이 [바디우가] 이 [영어판] 서문에서 요약적인 양식으로 개진하는 바이다. 이 책은 매우 구조화되고, 복잡하게 서로 참조되는 치밀한 추론들에 따른 논증 과정을 통해 증명에 착수하는 무엇으로, 이는 때로 17세기 합리주의 철학자들에게 매력적이라 받아들여졌던 *more geometrico*―즉, '기하학적 방식'―의 추론을 연상시키기도 한다. 그의 접근법이 분석철학자들과 결정적으로 다른 부분은, 첫 번째로, 훨씬 더 강력하고 세련된 수학적, 논리적, 개념적 자원들을 사용한다는 점이며, 두 번째로, 그러한 전개들만이 아니라 각각의 주요 주제 영역에서 (그저 패러다임, 담론 또는 언어게임에 그치지 않는) 확실한 결정적 진보들에 대해 매우 정통한 철학적 관점으로부터 논변을 전개한다는 점이다. 그러한 진보들은 수학의 발전에서 볼 수 있는 그러한 의미와 매우 유사하게 이루어지는데, 말하자면 이런 진보들은 문제들이 토대를 뒤흔들고 어떤 광범위한 정비를 요구하는 것으로 드러나는 (보통 안정된 시기보다 더 짧은) 시기들 사이에 산재한 상대적인 안정성의 기간들―해당 주제의 토대가 안정되고 어떠한 문제라도 큰 혼란 없이 해결될 수 있을 것처럼 보이는―에 걸쳐 이루어진다. 그런 것은 매우 놀랍게도 사실이며, 바디우는 이를 칸토어 이후 집합론의 도래와 이러한 도래가 연산적으로 유효하거나 형식적으로 명시될 수 있는 다양한 종류의 절차들에서—이전의 믿음들과는 반하는—무한과 그 역할에 관한 우리의 사유 방식에 초래한 극단적인 전환을 들어 논변한다. 하지만, 그것은 또한 자연 과학에서 정치와 예술에 이르기까지 다른 사유의 영역들에도 적용되며, 바디우는 거기에서 단속적斷續的(punctuated) 평형의 유사한 패턴이나 혹은 철저하게 새로운 것의 주기적 돌발이 상대적인 인식적(epistemic) 평온 상태로 들어가는 패턴의 증거를 찾는다.

따라서 어떤 획기적인 발견들이 매력적이면서도 반발을 일으키는 힘을 행사한다는 점은 다른 사상가들—즉, 그러한 발견들의 직접적인 발단의 시기를 살아가는 사상가들—을 그 발견들의 추가적인 귀결들을 추적하거나 끌어내는 기획에 강하게 찬성하는 사람들과 반대하는 사람들로 배열한다. 이러한 귀결들 중에는 이전에는 자연 과학, 사회 과학 그리고 인문 과학에 관한 지식으로 간주되던 어떤 것에 대한 철저한 재사유를 강제하는 (다시 한번 수학의 영역에서 모범적인 예시를 얻는) 다양한 종류의 진리들이 있다. 이런 방식으로 바디우는 유의미한 발견들이 어떻게 일어나며, 이 발견들이 그의 기획에 어떻게 관련되는지 명시하게 될 것이다. 거기에는 그가 철학과 여타의 사유 분과들의 관계를 지시한다고 간주하는 '현행의 전체 상태'의 세 가지 양상이 제시된다. 이 분과들이 그것들 자체의 소명을 완전하게 인식하게 되려면 철학의 도움이 요구되며, 철학은 협소하게 그 자체에만 골몰하게 되지 않으려면 항상 이러한 다른 분과들을 염두에 둘 필요가 있다. 이 세 가지 양상이란, 바디우의 간결한 정식화에 따를 때, (1) "하이데거는 보편적으로 인정될 수 있는 마지막 철학자"라는 점 (2) 수학과 논리 그리고 여타 형식 과학들에서 가장 중요한 발전들은 1920년대의 빈학파(Vienna

Circle)로부터 오늘날의 (대체로 영미권) 분석철학으로 이어지는 사상
가들의 계보에 공로를 돌리며, 이 계보는 "과학적 합리성의 형상을 사
유의 패러다임으로 보존"해왔다는 점 그리고 (3) 지금 출현 중인 어떤
새로운 "데카르트 이후의(post-Cartesian)" 주체 구상이 있는데, 그러
한 구상의 원천은 정신분석과 정치 같은 어떤 특정한 범위의 "비철학
적 실천들"로 밝혀지며, 그 "해석의 체제—마르크스와 레닌, 프로이트
와 라캉이라는 이름들로 강조되는—는 전수될 수 있는 담론을 넘어서
는 임상적 작업이나 투사적 작업으로 얽혀 있다"는 점이다(p. 1).

　여기에서 각 명제마다 상당한 분량의 주석을 달 수 있겠지만, 특히
(1)번 명제는 루돌프 카르납(Rudolf Carnap)과 그의 빈학파 동료들을
따라서 하이데거를 (바라기로) 언어에 의한 비합리주의적 주술(be-
witchment)의 종언으로 간주하는 여러 분석철학자들에게 놀라움으로
다가올 것이다.[7] 실제로, 앞으로 보게 될 것처럼, 바디우는 그 자신이
지속적으로 확언한 철학적 문제들로 간주하는 어떤 것에 대한 하이데
거의 존재론적 깊이 추구의 해석학적(depth-hermeneutic-ontologi-
cal) 접근법에 대한 직접적 지지와는 거리가 먼 데 반해, 하이데거는 플
라톤으로부터 내려오는 철학의 전통 전체— '서구적 형이상학' 이라 이
름 붙여지는—를 숙명적 오류의 영속화로 본다.[8] 하지만, 이런 점에 관
한 바디우의 강한 의구심은—그리고 또 언어를 비롯한 모든 사유의 양

7　특히 Rudolf Carnap, 'The Elimination of Metaphysics through Logical Analy-
sis of Language', in A. J. Ayer (ed.), *Logical Positivism* (New York: Free Press,
1959), pp. 60-81 참고. 또한—매혹적인 역사적 배경을 알아보기 위해서라면—
Michael Friedman, *A Parting of the Ways: Carnap, Cassirer and Heidegger* (Chica-
go: Open Court, 2000) 참고.
8　Martin Heidegger, *Being and Time* (trans.) John Mcquarrie and Edward Rob-
inson (Oxford: Blackwell, 1980).

상들 위에 시를 두는 하이데거의 시에 대한 예언자적 승격에 관한 바디우의 강한 의혹은—결코 분석적 정신 상태를 견지하는 그의 반대자들을 진정시키는 그런 것이 아니다. 이러한 반대자들에게 있어, 명제 (2)가 명제 (1)이나 명제 (3)과 어울린다던가, 수학과 논리의 주제들에 대한 진지하고도 철학적으로 정통한 관여가 하이데거의 작업에 대한 진정한 존경과 양립 가능할 수도 있다거나, 혹은 그러한 주제들이 어떤 방식으로든 정신분석의 발전상이나 마르크스주의적 정치 사유의 운명에 관련될 수도 있다는—훨씬 신빙성이 떨어지는—믿음은 생각할 수 없는 것일 따름이다. 그러나 오토 노이라트(Otto Neurath)를 필두로 한 일부 빈학파의 구성원들이 양차 세계대전 사이에 자국에서 진보적 개혁을 위한 운동에 활동적으로 참여했다는 점은 특기할 만하며, 그들은 그들 자신이 정치적으로 성취하기 바랐던 무엇(공동체적 필요에 관한 명민한 분석과 사회 정의에 관한 관심)과 철학적으로 가장 중요하다고 간주했던 무엇(사유가 개념적으로나 논리적·의미론적(logico-semantic) 정확성에 있어 가장 높은 수준으로 올라서야 한다는 생각) 사이에 매우 긴밀한 연결 관계를 봤던 것으로 여겨진다.[9] 이들 프로그램의 양 측면 모두 종종 확연한 정치적 함의(국가 사회주의적 주장에 대한 그의 공개적 수용보다 상당히 앞선)를 담고 있던 하이데거를 향한 반감뿐만 아니라 이와 더불어 언어에 대한 하이데거의 해석학적 깊이의 방식 또는 시-어원적(etymopoetic) 해석 방식을 향한 알레르기 반응에 일익을 담당했으며, 이러한 반감으로 인해 카르납은 자신의 유명한 논문에 '논리적 언어 분석을 통한 형이상학의 제거(The Elimina-

---

9   Nancy Cartwright, Jordi Kat, Lola Fleck and Thomas Uebel, *Otto Neurath: Science Between Philosophy and Politics* (Cambridge: Cambridge University Press, 1996).

tion of Metaphysics through Logical Analysis of Language)'라는 제
목을 붙이기도 했다.[10]

분명히, 바디우는 오랜 세월 동안 헬레니즘 이후(post-Hellenic) 철
학에 따른 이성의 담론에 의해 은폐되거나, 억압되거나, 또는 망각되었
던 진리들에 대한 특권적 접근의 원천으로서의 시를 향한—그리고 수
학이나 자연 과학들로부터 돌아서는—하이데거의 전회를 거부하는 데
까지는 가지 않는다. 실제로, 바디우는 하이데거 사유의 다양한 측면들
에 대해 면밀하고도 밀도 높은 주석을 헌정할 정도로 하이데거를 어느
정도는 진지하게 받아들이는데, 이런 사실은 바디우를 '대륙적' 철학
자의 무리 중에서 셈해야 할 이유가 되거나, 혹은 적어도 그가 '분석
적' 계보에 더 많이 귀속된다는 주장을 하기 전에 잠시 주저할 이유가
된다. 예컨대, "하이데거와 같이, 철학 자체는 오직 존재론적 질문에
기초하여 재배치(re-assigned) 될 수 있다고 주장될 것이다"(p. 2). 다
시 말해서, 바디우는 주류의 분석적 견해와 분명하게 의견을 달리한다.
즉, 하이데거가 이 질문을 틀 짓는 방식—존재(Being)와 존재자들(be-
ings), 혹은 존재론적인 것(ontological)과 존재적인 것(ontic)에 대한
구별—이 또 다른 종류의 '언어에 의한 주술'이라고, 단순히 현대의 기
초적인 논리적-의미론적 구별들을 적용하지 않음으로써 야기되는 구
어적 혼동일 뿐이라고 보는 견해와 분명하게 의견을 달리한다. 오히려,
바디우는 하이데거의 시에 관한 저술들뿐만 아니라 횔덜린을 필두로
한 특정한 시인들에 관해서도 (매우 날카로운 통찰을 보이는) 많은 이
야기를 하는데, 이들은 하이데거에게 있어 예시적인 '존재의 목동들'
로, 곧 본질적으로 어떠한 논리적이거나, 개념적이거나, 또는 평이한

---

10   각주 7 참고.

글로 된(plain-prose) 추론으로도 미칠 수 없는 진리의 전달자들로 드러난다.[11] 그러나 그는 또한 하이데거의 사유의 한계와 위험에 관해서도 상당히 많은 이야기를 하게 되는데, 그 중에서도—여기서는 카르납에게서 유래한 분석적 논변의 노선과 상당히 부합하여—시적 언어의 양상들 또는 차원들을 수학을 포함한 다른 양식의 담론들에 대해 '존재론적으로' 우선하는 것으로 승격시키고자 하는 욕망에 관해 비판적인 논지를 제시할 것이다. 그러므로 "분석철학과 함께, 프레게-칸토어(Frege-Cantor)의 수학·논리적 혁명이 사유의 새로운 방향들을 정한다고 주장할 것이다"(p. 2).

바로 여기에서 분석철학자들은 (그들이 보기에) 바디우의 지나치게 광범위하고, 과도하게 야심적이며, 이에 따라 철학적으로 부적절하게 구상된 기획을 이해하는 데 매우 큰 문제들에 봉착하게 될 공산이 크다. 가장 기본적인 문제는, 객관적[대상적] 진리와 존재론적으로나 구성적으로 그러한 진리를 대상으로 하는 조사의 기준들을 소환하지만, 동시에 신념적 헌신이라는 어떤 주체적인 개념을, 심지어 실존주의적이기도 한 개념을 초청하는 듯 보이는 '충실성(fidelity)'이라는 기준을 받아들임으로써, 그가 의도하는 바가 무엇인지 파악하는 문제이다. 결국, 거의 한 세기에 이르는 전통을 지닌 분석철학자들은 사실적 진리나 논리적 타당성의 주제들을 윤리나 정치의 주제들과 뒤섞는 '대륙적' 경향성에 대해 어리둥절해하거나, 당혹감을 느끼거나, 혹은 완전히 질려 버린다. 하지만, 바디우가 매우 분명하게 밝히는 그대로, 이러한 반응에 전제되는 것은 주체성에 관한 매우 뒤처진 견해이며, 그는 이를 주체가 진리의 문제들에 대해 어떤 방식으로 정립되는지에 관한—정

---

11   Heidegger, *Poetry, Language and Thought* (trans.) A. Hofstadter (New York: Harper & Row, 1971).

신분석뿐만 아니라 수학이나 과학에서 정보를 얻는—현행의 착상들을 통해 도달하게 된 단계로 간주한다. 그러므로, 한편으로 우리는 고대 그리스의 "증명적 수학"의 시작과 "자연학(물리학, physics)의 담론을 수학화했던" 갈릴레오의 돌파를 모두 능가하는 "과학의 세 번째 시대"[12]를 겪고 있다. 이제부터 우리는 "분열(split)"—즉, 지식이 획득했던 것과 사유가 착상할 수 있는 것 사이의 불일치—안에 자리잡게 되며, 바디우에 따를 때, 이 분열은 "수학적 합리성의 기초라는 본성이, 그리고 그것을 정립하는 사유의 결정의 성격이 밝혀"지는 이행의 지점을 표시한다(p. 3). 다른 한편으로, 그러한 '사유의 결정'은 인간 개별자를 다양한—그럭저럭 살아있거나 수학적으로 실행 가능한—선택지들 사이에 놓인 순수하게 자율적이거나 또는 스스로 의지하는 선택의 장소로 보는 실존주의나 현상학의 구상과 동떨어져 있으며, 철저하게 달라진 주체 구상과 관련될 수밖에 없다. 그가 서술하는 그대로, "그것[달라진 주체]은 더 이상—중심에 놓이며 반성적인—토대적 주체(subject)[13]가 아니며, 이에 관한 주제는 데카르트부터 헤겔까지 흐르며 마르크스와 프로이트에게서도(사실상, 훗설과 사르트르에게서도) 읽을 수 있다." 오히려, "동시대의 주체(Subject)는 비어 있고(void), 쪼개져 있으며, 비실체적이며(a-substantial), 그리고 비반성적(irreflexive)이며, 이에 따라 우리는 오직 엄격한 조건들을 지닌 특정한 과정들의 맥락 안에서 그것[주체]의 실존을 가정할 수 있을 뿐이다"(p. 3).

그러므로 바디우가 수학의 객관성(objectivity)을 훼손하려 한다거

---

12 [고대 그리스의 "증명적 수학"의 시작을 과학의 첫 번째 시대, "자연학의 담론을 수학화했던" 갈릴레오의 돌파가 과학의 두 번째 시대이다.]

13 [subject라는 말에는 무언가의 밑에 깔려 토대가 되는 '기체(基體)'라는 의미가 있다. 전통적인 주체는 어떤 행위나 사유의 토대가 된다는 의미에 따른 주체다.]

나, '분석적' 진영에 속한 반실재론자들(anti-realists)이나 직관주의자들(intuitionalists)처럼, 수학적 진리를 증명이나 확인 또는 인간의 원칙적인 인식 가능성(knowability-in-principle)의 범위 안으로 가져오려 한다는 결론은 잘못된 것이다.[14] 실제로 이런 결론은 바디우의 의도와 전혀 관련이 없는데, 왜냐하면 그가 상당히 강경한 논증을 통해 진리가—형식적이거나 자연적인 분과들이나 혹은 심지어 인문·사회 과학의 분과들을 막론하고—인식론적으로 제한되거나 또는 인간의 지식의 범위와 한계에 종속되는 것으로 사유될 수 있다는 형태를 취하는 모든 주장을 공격하기 때문이다. 이와 같이, 반실재론자들에 맞서, 바디우는 칸토어로부터 유래하는 집합론의 발전상을, 사유가 명료하거나 확연한 지식의 항목으로 식별될 수 없는 무언가를 등재하고 이로써 현재 실존하는 어떠한 증명절차에도 우선하게 될 놀라운 사례로 고려한다. 이런 방식으로 바디우는 다양하면서도 이질적이며, 실제로 (분석적 사유 방식과) 순전히 화해될 수 없는 개입들을 포함할 수 있으며, 그중에는 수학에 대한 실재론적이지만 그럼에도 주체를 수반하는 바디우 자신의 접근법이, 또 근본적인 존재론의 영역에서 오랜 세월 동안 방치된 문제들을 다시 여는 사상가로서 하이데거에 대한 높은 평가가, 그리고 이와 함께 진정한 진리로 가는 길로서 언어(특히 시적 언어)에 대한 하이데거의 과도한 격상을 제한하는 판단이 들어있다. 실제로, 이런 측면이나 다른 여러 측면에서, 플라톤으로부터 단초를 얻는 바디우가 보기에, 사유는 존재론적 영향력을 회복하고 그 창조적·탐험적 힘

---

14 특히 Michael Dummett, *Elements of Intuitionism* (Oxford: Oxford University Press, 1977) 그리고 *Truth and Other Enigmas* (London: Duckworth, 1978) 참고. 또한—이러한 발전들에 대한 비판적 개괄을 보려면—Norris, *Truth Matters: Realism, Anti-realism, and Response-dependence* (Edinburgh: Edinburgh Unversity Press 2002) 참고.

을 일신하기 위해 주기적으로 수학의 담론을 향해 돌아서야만 했다. 그런 경우에, "철학은, 존재로서의 존재(being *qua* being)에 관한 것인 이상, 횔덜린(Hölderlin)과 트라클(Trakl)과 첼란(Celan)[시인들]보다는 칸토어(Cantor)와 괴델(Gödel)과 코언(Cohen)[수학자들]에게 존재에 관한 담론의 계보를—그리고 그 담론의 본질에 대한 가능적 반성을—지정한다"(p. 10).

　그러므로, 바디우에 관한 한, 하이데거가 고대 그리스를 존재에 관한 담론이 시작되는 자리(site)로, 따라서—아무리 급진적인 출발이 된다 하더라도—차후에 이어질 새로운 사유의 모든 궤적들을 위한 원천으로(그리고 항시적인 준거점으로) 명명한다는 점에서, 하이데거의 사유는 옳다. 하지만, "그 기원이 설명될 곳은 수수께끼와 시적 단편이 아닐" 것이며, 오히려 "칸트에 이를 때까지, 그 대상들의 '고전적' 영역을 정의하는 […] 수학-철학적(mathematico-philosophical) 연계"일 것이다(*BE*, p. 10). 더구나 그러한 연계의 영역은 이제, 근대적 집합론의 출현으로, 칸트에게서는 완전히 생각할 수도 없는 방향으로 그리고 그러한 '고전적인' 존재론적 패러다임 안에서 작업하는 자[수학자]들에게는 완전히 접근할 수 없는 영역으로 확장되었다.[15] 실제로 차후 사유에 제공되는 것은 존재론적 탐구의 장래인데, 그러한 탐구는 아무런 조력도 받지 않은 인간 직관의 한계들—곧, 코페르니쿠스-갈릴레오 천문학으로의 이행을 통해 이미 극복되었고 비유클리드 기하학이나 아인슈타인의 상대성 이론 같은 발전들을 통해 결정적으로 초월된 한계들—에 제한되지 않으며, 심지어 개념적이거나 경험적인 조사에서 현

15　상세한 연구를 보려면 J. Alberto Coffa, *The Semantic Tradition from Kant to Carnap: To the Finland Station* (Cambridge: Cambridge University Press, 1991) 참고.

재 가장 훌륭한 방법들에 따라 알 수 있는 무언가의 범위에도 제한되지
않는다. 그러한 탐구가 대상영역(object-domain)으로 취하는 것은
'현역 수학자들'의 가장 진보한 연구들로, 즉 포함(inclusion), 배제
(exclusion), 귀속(belonging), 구성원 자격(membership), 초과(ex-
cess), '비일관적(inconsistent)' 다수성 대 '일관적(consistent)' 다수
성 등에 관한 그들의 가장 강력하면서도 원대한 발견들이다. 그러므로,
철학자들이 이러한 기획에 유용한 공헌을 하기 바란다면—플라톤이
아카데미아(Academy)에 등록하는 모든 학생들에게 요구했듯이—수
학자들과 함께 공부하며, (흔히 철학자들에게 나타나는 경향처럼) 자
신들이 어떤 순전히 선험적인(a priori) 사유의 과정을 통해 그러한 진
리들을 고안해 낼 능력이 있다고 가정하지 않아야 한다. 소피스트적 논
변(sophistry)[16]이나, 상대주의 또는 지식 사회학에서 말하는 '강한' 프
로그램의 주장들에 대한 반박에서 도움을 얻게 된다는 점 또한 이런 실
천이 가져올 (그리고 여기에서 다시 한번 바디우가 플라톤의 예를 염
두에 두는) 혜택들 중에 들어 있다.[17]

　그래서 철학자들 자신이, 이를테면, 전형적으로 라이프니츠(Leib-
niz) 같은 합리주의자들이 시도했던 종류의 형이상학적 체계구축(sys-

16　[sophistry는 일반적으로 '궤변'으로, sophist는 '궤변론자'로 번역되지만, 바디
우에게 소피스트는 어떤 의미에서 존중할 수 있는 철학의 대화 상대자이다. 따라서 본
번역에서는 sophistry를 궤변보다는 '소피스트적 논변'으로 옮긴다.]
17　이러한 주제들은 Ian Hacking, *The Social Construction of What?* (Cambridge,
MA: Harvard University Press, 2000)에서 충분한 비판을 받는다. 또한, 다양한 시각
에서, David Bloor, *Knowledge and Social Imagery*, 2nd edn (Chicago: University
of Chicago Press, 1991); Harry Collins and Robert Evans, *Re-thinking Expertise*
(Chicago, U. P., 2007); Kenneth J. Gergen, *Realities and Relationships: Soundings
in Social Construction* (Harvard, U. P., 1994); Norris, *Against Relativism* (op.
cit.) 그리고 *Philosophy of Language and the Challenge to Scientific Realism* (Lon-
don: Routledge, 2004) 참고.

tem-building)을 통해서든 아니면 (하이데거와 같이) 그들의 선택의 주제들에 관한 시적-철학적(poetico-philosophical) 사색이라는 양식을 통해서든 어느 방법이든 상관없이, 즉각 근본적인 존재론을 '할' 수 있다고 생각한다면, 그들은 분명히 착각에 빠진 것이다. 실제로, 바디우는 심지어 철학은 "원래 존재론으로부터 분리되어 있다"고 말하기까지 하는데, 그 이유는—그가 곧바로 덧붙이는 것처럼—존재론적 탐구의 대상이 "어떤 헛된 '비판적' 지식이 우리에게 믿게 할 것처럼" 그저 공상적(chimerical)이거나 비실존적(non-existent)일 뿐이기 때문이 아니라 오히려 "존재로서의 존재에 관해 말할 수 있는—그리고 말해지는—무언가가 어떤 방식으로든 철학의 담론으로부터 발생하지 않을 정도로 그것[존재론적 탐구의 대상]이 완전하게 실존하기" 때문이다 (p. 13). 이럴 정도로 철학에는 지성적으로 훌륭한 [다른] 선택지가 없으며, 이런 면에서 새로운 가능성들을 열었던 수학적 사유의 가장 발전된 구역들에서 현저하게 드러나는 그러한 발전상으로부터 실마리를 취할 수 있을 뿐이다. 그러나 바디우는 마찬가지로 수학자들이 어리석게도 그들의 전문 영역에서 수행되는 작업의 더 광범위한 함의를 도출하는 사안에 있어 철학자들이 말해야 할 무엇을 무시한다고 주장한다. 그러니까 지식과 진리 사이, 다시 말해 명쾌한 이해나 언표 또는 분명한 이론의 단계로 가져올 수 있는 어떤 것과 수학적 사유가 진행되는 중에 그러한 지식으로 향하는 길을 열지만 그 자체로는 그러한 의식적이거나 반성적인 지각의 수단을 요구하지도 (어쩌면) 허용하지도 않을 어떤 것 사이에는 중요한 구별이 있으며, 바디우는 과학 철학에서 실재론을 옹호하는 몇몇 분석적 진영의 사상가들과 이러한 구별을 공유한다. 요컨대, "존재로서의 존재에 관한 새로운 테제들은 실제로 새로운 이론일 따름이며, '자신이 존재론자임을 알지 못하는' 현역 수학자들은 새로운 정리들에 몰두하지만, 그들의 진리에 대한 열쇠는 바로 이러한 지식의 결여이다"(p. 13). 그리고 한편으로, 만일 철학자들이 진리의 지식에 대한 우선성을, 그래서 (어쨌든 이런 의미에서) 수학의 철학에 대한 우선성을 상기할 필요가 있다면, 수학자들 역시 "그들 자신의 연구의 존재론적 존엄성이, 비록 그 자체에 관한 맹목성에 제한되어 있다 하더라도, 일단 현역 수학자라는 그들의 존재로부터 풀려나게 되면, 다른 규칙에 따라 다른 결말로 향할 경우, 메타 존재론(meta-ontology)[18]에 무슨 일이 일어나는지에 관해 관심을 가지게 될 가능성을 배제하지 않는다"는 점을 상기할 필요가 있다(p. 14).

2. 진리, 수학 그리고 주체

확실히 그러한 언급들에 관해서 일정 정도의 불편감이 따를 것이다. (바디우의 책에) 고집스럽게 등장하며 주의를 끄는 이탤릭체나, 또 다른 부분에서 '현역 수학자들'에게 철학자들이 수학에 관해 충분히 알지 못한다고 가정하여 철학자들의 이야기를 묵살하는 경향이 있다는 사실을 지적하는 바디우의 다소 민감한 언급으로 암시되는 것처럼 말이다. 앞으로 보게 될 것처럼, 바디우의 경우—[수학에 관해] 상당한 지식을 갖추고 있으며, 그 지식을 인상적인 효과로 전달하기에—이러한 [수학에 대한 무지의] 가정은 과녁에서 완전히 벗어난다. 물론 그러한 가정이 이런 분야에서 상당히 많은 양의 분석적 작업에서 전형적으로 나타나는 이미 수학적으로 정립된 종류의 단조로운 예에 적용될 때

---

18 [이 논의의 맥락에서는 수학이 존재론이고, 수학이 만들어낸 진리를 탐구하는 철학은 존재론에 대한 탐구가 되므로, 여기에서 메타 존재론이란 철학을 지칭하는 말이다.]

얼마간의 설득력을 가지겠지만 말이다.[19] 하지만, 또한 중요하게 파악
해야 할 것은, 바디우의 구상에 따를 때, 수학과 철학 사이의 관계가 공
기원성(equiprimordiality)의 관계는 아니더라도, 철학에는 보다 넓은
범위의 '메타 존재론적' 진리들에 명확한 형식과 표현을 부여하는 필
수 불가결한 역할이 주어지며, 그렇지 않았다면—수학자들이 이러한
진리 추구하기를 꺼리는 경향을 보이는 이상—그러한 진리들은 말해
지지 않은 채로 남겨지게 되리라는 점이다. 그러므로, 칸토어로부터 현
재에 이르는 집합론의 주요 발전상이 어떻게 그리고 왜 "그것들[그 발
전들][20]의 기술적 유효성—지금까지 그것들을 고도의 전문가들의 학문
적 경기장에 가두었던—을 훨씬 넘어서 반향"하는지 설명하는 작업은
오롯이 철학에 달려 있다(p. 16). 같은 의미에서 철학은 수학에 정통한
존재론이 어떤 방식으로 모든 고도의 전문 분야로부터 완전히 동떨어
진 영역들에서 즉, 지식과 경험의 네 가지 주요 영역에서 이정표를 제
공할 수 있는지 보이기에 가장 좋은 위치에 있으며, 여기에서 이 네 가
지 영역은 한편으로 철학에 사유의 필수 불가결한 '조건들(condi-
tions)'을 제공하는 동시에, 다른 한편으로 정확히 존재와 사건의 이중
성에 대한 이 조건들 자체의 지위와 관련한 의미에서 철학에 의존한다.
실제로 바디우의 논점—다시 한번 여러 철학자들이 엄청난 범주오해
(category-mistake)나 괴리적인 영역들의 극도로 무차별적인 혼합에
관련된 것이 아닌가 느끼게 될 논점—은 바로 집합론의 획기적인 발전
상들이 수학, 논리, 형식 과학이나 자연 과학에 관해서만이 아니라 우
리의 사회적, 정치적, 개인적(또는 간개인적[inter-personal]) 삶들의

---

19   예를 들어 1장 '전후 맥락'의 각주 7 참조.

20   [『존재와 사건』 원문에서 살펴보면, 그것들은 코언의 '개념들'—유類적 속성
(genericity)과 강제(forcing)—을 받는 말이다.]

모든 양상과 관련하여 기존 개념들의 철저한 수정을 유발할 수밖에 없다는 것이다.

 "다른 가능한 많은 수의 후보들 중에 특별히 이 '네 가지 조건들'을 뽑아내는 이유는 무엇인가?"라는 뻔한 질문에 대해, 내 생각에 바디우는 자신의 기획에 대한 구체성이나 중요성이 증가하는 순서에 따라 세 가지 대답을 내놓으리라 여겨진다. 네 가지 조건들에 특권이 주어지는 이유는, 첫 번째로, 그 조건들이 인간적 실존을 규정하는 중심적인 현실이기 때문이며, 두 번째로, 그 조건들이 이미 바디우가—자신과 어떠한 의견차(때로 심각한)를 보인다 하더라도—높이 평가하는 사상가들에 의해 고도로 정련된 인지적 작업에 제출되어왔기 때문이며, 세 번째로, 그 조건들 각각이 복잡하고 확연하며 도전적인 방식으로 존재와 사건의 이율배반(antinomy)을 제기하여 바디우의 주된 테제를 오해의 소지가 없는 설득력으로 납득하게 하기 때문이다. 이에 따라 과학, 정치, 예술은 집합론으로부터, 보다 구체적으로 말하자면 바디우의 가장 두드러진 수학적 원천들 중 하나인 폴 코언(Paul Cohen)의 작업으로부터 유래한다는 의미에서 특정한 '유類적 절차들(generic proce-dures)'을 수반한다는 것이다.[21] 이는 결코 바디우가 어떤 방식으로든 사회 과학이나 인문 과학을 '존재론화(ontologizing)'한다거나, 혹은 —내가 지금까지 한 이야기에서 그렇게 여겨질 수도 있겠지만—이러한 학문들이 이제부터 선택이나 행위성(agency) 및 윤리적 책임에 어떠한 여지도 남기지 않을 철저하게 수학화된 자연 과학의 모델에 입각하여 구상되어야 한다고 주장하는 것이 아니다. 오히려, '존재/사건'의 이분법이라는 중요한 주제 구상에 관한 그의 전반적인 논점은 형식 과

---

21 Paul J. Cohen, *Set Theory and the Continuum Hypothesis* (New York: W. A. Benjamin, 1966).

학, 자연 과학, 사회 과학, 인문 과학이라는 영역들의 주요 발전상이 모두 기존의 사유 양식과의 단절이나 혹은 이전에는 알려지지 않았거나, 인정받지 못하거나, 적합한 개념화의 범위 안으로 가져오지 못했던 어떤 새로운 체제(dispensation)의 도래를 통해 일어난다는 사실을 강조하는 것이다. 심지어 그럼에도―다시 한번 집합론적 영역에 대한 일차적인 준거로, 그가 동등하게 강조하려 하는 것처럼―그러한 이분법의 출현은 이후에 적합한 증명이나 일관적인 추론으로 간주되던 어떤 것으로 이루어진 그 당시에 유력한 관념들에 의해 분명하게 시야에 들어오거나 심각한 개념적 위해를 가하지 못하도록 억제되던 역설이나, 논리적 아포리아, 또는 해결되지 않은 딜레마에서 (그때는 부지불식간에 그랬다 하더라도) 예시豫示된(prefigured) 것으로 파악될 것이다.

수학의 '유적 절차(generic procedure)'나 철학, 혹은 지식이나 경험에 관해 철학을 조건화하는 네 가지 양식은 사유가 현행적으로 폭넓게 인정되는 기반들에 관한 형식적(입증적) 증명이나 확인의 범위 너머에 놓인 무언가에 대한 예감 또는 선행적 인식을 획득하게 하는 것이다. 무엇보다, 바디우가 주장하는 그대로, 유적 절차는 『존재와 사건』에서 오로지 그의 주요한 관심의 초점을 차지하는 집합론적 개념들에 대한 면밀하고 상세한 조회를 통해서라야 논리적으로나 실존적으로 충분히 정확하게 설명될 수 있다. 이로 인해, 다음에 이어지는 진술은 이 단계에서 매우 모호하게 보이겠지만, 바디우의 기획에 관한 몇 가지 실존적 지점들을 포착하며, 어쩌면 이후에 전개될 이 주제들에 관한 보다 상세한 논증의 양상들과 공명할 것이다.

예술, 과학, 참된(희소한) 정치, 그리고 사랑(만일 그런 것이 실존한다면)에서 일어나는 것은 당대에 식별할 수 없는 것의 밝혀짐이다. 이에 따라

그것은 알려지거나 인정된 다수나 형언할 수 없는(ineffable) 단독성이 아
니라 그것의 다수 존재(multiple-being)에서 관건이 되는 집합적인 것
(collective)의 모든 공통적 특징들을 억류하는 무엇이며, 이런 의미에서
그 집합적인 것의 존재의 진리이다(p. 17).

여기에서 '집합적인 것'은 사회적이거나 정치적인 계급, 집단, 당파,
운동 및 경향을 구성하는 상당히 많은 다수들을 포함할 뿐만 아니라,
보통 성애나 사랑의 관계를 형성하는 한 쌍의 연인을, 그리고 심지어―
이러한 사안들에 관한 어떤 적절한 설명에 관계되는 이상―그가 지닌
'형언할 수 없는' 단독성(singularity)으로 인해, 인정받는 사유 양식
에, 질서(order) 개념에, 혹은 집단적 재현에 강력한 도전을 제기하는
단독적 개인(과학자, 예술가, 정치적 활동가, 연인을 막론한) 또한 포
함한다고 이해되어야 한다. 이러한 경우에 주체는 본질적으로 어떤 보
다 넓은 집합적인 것의 장악력을 벗어나는 무엇의 위치―보다 적절하
게 말하자면, 운반자나 또는 매개체―가 될 터인데, 그 이유는 주체의
의미(import) 곧 진리 내용(truth-content)이 오직 이후 단계에서 그
리고 현존하는 어떤 담론을 특징 짓는 징후적(symptomatic) 간격이나
생략 및 아포리아에 관한 보다 발전된 이해를 통해서 출현할 것이기 때
문이다. 어떤 경우에도 주체는 바디우가 공공연하게 혹은 암시적으로
진행되는 대화에 끌어들이는 사람들―구조주의자들(structuralists)과
포스트구조주의자들(post-structuralists)―에 의해 허용되는 어떠한
범위보다 능동적이고, 자기 의지에 따르며, 헌신적이며, (그런 이상)
자율적이다.[22]

---

22 정통한 설명을 보려면 Catherine Belsey, *Critical Practice* (London: Methuen,
    1981); Richard Harland, *Superstructuralism: The Philosophy of Structuralism and*

실제로 이것은 바디우의 사유가 라캉주의(Lacanian) 정신분석에서
암시되는 류의 언어-구성주의적인[liguistic-constructivist](그리고 그
런 이유로 결정론적인[determinist]) 입장과 극명하게 갈리는 한 가지
주된 지점이다. 앞으로 보게 될 것처럼, 그가 라캉의 개념들을 자주 사
용함에도 불구하고 말이다.[23] 결국, 바디우의 기획처럼, 어떤 특정한 과
학적 진리주장들(truth-claims), 수학적 정리들, 예술적 실천들, 또는
정치적 헌신들을 시험하거나 지탱하는 과제에 대한 주체의 충실성을
주장하는 모든 기획은, 라캉의 기획처럼, '자율적인' 주체란 상상적인
것의 허구라는 착상―의식이란 대부분 물 속에 잠겨 있는 빙산의 일각
일 뿐이며, 반성적 자아란 그저 프로이트적 무의식의 장난감이라 보는
―과의 사이에서 분명한 목적들의 충돌을 드러낸다. 인간 존재자들이
때때로 집합적 행위자들의 편에서 진행되는 상당한 정도의 능동성을
담보하는 참여적이면서도 전환적인 실천을 수반하는 방식으로 그들 자
신의 역사를 만들어 갈 수 있고 또 만들어 간다는 발상에 대한 바디우
의 깊은 애착과 행위자들이 기존의 사회 경제나 문화 또는 이데올로기
의 구조들(formations)에 의해 언제나 이미 구축되어 있는―또는 '호
명되는(interpellated)'―범위에 대한 알튀세르(혹은 '구조주의적-마
르크스주의자)'의 강조 사이에도 유사한 충돌이 나타난다.[24] 이런 이유

Post-structuralism (London: Routledge, 1991); Mark Poster, *The Mode of Infor-
mation: Post-structuralism and Social Context* (Chicago, IL: University of Chicago
Press, 1990); Robert Young (ed.), *Untying the Text: A Post-structuralist Reader*
(London: Routledge & Kegan Paul, 1981).

23 특히 Jacques Lacan, *Ecrits: A Selection* (trans.) A. Sheridan-Smith' (London:
Tavistock, 1977); 또한 (짧지만 훌륭한 소개서를 보려면) Malcolm Bowie, *Lacan*
(London: Fontana, 1991) 참고.

24 예를 들어 Louis Althusser, *For Marx* (trans.) Ben Brewster (London: New
Left Books, 1969); 또한 Gregory Elliott, *Althusser: The Detour of Theory* (Lon-

로 바디우는 사르트르에 대한 충실성(『변증법적 이성 비판(*Critique of Dialectical Reason*)』을 쓴 후기 사르트르에 대한 충실성)을 드러내는데, 이 후기 사르트르는—사르트르 자신도 인정하는 것처럼—대립적이면서도 목적 회피적인(purpose-deflecting) '반목적성(counter-finality)'의 힘들과 '실천적 무기력(pratico-inert)'[25]에도 불구하고, 이러한 인간의 집합적 행위성(agency)에 중심적인 역할을 보존함으로 인해, 유행하는 조류에 크게 역행하는 모습을 보인다.[26] 그러나 『존재와 사건』을 깊이 있게 읽은 사람이라면 누구라도 바디우가 개인적인 자유, 권리, 진정한 자아(selfhood), 자율성 등에 관한 세련된 수사학을 사르트르가 매우 설득력 있게 서술하는 그러한 정반대의 힘들로부터 효과적으로 관심을 돌릴 수단으로 동원하는 모종의 자유주의-인본주의적(liberal-humanist) 신조에 동의한다고 가정할 수 없을 것이다. 이런 이유로, 바디우에게 있어, 주체는 (포스트구조주의적 이론에서 그렇듯) 어떤 텅 빈 장소 점유자(place-holder)나 혹은 순수하게 언어 담론적(linguistic-discursive) 구조물이 아니며, 또한 (자유주의자들에게 그렇듯) 강압적 압력이나 순응주의적 압력에 반대하는 인간 자유의 최종적 담보물이 아니다. 오히려 주체는 오로지 그것 자체만이 인정된 지식이나 합의된 믿음의 한계 너머에 이르는 어떤 진보를 가능케 하는 전적으로 필수 불가결한 힘을 지닌 장소이지만, 어떤 방식으로든 그 진보를 가능케 할 조건들을 구성하는 그러한 구체적이고도 예시적인 이해 양식들로부터 완전히 동떨어진 영역에 존재한다고 생각할 수 없다.

---

don: Verso, 1987).

25   [또는 '실천적 타성태'.]

26   Jean-Paul Sartre, *A Critique of Dialectical Reason*, Vol. 1, *Theory of Practical Ensembles* (trans.) A. Sheridan-Smith (London: New Left Books, 1976) 그리고 Vol. 2 (trans.) Quintin Hoare (London: Verso, 2006).

따라서, 바디우에 따를 때, "주체는 국지적으로 나타[나며], 오로지 하나의 유적 절차(generic procedure)에 의해서만 지탱된다. 그러므로, 엄격한 의미에서, 예술, 사랑, 과학 또는 정치와 관련된 주체만이 있을 뿐이다"(p. 17). 궁극적으로 주체를 구성하는 무엇은 주체가 어떤 하나의 기획으로 그러한 영역들 중 하나에 연루되어 그 기획이 특정한 의미에서 '관련 영역을 대체하'도록 하는 데 있다. 그러나 이는 또한 그 기획의 발전—다양한 종류의 실험, 증명 절차, 예술적 실천 및 정치적 활동—에 있어 절대적으로 주체의 헌신에, 또 그 혹은 그녀의 창의성, 지성, 창조성 및 정치적 목적의 힘에 달려있기도 하다. 이런 이유로 바디우는 오늘날의 지성적 정설(orthodoxy)로 수용되는 두 이론—보통 정치적으로나 문화적으로 서로 분극화된다고 여겨지나(그리고 그들 스스로도 그렇다고 여기지만) 실제로는 서로를 지탱하는 의사擬似-대립(pseudo-opposition)의 관계에 서게 되는—모두에 강력하게 대립하는 입장을 취하는데, 여기에서 전형화된 '자유주의-인본주의적' 이데올로기는 포스트구조주의나 포스트근대론 혹은 여타의 회의주의 노선들의 공격에 노출되는 편리한 대상의 역할을 하지만, 후자 역시 전자의 논쟁적 시야 안으로 떨어지기 쉽다. 이는 그러한 거짓 딜레마에서 벗어나고 이 딜레마에 의지하지 않는 대안적인 주체 구상을 전개하고자 하는 바디우의 확연한 결단을 설명한다. 말하자면, 그의 접근법은 어떤 (예를 들어, 과학이나 정치 또는 예술의 측면에서 주어진) 목적(cause)에 대한 인간의 헌신과 충실성과 풍부한 자원의 행사에 적합한 여지를 제공하겠지만—데카르트로부터 훗설과 그 이후에 이르기까지 철학자들 가운데 주기적으로 재출현하는—순수하게 자기 충족적이거나 자율적인 사유와 목적지향적 행위성의 장소로서의 주체라는 개념에 의지할 어떠한 가능성도 배제할 것이다.

2장 주제들의 개관   61

주체와 진리 사이의 연결은, 바디우가 적절하게 언급하는 그대로, 데
카르트를 거쳐 플라톤에게로 돌아가는 것이지만, 이는 데카르트로 시
작하여 칸트에게서 가장 세련된 논술법을 얻게 되는 인식-비판적(epis-
temo-critical) 사유의 노선에서 특징적으로 근대적인 형식을 얻는다.
하지만, 합리론자들과 경험주의자들, 실재론자들과 반실재론자들, 혹
은 객관주의자들[27]과 구성주의자들 사이에서 끊이지 않는 논쟁들로 드
러나는 것처럼, 이러한 연결은 인식론과 과학 철학에 관한 매우 많은
문제들을 야기한다. 어쨌든 언뜻 보기에 바디우와 같은 접근법에는 충
분한 이유가 있는데, 그 이유는 이 접근 방식이 빠르게 급증하는 논쟁
들의 뒤얽힘을 헤쳐나가기 위해 인식론보다는 존재론이라는 논거에 기
초하며, 또 그 존재론을 (하이데거와 같이) 언어나 해석학(hermeneu-
tics) 또는 해석 이론(interpretation-theory)이 아니라 오히려 수학과
논리 및 여타 형식 과학들에 기초하기 때문이다. 그러므로 『존재와 사
건』의 중심 테제는 '수학은 존재론이' 라는 것이며, 바디우는 이 '메타
존재론적이거나 철학적인 테제'를 "현행적으로 누적된 (칸토어, 괴델
그리고 코언 이후의) 수학과 (하이데거 이후의) 철학의 상태로 인해 필
요해진다"고 간주한다(p. 15). 당연히 나는 이후에 칸토어, 괴델, 코언
이라는 이름들로 표상되는 수학적 사유의 발전상이 바디우의 기획에
초래할 구체적인 영향력에 관해 보다 상세히 이야기할 것이다. 하지만,
지금 당장에는 간결하게 두 가지 명확한 논점만을 제시하겠다. 첫 번째
는 그가 '철학'과 '메타 존재론'을 동일시한다는 점인데, 다시 말하자
면 철학을 수학적 탐구로 발견된 존재의 구조에 관한 진리들을 해명하
는 역할을 맡은 이차적(second-order) 담론으로 확인하는 것이다. 두

---

27   [혹은 '대상주의자들(objectivists)'.]

번째는 여기에서—그리고 책 전체에 걸쳐—하이데거가 매우 중요한
사상가로 그려진다는 사실이다. 물론, 바디우의 판단에 따를 때, 그가
만연한 기술 발전과 도구적 이성의 지배에 넘겨진 시대에 진정한 사유
의 유일한 희망이라고 간주했던 그러한 깊이 있는 존재론적 일신과 그
원천의 위치를 잘못 지정한 사상가임에도 불구하고 말이다.[28] 실제로
바디우가 철학을 수학에 대한 엄격하게 보조적인 역할에 붙들어두는—
동시에 (같은 정도로 중요하게) 철학의 구별되는 소명과 상대적인 자
율성을 주장하는—한 가지 이유는 만일 철학이 그 네 가지 조건들 중
어느 하나에 너무나 밀접하게 '봉합(sutured)' 된다면 (그보다 앞선 하
이데거의 생생한 예에서 알 수 있듯이) 위험한 길로, 심지어 정치적 재
앙의 방향으로 이끌릴 수도 있다는 측면에 대한 날카로운 인식이다.[29]
그러므로 바디우가 자신의 주장을 제시하며, 철학의 조건들에 대한 관
여는 언제나 존재론적 문제들—즉, 수학을 통해 구상된 존재론적 문제
들—에 대한 이전의 관여에 기초하여 실행되어야 한다고 말할 때, 여
기에는 여러 문제들이 관련된다. 왜냐하면 오로지 수학만이 하이데거
가 게르만 문화와 언어 그리고 특히 시를 위해 개진했던 (보편적인 것
에 준하기는 하지만) 지역주의적인 종류의 주장에 대해 방어 수단이
될 수 있는 보편적인 진리 혹은 타당성의 요구에 부응하기 때문이다.
또한, 철학이 이러한 '메타 존재론적' 역할을 시야에서 놓치지 않는다
고—다시 말해, 철학이 집합론적 탐구의 성취에 따르며 그 함축들을
설명한다고—역설함으로써, 바디우가 추구하는 목표는 철학이 그저

---

28   각주 8과 11 참조; 그리고 또한 Heidegger, *The Question Concerning Technology, and Other Essays* (trans.) W. Lovitt (New York: Harper & Row, 1977).
29   추가적인 논의를 보려면 Richard Wolin (ed.), *The Heidegger Controversy* (New York: Columbia University Press, 1991) 참고.

국지적인 것이나 당파적인 것을 초월하는 이해관심에 책임을 다하도록
하는 것이다.

　이런 방식으로 그는, 다양한 민족적 소속이나 문화 배경, 사회적인
계급 구성원 자격이나 언어적 기원, 또는 성적/젠더적(sexual/gender)
정향에 속한 사람들 간의 공통성보다는 차이에 대한 최대한의 존중을
통해, 정의(justice)가 가장 훌륭하게 충족됨을, 즉 인간의 행복(wel-
fare)이 가장 효과적으로 증진됨을 주장하는 어떠한 형태의 논증―현
재로서는 문화 이론 전반에 걸친 '급진적' 사유의 광범위한 범위에서
유행하는 논증―에도 강력하게 맞선다.[30] 반대로, 그가 주장하는 바에
따를 때, 차이(difference)나 이와 함께 의미상의 친연성을 지닌 다양한
용어들(이타성異他性[alterity], 타자성[otherness], 이질성[heteroge-
neity], 공약 불가능성[incommensurability][31] 등)에 관한 강조는 때로
다양한 인간적 가치와 믿음에 대한 존중을 나타내는 것이 아니라, 그런
가치와 믿음 중 (그 자체를 비롯하여) 어느 것에 대해서도 진정한―
즉, 합리와 원칙에 입각한―존중의 부재를 나타낸다. 철학을 통해, 이
러한 차이의 숭배로부터 가장 직접적으로 번역되어 나오는 것은 비트
겐슈타인의 다양한 '언어게임들'에 대한 담론이나 문화적으로 다양한
'삶의 형식들', 진리나 진보 및 계몽 등의 한물간 '큰 서사들(grand
narratives)'과 대립하는 것으로서 '자연적으로 실용적인 일차원적

30　예를 들어 Iris Marion Young, *Justice and the Politics of Difference* (Princeton,
NJ: Princeton University Press, 1990) 참고. 또한―다양한 분과들에 걸쳐 제시되는
그러한 사유에 대한 비판적 개괄을 보려면―Norris, *Truth and the Ethics of Criti-
cism* (Manchester: Manchester Unversity Press, 1994).
31　['공존 불가능한'의 의미가 되기도 하는데, 수학에서 약분하려면 분모를 공유하
게 된다는 점을 연상해 볼 것. 그런 점에서 '공존 불가능'이나 '양립 불가능한(incom-
patible)'과 같은 의미가 되기도 한다.]

(first-order) 서사들'에 대한 리오타르(Lyotard)의 포스트근대론 (postmodernist) 찬양, 철학이 다소간 창의적이거나 또는 문체상 풍부한 자원을 지닌 '종류의 글쓰기'임을 폭로하는 로티(Rorty)의 견해, 그리고 윤리라는 이름을 얻을 자격이 있는 모든 윤리의 기초를 구성하는 어떤 것으로서 타인에게 돌려지는 절대적 타자성(혹은 철저한 이타성)에 대한 엄격한 존중(regard)이라는 레비나스(Levinas)의 개념 등이다. 바디우는 이러한 사유의 노선 전반을 오랜 세월에 걸쳐 내려온 소피스트적 주제들에 관한 또 다른 작은 갱신으로, 즉 (팽팽하게 반철학적[anti-philosophical]이기보다는) 관성적으로 비철학적인[un-philosophical] 교설로 기각하는데, 이러한 교설에 따를 때, 진리는 어떤 주어진 문화적 생활 형태에 관련하여 상대적인 것으로 사유되거나, 그렇지 않다면 레비나스에 따를 때, 주체가 자신의 실천을 통해 진리를 추구해야 한다는 주장을 완전히 포기하는 조건이 따르지 않는 이상, 진리는 단지 사유의 '자아론적(egological)' 역량들로 사유될 뿐이다.[32]

이런 방식으로 (『존재와 사건』의) 서론이 명확히 밝히는 것은 바디우가 근래의 프랑스 철학 또는 프랑스의 영향을 받은 철학과 비판 이론의 이러한 모든 움직임들과 확고히 갈라선다는 사실이다. 이 움직임들은 어떤 이중적 목표를 공유해왔는데, 그 목표는 말하자면 진리를 그 자체의 발판에서 밀어내고, 주체—즉, 데카르트와 칸트의 '안다고 가정되는 주체(subject-presumed-to-know)'—를 합리적이거나, 인식적이거나, 또는 비판적인 반성적(성찰적, reflective) 파악이라는 주체가 지닌 최상의 능력들을 초과하는 어떤 것에 엄격하게 종속되는 역할로 강등시키는 경향으로 구성된다. 다른 한편으로, 철학이 존재론적 관심사

---

32   Immanuel Levinas, *Totality and Infinity* (trans.) A. Lingis (Pittsburgh, PA: Duquesne University Press, 1969).

의 인식론적(그리고, 한층 더 강력하게, 문화적-언어적) 관심사에 대한 우선성을 인정해야 한다는 요구에서, 그리고 이와 함께 수학이 모든 존재론적 탐구에 유일하게 적합한 기초 또는 출발점이라는 주장에서 드러나는 것처럼, 바디우는 주체를 특권적인 진리의 장소나 원천으로 보는 어떠한 주체 개념도 받아들이지 않는다. 이런 이유로 그는 『존재와 사건』에서 충분히 역설적인 방식으로 자기 기획이 "서로 연계된 본질적으로 새로운 두 개념들, 곧 진리와 주체라는 개념들을 둘러싸고 조직된다"고 주장한다(p. 15). 여기에서 '새로운'이라는 말은 이를테면 진리와 주체라는 두 개념이 수학적 추론의 방법들과 절차들에서 모델을 발견하는 진리사건(truth-event)—지금까지 사유되지 않거나 예상치 못한 존재론적 자원들의 발견—의 구상을 통해 [앞으로] 철저하게 재규정될 것이라는 의미에 따른 것이다. 보다 정확히 말해서, 친연성을 지닌 이러저러한 분야들에서 그러한 중요한 발전의 단계들은 존재와 사건 사이 관계의 위계(order)에 심대한 영향력을 미치는 변동(shift)으로부터 귀결됨을, 다시 말해 우선 심대한 불안정화의 효과를 일으키고 그런 후에 어떤 새로운 존재론적 체제나 또는 그 관계의 효과적인 파악을 가져오는 그러한 변동으로부터 귀결됨을 보일 수 있다. 바디우에게 있어, 이로부터 오는 귀결은 순간적인 성격을 지닌 사건들이 또한 주체의 영역에 급진적인 변화를 생산하게 되리라는 것이며, 이러한 주체의 영역은 상당 부분(혹은 완전히) 현상학이나 일인칭 시점의 경험을 통해 구성되기 보다는, 오히려 그러한 사건들이 일어나 전환적인 힘을 행사할 수 있게 한다고 사유되어야 할 그러한 장소로 구성된다는 것이다.

이에 따라 주체는 오로지 어떤 획기적인 사건들에 대한 관계를 통해 실존하며, 그러한 사건의 중요성은 그저 사후적으로—다시 말해, 향후에 이어지는 단계들이나 보다 진전된 조사의 절차들을 통해 사건의 진리임을 증명하게 될 발전들에 비추어—알려질 수 있을 뿐이며, 사건의 진리 내용은 수학이나 논리 및 여타 형식 과학과 관계되거나 혹은 함께 진리를 가능케 하는 원소를 구성하는 네 가지 조건들 중 하나와 관계된다. 그런 만큼, 바디우는 자율적으로 사유하고 의지하며 행동하는 자유주의-인본주의적 이데올로기의 주체에 대해 개진된 어떠한 주장에도 회의적이거나 반신반의하는(dissident) 눈길을 던졌던 현상학과 실존주의의 발단기에 등장한 프랑스 사상가들의 무리에 속한다. 하지만, 바디우의 기획 전체에 있어 마찬가지로 중요한 것은 주체를 사건적 측면에서 보는 만큼이나 언제나 잠재적으로 모든 정립된 신념 체계나 개념 도식의 범위를 능가하거나 초과할 능력을 갖춘 무엇으로 보는 발상이다. 이에 따라 그가 철학에 동기를 부여하는 본질적으로 주된 과제라 여기는 무엇은 그것이 어떤 것이든 어떤 주어진 분과학적 영역에서 사유의 조건을 한정하는 것으로 제시되는 무엇의 경계 너머를 사유할 수 있을 가능성을 사유하는 구상이다. 바디우가 보기에, 이러한 구상은 우리에게 철학적 성찰(reflection)의 길을 거쳐 존재론의 중심적인 주제들(즉, 칸토어로부터 프레게를 거쳐 코언에 이르는 집합론적 탐구의 발전으로 제기된 주제들)에 대한 재관여(reengement)를 향해 되돌아갈 것을, 그리고 그로부터 새롭게 혁신된 주체 개념을 향해 그리고 또한 불가분하게 이에 수반되는 혁신된 주체 개념을 향해 되돌아갈 것을 요구한다.

바로 여기에서 처음으로 바디우는 코언의 집합론적 개념들 중 다른 하나를 소개하는데, 이것은 소위 '강제(forcing)'라는 개념으로, 곧 기존의 어떤 지식의 상태 안에 있는 분명한 역설, 모순, 아포리아 또는 비일관성들이 이후에—어떤 보다 발전된 이해 단계로부터—지식[앎]이

2장 주제들의 개관   67

지닌 최상의 식별 능력이나 개념적 파악력을 동원하더라도 진리에 미치지 못했던 그러한 징후적 압력의 지점들(stress-points)을 정확히 표시하는 것으로 보일 수 있게 하는 그러한 과정이다. 다시 한번, 이러한 집합론과 수리 철학이라는 상대적으로 기술적인 영역을 경유하는 설명의 경로를 취하는 주된 이유는 그러한 경로가 그저 암시적인 유비만이 아니라 주요한 발전들이 다른 노력의 영역들에서 성공을 거둔 길과 유사하며, 심지어 (바디우가 주장할 것처럼) 정확한 일치를 보인다는 것이다. 그러니까 그 이유는 "존재가 보충될(supplemented)[33] 수 있다"거나 혹은 "어떤 진리의 실존"이 "사건의 발생에 달려있다"고 사유될 수 있다는 것으로, 이를테면 "사건이 그 자체로 오직 개입의 소급작용(retroaction)에서 결정"되는 이상 사건의 영향력(함축, implications)은 처음부터 명료한 것과는 거리가 멀다는 것이다(p. 17). 이런 방식으로 바디우는 존재론을 실재론적 측면에서 사유하여, 존재론이 '거기에서' 탐색되어야 할 영역에 대한 점진적인 탐색을 수반하지만—결코 [그 탐색의 영역이] (반실재론자들이 생각하리라 여겨지는 것처럼) 바로 그 [탐색의] 과정을 통해 창조되지 않기 때문에—그럼에도 최초의 (보통 다소간 잠정적이거나 장애가 되는) 정식화(표명, formulation) 이후에 한참 동안 그 자체로 상당히 많은 분량의 철저한 사유(thinking-through)를 요구하는 놀랍도록 새로운 발견들에 언제나 열려 있다고 간주한다. 이에 따라, 『존재와 사건』에 관해, 바디우는 이 책이 "60년대 초에 일어난 지성적 혁명이 수학을 매개로 삼지만, 그럼에도 사유의 가능한 범위 전체에 반향을 일으킨다는 […] 점을 알리도록 마련된" 책이

---

33   ['보충하다'라는 동사의 주어는 '사건'이며, 여기에서 '보충'이라는 말은 더해진다는 의미로 읽으면 된다. 단, 존재에 사건이 더해질 때, 존재는 더 이상 이전의 존재가 아니라 무언가 사건의 영향으로 변화된 존재일 것이다.]

라고 기술한다(p. 16). 그는 이 혁명이 코언의 공헌에 따른 집합론의 발전에서 귀결된 것으로 보는데, 말하자면 결국 집합론의 발전은 철학에 어떤 이유로 지식이 진리에 미치지 못한다고—혹은 진리가 지식에 앞선다고—사유될 수 있는지 설명할 형식적 자원들을 제공했고, 이로써 그러한 [진리와 지식의] 불일치로부터 오랜 기간 동안 지속되어온 강렬하고도 매우 집중적인 조사(enquiry)의 기획을 실행하는 데 요구되는 추동력이나 유인의 공급을 가능케 했다는 것이다.

　"유적인 것의 범주로", 바디우가 서술하는 바에 따를 때, "나는 그것들[그 조건들]이 불확정적(indeterminate)이지만 동시에 완결적임을 증명하는 절차들로 이루어진 동시대적 사유를 제안하는데, 그 이유는 이 절차들이 모든 가용한 백과사전의 틈새(gaps)에서 그것들이 시작되는 장소의 평범한 존재(common-being)를, 곧 다수적 본질(multiple-essence)을 밝혀내기 때문이다"(p. 17). 물론 이 문장은 상당한 분량의 분석적 해석을 요할 것인데, 바디우가 이어지는 면밀한 추론과 밀도 높은 암시 그리고 복합적 상호 참조를 담고 있는 많은 분량의 텍스트 전체에 걸쳐 정련된 방식으로 설명하게 될 논증의 많은 부분을 여기에서 요약하고 있기 때문이다. 당장에는 이 문장을 통해 진리와 지식 사이를 가르는 바디우의 중요한 구별이 어떤 방식으로 (예컨대, 수학적인, 과학적인, 정치적인, 예술적인) 탐구의 절차들에 관련된 사안으로 표현되는지에 주목하도록 하자. 여기에서 이 절차들은—은유적이지만 충분히 적절한 방식으로—심지어 가장 훌륭하고, 가장 정통한 정보를 담은 자료들에도 알려지지 않은 무언가를 추적하는 것으로 간주할 수 있으며, 그러한 추적은 정확하게 백과사전적 완결성의 약속에 부응하지 못하고 누락된('불확정적인') 항목들의 실존을 드러내는 현행적인 지식의 '백과사전'의 틈새를 통해 실행된다. 또한 우리가 염두에 두어야

할 것은 바디우가 '공통적 존재'와 '다수적 본질'을 동일시한다는 점
인데, 그의 동등하게 중요한 주장에서 그런 것처럼, 이로부터 전달되는
것은 집합론의 가장 중요한 혁신이—그리고 칸토어로부터 코언에 이
르기까지 집합론의 다양한 발전들에 대한 척도가—어떠한 '일관적 다
수성'에도(즉, 어떠한 지배적 배열 방식이나 혹은 '하나로-셈하기
[count-as-one]'의 형태에도) 언제나 앞서 실존하며(pre-exists), 그런
이상 그러한 셈(count)을 초과하거나 벗어나는 '비일관적 다수성'을
결코 완전하게 포함하거나 내포할 수 없다는 사실에 대한 형식적 증명
이라는 것이다. 실제로 이러한 중심적 주장은 수학을 존재론의 기초로,
그리고 이어서 존재론을 우리가 다양한 진리가능적(truth-apt)[34] 진술
들, 이론들, 가설들 또는 추정들의 진리조건들에 관해 정당하게 단언할
수 있는 무언가의 기초로 놓아야 한다는 그의 호소를 가능케 하며 이에
동기를 부여한다.

　내가 이야기한 그대로, 이로써 바디우는 단지 근래의 대륙적(즉, 유
럽 본토의) 사유에서 일부 언어학이나 해석학의 방향으로 정해진 동향
만이 아니라, 비트겐슈타인적 양식이나 혹은 보다 '기술적'이며 논리-
의미론적 양식을 막론하고, 주류의 분석적 언어 철학의 두드러진 특징
으로 나타나는 반실재론적 사유의 계통과도 상당히 불화하게 된다.[35]
철학 대 소피스트들, 수사학자들 그리고 문화 상대주의자들의 대결이
라는 주제는 플라톤의 대화편들에서 최초로 알려졌던 주제인데, 거기
에서 이 주제는 일반적으로 바디우 작업의 다른 주요 주제들과 함께 등

34　['진리가능적(truth-apt)' 혹은 '진리가 될 수 있는'이라는 말은 한 진술이 어떤
주어진 맥락에서 발언될 때 참(또는 거짓)인 진릿값을 지닌 명제가 될 수 있음을 나타
내는 말.]

35　각주 14 참고. 또한 Rorty (ed.), *The Linguistic Turn* (op. cit.).

장한다. 그러한 다른 주제들 중에는 수학의 절대적 우월성이라는 주제
가 있는데, 말하자면 수학은 지성적 분과학이자, 철학자들을 위한 훈련
장이며, (무엇보다) 진리들의 발견으로 가는 왕도라는 것으로, 이러한
[수학적] 진리들은 일단 발견되고 나면 선험적 지위 곧 이성에 자명하
다고 여겨지는 성격을 얻게 되겠지만, 보통 가설 구성과 증명절차 고
안, 길게 이어지는 가설-연역적 논증의 시퀀스들과 그러한 절차들을
따라가는 중에 일어날지도 모를 모든 논리적 이상異常(anomaly)에 대
한 정리 및 추정들의 시험으로 이루어진 과정을 통해 도달할 수 있다.
비록 (앞으로 보게 될 것처럼) 수학적 플라톤주의자라는 꼬리표에 관
한 명시적인 거리낌에도 불구하고, 바디우는 지성적으로 플라톤주의적
기질의 사상가들과 아리스토텔레스주의적 기질의 사상가들 사이에 놓
여 있다고 공통적으로 가정되는 뿌리 깊은 분리에 따라 확고하게 플라
톤주의의 진영에 속한다.[36] 우리는 이제 『존재와 사건』의 I부로 접어든
다. I부는 수학적/존재론적 주제들에 관한 여섯 개의 '성찰들
(Meditations)'[37]의 형식을 취하며, 플라톤의 후기 저작들에서 다루어
지는 일자(one)와 다수(many)의 변증법에 대한 일관된 관여로부터 시
작된다.

토의 주제

- 지금까지 읽은 내용에 기초할 때, 수학과 정치에 대한 철학의 역할
  에 관해서 바디우의 제안사항들 중 어떤 것이 가장 분명하거나 광범

---

36   충격적으로 이단적인 견해를 보려면, Lloyd P. Gerson, *Aristotle and Other Pla-tonists* (Ithaca, NY: Cornell University Press, 2005).

37   [『존재와 사건』의 각 장은 데카르트나 파스칼의 예를 따라서 '성찰'이라는 이름으로 지칭된다.]

위한 영향을 미친다고 보는가?

– 바디우가 다양한 철학의 분과와 사회 및 인문 과학들에 걸쳐 나타나는 근래의 '언어적 전회'에 대해 강경한 입장을 취하는 이유는 무엇인가?

3장
본문 읽기

I부. 존재: 다수와 공백. 플라톤/칸토어

1. 일자와 다수: 플라톤에서 들뢰즈로

플라톤의 대화편 『파르메니데스(*Parmenides*)』는 플라톤주의가 (또는 일반적으로 그러한 이름이 주어지는 관념들의 총합이) 그 자체로 상당한 압력 아래 놓이는 몇 가지 난해한 문제들을 드러내는 문제적인 저술들 중 하나—적어도 상당히 직접적이거나 모호하지 않은 교설의 항목을 추출해 내기 바라는 학자들과 해석자들에게 '문제적인' 것으로 간주될 저술들 중 하나—이다.[1] 하지만, 바디우가 보기에는 반대로, 이 작품의 "회전문들은 [⋯] 결론의 순간이 오는 것을 결코 보지 못하는 특별한 즐거움으로 우리를 이끈다"(p. 23). 말하자면, 이 작품은 철저하게 아포리아를 품고 있는 대화편이며, 어떤 약점이나 변증법적으로 잘못 접어든 길 또는 취해지지 않은 논증적 경로를 통해서가 아니라 오히려 이 작품의 관련 주제에 내재하며 수학자와 논리학자들이 해결할 수단을 들고 나오기까지 이천 년 이상을 기다려야 할 복잡한 문제들을 통

1 Plato, *Parmenides* (trans.) Mary L. Gill and Paul Ryan (Indianapolis: Hackett, 1996). 또한 F. M. Cornford, *Plato and Parmenides: Parmenides' Way of Truth* and *Plato's Parmenides* (trans. and introduction) Cornford (London: Routledge & Kegan Paul, 1939) and John A. Palmer, *Plato's Reception of Parmenides* (Oxford: Clarendon Press, 2002).

해서 어떤 결정적이거나 최종적인 결론에 이르는 데 실패하는 그러한 대화편이다. 그러한 복잡한 난제들은 일자와 다수의 문제, 즉 일자(하나, one)가 다수(여럿, many)에 우선하는지 아니면 다수가 일자에 우선하는지에 관한—플라톤주의적인 형이상학, 존재론, 인식론의 모든 측면에서 중심적인—주제와 관련된다.

일자가 다수에 우선한다는 입장은 플라톤의 선임자 격인 파르메니데스에 의해 가장 강력하게 수용되었는데, 그는 진리와 실체(reality)가 무시간적이고 불변하며, 온갖 종류의 논리적 비일관성을 야기하지 않는 이상 지성적으로 파악될 수 없는 일시적인 감각적 경험의 영역을 넘어선다고 가르쳤다. 그러므로 파르메니데스의 제자 제논(Zeno)이 고안해 낸 것으로 잘 알려진 시간과 운동의 역설들은 시간과 변화라는 현실을 부정함으로써 그러한 역설들을 회피하게 될 사유와 관련하여 순수하게 일원론적인 합리주의에 따른 존재 구상을 뒷받침하기 위해 만들어진 것으로, 여기에서 시간과 변화는 가정된 감각들의 '명증성'에 관한 우리의 습관적으로 과도한 신뢰에 의해 초래된 단순한 환상들로 이해된다. 이러한 존재론적 구별은 에피스테메(*episteme*)와 독사(*doxa*), 곧 로고스[*logos*](곧 이성의 행사行使)에 기반한 진정한 인식과 이에 대립되는 것으로서—공유된 비영구성 혹은 고질적으로 변화에 노출되는 속성으로 인해 감각적 인상의 영역과 등치로 놓이는—단순한 의견이나 합의된 믿음 사이를 가르는 플라톤주의적 이분법으로 그대로 옮겨 간다. 플라톤 이래 많은 철학자들이 명시적인 교설적 지지에 따라서, 혹은 그렇지 않으면 그들의 사유의 다른 주요 영역들에 내재한 전제 조건으로서, 이에 가까운 입장을 취했다. 바디우가 언급하는 것처럼, 이에 따라 라이프니츠(Leibniz)에게 있어, "하나의 존재가 아닌 것은 하나의 존재가 아"닌데, 왜냐하면—존재론적으로 말해서—어떤 주어진 대상의 존재 조건은 바로 그 대상을 특정한 자기동일적 대상이자 다른 무 엇이 아닌 것으로 만드는 개별화의 특징들 또는 속성들의 집합이기 때 문이다. 그런 것이 '식별 불가능자들의 동일성(identity of indiscernibles)'과 이에 보완적인 부속물인 '동일자들의 식별 불가능성(indiscernibility of identicals)'에 관한 라이프니츠의 중요한 교훈이다. 보다 근래에 와서, 이는 W. V. 콰인(Quine)의 '동일성 없이 개체 없다(no entity without identity)'라는 간결한 문구로 표현되었고, 오늘날의 철 학적 논쟁에서 상당히 큰 차이를 보이는 관점들을 가로질러 공유되는 (흔히 암묵적인) 하나의 믿음으로 남아 있다.[2]

반대로, 바디우의 관점에서, 이 문제가 일자의 다수에 대한 우위로 정리되었거나, 혹은 모든 것을 포괄하는 지배적인 하나로-셈하기 (count-as-one)의 적용을 초과하거나 빠져나가는 무언가에 대립되는 것으로서 모종의 단일화(일자화, unifying) 개념 아래 잔여 없이 포섭 될 수 있는 어떤 것을 지지하는 방향으로 정리되었는지는―다시 말해, 철학적으로 해결되었는지는―결코 분명치 않다. 이런 이유로 그는 플 라톤으로부터 내려오는 질문들을 다시 시작해야 한다고 역설한다. 그러 한 질문들은 근래의 수학적 발전의 결과에 따라 잠재적으로 가장 유익 한 주제들 중에 속하지만 또한 빈번히 플라톤 이후 사상가들에 의해 교 묘한 방식으로 무시되거나 억눌렸던 문제들 중에 속하기도 한다. 이런 방식으로 바디우는 플라톤의 예를 따라서 수학을 존재론의 기초로 삼 고, 존재론을 진정으로 진리를 추구하는 모든 탐구의 출발점으로 삼으 며, 이러한 일자와 다수에 관한 파르메니데스/플라톤의 주제를 철학적 사유에 제기되는 질문들에 접근하기 위한 특권적 수단으로 삼는다. 그

---

2   W. V. Quine, *Ontological Relativity and Other Essays* (New York: Columbia University Press, 1969), p. 23.

것들 중 가장 주된 질문은 이런 것인데, 존재는 일원론적 측면에서 일시적인 감각적 표현의 근저에 깔려 있으며 거기에 이해할 수 있는 형식을 가져오는 무언가로 파악될 수 있는가, 혹은 반대로 존재는 전형적으로 플라톤으로부터 유래하는 철학적 사유의 상당 부분을 나타내지만 그 자체에 제기되는 다양한 반대들에 맞서 지속될 수 있는가 하는 것이다.

　이런 방식으로 플라톤과 대화 상대자들 사이에서 바디우를 매료시킨 시합(game)—독창적이고, 창의적이며, 개념적으로 풍부한 자원을 갖추었을 뿐만 아니라 큰 영향력이 있는 심각한 시합—이 펼쳐진다. 플라톤이 후기 대화편들에서 마주하게 되는 종류의 진퇴양난, 딜레마 혹은 개념적 난관에서 오는 압력 아래 어렴풋이 감지했던 것은 형이상학을 편애하는 자신의 방식으로는 그러한 주제들을 철저하게 사유하여 이를 어떤 결론에 이르게 할 가능성이 없다는 점이다. 바라는 결말—플라톤의 중기 저술들에서 정립된 교설과 긴밀하게 연결된—은 일시적인 인지적 경험의 흐름을 넘어서는 존재를 지니며, 이에 따라 이러한 긴요한 단일화(일자화, unifying)의 기능을 수행할 초감각적인 형상들(forms)[3] 혹은 본질들의 실존에 대한 자기 주장의 정당성을 입증하는 것이었다. 하지만, 어떻게 일자—추정상 초월적이며 모든 것을 받아들이는 단일성의 원리—가 모든 형식에서 (불가피하게) 사유가 다수성을 마주하는 영역이기도 한 '현시(presentation)'의 영역을 통하지 않고서 그 자체로 인간 이해에 나타나 보일 수 있는지 묻는 뻔한 질문이 제기되는 즉시, 명확하게 수면 위로 떠오르는 문제들이 시야에 들어오게 된다. 이 때문에 그러한 파르메니데스-플라톤주의의 일자에 대한 갈망에는 비일관적인 단독성과의 마주침, 즉 본질적으로 무엇이건 동질화하

3　[플라톤 자신의 용어로 '에이도스(eidos)'. 원래 '이데아(idea)'와 거의 같은 의미의 말이다.]

는 일자의 추동력을 초과하거나 방해하는 어떤 것과의 마주침을 통해 논리적으로 당연한 응보應報가 뒤따른다. 이러한 바디우의 중심적인 주제의 전개는 일부 독자들에게 지나치게 과도하게 확장된 왜곡이나 또는 장황하게 풀어놓는 한가한 학문적 역설이라는 인상을 줄 수도 있다. 하지만, 이는 바디우의 철학적 기획 전체의 중심(즉, 수학에 기초한 형식적 핵심)에 이를 뿐 아니라 사유의 '조건이 되며', 우리가 본 그대로, 그 기획의 주요 부분을 이루는 다양한 영역들―과학, 정치, 예술, 사랑―로 들어가는 매우 효과적인 진입 지점을 제공한다. 실제로 바디우의 주장은 이러한 고대 그리스의 논쟁들에서 최초로 알려진 주제들이 향후 이천 년에 걸쳐 지속적으로 철학자들의 사유에 강력한 영향력을 행사해 왔으며, 이제―집합론의 창설에 대한 프레게, 러셀 그리고 (특히) 칸토어 같은 사상가들의 선구적 작업 이후에야―마침내 그 진정한 함의들을 살필 수 있게 하는 무대에 올려졌다는 것이다.

　이러한 함의들 중 가장 주된 것은 다수(multiple)의 일자에 대한 절대적 우선성으로, 곧 플라톤의 『파르메니데스』편에서 추론이 아포리아적 한계에 또는 반대 논거를 증명하려는 모든 시도의 논리적 비일관성으로 무너져 내릴 위협에 봉착할 때 드러나는 그러한 우선성이다. 분명히 이 대화편은 플라톤주의적 사유가―잠정적이기는 하지만 자기에 반대하는 방식으로―그 자체의 과거인 확연한 파르메니데스적 입장에 등을 돌리며, 확실히 보다 불안정하기는 하지만 또한 (바디우가 증명에 나설) 철학적으로 보다 비옥한 다른 토양(ground)으로 진출하게 되는 시작의 지점을 표시한다고 간주될 수 있다. 이 지점은, "일자는 없다 (the one *is not*)"[4]라는 언표의 철학적 수용을, 혹은 달리 말해 (이후에

4　[저자의 서술에 따른 본문에는 "being is not"으로 기술되어 있으나, 『존재와 사건』에서 대응되는 문구는 "one is not" (혹은 "l'un n'est pas")이다.]

근대적 집합론의 출현으로 보다 확연하게 표현될 수 있을 것처럼) 다수가 언제 어디서나 이러저러한 지배적인 하나로-셈하기(count-as-one)의 적용을 전제로 하는 모든 단일화(일자화, unifying) 기능이나 앎의 양식의 범위를 초과하는 무엇이라는 진술의 철학적 수용을 진지하게 검토할 때, 사유가 최초로 이르게 되는 단계이다. 칸토어 이후 수학의 발전상이 마침내 달성했던 무엇은 파르메니데스와 플라톤에게 너무나 성가신 것으로 드러났던 그러한 주제들에 대한 진정으로 유효한 파악이며, 바디우는 『존재와 사건』에서 반복적으로 수면으로 떠올라 (여러 다른 사상가들 중에서) 아리스토텔레스, 데카르트, 파스칼, 라이프니츠, 스피노자 그리고 헤겔의 사유를 뒤엉키게 만드는 파르메니데스와 플라톤의 유산을 추적할 것이다. 이런 방식으로 일자는 이제 어떤 형식적인 작용(연산, operation)의 산물로, 다시 말해 어떤 셈하기(counting) 또는 분류(grouping)의 산물로 취급될 수 있는데, 여기서 이러한 작용은 끝이 열려 있기에 불완전한(inchoate) 다수성(multiplicity)에 어떤 위계(순서, order)를 부과하지만, 그 다수성이 하나로-셈하기에서 제외되는 어떤 '정원 외적인(supernumerary)'[5] 원소로 존재하는 이상, 그 작용 자체로도 언제나—그리고 바로 그 이유로—기존의 개념적 영역에서 장소를 얻지 못하는 무엇의 잠재적인 충격적 효과에 노출된다.

그러므로 바디우가 '모든 가능한 존재론의 요건들'로 간주하는 두 가지 주요 테제는 이런 것인데, 첫 번째는 "다수(multiple)는 존재론이 그로부터 그 자체의 상황을 만들어내는 것으로서 오직 다수성들(multiplicities)로 이루어질 뿐이다. 일자는 없다. 즉, 모든 다수는 다수들의

---

5   ['정해진 수에서 벗어나는'의 의미.]

다수이다"라는 것이며, 두 번째는 "하나로-셈하기는 다수가 다수로 인식되도록 하는 조건들의 체계이다"라는 것이다(p. 29). 다른 방식으로 말하자면, 이는 '일관적인(consistent)' 다수성과 '비일관적인(inconsistent)' 다수성 사이에 구별선을 긋는 것이다. 바디우는 전자를 어떤 선행하는 셈(count) 또는 형식적 작용에서 귀결되는 것으로 규정하며, 반면 후자는 그 자체로 이미 존재하는 것으로, 하나로-셈하기를 넘어서고 거기서 벗어나지만—당연히 그 작용에 그것이 작용할 무언가가 주어져야 하는 이상—또한 필수적인 출발점이나 전제 조건을 제공하는 것으로 사유되어야 한다고 규정한다. 이럴 경우에, 바디우의 주장에 따르면, 우리는 존재론을 어떤 특수한(specific) 상황들(situations)의 모델—혹은 상황들과 동일한 모델—에 기초하여, 즉 비일관적인 다수성이 이러저러한 형식적 수단들을 거쳐 일관적인 것으로 만들어지는 과정에서 어떤 특정할 수 있는 단계들의 모델에 기초하여 존재론을 재구상해야 할 것이며, 그런 이후에 상황들은 다시 어떤 위계의 원칙으로 환원될 수 없는 원소들(elements)이나 부분집합들(subsets)을 가지는 것으로 밝혀질 것이다. 따라서, 바디우가 이해하는 바에 따를 때 '상황'은 본질적으로 경계적이거나 이행적인 방식으로 일관적인 다수성과 비일관적인 다수성 양자 모두의 특성을 지닌 '구조화된 현시'로 규정된다. 그는 "이러한 이중성은 하나로-셈하기의 분배를 통해 처음에는 비일관성으로 나중에는 일관성으로 정립된다"고 기술한다(p. 25). 그리고 또 "구조는 우리에게, 소급 작용을 통해, 현시가 하나의 다수(비일관적인)임을 고려하도록 하는 무엇인 동시에, 예상을 통해, 현시의 항들을 어떤 한 다수(일관적인)의 단위들로 구성할 수 있게 하는 무엇이다"(p. 25). 그러므로, 끊임없이 전개되는 이러한 내포와 내포될 수 없는 초과의 변증법을 통해, 사유는 모든 지배적 패러다임 또는 그

저 사실상의 합의된 믿음일 뿐인 어떤 것에 의해 놓인 경계를 벗어나거
나 넘어설 수 있게 된다.

일자의 부재에서, 사유는 바디우가 오늘날 다양한 분과학들 전체에
걸쳐 고질적으로 내재되어 있음을 발견하는 중요한 두 가지 대립적 유
혹들 중 하나에 굴복할 개연성이 있을 것이다. 한편에는, 우리의 현재
적인 인식적(epistemic) 역량, 인지적(cognitive) 역량, 개념적 역량,
또는—보통 거기에 수반되는 것으로 간주되는—언어-표현적 역량의
범위 안에 떨어지는 그러한 진리들 너머에 있는 진리들의 실존을 상정
하는 것이 아무 의미도 없는 일이라고 주장하는 소피스트적 접근법(포
스트구조주의적인, 포스트근대적인, 비트겐슈타인적인, 해석학적인,
구성주의적인, 또는 신실용주의적인 접근법)의 유혹이 있다. 다른 한
편에는, 그러한 회의적·상대주의적 관념들을 유발하는 동시에 이에 반
응하여, 존재론이 절대적이며 객관적인 진리의 문제들을 목표로 하는
분과학이라고 단호하게 주장하면서도, 그것이 (바디우가 끊임없이 소
환하는 종류의) '상황들(situations)' 혹은 '정세들(conjunctures)'에
관련됨을 단호하게 부정하는 것으로 이루어진 더 오래되고 보다 특유
한 철학적 유혹이 있다. 만일 존재론에 가장 중요한 단 하나의 문제가
플라톤의 『파르메니데스』 편에서 진행되는 논의를 통해 던져지고 그 이
후에는 다양한 모습으로 되풀이되는 문제라면, 가장 큰 유혹은 "존재
론이 실제로 하나의 상황이 아니라는 주장으로 장애물을 치워버리는
것"과 관련된 유혹이다(p. 26). 이와 달리 바디우가 자기 책의 주된
'도박(wager)'이라고 기술하는 것은, 존재론의 주제들이 어떤 방식으
로 주어진 상황들에 출현하는지 그리고 그 주제들이 어떤 방식으로 다
양한 정세적 문제들이나 딜레마들에 대해 다소나마 창의적으로 대답할
것인지에 대한 적절한 설명이 없는 이상, 존재론의 주제들이 그 모든

특수성과 복잡성과 깊이에 맞춰 다뤄질 수 없다는 점이다. 게다가, 여기에는 다수라는 개념이 있을 수 없다는 귀결이 수반된다. 적어도 '개념'이라는 말로 정확하게 이 말이 나타내는 바에 대해 정의된—필요하면서도 충분한—조건들의 집합을 의미한다면 말이다. 결국, 바디우에 의해 존재가 현행적으로 우세한 하나로-셈하기에 의해 마련된 개념적 영역에서 자리를 얻지 못하는 이유로 현재 동원할 수 있는 최상의 인지적 파악의 능력을 벗어나는 어떤 것과 등치로 놓이는 이상, "우리는 그 것[다수]을 하나로 셈하고, 존재는 다시 상실될 것이다." 이런 이유로, 집합론적 목적들에 있어, "그 규정은 […] 전적으로 암시적이다. […] 그 것은 오직 순수한 다수성들과 관련된 방식으로 작용하지만, 결코 어디서도 어떤 정의된 다수 개념은 발견되지 않는다"(p. 29).

어쨌든, 바디우의 저작을 처음 읽는 누구라도 그의 사유에서 가장 어려운 측면은 아마도, 개념적 정의에 대한 이러한 궁극적인 저항이나 그러한 정의에서 벗어나는 속성의 귀결에 따라 집합론이 지금까지 발전하는 과정에서 던져진 다양한 문제들과 역설들을 통해 그리고 그것들을 넘어서(그리고 그 도움에 힘입어) 발전해 나갈 수 있는 그러한 놀라운 역량을 보였다는 점일 것이다. 바디우는 개념적-존재론적 파악의 능력들과 이러한 능력들이 아직 형식적이거나 개념적으로 적절한 언표의 범위 너머에 있는 무언가를 선취하는(anticipatory) 감각에 연결된 현재적 이해의 한계에 반복적으로 마주침으로써 튀어나오는 양상에서 [발견할 수 있는] 중요한 진보에 관해—그러한 발전의 구체적인 에피소드들을 보다 면밀하게 참고하여—[앞으로] 할 이야기를 풀어낼 것이다. 우선 예비적인 오리엔테이션으로 주목해야 할 세 가지 주요 논점이 있다. 첫 번째는 존재론이, 바디우가 구상하는 그대로, 어느 때라도 지식의 범위와 한계를 정하는 그러한 다양한 구체적인 '상황들' 혹은 정

세들에 대한 관계를 거쳐 다루어져야 한다는 것이다. 두 번째는—외견
상 첫 번째 논점과 상충하는 듯 보이는데—존재론이 지식보다는 진리
의 문제들과 관련되며, 이에 따라 존재론적 주제들이 모종의 맥락 관련
적인(context-relative) 혹은 역사적으로 색인된 접근법을 통해 해결되
거나 심지어 유익하게 다뤄질 수 있으리라는 가정은 심각한 혼란을 초
래한다는 교훈이다. 이런 이유로 바디우가 내놓는 세 번째이자 가장 중
요한 주장은 모든 현행적인—하지만 제한적인—지식의 상태를 초월하
는 사유의 역량을 설명하는 무엇이 그러한 한계가 징후적으로 나타나
게 하는 특정한 형식적 작용들의 발전이라는 점이다.

바로 이런 일이 어떻게 일어나는지는—혹은 이런 일이 어떻게 일어
난다고 생각할 수 있는지는—향후에 펼쳐질 『존재와 사건』의 뒷부분에
서 다뤄질 주제인데, 거기에서 바디우는 코언의 강제(*forcing*)와 유적인
것(*generic*)이라는 집합론적 개념들을, 이 개념들이 없다면, 결코 해결
할 수 없게 될 역설을 설명하기 위한 수단을 제공하는 것으로 간주한
다.[6] 이 단계에서, 그는 수학과 논리 및 여타 형식 과학들의 공리 연역
적(axiomatic-deductive) 방식이 실제로 어떤 방식으로 진리들을 상정
할 수 있으며, 그러한 진리들을 정립하는 데 요구되지만 그럼에도 아직
현실적으로 어떠한 그런 절차에도 도달하지 않았거나 혹은 유효한(즉,
형식적으로 적합한) 증거로 개진되지 않은 그러한 종류의 절차들을 선
취할 수 있는지 설명하는 방식으로 자신의 주장을 이어간다. 공리적 방
식에 대한—오로지 어떤 논리적으로 엄격한 형식적 절차들을 거쳐서

---

6   Paul J. Cohen, *Set Theory and the Continuum Hypothesis* (New York: W. A.
Benjamin, 1966). 바디우의 집합론적 존재론의 주제들에 관한 사유에서 주된 자료를
보려면 Abraham A. Fraenkel, *Elements of Set Theory*, rev. edn (Amsterdam:
North-Holland, 1973) 그리고 Michael Potter, *Set Theory and its Philosophy: A
Critical Introduction* (Oxford: Oxford University Press, 2004) 참고.

야 달성될 수 있는 진리 구상에 대한—지지는 바디우의 사유에서 나타
나는 두드러진 특징으로, 이는 단지 수학에만 국한되지 않고 그가 존재
와 사건의 변증법을 과학이나 정치나 문화의 변화를 일으키는 추동력
을 구성하는 것이라 간주하는 그러한 다양한 분야들과 관련된다. 이는
또한 바디우가 많은 수의 동시대 사상가들과 돌이킬 수 없을 정도로 불
화하게 하는 무엇이기도 한데, 이 사상가들의 관점에서—진리에 이르
는 왕도로서 수학에 대한 지지는 차치하더라도—진리를 지지하는 주
장에서 드러날 것은 완전히 시대에 뒤떨어진 사유 방식에 대한 기이한
집착일 따름이다. 그러한 사상가들에는 앞서 언급된 포스트근대론자
들, 포스트구조주의자들, 비트겐슈타인주의자들, 신실용주의자들 그리
고 '언어적 전회'의 신봉자들과 함께—바디우와 바로 이러한 기반에
관해 대립하는—질 들뢰즈(Gilles Deleuze) 같은 보다 존경받는 다른
적대자들이 포함된다.[7]

들뢰즈가 특징적으로 두드러져 보이는—그리고 지금까지 바디우가
철학적인 대결 상대들에게 바쳤던 여러 비판들 중 가장 상세하고 존경
에 찬 비판을 받게 되는—이유는 '닫힌' 존재론 보다는 '열린' 존재론
을 열정적으로 지지했기 때문이며, 그는 이러한 열린 존재론에 관한 통
찰을 주로 미분 계산법으로부터 그리고 '외연적(extensive)' (이산적
[discrete], 양적[quantitative])이기보다는 '내포적(intensive)' (질적
[qualitative]) 다수성으로부터 얻는다.[8] 게다가, 바디우의 오래도록 계
속된 들뢰즈에 대한 개입에서 확연히 드러나는 그대로, 이러한 차이는

---

7 Badiou, *Deleuze: The Clamor of Being*.

8 Gilles Deleuze, *The Logic of Sense* (trans.) Mark Lester (London: Athlone
Press, 1990) 그리고 *Difference and Repetition* (trans.) Paul Patton (Athlone, 1994)
참고.

수리 철학에서 상대적으로 기술적인 주제들과 관련하여 자연 과학, 사회 과학 그리고 인문 과학의 문제들에 관한, 그리고 심지어—바디우가 곧 단언할 것처럼—긴급하게 정치적이거나 윤리적인 성격의 사안들에 관한 그들 각자의 관점에 폭넓은 영향을 끼친다. 바디우의 주장은 각각의 경우에 진리의 이익들이 어떤 엄격하게 특정된 작용적(operative) 원칙들에 대한 지지에 의해 가장 잘 충족된다는 것이다. 이러한 작용적 원칙들은 공리들, 형식적 절차들, 과학적 가설들, 연구 계획들, 정치적 발안들일 것이며, 혹은 예상할 수 없으나 그럼에도—부분적으로 선취되기에—기대되는 결과를 바라며 실행되는 어떤 앞선 헌신에 대한 충실성의 요구들에 의해 초래된 미래의 행동에 관한 제약들일 것이다. 그래서 한편으로, 수학적 존재론과 사유의 외연적 양식 대 내포적 양식(혹은 공리적 양식 대 미분적 양식)이라는 경쟁적 주장들에 관한 주제를 두고 나타나는 바디우와 들뢰즈의 의견 불일치와, 다른 한편으로, 사회·정치적 영역 안에서 조직된 협동적 행동의 필요에 관한 그들의 의견 불일치 사이에는 어떤 긴밀한 연결 관계가 있다.

이러한 후자의 사회·정치적 사안에 관한 잘 알려진 견해의 차이는 분명히 1968년 5월의 사건을 분수령으로 하여 그 전후 시기에 그들 각자가 실행한 정치적 관여의 이력에 그 뿌리를 둔다. 하지만, 이는 또한 대규모의 '몰적(molar)'[9] 형태를 취하는 행동주의적 개입(작은 규모의 '분자적(molecular)'[10] 개입에 반대되는 것으로서)에 대한 들뢰즈의 거의 본능적인 불신에, 그리고 기존의 권력과 통제의 구조를 무너뜨릴 잠

---

9   [분자를 세는 단위인 '몰(mole)'과 관련한. 집단적 행동이나 개입을 지칭하기 위해 쓰인 말. 참고로 1몰 안에 들어있는 입자의 수(아보가르드 수)는 약 6.0221415×10^{23}개.]

10   [집단과 대별되는 개별 분자의 움직임을 지칭.]

재성을 지니는 그러한 분열적 에너지들의 장소로서 '욕망생산(desir-
ing-production)' 이라는 그의 확실히 무정부주의적인(anarchistic) 관
념에 상당히 관련되어 있다.[11] 반대로 바디우의 깊은 확신은, 언제나 각
각의 모든 단계에서 엄격한 평가를 필요로 하는 비슷한 정도로 엄격한
절차들을 거치지 않는 이상, 정치나 다른 보다 명백하게 형식적인 사유
의 분과들에 진정한 진보의 전망이나 참된 혁신적 사유가 있을 가능성
이 없다는 것이다. 이러한 확신과 연관되는 것은 자신의 연구 작업의
경로 전체를 결정하지만 아직까지 적합하게 형식화된 증명절차가 없는
원대한 가설들을 대담하게 제시하거나, 혹은 그에 따라 자신의 모든 행
위와 결정을 형성하는 어떤 미래의 사건이 일어났는지 결코 확실하지
않더라도—심지어 (현재 형편이 그렇다고 여겨지는 것처럼) 일어날 개
연성이 없다 하더라도—그 사건이 일어났음을 주장하려는 의지이다.
더구나, 그러한 의지가 요구하는 것은, 형식 과학이나 자연 과학 또는
인문 과학에서 상세하면서도 부담이 큰 연구 프로그램이나 혹은 어떠
한 정황적 역경에도 굴하지 않는 헌신을 통해 지탱되는 장기적인 정치
기획을 막론하고, 최고로 충실하면서도 엄격한 방식으로 그러한 절차
들을 끝까지 따라가라는 것이다. 따라서 바디우가 들뢰즈를—아리스
토텔레스, 성 바울, 파스칼, 라이프니츠, 스피노자 그리고 하이데거와
함께—다양한 측면에서 뚜렷하게, 심지어 열정적으로 반대하지만 그
럼에도 바로 그들에게서 가장 생산적으로 관여할 수 있는 그러한 적수
들을 발견하게 되는 예시적 인물들 중 하나로 지목한 까닭을 어렵지 않
게 이해할 수 있다.

    나는 잠시 엄격한 해설의 경로에서 우회하여 고급 집합론과 수리 철

11   Gilles Deleuze and Félix Guattari, *Anti-Oedipus: Capitalism and Schizophrenia*
(trans.) Robert Hurley, Mark Seem and Helen Lane (London: Continuum, 2004).

학 같은 전문화된 기술적 분야들이 어떤 방식으로 정치적 이론과 실천
의 주제들을 암시하는, 어렴풋이 유비적인 관계 이상의 무엇을 담을 수
있는지 (이에 대해 회의적일지도 모를 독자들에게) 설명했다. 바디우
가 수학과 여타 형식 과학들에 대한 공리-연역적 접근법의 필요에 관
해 이야기하는 이유는 그러한 접근법의 단독적인 역량이라는 점이, 곧
직관적 파악이나 현재 실존하는 지식의 한계 너머로 이르고, 증명되지
않은 정리들이나 정세들의 증명절차를 고안해내며, 그래서—이러한
절차들이 선취하는(anticipatory) 파악이라는 의미에 따라 작동할 때—
수학의 영역이나 존재론의 영역을 확장하는 새로운 영역을 발견할 수
있는 그러한 역량이라는 점이 밝혀진다. 수학과 존재론이라는 두 항의
구분을 바디우는 의사 이분법(pseudo-dichotomy)—즉, 실재적 차이
가 없는 구별—이라 간주하는데, 왜냐하면 그에게 수학적 발견은 지금
까지 탐험되지 않은 존재론적 관계로 들어가는 진입 단계이기도 하며,
이 둘은 분리될 수 없기 때문이다. 분명히 철학의 일차적인 과제들 중
하나는 이러한 존재론적 발전들을 명확히 설명하고, 이에 따라 대부분
의 현직 수학자들 사이에서 뚜렷하게 드러나는 스스로 그러한 설명을
제시하겠다는 의지의 부재를 보완하는 것이다. 그러한 공리-연역적 사
유의 주목할 만한 가치는 바로 그러한 사유가 명료하게 표시되거나 엄
격하게 형식화되는—즉, 개별적인 항들이 전반적인 구조 안에서 그 항
들 자체의 장소에 의해 규정되는 엄격하게 특정된 '구성적' 역할을 맡
는—경로를 따라가면서도, 한편으로 중요한 추가적 발전의 전망을 막
는 어떤 존재하는 지식의 상태나 또는 직관들의 축적에 대해 때이른 요
청을 회피하는 그러한 탐구를 허락한다는 점이다. "분명히 어떤 공리
계(axiom system)만이 현시된(presented) 무엇이 현시(presentation)
가 되는 상황을 구조화할 수 있다. 오직 그것[공리계]만이 다수(multi-

ple)로부터 일자(하나, one)를 만들어내야 한다는 요구를 회피하고, 전
자[다수]를 그것이 다수로 나타나도록 규정된 귀결들에 함축된 것으로
남겨둔다"(p. 30).

당연히 바디우가 "현시된 무엇이 현시(presentation)가 된다"는 상
당히 기묘한 이야기로 의미하는 바에 관해서는 어느 정도의 설명이 요
구된다. 여기에서 그는 다시 기본적인 집합론적 교훈을 언급하는데, 이
에 따르면 하나[one](즉, 정수 또는 자연수의 수열에서 첫 번째 수)는
어떤 의미로도 시원적 항(primitive terms)이 될 수 없으며, 오히려 그
와 달리 끝이 열린 다수성—어떤 다수가 그 자체의 항이 되는 과정이
끝없이 반복되는 다수들의 무한 퇴행—에 관련되는데, 이 끝이 열린
다수성은 그러한 연산의 가능성이라는 조건에 선행하며 더구나 이 조
건을 구성한다고 간주할 수밖에 없다. 달리 말해—『존재와 사건』에 첨
부된 유용한 기술적 용어 사전에 나오는 바디우 자신의 말에 따르면—
현시(presentation)란 그 자체로 "메타 존재론(곧, 철학)의 시원적 용
어"이다(p. 519). 이는 그 용어가 단지 무언가가 현시되었다(present-
ed)는 꾸밈없는 사실만을 명시하기 때문이며, 이 맥락에서 '무언가
(something)'는 하나로-셈하기(count-as-one)의 이러저러한 특수한
적용에 의해 주어진 것으로서의 어떤 확정된 내용보다는, 아직 열리지
않은 또는 정의되지 않은 현시 일반의 내용을 지칭한다고 간주된다. 이
는 또한 "현시는 효과적으로 펼쳐진 다수-존재"이며 더욱이 "'비일관
적인 다수성'에 상당한"다는 이야기가 되는데, 왜냐하면 후자 또한 모
든 적합한 명세 사항(specification)을 초과하여 이를 벗어나기 때문이
다. 실제로 "일자(One)는 현시되지 않고, 결과로 발생하며, 이로써 다
수가 구성되도록 한다"(p. 519). 달리 말해서, 셈하기의 단계에서, 비
일관적 다수성은(즉, 현시 그 자체는) 오직 분명하게 수數적인 내용이

나 논리적인 내용, 명제적인 내용이나 또는 다른 면에서 그러한 형식적으로 특정된 내용의 영역으로 제한되거나 축소될 뿐이다.

이 모든 것을 염두에 두고, 이제 우리는 성찰 2(Meditation Two)에서 바디우가 플라톤에게 되돌아가서, 실제로 네 사람의 논쟁자—바디우 자신, 플라톤, 파르메니데스, 소크라테스—가 연루되지만 대체로 그들의 목소리를 확연히 드러내지 않는 추가적인 변증법적 마주침을 무대에 올릴 때, 그 사안의 중요성이 얼마나 높은지 이해하는 데 있어 보다 나은 위치에 서게 된다. 이 장의 논의는 파르메니데스의 제명(epi-graph)—"만일 하나(일자, one)가 없다면, 아무것도 없다[12]"—을 앞세우지만, 그 금언의 표면적인 의미(모든 것은 하나[일자]인데, 그렇지 않다면 모든 것은 덧없는 외양들의 다수성으로 혼동될 것이기 때문이다.)에서 방향을 돌려 바디우가 집합론적 추론을 통해 유도해 내는 결론(일자[하나]에 토대 지어진 어떠한 존재론도 플라톤의 해당 대화편[파르메니데스 편]에서 노출된 논리적 모순을 통해 무너질 것이기에, 어떤 실행 가능한 존재론의 출발점을 구성하는 것은 바로 무[nothing]이다.)으로 향하게 된다. 여전히 바디우의 일관적이고도 집중된 논증의 철학적 통찰이나 힘의 증거를 찾고 있는 회의적인 독자에게는 이 간결하지만 설득력 있는 장에 담긴 것보다 더 나은 증거를 제시할 수는 없을 것이다. 그가 언급하는 그대로, 플라톤의 대화편은 "연로한 파르메니데스가 젊은 소크라테스에게 제시한 순수한 사유의 '연습 문제'에 바쳐진다"(p. 31). 이 연습 문제는 결코 바디우의 세심하고 주의 깊게 추론된—그러나 또한 매우 전환적인—텍스트 독해로 축소되지 않는 그러한 강도 높은 적대적 추론의 성격을 담고 있다. 그러므로 그의 목

---

12   ['If one is not, nothing is' 는 '하나[일자]가 없다면, 무는 있다'로 옮길 수도 있다.]

적은—대체로 파르메니데스가 (그리고 또한, 보다 모호하긴 하지만, 플라톤이) 의도하는 방향과 반대로—일자의 절대적 우선성을 전제로 하는 존재의 교설을 표명하려는 모든 시도가 암시적으로 하나로-셈하기에 앞서는 다수의 교설을 단언함으로써 어떻게 그 [대화편] 자체의 목적에 반하는 결과에 이르게 될 것인지 보이는 논증이다. 요컨대, "플라톤이 여기 이 훌륭하면서도 밀도 높은 텍스트에서 사유하고자 노력하는 것은 명백히 비일관적인 다수성에, 다시 말해 모든 일자-효과(one-effect) 혹은 모든 구조에 앞선 순수한 현시이다"(p. 33). 우리는 곧 그러한 논증에 뒤따르는 귀결들—특히, 플라톤 자신의 보다 비의적인 형이상학적 논쟁들에서도 없다고 하기 어려울 포함(inclusion), 배제(exclusion), 대표(재현, representation)라는 정치적 주제들과 관련한—을 보게 될 것이며, 이로써 바디우가 이 하나(one)와 여럿(many) 사이의 오래된 문제를 아포리아의 지점과 파르메니데스 교설의 궁극적인 전복으로 밀어붙일 때 그 사안이 얼마나 중요한 것인지 알게 될 것이다.

그러므로, 이런 방식의 독해로부터 드러나는 것은 자신의 명시적인 형이상학적 입장에 따른 하나의 진리에 반대하여 여러 진리들을 말하는 플라톤이다. 즉, "모든 일자의 존재의 부재 가운데, 다수는 어떠한 토대적 정지점(stopping point)도 없는 다수들의 다수의 현시에서 비일관된다(in-consists)"[13](p. 33). '비일관된다[비구성된다]' 라는 말은

---

13 [이 부분은 consist(~로 구성되다, ~에 있다, 존재하다)의 의미에 대한 부정의 의미로 옮겨 '… 다수들의 다수의 현시에서 비구성된다', '존재하지 않는다', '비존재한다' 는 의미가 된다. 그리고 이 난해한 문장은 어떤 '일자화' 가 없는 이상 다수도 있을 수 없음을 말하는 것이다. 바디우에게, 다수란 집합론에서 말하는 집합과 같은 것이다. 최초의 '하나로-셈하기'인 '현시' 를 거치지 않은(혹은 일관적 다수로 구성되지 않은) 비일관적 다수는 인식될 수 없으며 존재하지 않는 것과 같다. 하지만 분명히 존

일부 독자들에게 제멋대로 만들어낸 말이라는 인상을 줄 수 있겠으나, 실제로는 (집합론적인) 기술적 개념의 의미를 잘 전달하는 신조어들(neologisms) 중 하나이며, 이 경우에는 '비일관적(inconsistent)'이라는 형용사로부터 만들어낸 자동사다. 요컨대 이 신조어의 의미는 바디우가 어떤 특정한 현시의 양식 곧 하나로-셈하기(count-as-one)의 생산물로부터 귀결되는 '일관적(consistent)' 다수들의 영역에 맞세우는 '비일관적 다수성'의 상태(*state*) 뿐만 아니라, 모든 일관적 다수가 셈(count)에서 자리를 찾지 못하는 다양한 이상異常(anomaly), 불일치, 예외 또는 여타의 문제적 예들로부터 가해지는 모종의 잠재적인 불안정화의 힘에 영향을 받게 하는 과정(*process*) 또는 활동(*activity*)을 포착해낸다. 여기서 다시 한번, 바디우가 이러한 형식적(집합론적) 영역에 관해 말하는 무엇과 그가 윤리적, 사회적, 정치적 본성을 지닌 주제들에 관해 말하는 무엇 사이에 어떤 밀접하고도 확실한 연결 관계가 주어진다. 그러한 연결 관계를 이같이 말하는 것은 분명히 바디우의 주장을 과소평가하고 불완전하게 전달하는 셈인데, 왜냐하면 바디우에게 있어 적합하게 이론화된 사회-정치적 존재론에 수반되는 구조나 절차는 과거에 집합론에서 있었던 발전들에 대한 존재론적으로 적합한 설명으로부터 표면화되는 구조나 절차와 동일하기 때문이다. 앞으로 보게 될 것처럼, 바디우가 이러한 주장을 제시할 수 있으며 더구나 고도의 형식적 엄정함과 놀라운 사변적 진보로 그 주장의 함의들을 펼쳐 보일 수 있게 하는 것은 바로 귀속(*belonging*)과 포함(*inclusion*)의 불일치—집합론적 측면에서 매우 정확하게 표현될 수 있지만 다른 주제영역

재의 시작은 마치 공백과도 같은 비일관적 다수에 있으며, 아리스토텔레스 이래 전통적인 철학이 일관적으로 견지해왔던 주장처럼, 모든 것의 원인이 되는 일자(또는 하나)에 있지 않다.]

들에 대해서도 심원한 영향을 미치는 괴리—를 통한 논의 방식이다.

그러므로 『존재와 사건』이—플라톤의 『파르메니데스』에 대한 관여를 통해—이러한 질문들을 가장 앞서 제기하며, (바디우가 보기에) 관념적으로 복잡하면서도 변증법적이고 비결정적인(곧, 아포리아를 일으키는) 논술에 이르는 플라톤의 파르메니데스 편과 씨름함으로써 논의에 착수하는 것은 당연한 일이다. 바디우가 단순히 잘못된 추론을 근거로 들거나, 혹은—분석철학자들이 흔히 과거의 사상가들에 대해 말하는 것처럼—불행히도 오늘날 동일한 종류의 문제들에 접근하는 사람이라면 누구라도 향유하는 보다 발전된 논리나 개념적 수단들의 혜택을 누리지 못했음을 근거로 들어, 플라톤의 오류를 지적하려는 것은 아니다. 그의 비판적 논평은 흔히 '합리적-재구성적' 양식을 보이는 저작들에 스며들어 있는 다소간 동정적인 애정의 어조와 전혀 관련이 없다.[14] 플라톤이나 『존재와 사건』에서 논의되는 다른 여러 사상가들과 함께, 바디우는 보다 '대륙적인' 철학 진영으로 향하여, 선임자들의 용어로 그들 자신에 대한 진지하고 상세하면서도 존경 어린 관심을 기울이는 한편, 그의 사유가 선임자들과 갈라지는 지점들을 분명히 보여주며, 이후의 발전들—가장 결정적으로, 집합론의 출현—이 한때 선임자들이 직면했던 장애물들 너머에 이르는 길을 지시하게 된 다양한 측면들을 알려준다. 결국, 플라톤은 거의 틀리지 않은 셈이다. 만일 여럿[다수]의 하나[일자]에 대한 우선성을, 곧 비일관적 다수성의 일관적 다수성에 대한 우선성을 인정하지 않은 플라톤의 오류가(혹은, 그보다는

---

14 특히 Bertrand Russell, *A History of Western Philosophy* (London: Allen & Unwin, 1961) 참고. 또한—이러한 해석의 주제에 관해 이해를 돕는 주석을 보려면—Jonathan Bennett, *Learning from Six Philosophers: Descartes, Spinoza, Leibniz, Locke, Berkeley, Hume*, Vols 1 and 2 (Oxford: Clarendon Press, 2001) 참고.

오히려 완고한 거부가) 그 자신의 추론에서 어떤 교정 가능한 착오가 아니라 그러한 문제를 명석판명하게(clearly and distinctly)[15] 이해하는 사안에 내재하는 난점—심지어 순전한 불가능성—탓이라면 말이다.

어쨌든 바디우는 철학을 개념의 명석판명함(clarity and distinct-ness)이라는 미덕과 결합한 것으로 보는 구상에, 즉 프랑스 철학적 전통—데카르트로 거슬러 올라가는—에 깊은 뿌리를 두며, 가스통 바슐라르(Gaston Bachelard)나 조르주 캉길렘(Georges Canguilhem) 같은 20세기 사상가들에 의해 실행된 그러한 구상을 거부하는 입장과 전혀 관계가 없다.[16] 그러한 구상의 영향력은, 수학이나 여타 형식 과학들에서 개념적 발전이 일어나는 과정을 상세하게 재구성하는 방식이나 또는 그러한 주장을 가장 놀랍게 예시화하는 사상가들을 선택하는 측면을 막론하고, 바디우의 사유 어디에서든 명백히 드러난다. 이런 이유로 바디우는 17세기 합리주의자들에 대해 강한 애착을 보이는데(비록 그들과 여러 다양한 사안에서 불일치를 보이지만), 이는 그들이 상식—직관적인, 무비판적인, 편협한, 수동적으로 받아들여지는, 혹은 다른 그러한 관례적인 습관의 믿음—의 한계를 관통하고 그 너머에 이르는 길을 사유해내는 이성의 힘에 중요한 강조점을 찍는 과학적, 철학적, 사회적 진보의 관념을 지지했기 때문이다. 이에 따라 바디우는 플라톤을 이후의 (어떤 특정한 측면에서) 보다 발전된 사유의 절차들에 적어도 부분적으로나마 원인이 된다고 간주하는 비판적-진단적 독해를 통

---

15   ['명료하고 분명하게'.]

16   Gaston Bachelard, *La formation de l'esprit scientifique* (Paris: Vrin, 1938); *The Philosophy of No* (trans.) G. C. Waterston (New York: Orion Press, 1969); *The New Scientific Spirit* (trans.) Arthur Goldhammer (Boston: Beacon Press, 1984). 또한 Mary Tiles, *Bachelard: Science and Objectivity* (Cambridge: Cambridge Unversity Press, 1984) 참고.

해 보다 생산적으로 이해될 수 있는 사상가로 간주하는 접근법을 취한다. 이런 방식으로—합리적 원칙을 최대화하는 동시에 (상당히 양립 가능하게) 설명될 수 있는 오류를 완전히 허용하는 호의의 원칙(principle of charity)에 입각하여—독해할 경우, 『파르메니데스』편은 절대적으로 그 자체의 딜레마나 해결되지 않은 개념적 압력의 계기를 전면에 부각시키며, 이에 따라 그 자체의 시간적·지성적·문화적 지평 너머 먼 곳을 내다보는 그러한 저술로 간주될 수 있다. 다시 말해, 플라톤의 "만일 하나[일자]가 없다면, 아무것도 없다(nothing is)"라는 언표는 완전히 다른 방식으로 성립될 수 있으며, 그러한 독해의 귀결은 다음과 같은 의미로 읽히는 것이다. "만일 일자가 없다면, 공백(void)만이 존재로 존속될 수 있는 이상, '여럿' 대신에 발생하는 것은 순수한 공백의 이름이다"(p. 35).

이에 따라 소크라테스가 예외적으로 궁지에 몰리는 이 플라톤 대화편의 결말은 소크라테스가—거의 그런 일이 일어나지 않지만, 언제나 그렇듯 (그런 일이 일어날 때) 고도의 통찰을 드러내는 효과에 따라—자신의 확언된 입장의 예상치 못한 변증법적 귀결들에 따라 공격 당하는 입장에 처하는 모습을 보여준다. 이러한 예기치 않은 반전(ironic twist)은 다양한 방식으로 표면으로 부상하는데, 그러한 방식들 중에는 특히 결정적인 단어들이 내면적인 자기검토 또는 개념적 자기비판의 과정을 거치며, 결과적으로 그 단어들 자체의 정립된 (그리고 당연히 작가적 의도에 따른) 의미론적 범위 너머에 이르게 되는 그러한 의미의 변화를 일으키는 방식이 있다. 그러한 단어들에는 πλῆθος와 πολλά가 포함되는데, 여기에서 영문자로 바꿔쓰면(혹은, 이 단어가 영어에 완전히 들어왔기에 번역하자면) 전자는 'plethora(충만함, 과잉)'이지만, 후자는 '여럿'을 의미하고—충분히 적절하게, 바디우의 관점에서 볼 때―'hoi polloi' 곧 '평민(common people)'이나 '서민(the plebs)'이라는 말을 통해 '완전하게' 자연화되지 못한 지위를 얻는다. 바디우의 논점은 (여기에서 다소 거칠게 요약하자면) 플라톤이 완전히 자신의 의도와 반대로 πλῆθος를 존재의 가득함이나 충만함으로 사유하는 방식의 개념적 불가능성을 증명할 수밖에 없다는 것인데, 이는 감각적-인지적 경험의 언제나 변하며 환상에 불과한 성격과 대립하며, 진리와 앎[지식](knowledge)의 유일한 보증물을 구성하는 그러한 초월적인 형식들[형상들](forms), 이념들[이데아들](ideas) 및 본질들의 영역을 택하라는 플라톤주의적 호소를 뒷받침할 것이다. 분명히 플라톤이 주장하고자 하는 것은―그리고 그 자체로 언명하는 것은―하나[일자]의 여럿[다수]에 대한 본질적이며 자연적인 우월성이며, 따라서 과잉한(plethoric) 다수성을 어떤 더 높고 궁극적으로 진리를 보존하는 연합(union)의 상태로 모아 낼 (단지 가능성만이 아니라) 필연성이다. 대화에서 펼쳐지는 논리로 인해 플라톤이―자신의 의도와 달리―인정할 수밖에 없게 되는 것은, 자신이 공언한 하나의 여럿에 대한 절대적 우선성에 대한 존재론적 책임을 뒷받침하기에 충분한 명료함(clarity)이나 논리적 엄격함을 동원하여, 그 자신의 실패로부터 πλῆθος와 πολλά 사이에 요구되는 대립을 통한 사유로 흐르게 되는 반대의 결과이다.

2. 칸토어: '순수 다수의 이론'

바디우는 플라톤에게서 유래한 이 주제들을 근대적 집합론의 맥락에서 전개하며, 이것이 우리의 기본적인 존재론적 구상들에 철저하게 전환적이거나 혁신적인 영향을 미친다고 선언한다. 집합론은 어떤 주어진 목적의 부과 단위(unit of assessement)를 형성한다고 간주되는 구성원들이나 또는 여타 개체들 간의 구성원 자격(membership), 포함(inclusion), 배제(exclusion)의 관계들을 다룬다. 이에 따라 집합(sets)은 하나로-셈하기의 생산물로, 즉 어떤 특정한 범위의 개체들을 함께 무리 짓고, 이 개체들을—이것들이 어떠한 다양한 본성이나 속성들을 지닌다 해도—단일한 집합체(assemblage)의 공동 구성원들로 다루는 방식에 따라 이루어진 분류 절차의 생산물로 정의된다. 이러한 [집합이 본성이나 속성에 관계없이 다양한 개체들을 묶어 내는 절차의 생산물이라는] 논점은 수학적 측면에서 중요할 뿐만 아니라 바디우의 사회-정치적 사유에도 중요한데, 왜냐하면 그러한 접근법에 따라서 집합론자들은—혹은 그 함의를 진정으로 받아들인 누구라도—그저 우발적일 뿐이거나 또는 개체들 사이에 국지화된 차이들을 무시하고, 이 개체들에 어떤 주어진 집합의 구성원 자격에 관하여 완전히 동등한 지위를 부여할 수 있게 되기 때문이다. 충분히 역설적이게도, 바디우가 언급하는 것처럼 이런 관점은 칸토어가 처음으로 '순수 다수의 이론'을 선언했을 때 칸토어 자신이 완전히 받아들였던 관점이 아니었다. 그는 집합을 다음과 같이 정의했다. "집합이라는 말의 의미는 우리 직관이나 사유의 충분히 식별적인(distinct) 대상들을 하나의 전체로 무리 지음(grouping)이다"(p. 38). 바디우가 이에 대응하는 바를 "과장 없이", 옮기자면,

> 칸토어는 또한 집합론이 분해했던 모든 개념들, 곧 전체, 대상, 식별(distinction), 직관이라는 개념들을 이 정의로 엮어낸다. 하나의 집합을 구성하는 것은 전체화가 아니고, 집합의 원소들(elements)은 대상들(objects)도 아니며, 우리는 (특별한 공리 없이) 무한한 모임들에서 집합들을 구별해낼 수 없으며, 또 다소간 큰 집합에서 가정되는 각 원소에 대한 최소한

의 직관도 가질 수 없다. (p. 38)

물론 일련의 이러한 반대들로 앞에서 주어진 간략한 정의에 따라 내 자신의 시도 역시 실격될 것이다. 사실대로 말하자면, 그러한 시도의 대부분은 참고서나 입문서에서도 찾을 수 있다. 실제로, 그렇게 생각한다면, 『존재와 사건』에서도 바디우 자신이 동일하게 금지된 논의 양식에 탐닉하는 듯 보일 수 있는 상당 분량의 문구들을 골라낼 수 있다. 하지만, 그의 목적은 집합론이 이제 더 이상 그러한 개념들에 의지할 필요가 없는(또는 의지하지 말아야 할) 단계까지 진보했으며, 더욱이—바디우의 책이 어느 정도 자세히 개진하는—칸토어 이후 개입적인 발전들의 시퀀스가 잠재적으로 칸토어가 최초로 품었던 통찰 안에 내포되어 있었다는 점을 납득시키는 것이다. 그래서 그 귀결은, 바디우가 기술하는 그대로, "[…] 위대한 이론은, 언제나 그랬던 것처럼, 그 추론(reasoning)의 견고함과 중심적 개념의 불안정성 사이의 극심한 차이에서 탄생했다"(p. 38).

바디우가 이 논점을 보강하는 방식은 지금까지 집합론이 식별적 대상과 그러한 대상에 관한 마찬가지로 식별적인 사유나 직관의 영역에 속박하는 모든 소박한 호소력에서 점차 분리되어 가는 발전과 엄격한 형식화의 과정을 기술하는 것이다. 특히, 바디우가 떨쳐내려는 것은—상대적으로 지식이 부족한 독자들을 위해서만이 아니라 반대의 견해를 취하는 일부 수리 철학자들에 대한 대응으로—집합론적 추론에서 모종의 역할을 담당하는 직관(intuition) 개념이다. 여기에서 바디우는 대다수의 분석철학자들과 의견을 같이하여 내포주의적(intensionalist)[17]

---

17 [집합은 원소들을 수집하는 어떤 특정한 속성에 따라 정의되어야 한다는 주장. 예를 들어, '짝수 집합'.]

접근법보다는 외연주의적(extensionalist)[18] 접근법을 받아들이는데, 말하자면 이 접근법은 오로지 엄격하게 관건이 되는 영역 안에 떨어지는 개체들(그것들의 본성과 관계없이)의 집합만을 구성원 자격의 조건으로 정의하며, 이러저러한(즉, 직관적인) 기준에 맞는 어떤 속성들에 따라 개체들의 구성원 자격을 정의하지 않는다. "'대상들의 직관'으로 제시된 것은 그 자체로는 오로지 부분적으로 (혹은, 프레게나 러셀의 저술에서 그렇듯, 정말로 완전하게) 형식화된 언어로 표현된 어떤 개념의—혹은 속성의—외연(extension)으로 생각할 수 있도록 수정되었다"(p. 39). 전자의 [내포주의적] 기획이 집합론의 개념적 중심에서 러셀이 발견한 특정한 역설들로 인한 문제들에 봉착했다면[19], 이는 또한 수학적 사유가, 일단 이러한 탐구의 경로에 들어선 이상, 현재의 (보통 직관적인) 이해의 상태에서 드러나는 한계와 미래의 (보다 개념적으로 적합한) 이해의 상태에 대한 암시에 반복적으로 직면함을 통해 발전을 지속하게 될 것이라는 암시였을 것이다.

실제로, 프레게와 러셀이 집합론적 영역에 대한 완결적이면서도 완벽하게 일관적인 형식화를 제공하는 논리적 언어의 힘(기술적으로 말해서, 1차적으로 양화된 술어 계산[first-order quantified predicate calculus]의 힘)에 대해 최초에 내비쳤던 그들의 확신은 그 자체로 그 기획이 그 경로 위 어딘가에 위치한 장애물로 발걸음을 내딛게 될 것임

18 [집합은 어떤 속성이 아니라 원소들이 속하는 어떤 외연(extension)에 따라 정의된다는 주장. 이에 따를 때, 집합은 어떠한 속성이나 술어도 없이 전적으로 괴리적인 원소들로 이루어질 수 있다.]
19 [러셀의 역설은 자기 귀속에 따른 역설이다. 이는 크레타인의 역설(크레타인의 부정직함을 욕하는 크레타인의 역설)과 유사한데, 말하자면 '이름이 15자 이하의 글자로 된 집합'이라는 집합이 있다면, 이 집합은 그 자체에 귀속되어야 한다(이 집합의 이름이 15자로 되어 있기 때문). 전체 집합이란 불가능하다는 점 역시 이 역설과 관련이 있다(전체 집합 역시 그 자체에 귀속되어야 하기 때문).]

을 보여주는 분명한 징후였다. 바디우는 바로 이러한 되풀이되는 억제의 몸짓―언제나 때이른 다양한 '전체화'의 기법들을 통해 탐구의 범위를 통제하고 제한하려는 움직임―이, 집합론에 의해 모든 기존의 존재론적 질서(order)나 사회-정치적 질서에 제기되는 급진적 도전을 회피하는 방식으로, 진보를 막는 주된 장애물을 놓았다고 본다. 그러므로 그의 반대는 직관이 유효한 통찰이나 개념적 진보를 가져올 것이라는 주장에만 국한되지 않으며(직관이란 흔히 사전에 형성된 믿음의 경향에 적용된 이름이기에), 또한 집합론의 설명 범위가―앞서 특정될 수 있는 항들로 이루어지며 따라서 현재 구상될 수 있는 것에 대한 어떠한 미래적 발전도 선제적으로 예방하는―순수하게 형식적인 프로그램에 의해 제한될 것이라는 협소하게 논리주의적인(logicist) 관념을 향하기도 한다. 그래서, 바디우의 생각에 따를 때, 프레게-러셀 기획은, 관련된 부류(class)의 언표들이 자기 반영적(재귀적, self-reflexive) 적용이라는 시험에 노출되어야 하는 '순수한 다수'의 영역―혹은 형식적으로 제한되지 않은 집합론의 영역―에서 한계점(limit-point)의 조건과 마주치자마자, 갑작스럽게 시야에 들어오는 그러한 역설들에 좌초되도록 미리 정해져 있었다.

이 단계에서 일부 추가적인 세부 내용을 전달해야 할 터인데, 왜냐하면 문제가 되는 에피소드가 집합론에 대한 그리고 지금까지 집합론의 역사를 특징 지었던 기원과 구조 사이의 복잡한 관계에 대한 바디우의 이해에서 가장 중요한 사안들 중에 있기 때문이다. 칸토어, 프레게, 러셀 그리고 여타의 초기 지지자들이 구현한 집합론의 위대한 약속은 수학을 이상異常(anomaly)이나 역설의 여지를 남기지 않을 함의 관계(entailment relations)로 이루어진 순수하게 논리적이거나 공리-연역적인 구조로 환원한다는 것이다. 그러한 주장이 첫 번째 좌절에 봉착했던 것은 러셀이—순수하게 논리적인 방식으로—집합론에 내재적으로 자기 반영적인[재귀적인], 자기 술어적인(self-predicative), 혹은 자기 지시적인(auto-referential) 역설로 흐르는 경향이 있음을 보였을 때, 말하자면 '그 자체의 구성원이 아닌 모든 집합들의 집합'이나 또는 '스스로 면도하는 자를 제외한 모든 남자를 이발사가 면도해주는 동네에 사는 이발사를 면도해주는 남자' 같은 정식들(formulas)에서 귀결하는 종류의 역설로 흐르는 경향이 있음을 보였을 때였다.[20] 하지만, 바디우가 지적하는 그대로, 그러한 정식들의 상당히 작위적인 듯한 외양에도 불구하고, 그러한 모든 역설들이 도출되는 근원은 (그 자체의 구성원이 되지 않는 집합임을 말하는) 하나의 기본 정식이며, 그것은 사실상 집합에 관해 제시할 수 있는 모든 개별 특정사항(specification)에서 부자연스럽거나 괴상한 모습과는 거리가 먼 양상으로—즉, 상당히 수용할 수 있을 법한 방식으로—나타난다. 이에 따라 "정수(whole numbers) 집합이 그 자체로 정수가 아니라는 점은 명백하"며, 이와 유사한 예들은 얼마든지 있다(p. 40). 이런 이상, 그것[자기 지시적 역설]은 집합론적 사유에 내재된 특징으로, 곧 '다수-존재에 대한 언어의 구성적 영향력'의 단언이 문제가 될 때라면 언제라도 제기되는 특징이며, 그러므로 이는 병리학적이거나 또는 (러셀과 프레게가 가정했던 것처럼) 외과적 적출을 필요로 하는 무엇으로 간주될 수 없다. 하지만, 그러한 자기 지시적 역설의 함축적 귀결(implications)이—진리와 형식적 정당성(유효성, validity)을 동일시하고 또 이어서 형식적 정당성과 일관성을 또는 (논리적 함의[entailment] 아래 놓인) 전체적 폐쇄[닫힌 전체](total closure)를 동일시하는 초논리주의적(ultra-logicist) 프

20　각주 6 참조. 또한 Bertrand Russell, *Introduction to Mathematical Philosophy* (London : Allen & Unwin, 1930) 참고.

로그램의 맥락에서—철저하게 추구될 때, 그것은 부정적이며 전복적인, 곧 체계를 위협하는 양상을 띠게 된다. 그러한 맥락에서 자기 준거(self-reference)의 수용할 수 있을 법한 면모는—곧, [모든 곳에] 편재하며 그래서 이의가 있을 수 없는 자기 지시적 역설의 현존은—분명한 표현의 변화를 거치게 되며, 결과적으로 낙관적인 논리주의적 기획 전체를 무너뜨리는 역할을 하게 된다.

러셀의 대답은 수학이나 논리적 계산의 언어들 같은 형식 언어로 이루어진 언표들(진술들, statements)이 이런 종류의 장애를 일으키지 않는 방식으로 자기 지시(self-referring) 해야 한다는 약정적 규칙(stipulative rule)을 만드는 것이었다. 오히려 그러한 장애물은 '유형 이론(Theory of Types)'으로 훌륭하게 회피할 수 있는데, 이 이론은 직접적인 혹은 질료적-양식의(material-mode) 단언으로 이루어진 1차적 언어에 귀속되는 위계나 수준들을, 그리고 연속적으로 더 높은 논리적 수준에서 그러한 1차적 언표들을 향해 지시되는 위계들이나 수준들을 분명하게 구별하는 등의 방식으로, 차츰 더 추상화되는 형식적(즉, 메타 언어적) 특정(specification)의 단계들을 나눈다. 러셀은, 오로지 이런 방식에 의지하여, 집합론이—오늘날 논리나 수학의 발전상을 이루는 중요한 구성요소로서—언제까지고 (정확하게 규약화되어[codified] 있기에) 안정적인 정당성이나 진리 구상으로 향하는 경로를 유지할 수 있다고 생각했다. 이러한 문제들에 대한 그의 전술된 '해법'은 그때나 지금이나 여러 사람으로부터 이의가 제기될 정도로 임의적인(ad hoc) 것이자, 이성에 대해 자명한 원칙들보다는 실용적이거나 방법론적인 편의와 관련된 부가물이라는 인상을 준다. 실제로, 집합론적 역설들은, 러셀이 처음으로 그 역설들을 발견한 이래, 수학 내부와 다양한 여타 분과학들에 걸쳐 철학적 사유를 자극하는 원동력이자 사변적 개념들의

강력한 원천으로 남았다. 그러한 역설들의 영향은 관련된 다양한 발전
들로 강화되었는데, 이러한 발전들 중에는 특히 괴델(Gödel)의 결정
불가능성 증명(undecidability-proof)이, 곧 기초적인 산술이나 1차 논
리(first-order logic)의 공리들을 산출할 수 있을 정도로 충분히 복잡
한 모든 형식적 체계가 체계 자체 내에서 그 자체의 진리 또는 정당성
이 증명될 수 없는 적어도 하나의 언표를 포함하거나 수반한다는 결과
에 이르는 증명이 포함된다.[21] 달리 말해서, 우리는 엄격한 논리적 절차
에 따른 진리만을 가지거나 혹은 체계 내부적인 정합성(coherence)에
따른 일관성('완전성[completeness]')만을 가질 수 있으며, 러셀의 방
식처럼, 피상적으로 단지 논리적-수학적 외양을 보존하기 위한 장치로
보이는 어떤 조작을 동원하지 않는다면, 결코 [엄격한 논리적 진리와
체계 내부적 일관성을] 둘 다 가질 수는 없다. 어쨌든 집합론은 이러한
도전이나 여타의 도전들을 겪게 되지만, 그럼에도 역설들을 안전하게
시야 바깥으로 배제하거나 혹은 적어도 그것들이 진짜 피해를 입히지
못하게 할 그러한 공리적 측면에서 어떤 형식적 재진술(restatement)
의 방식을 제공하는 다양한 사상가들의 노고를 통해 존속한다. 지난 세
기 동안, 집합론은 순수 수학 및 응용 수학의 모든 분과에, 그리고 또한
물리학이나 심지어 (어떤 특정한 맥락에서) 사회 및 인문 과학들에서
있었던 수학에 기초한 발전에, 절대적으로 중심적인 무엇이 되었다.

　바디우의 작업은 특히 집합론의 역설들을 시야에서 놓치지 않으면서
도—실제로, 그 역설들을 철학적 관심의 정중앙에 위치시키면서도—
동시에 추가적인 진전을 위해서라면 무시되거나 옆으로 밀어두어야 할
장애물보다는 사유를 촉발하는 유인 또는 일신된 지성적·창조적 활동

21　Kurt Gödel, *On Formally Undecidable Propositions of* Principia Mathematica *and Related Systems* (trans.) B. Meltzer (New York: Basic Books, 1962).

을 일으킬 원동력으로 간주한다는 점에서 주목할 만하다. 그 역설들이 "수학적 확실성을 약화시키고 잘못된 상상으로 이미 끝났다고 여기는 위기를 촉발하기에 이"르지만, 그럼에도 그것들이 "수학의 본질에 관련되기에", 널리 수용된 러셀의 의사擬似 해법(pseudo-solution)이 의미하는 바는 그 문제가 이 논리주의적 기획을 통해 "성공적으로 해결되기 보다는 실질적으로 포기되었"던 것이라고, 바디우는 단언한다(p. 38). 칸토어에게서, 바디우는 이 수면 위로 부상하는 난관을 "헤쳐나갈 길을 뚫"기 위한 노력을 살피는데, 이 노력에서 칸토어는 자신이 발견했고 이 발견을 통해 (그의 잘 알려진 문구에 따를 때) '수학자들의 낙원'을 열었던 수학적으로 특정할 수 있는 초한수(transfinite numbers)의 영역에 대립되는 것으로서 신비에 준하는(quasi-mystical)—심지어 신학에서 영감을 얻은—절대적 무한성에 의지한다. 이러한 절대적 무한성에 대한 의지가 없었다면 (초월성의 제거로 인해) 철저하게 탈신학화되었을 집합론의 영역에, 신학이 다시 들어온다. 칸토어에게서 나타나는 퇴행적 경향으로 인해, 즉 절대적 존재를 "다수의 (일관적) 현시가 아니라", 오히려 "신적인 무한성을 일자로서 비일관되게(in-consists)[22] 하며 어떠한 다수라도 모아 내고 셈할 수 있게 하는 초월성"과 등가로 놓는 그러한 경향의 결과로 말이다(p. 42). 다른 한편으로, 바디우가 기꺼이 칸토어에게 공로를 돌리는 것이 있는데, 그것은 동료 선구자들과 비교할 때 그가 존재 신학적(onto-theological) 개념들에서 도피처를 구하도록 몰아붙였던 어떤 것의 결과를, 말하자면 자신의 발견에 선천적으로 내재하는 형이상학적 부담에서 풀려나 궁극적이며 엄격하게 논리적인 종점을 향해 밀고 나갈 때 오는 그 발견의 결과를 누

---

22 ['비구성되게' 혹은 '비존재하게'.]

구보다 더 분명하게 파악했다는 점이다. 그런 것이 바로 모든 결과적인 (곧 존재론적으로 도출된) '존재' 개념은, 수학이나 철학 혹은 (결과적으로 두 분야에 마주하는) 은밀한 신학의 측면 중 어느 것을 막론하고, 사유의 전통 전체와 양립 가능한 방식으로 최상의 체계적 언표[진술]의 노력에 저항하거나 이를 회피하리라는 점에 대한—칸토어의 작업에서 완전히 인정되지는 않지만 이미 읽어낼 수 있는—최초의 인식이었다.

이런 면에서 칸토어는 가장 인상적인 사상가이자, 바디우의 목적에 있어, 지성적인 면에서 가장 예시적인 영웅으로 우뚝 서게 되는데, 그의 사유에서 나타나는 특별한 미덕은 그의 사유로부터 펼쳐진 엄격한 발전의 영향력에 대한 최대의 도전—외부적 반대만큼이나 내부적인 곧 자기 산출적인(self-generated) 반대로부터 야기된 도전—에 맞섬으로써, 그 자체에 대해 잔존하는 지지 또는 저항을 극복할 더 큰 힘을 얻는다는 점이다. 우리는 바디우가 실행하는 플라톤과의 변증법적인 마주침에서도 이와 동일한 패턴이 나타남을 목격한 바 있으며, 그리고 이는 그가 아리스토텔레스, 데카르트, 라이프니츠, 스피노자 그리고 헤겔 같이 강력한 선임자들과 관여할 때도 다양한 형태로 나타난다. 이런 방식으로 바디우는 그들의 사유에서 문제적이거나, 수용할 수 없거나, 퇴행적인 양상들이 있음을 발견하지만, 그럼에도 그들의 작업이 [앞에서 언급한 것과] 동일한 자기 저항적이거나 또는—그들의 가장 인상적인 시기에—자기 초월적인 성질을 가진다고 생각한다. 칸토어에 관한 바디우의 논평에서 다른 긴 구절을 인용해 보는 것이 좋겠는데, 왜냐하면 이 구절이 바로 바디우가 그러한 반열에 들어가는 몇몇 선택된 사상가들에 관해 그렇다고 평가하는 무엇을 붙잡아내기 때문이다. 바디우가 기술하는 바, "칸토어의 사유는",

'존재 신학(onto-theology)'—절대적인 것이 극도로 무한한 것이라고, 따라서 초수학적이고 비가산적인 것이며, 너무나 철저하기에 거기에서 어떠한 다수도 구성될(consist) 수 없는 형식이라고 간주하는—과 수학적 존재론—거기에서 일관성이 비일관성의 이론을 만드는—사이에서 동요하며, 이런 점에서 그의 사유에 장애가 되는 무엇(역설적 다수성)은 그 자체의 불가능성의 지점이며, 요컨대, 존재하지 않는다(is not)(p. 42).

이 구절이 매우 명료하게 보여주는 것은—바디우 자신의 사유 방식이나 또 순전히 모순적인 성격을 지님에도 불구하고 그가 예시적이라 간주하는 칸토어의 사유를 통해—바디우의 전체 기획에서 개념적 영향력의 주요 원천 혹은 (지나치게 헤겔적으로 들릴 위험을 감수하더라도) 변증법적 원동력으로서 나타나는 두 용어, 곧 '일관적(consistent)'이라는 용어와 '비일관적(inconsistent)'이라는 용어 사이의 항시적인 상호작용이다. 그의 관점에서, 수학적 지식 발전의 역사는 대부분 다양한 종류의 문제나 역설에서 결국 어떤 새로운 개념이나 합의된 처리 방식이 제기되는 과정을 통해 일어난 것이며, 또 이어서 이러한 처리 방식에는 다시—그 귀결들이 분명해질 때—관건이 되는 기획에 있어 더 멀리 나아가며, 더 깊이 들어가면서도, 더 많은 사유를 촉발하는 도전이 수반되는 것으로 볼 수 있다. 다시 한번 이런 이야기가 결정적으로 헤겔적으로 들린다 해도, 그 인상이 완전히 표적에서 벗어났다고 할 수는 없다. 물론 이후에 나오게 될 논의 방식들에서 그렇게 지칭될 자격을 얻어야 하겠지만 말이다. 어쨌든 바디우는 지식이 진리로부터 확연히 구별되어야 하지만—진리가 인간이 지닌 최상의 인식 능력의 한계를 넘어설 것이기에—그럼에도 지식이 달성될 수 있다는 자신의 믿음에 관해 절대적으로 확고한 태도를 취하지만, 물론 여기에는 그런 면에

서 현재의 모든 주장들이 미래의 변경이나 완전한 반증(disconfirma-
tion)에 종속될 것이라는 엄격하게 오류가능론적(fallibilist) 조항이 수
반된다. 바디우의 작업을 포스트구조주의나 포스트근대론 및 여타의
근래 친프랑스적(Francophile) 사유 운동들로부터 완전히 떼어놓는 철
학적 특징들 중 하나는 언어에 대해 독립적이거나 문화를 초월하는 그
러한 진리들의 실존에 관한 그의 흔들리지 않는 입장과 이것이 어떤 의
미로도 교조주의나 확고한 교설적 지지의 표시라는 주장에 대한 거부
이다. 반대로, 오직 그러한 태도를 단언함으로써, 그리고 이에 따라 심
지어 우리에게 가장 깊이 간직된 이론들, 진리주장들(truth-claims) 또
는 믿음의 항목들에서 오류의 가능성을 인정함으로써, 간단히 말해서
우리는 진리를 그 자체로 우리 자신이나 (특수화되거나 혹은 문화 전
반에 걸친 양상을 막론하고) 공동체의 동료 구성원들에게 중요한 무엇
과 등치로 놓는 일을 피하게 된다.[23]

　바디우는 체르멜로(Zermelo)와 프랑켈(Fraenkel) 같은 칸토어 이후
사상가들에 의해 수행된 집합론의 형식적 발전의 (혹은 공리화[axi-
omatization]의) 진전을 설명하는 맥락에서 이 논점을 개진하는데, 이
두 사람은 그가 주로 개념적 경제와 논법의 용이성에 기초하여 받아들
이는 특정한 형태—ZF 체계[24]—의 고안자들이다. 그렇지만, 그가 독자
에게 강조하려 하는 그대로, 집합론이 관건일 경우 "공리화는 어떤 설

23　이러한 결과에 대한 추가적인 논증을 위해서라면 Stathis Psillos, *Scientifiic Real-
ism: How Science Tracks Truth* (London: Routlege, 1999); J. Aronson, R. Harré
and E. Way, *Realism Rescued: How Scientific Progress is Possible* (London: Duck-
worth, 1994); Michael Devitt, *Realism and Truth*, 2nd edn (Oxford: Blackwell,
1986); Jarrett Leplin (ed.), *Scientific Realism* (Berkeley & Los Angeles: University
of California Press, 1984); Christopher Norris, *Language, Logic and Epistemology:
A Modal-Realist Approach* (Manchester: Manchester University Press, 2004).
24　[ZF는 체르멜로(Zermelo)와 프랑켈(Fraenkel)의 머리글자를 딴 약자.]

명 기법이 아니라 본질적으로 하나의 필수적 사항이다"(p. 43). 말하자
면—여러 비트겐슈타인주의자들, 신실용주의자들, 직관주의자들, 관
습주의자들, 또는 반실재론자들과 반대로—그 과정에서 관건이 되는
것은 어느 정도는 개념들에 대한 (간편하게 나타낼 수 있다는 의미에
서) 보다 편리한 표현 수단을 찾는 것이 아니며, 만일 그랬다면 (그리
고 어쩌면 더 나았을 지는 모르겠지만) 개념들은 자연적이거나 '일상
적'인 언어 규범들과 그리 심하게 떨어지지 않은 무언가로 표현되었을
것이다. 오히려 관건은—바로 그러한 공리-연역적 사유의 절차들을
통한 항시적인 수정과 비판에 종속되지 않을 경우—우리에게 잘못 구
상된(misconceived) 문제들에 대한 '상식적' 관념들과 의사擬似 해법
들을 제시하게 될 (직관적으로 깊숙이 자리하며 언어적으로 몸에 베어
있다는 의미에서) 완고한 사고 방식을 넘어서는 사유의 가능성을 찾는
일이다. 여기에서 다시 바디우는 데카르트와 라이프니츠 그리고 스피
노자로부터 유래하며, 기본적인 프레게-러셀 프로그램을 이어가는 주
류 분석철학자들 가운데, 또한 자신의 기획을 단순한 직관이나 수용된
(언어적으로 편안히 자리잡은) 교설의 공식적 진술(deliverance)을 넘
어서는 사유의 역량에 거는 프랑스 사상가들—바슐라르, 캉길렘, 심지
어 스피노자의 깊은 영향을 받은 마르크스주의 이론가 루이 알튀세르
가운데, 그 현대적 후계자를 두고 있는 합리주의적 사유의 전통과 함께
한다.[25] 같은 이유로 그는 '일상언어(ordinary language)'에 부여된 지
혜라는 망상적 관념이나, 거기에 관련된 습관적인 '생활양식(forms-
of-life)'에 대한 호소나, 혹은 잘못된 확신의 원천들에서 위안을 구하
는—그리고 변증법적으로 '반反철학자들'의 무리에 도전하기에 지성

---

25   각주 16 참고. 또한 Norris, *Spinoza and the Origins of Modern Critical Theory*
(Oxford: Blackwell, 1991).

적으로 보다 존경할 만한 사상가들과 구별되는 자들로 간주되는—현대판 '소피스트들'과 정면으로 맞선다.

이러한 사고 방식의 오류는 집합론 발전의 맥락이나 그러한 발전을 개념적으로 적합한 용어들로 설명하고자 하는 노력이라는 범위에서 수리 철학이 직면한 문제들에서 가장 극명하게 드러난다고, 바디우는 주장한다. 바디우가 다른 경쟁 체계들에 비해 ZF 공리계를 선호하는 입장은 정확히 이런 방향으로 가능한 한 멀리까지 밀고 나가며, 모든 형태의 때이른 개념적(또는 존재론적) 관여를 피하며, 이로써 바디우가 집합론적 탐구를 위해 놓은 사유의 경로로 보는 무엇을 충실하게 따라가는 과정과 관련된다. 그러한 선호가 이를 실행하는 방식은 항들 간에 단 하나의 관계—∈이라는 기호로 표현되는 귀속(belonging)의 관계—만을 허용하고, 불필요한 관여를 가져올 다른 속성들에 대한 준거를 배제하는 것이다. 이런 엄격한 접근법을 채택하는 목적은 (칸토어의 '신학적' 전회에서 목격한 것과 마찬가지로) 종래의 방식으로 대상들과 다수들, 다수들의 다수들을 구별하는, 보다 직관적으로 다루기 쉬운 집합론의 개념으로 돌아가라는 끊임없는 회귀의 유혹을 피하기 위한 것이다. 이에 따라, "내가 'α가 β에 귀속된다', 곧 α ∈ β라고 쓸 때, α와 β라는 기호들은 동일한 목록에서 나온 변수들이며, 전형적으로 구별될 수 없는 항들로 교체될 수 있다"(p. 44). 다시 말해, ZF 체계에 입각할 때, 사유가 '개별' 대상들과 대상들의 집단들 사이에서, 또는 특정한 (별개의) 집합들과 어떤 보다 높은 수준의 집단화(grouping) 원칙 아래 여러 집합들로 구성된 집합체들(assemblages) 사이에서, 직관적으로 자명한 구별을 제거할 수 있는 방법을 구상하기가 보다 용이하다. 게다가 ZF 체계는 논리적으로 원소들과 이 원소들이 귀속되는 집합들 사이의 구별이 혹은 이 원소들이 원소들로 특정되는 구별이 있어야만

한다는—보다 보수적이거나 직관적인 설명에 따라—자명한 진리로
여겨지는 무엇이 끼어들 여지를 남기지 않는다. 확실히 바로 이 지점에
서 보다 발전된 형태의 집합론은 '소박(naïve)'하거나 또는 여전히 직
관에 경도된 단계로부터, 다시 말해 칸토어가 집합들에 대한 사유에 있
어 집합들이 존재론적으로나 논리적인 면에서 필연적으로 그것들 자체
를 구성하는 원소들과 다른 개체들로 간주되어야 한다는 가정에 머물
던 단계로부터 벗어나게 된다. 달리 말해서, "모든 일자의 비존재(un-
being)를 말하는 ∈ 기호는 단일하게 다수에 색인된 것으로서 '어떤
것'의 현시를 규정한다"(p. 44). 특히 집합론이—그리고 일부 사상가
들에게는 매우 불안하게—상기시키는 것은 악무한(bad infinity)에 대
한 예상, 곧 고정되거나 정의될 수 있는 단위체들로 구성되지 않고 오
히려 어떠한 분명하게 특정할 수 있는 구성적 부분들도 없는 '단일하
게 순수한 다수성'으로 사유되어야만 할 그러한 다수의 예상이다. "만
일—약간의 소금을 곁들여[26]—콰인(Quine)의 '존재한다는 것은 어떤
한 변수의 값이 되는 것(to be is to be the value of a variable)'이라는
유명한 정식을 받아들인다면, 우리는 ZF 체계가 오직 한 유형의 존재
의 현시만이, 곧 다수만이 있음을 공준한다고(postulate) 결론지을 수
있다"(p. 44). 이러한 언급은, 바디우의 입장에서, 풍부하거나 낭비적
인 존재론들로 이루어진 무성한 초목에 비해 '금욕적인 사막의 풍광'
을 선호했던 콰인에게 일정 이상의 동감을 표한다고 보는 편이 가장 나
은 방식의 읽기 방식일 것이다.[27] 하지만, '약간의 소금'이라는 말은—

---

26 ['with a grain of salt' 혹은 프랑스어 원문에서 'avec un grain de sel'. 미심쩍기
는 하지만', '의심스럽겠지만', '완전히 옳다고 할 수는 없겠지만' 정도의 의미.]

27 Quine, 'On What There Is', in *From a Logical Point of View*, 2nd edn (Cam-
bridge, MA: Harvard University Press, 1961), pp. 1-19을 볼 것.

그러한 동감과의 확연한 긴장 관계를 나타내며―양화된 1차 술어 논리 (quantified first-order predicate logic)와 함께 묶인 인식론적 권한에 대한 철저하게 경험론적인 구상이라는 안전한('과학적으로' 정당화된) 기반 너머로 나아가는 모든 무모한 존재론적 모험을 금지하려 했던 콰인의 순수-분석적(echt-analytic) 욕망이 얼마나 제한적인 것인지 분명하게 보여준다. 즉, 바디우는 결코 콰인의 접근법에서 드러나는 형식적 엄격함이나 극도의 존재론적 금욕성(austerity)에 반대하지 않는데, 그러한 콰인의 접근법은 존재론적 탐구의 모든 문제에서 논리에 우선성을 부여하며, 더욱이 그러한 탐구를 집합론적으로 사유될 수 있는 다양한 존재 양식들에 대한 규율 잡힌(disciplined) 조사의 기초 위에 있다고 말할 수 있는―곧 일관적으로 주장할 수 있는―어떤 것에 제한하고자 하는 바디우 자신의 공언된 목적들과 일치하기 때문이다. 그와 동시에 형식 과학들에서 (그리고 또 자연 과학의 특정한 분과들에서) 나타나는 진보에 대한 바디우의 이해는 보통 일관성을 얻기 위한 추동력과 언제나 일관적인 방법론이나 결과를 완전히 벗어나거나 뒤집어 버릴 무엇 사이에 놓인 충돌이나 이상異常(anomaly) 또는 생산적인 마찰의 계기들에서 힘을 얻는다는 점에서 콰인과 결을 달리한다(Un-Quinean).

바디우가 칸토어로부터 내려오는 일련의 집합론적 발전상들에서 가장 강력하게 실현되었다고 보는 것은―주기적으로 돌연히 일어나 사유가 다시 한번 지정된 경로를 따라 진행할 수 있기 이전에 해결되어야 하는 문제들보다는―바로 사유의 본성 자체에 내재하는 항시적인 변증법적 긴장이라는 관념이다. 그는 체르멜로의 원칙―ZF 체계의 한 가지 주된 구성요소―에 준거하여 "하나의 속성은 오로지 이미 어떤 현시된(presented) 다수가 있다는 가정 아래 하나의 다수를 결정한다"고 주장한다(p. 45). 모든 귀속된 특징이나 속성은, 어떤 주어진 집합의 어떤 주어진 구성원과 관련하여 그리고 그 구성원의 구성원 자격이 의존한다고 간주되는 무엇에 기초하여, 그러한 선택적인 제약에 종속되지 않으며 따라서—정의상—보다 [수적으로] 많거나 보다 포괄적인 어떤 선존하는(pre-existent) 다수성을 가정해야 한다. 여기에서 다시, 무언가가 어떤 하나로-셈하기의 확정적(예를 들어, '민주주의적') 사례(instance)에 의해 억압되거나 주변화된다는 이러한 발상에서, 우리는 바디우가 집합론적 설명으로부터 끌어오게 될 정치적이거나 사회 비판적인 함축들 중 일부를 잠깐 살펴볼 수도 있을 것이다. 형식적인 측면에서, "체르멜로의 공리 체계는 언어에 의한 어떤 다수의 유도를 그러한 유도에 앞선 시초적 다수의 실존에 종속시킨다"(p. 45). 여기에서 '언어'란, 우리가 본 그대로, 바디우가 그러한 사안에 어떠한 권위도 부여하지 않는 다양한 자연 언어들만이 아니라—그가 콰인과 공유하는 것, 즉 1차적으로 양화된 술어 계산의 언어와 같이—형식적이거나 엄격하게 통제된 언어들 또한 포함한다고 추정할 수 있는데, 이 통제된 언어들의 일관성은 그러한 언어들이 오직 엄격하게 발견적(heuristic)이거나, 보조적이거나, 또는 어떤 능력을 부여하는(하지만 또한 엄격하게 필수적인) 역할을 맡을 수 있을 뿐임을 확실히 한다. 실제로 그러한 언어들은 언제나 비일관적인 다수성—완전하게 장악되거나 망라될 수 없으며 오히려 어떤 하나로-셈하기의 적용에 의해 필요에 따라 다소간 급격하게 환원될 수 있는—의 억압으로부터 귀결될 것이다.

그러한 계기들로 발생하는 것은 언제 어디서나 존재론적 관련성을 지닌 사안들에 적용되지만, 대부분의 경우 존재의 충만함이나 확실함(positivity)에 전제를 둔 철학적 교설들이나 '상식적' 관념들에 의해 감춰진—곧, 억눌리거나 적당히 얼버무려진—진리에 대한 특히 설득력 있는 증명이다. 이러한 증명은 존재론적 탐구의 본질적으로 '감산적인(subtractive)'[28] 성격과 관련되며, 또 사유가 직관이나 언어에 의해, 혹은 언제라도 사라져 버린 체계적 장악력을 벗어나는 무언가를 고려하는 데 실패하는(혹은 프로그램에 따라 기각하는) 모든 형식적 개념들의 일관적이라 추정되는 장치에 의해, 주어진 바 사유의 내용들과 결코 완전히 일치하지 못하는 불가능성에 관련된다. 이런 이유로 그러한 진리들은 오로지 서양 철학의 정전正典에 실린 대다수의 텍스트에 점철된 균열과 모순과 아포리아들에서 알아볼 수 있을 뿐이다. 이러한 서양 철학의 정통에 대한 예외는 바로 존재와 비존재의 변증법을 그 논리적 결론에 이르기까지 밀어붙였던—플라톤(마지못해서이기는 하지만)과 몇몇 집합론자들을 위시한—몇 되지 않는 사상가들이나, 또한—비록 철저하게 다른 방식이지만—실체적 존재론(positive ontology)이 완성될 조건들을 표현하거나 일관적으로 접합하는 데 실패함을 통해 실체적 존재론의 경계를 목격했던 아리스토텔레스, 데카르트, 라이프니츠, 스피노자, 헤겔 같은 철학자들이다. 그러므로, 바디우에 따를 때,

> 이것은 전적으로 집합론을 존재로서의 존재에 연결하는 감산적 봉합의 문제, 곧 언어가 그 자체의 초과에서 기인하는 역설적 분해에 좌초되는 방향으로 이끌리는 문제인데, [여기에서] 언어—분리와 구성을 고려하는—는 순수한 다수가 실존한다는 점을, 다시 말해 그 이론[집합론]이 현시하는(present) 무엇이 당연히 현시(presentation)라는 점을 간과할 수 없으나 그 자체만으로는 이를 정립할 수 없다. (p. 48)

이러한 '그 이론이 현시하는 무엇'과 '현시' 사이의 구별은 이 용어의

---

28 [여기에서 '감산(subtraction)'이란 뺄셈을 의미하며, '감산적'이란 말은 '빼내는'이나 '빠져나가는'의 의미를 지닌다.]

(존재론적으로 앞선) 다른 의미에서 우리를 바디우의 정치적 사유의 중심으로, 또 그런 만큼이나 '순수하게' 수학적이고도 형식적-철학적인 사유의 중심으로 이끈다. '그 이론이 현시하는 무엇'이란 어떤 것을 어떤 주어진 집합(set), 집단(group) 또는 부류(class)의 한 구성원이나 구성요소로 셈할 것인지 결정하는 다양한 지배적 체계들(수학적인, 형식적인, 자연 과학적인 그러나 또한—암시적인 것 이상의 유비에 의해—정치적이고도 사회문화적인 체계들)에서 하나의 승인된, 적절하게 인정된 장소를 찾는 어떤 것이다. 다른 한편으로, '현시'라는 용어가 의미하는 바는 잠재적인 구성원 자격의 후보들로 제공되는 그러한 원소들의 전체이며, 이는 그 잠재성이 현실적으로 그렇게 취급됨으로써 실현되거나 실현되지 않음과 상관이 없다.

따라서 형식적 영역(즉, 존재론과 집합론의 영역)에서 바디우의 중심적인 테제는 이런 것인데, 말하자면 "모든 현시가 셈(count)의 법칙 아래 있기에 현실적으로 비일관성은 있는 그대로 현시되지 않"지만, 그럼에도 "순수한 다수로서의 비일관성은 단지 셈 이전에는 일자가 없다는 전제일 뿐"이라는 것이다(p. 52). 혹은 차라리—집합론적 역설들을 관통하는 바디우의 정교한 설명을 통해 증명되는 것처럼—이 주장들 중 첫 번째 주장이 성립될 때에만 두 번째 주장 또한 성립된다고 말할 수도 있다. 되풀이하자면, 그의 논점은 일자란 언제나 비일관적 다수성을 일관적 다수성으로 전환하는 그러한 행위로 들어가거나, 혹은 어떤 원소가 구성원으로 셈해지고 어떤 원소가 비귀속(non-belonging)이라는 불확실한 상태에 지정될 것인지 결정하는 그러한 과정을 거치는 셈하기 작용(counting operation)의 결과라는 것이다. 동시에 이러한 중심적인 존재론의 진리—그 본질적으로 감산적인 성격에 관한 진리—는 단지 그러한 배제된 원소들이, 정의상 하나로-셈하기 안에서 드러날 수 없거나 또는 모든 실존하는 상황을 구성하는 필수적인 요소로 인지될 수 없다는 사실로 인해, 대부분의 조사자들(enquirers)로부터 감춰진다. 이에 따라 "구조의 효과를, 곧 일자와 그것의 일관적 다수성들로의 구성이라는 형식을 취하지 않고서는, 아무것도 거기[상황]에 현시될 수 없다"(p. 52). 그로부터 오는 귀결은 이런 것인데, 말하자면 오직 수학과 형식적 담론들의 담론에서—즉, 집합론적 형식화를 쉽게 받아들이는 그러한 분과들의 영역에서—사유는 그저 어떤 알려지거나 인정된 상황을 구성하는 원소들만을 인식하며, 따라서 무엇이건 지배적인 하나로-셈하기를 벗어나거나 회피하거나 초과하는 무엇을 무시하는 그러한 불가피한 경향에 저항할 수 있다는 것이다. "따라서 어떠한 상황도, 그 자체의 내재성에 사로잡힐 때, 우리의 절차 전체를 시작하는 공리를 뒤집어 놓는다. 그것이 언명하는 바는 일자가 있으며 순수한 다수—비일관성—는 없다는 것이다"(p. 52). 이 주장은 절대적으로 내가 바디우의 실재론적 존재론으로 기술할 무엇에 있어 중심적인데(물론 그가 그런 기술에 관해 일정한 의혹을 가질 수도 있겠지만) 그러한 상황의 진리는 결코 우리가 상황에 관해 지각하거나, 인식하거나, 또는 믿게 될 무언가에 의존하지 않는다.

진리가 언제나 얻을 수 있는 우리의 최상의 지식을 능가할 잠재력을 가진다고—전문 용어로, '인식 초월적(recognition transcendent)'이거나 혹은 '인식에 있어 무제한적이라고(epistemically unconstrained)'—이해하는 관점은 바디우를 분석적 진영 내에 있는 여러 실재론자들과 함께 묶게 된다(물론 다른 여러 측면에서 그와 이들 사이에 차이가 있기는 하지만 말이다).[29] 더욱이, 이는 그의 기획이 단적으로 실패하는

---

29   각주 23 참조.

무언가가 빠져있는 관점인데, 왜냐하면 이 관점에는 이전에는 알아차리지 못하고 지나갔으나 이후 어느 시점에는 분명하게 드러나 그 사안을 재사유할 조건들로 설정되는 이상(anomaly)이나 충돌(conflict)을 발견하는 과정을 통해 사유가 발전할 수 있는 방식을 설명할 모종의 수단이 결여되어 있기 때문이다. 또한 이러한 [문제들을 새롭게 인식하는] 일이 일어나는 데 요구되는 것은 대부분의 시간에 대부분의 분야에서 사고 방식을 좌우하는 강제적 원칙(imperative)—말하자면 그러한 사고 방식이 일관적인 다수성이나 구조 지어진 상황들의 측면에서 매우 폭넓게 수행되기에 다양한 대상영역들에서 충분한 설득력을 얻는 강제적 원칙—에 대한 전복이다(그러한 전복이 아무리 짧게 지속한다 하더라도 말이다). 예컨대, "비존재론적인(즉 비수학적인) 상황에서, 다수는 오직 셈(count)의 일자에 따른 법칙에 의해 명시적으로 정돈되는 한에 있어 가능하다". 그리고 또, "그 상황 내부에는, 셈으로부터 감산되며(subtracted) 따라서 비구조화될(a-structured) 어떠한 비일관성도 파악될 수 없다"(p. 52). 하지만 이러한 제약은 적어도 어느 정도는 제거될 수도 있을 것이다. 다른 분과의 사상가들이 칸토어 이후 집합론의 발전상으로 사용할 수 있게 된 개념적 자원들을 획득하고, 이에 따라 그 근본적인 논점—즉, 만일 일자가 어떤 이전의 작용(operation)의 결과로 나온 것이라면, "필연적으로 다수의 '어떤 것(something)'은 절대적으로 그 결과와 일치하지 않는다"(p. 53)는 논점—을 파악하게 되는 한에 있어서 말이다.

분명히 관건이 되는 그 '어떤 것'은, 바로 그러한 작용의 필요—비일관적 다수성을 일관적 다수성으로 환원한다는 조건에 따르지 않을 경우 적절한 개념적 의미의 획득에 실패하는 사유의 무능력—에서, 하나로-셈하기에 선행하는 것이자 초과하는 것으로 드러난다. '비일관성을 향한 동요'는 광범위한 철학적 텍스트들에 걸쳐 바디우가 감지해내는 무엇인데, 이러한 텍스트들에서 체계와 방법에—또는 (하이데거의 경우에) 단순한 존재나 일상적인 것을 넘어서는 존재론적으로 진정한 **존재(Being)**의 영역에 대한 접근에—부여되는 최우선적인 힘은 그렇지 않다면 그러한 전유에 저항할 어떤 것의 대항적 의미를 억누르도록 허용된다. 특히 스피노자나 라이프니츠 같이 프로그램에 따르는 사상가들이 이에 해당하는데, 이러한 사상가들의 주된 전제에 따를 때, 진리는 내부적 간극이나 불일치 또는 그러한 여타의 결함들을 인정하지 않으며, 따라서 어떤 비판에 반대하거나 혹은 실제로—함축에 따라—그 자체로 달성된 발전 단계를 넘어설 어떤 추가적인 진보에 반대하는 입장에 서는 일관적이면서도 논리적으로 연결된 명제들의 체계를 통해 표현될 수 있어야 한다. 그런데도, 바디우가 보이려 노력할 것처럼, 그러한 사상가들의 기획은 바로 내부적인 이상異常들에서—흔히 그들 논증의 광범위한(그렇다고 알려진) 논리적 구조와 그 상세한 작동 사이의 해결되지 않은 충돌들에서—유래한다고 예상할 수밖에 없는 그러한 종류의 저항에 봉착한다. 비일관적 다수성의 일관적 다수성에 대한 궁극적인 우위나 이에 따라 어디에나 있는(그럼에도 규정을 벗어나는) 잔여물에 관한 주장을, 다시 말해 모든 체계적 담론에 출몰하는 '정원외적인(supernumerary)' 원소라는 잔여물에 관한 그의 주장을 고려하자면 말이다.

3. 플라톤과 현시될 수 없는 것

바디우가 제시하는 한 가지 놀라운 예는 플라톤의 기이하면서도 여러 모로 비전형적인 대화편인 『티마이오스(*Timaeus*)』인데 여기에서 플라톤은 혼돈(chaos)에서 질서가 나타나며, 하나[일자](one)에서 여럿[다수](many)이, 기저에 깔린 형상에서 현상적 외양이, 그리고 이전에 있던 자웅동체(hermaphrodite) 상태에서 양성(dual gender)이 나타나는 출현에 관한 매우 사변적이고도 형이상학적인 논증―아낙시만드로스(Anaximander)를 비롯한 소크라테스 이전 시기 사상가들의 목소리를 분명하게 반향하는 논증―을 개진한다.[30] 여기에서 바디우의 관심은 플라톤의 '위대한 우주론적 건축'에 있지 않다. 물론 바디우가 이런 종류의 작업들(스피노자의『에티카(Ethics)』나 라이프니츠의『단자론(Monadology)』과 같은 체계 구축적 맥락에 있는 중요한 노력들)에 강하게 끌리기도 하지만, 다른 한편으로 그런 작업들의 보다 야심적이거나 계획적인 주장들이 논증의 까다로운 세부 사항이나 반전들에 걸려 무너지는 것이 드러나 이를 숨길 수 없는 지점들을 찾아 나선다. 오히려 바디우는 플라톤이―『티마이오스』의 첫 문단에서―언급하는 '방황하는 원인(errant cause)'에서 흥미를 느끼는데, 이 말은 우연과 필연 그리고 합리적인 계획이나 기저에 깔린 질서의 원리[원칙](principle)에 대한 조합―어떤 의미에서 자유의지와 결정론의 적대적인 주장들을 화해시킬―을 통해 우주가 최초에 어떤 방식으로 존재하게 되었는지 설명하려는 시도의 일부로 소환하는 것이다. 이 지점에서 플라톤은 자기 논증의 논리에 따라―비록 끝없이 논쟁되기는 하지만―친숙한 인과(causation) 개념을 수반한다고 여겨지는 항을 도입하기에 이르지만, 이는 그런 종류의 정상적이거나 친숙한 사례가 아닌 것으로 표시되는 외양('방황성[errancy]'의 외양)을 띤다. 이후에 자신의 스피노자 주해에서, 바디우는 이 '방황(wandering)'과 (철저하게 이례적인 이유로)

30　Plato, *Timaeus and Critias* (ed. and trans.) Desmond E. Lee (Harmondsworth: Penguin, 1974); 또한 *Reason and Necessity: Essays on Plato's* Timaeus (ed.) M. R. Wright (London: Duckworth, 2000)를 볼 것.

엄격하게 '현시될 수 없는' 초과점(point of excess)을 스피노자의 '무한한 양태들(infinite modes)'이라는 개념―플라톤의 '방황하는 원인 (errant cause)'과 같이, 체계와 양립할 수 있는 항들에 관한 합리적 설명에 완고하게 저항하는 것으로 드러나는―에 위치시킬 것이다.

따라서 이 텍스트들을 다룸에 있어 사유가 마주하게 되는 것은 '공백(void)'이며, 바디우는 집합론적 사안들에 관한 기술이나 또―앞에서 내가 간략히 소묘했던 일련의 면밀하게 논증된 연관들을 통해―사회-정치적 영역에 대한 사유에서 이를 끊임없이 언급한다. 그러므로 공백은 오직 감산적인 측면에서 혹은 셈을 벗어나는 '비일자(non-one)'로 이해될 수 있을 뿐인데, 그것이 '비일관적' 다수성이 '일관적' 다수성으로 전환되는 작용에 앞서며 또한 일종의 내부적인 추방이나 혹은―바디우의 놀라운 유비에서―어떠한 공식적인 집계나 선거적 등록에서 부재함으로 인해 공적으로 비가시적인 자들로 취급되는 미등록자들(sans-papiers)이라는 (비)집단의 (비)구성원으로 남기 때문이다. 하지만, 이런 이야기는 그들이―적어도 오늘날의 프랑스나 이와 비슷한 배경에서―주류 좌파에서 주류 우파에 이르는 정부나 정당들이 거듭 반복하여 말하는 평등, 자유, 참여 민주주의, 사회적 포함, 보편적 인권으로 이루어진 수사에 대해 노골적인 예외 또는 반례(counteer-examples)가 되는 입장을 통해 상당한 저항과 중단의 힘을 행사할 수도 있음을 부정하는 것은 아니다.[31] 그러므로 바디우가 특성이나 속성 또는 구별적인(즉, 성격을 규정하는) 특징들을 결코 취하지 않을 엄격하게 외연주의적인(extensionalist) 접근법을 설명할 때 수반되는 문제는 정치적인 것인 만큼이나 수학적인 것이기도 하다(반대로 내포주의

---

31   특히 Badiou, *Metapolitics*, *Polemics*, and *The Century*.

적[intensionalist] 접근법에서는 그러한 속성이나 특징들이 집합론적 구성원 자격 결정과 관련하여 중요한 역할을 담당한다). 오히려 이는 비구성원들에게 또는 그것이 무엇이건 사법적, 민족적, 문화적, 언어적 기반에 기초한 셈으로부터 배제된 자들에게 적용될 수밖에 없는데, 왜냐하면 그들이 그러한 장소에 놓이는 주된 이유가 유효한 법적, 민족적, 문화-언어적 입장에 있는 구성원들을 나타낸다고 간주되는 그러한 (가정된) 식별적 특징들의 결핍이기 때문이다. 그러므로, "만일 공백이 주제화된다면, 그것은 방황의 현시에 따라 주제화되어야 하며, 어떤 구별하는 셈에서 그것을 일자로 구별할 어떤—필연적으로 충만한—단독성에 따라 주제화되어서는 안 된다"(p. 57). 바디우의 관점에서 볼 때, 그러한 (유형을 지시함에도 불구하고) '단독적인' 특징들을 귀속되는 것들로부터 귀속되지 않는 것들을 분류하기 위한 수단으로 간주하는 그러한 형태의 셈(count)만큼 정치적으로나 윤리적으로 퇴행적인—실제로는 잠재적으로 치명적인—것은 없다.

이는 그가—분석철학자들로부터 '사실/가치'의 구별을 무시하거나 '존재(is)'로부터 '필연(ought)'을 유도한다고 공격당할 위험을 무릅쓰고—"현시의 수준에서 공백의 위치 지정이 그리고 따라서 존재로서의 존재에 대한 상황 내부적 가정이 일어나려면, 셈의 기능 장애가 필요하며, 이는 일자의 초과(excess-of-one)로부터 귀결된다"고 말할 수 있는 이유다(p. 56). 돌려서 이야기하자면 당연히 이런 함축에 이르게 되는데, 말하자면 어떤 부정의한(unjust) 사회에서 정의에 대한 관심을 증진하기 위해—윤리적으로 혹은 정치적으로—요구되는 것은 동일성이나 차이를 개인들이나 혹은 관련된 특수한 관계들에 고유한 것으로 보는 관념에 전제를 둔 모든 사유에서 무엇이 잘못된 것인지 보다 확고하게 이론적으로 정통한 방식으로 파악하는 것이다. 이런 경우에 그러한 [정의에 관한] 관심의 추가적인 진전이—바디우가 『존재와 사건』에서 제공하는 것과 같이—다양한 집합론적 개념들(특히 '포함[inclusion]/귀속[belonging]', '부분[part]/구성원[member]', 그리고 '비일관적 다수성/일관적 다수성'이라는 대립쌍들)과 관련된 형식적 절차들에 대한 증진된 이해를 통해 이루어질 수 있으며, 여기에서 이러한 개념들과 절차들은 어떤 주어진 상황과 그 상황이 인식되지 않은, 인정되지 않은, 혹은 '셈해지지 않은(uncounted)' 부분들로 간주하는 것 사이의 불일치를 보이는 역할을 하게 될 것이다. 바디우는 이러한 함의가 이미 칸토어의 정리—모든 집합론의 출발점—에 이미 내포되어 있다고 간주하는데, 이에 따를 때 모든 주어진 집합의 멱집합[power set](즉, 모든 부분집합의 집합)은 원래의 집합 자체보다 더 큰 기수성[cardinality](즉, 수적인 값[numerical value])을 지닌다. 그러니까 멱집합은 하나씩 셈해진 모든 구성원뿐만 아니라 그러한 구성원들이 자리하게 될 다양한 조합들(부분집합들) 또한 포함하게 되고, 이에 따라 부분집합들의 원래 집합에 대한 초과로 이어지며, 이때 부분집합들로 이루어진 집합의 크기는 원래 집합의 크기에 대해 지수적으로(기하급수적으로, exponentially) 증가하여 유한한 계산적 추산에 따른 최상의 멱(powers)을 능가하는 무한성의 다수적 차원들(위계들, orders)에 이른다.[32] 상당히 역설적인 것은 바디우가 집합론적 연구의 보다 정교하게 다듬어져 설득력을 갖춘 논증 양식들을 끊임없는 탐색을 추동하는 힘으로 간주하는 무엇이 그러한 진리들을 포용하거나 혹은 도달 가능한 지식의 범위 안으로 가져오는 데 미치지 못하는 현재적 사유 역량의 부족함이라는 점이다.

---

32   추가적인 논의를 보려면, A. W. Moore, *The Infinite* (London: Routledge, 2000) 그리고 Potter, *Set Theory and its Philosophy* (op. cit.).

그런데 이러한 주장은, 우리가 형식 과학이나 자연 과학 및 인문 과학의 모든 분과로부터 유래하는 새로운 발견들이 대체로 추정적인 이상異常을 감지하는 데 있어 일정 정도 증가된 예리한 감각에 의해 촉발된다는 방대한 증거를 검토한다면, 그리 역설적으로 보이지 않을 것이다. 말하자면, 그러한 발견들은 지식에 이르지 못하는 가능적이거나 개연적인 미래의 발전에 대한 파악으로부터 귀결되지만—아직까지 충분히 정확하게 특정되지 않기에—그럼에도 그러한 발전의 장래는 논리적으로 현재의 이해 상태에 내재한 특정한 간극이나 결함 또는 불일치에 의해 유발된다. 요컨대, 『존재와 사건』에서 바디우가 제시하는 주장은 이런 것인데, 이를테면 집합론 발전의 역사가 그 발전 과정을 예시화하여 특히 인상적이면서도 설득적인 효과로 이끄는 이유는 사유가 그 자체의 탐구적 범위를 제한하는 구상들에 대한 잔존하는 지지를 관통하는 경로에 항시적으로 자리한 장애물들을 넘어서는 과정을 통해 어떻게 그러한 발전들이 일어날 수 있었는지 보여주기 때문이다. 그러한 제한적인 구상들—그리고 가장 극명하게 한정하는 구상들—중에는 집합론적 포함과 배제를 결정하는 데 관련된 기준이 결정적으로 어떤 식별적이거나 규정적인 특징들의 소유나 비소유와 관련된다고 간주하는 그러한 발상이 있다. 반대로, 그러한 발상의 다각적인 도전이나 방해들을 극복할 수 있음이 증명된 집합론적 추론의 역량은 그 형식적 영역 안에 떨어지는 다수들을(그리고 다수들의 다수들을) 구성하는 것이 무엇인지 아는 문제에 완벽하게 무관심한 [고전적] 집합론의 특성으로부터 기인한다. 간단히 말해서, "'하나의 다수임(to-be-a-multiple)'이라는 속성은 어떤 주어진 다수의 원소들이 되는 특정한 다수들을 초월한다"(p. 65). 이는 또한—상당히 분명하게 바디우의 사유에서 사회·정치적 영역과 관련하여—원소들의 지위에 관한 어떠한 사안이라도 그것들의 고유한 본성―실재적이든 부과된 것이든―과는 아무 관련도 없으며, 오로지 그것들을 구성원으로 포함하거나 배제하는 다수들과 관련될 뿐이거나, 혹은 다시 말해서 이 다수들이 포함하거나 배제하는 다수들이나 원소들에 대한 집합론적 관계와 관련될 뿐이라는 이야기가 된다.

일정 정도 단순화의 위험을 무릅쓰고, 우리는 이것이 형식적인 측면에서 바디우의 윤리나 정치와 관련하여 강력하게 보편주의적인 입장에 상당하는 무엇이며, 그리고―같은 의미에서―최근에 비판적인 문화 이론에서 우위를 획득한 다양한 맥락의 '급진적인' 차이의 사유[dif-ference-thinking](인식론이나 윤리학, 정치학이나 포스트식민주의 담론, 혹은 젠더 연구를 막론하고 나타나는)를 거부하는 그의 태도에 상당하는 무엇이라고 말할 수 있다.[33] 분명히 이런 것이 바디우가 언어 보다는 수학을 자신의 비판적 존재론을 구성하기 위한 기초로 선택하고, 또한 이 위에 오로지 그러한 존재론과 관련하여 개념화할 수 있는 네 가지 다른 주제영역(subject-domains)에 대한 설명을 구성하는 주된 이유이다. 물론 그러한 영역들의 주된 발생이 본질적으로 모든 기존의 존재론적 도식을 벗어나는 '사건'의 영역에 속하기는 하지만 말이다. 언어는―혹은 언어에 대한 규범적 호소는―우리에게 지금 말해질 수 있거나, 기술될 수 있거나, 또는 재현될 수 있는 무언가를 진리나 이해 가능성의 궁극적인 범위와 경계를 고정하는 것으로 인정하도록 명령하지만, 이에 반해 수학은 우리가 그러한 한계를 능가하고 아직 달성되지

---

33 예를 들어 Iris Marion Young, *Justice and the Politics of Difference* (Princeton, NJ: Princeton University Press, 1990); 또한 *Recognition and Difference: Politics, Identity, Multiculture* (eds) Scott Lash and Mike Featherstone (London: Sage, 2002); Chris Weedon, *Feminism, Theory and the Politics of Difference* (Oxford: Blackwell, 1999)를 볼 것.

않았거나 희미하게 예상되는 무언가 너머로 그 범위를 확장할 수 있도록 한다. 수학이 이를 실행하는 방식은 수학 자체가 본질적으로 문제 해결을 추구하며 활발하게 지속되는 사유 활동으로 남아 있는 이상 언제까지고 실존할 다양한 이상이나 충돌 또는 해결되지 않는 딜레마들의 현존을 가로지르는 것이다. 그러나 또한 수학적인 (보다 구체적으로 말해서, 집합론적인) 사유의 본성에는, 존재론적 진보의 원천이자 다른 주제영역들에서 새로운 통찰을 일으키는 원동력으로서 결정적으로 언어에 대한 유리한 입지를 강화하는 특유한 무언가가 있다. 이것은 바로 존재의 '감산적' 영역을, 즉 "어떠한 원소도 갖지 않는 집합이 실존"함을 말하는 '공집합 공리(axiom of the void set)'를 포착해 내는, 어떤 주어진 존재론이나 지배적인 하나로-셈하기의 특정한 예에 비추어 결코 완전히 '현시될 수 없는' 집합을 포착해 내는 수학 특유의 역량이다. 더구나 공집합(void[or null] set)이 필연적으로 모든 집합의 구성원—필수적이거나 구성적인 구성원—임을 말하는 또 다른 기본 공리다.[34] 따라서 이 공리는 바디우의 사유 방식에서—물론 일반적인 집합론적 담론에서도—전체 기획을 토대 짓지만(모든 다른 집합들이 공집합으로부터 시작되는 재귀적 외삽[recursive extrapolation]의 과정에 의해 연속적으로 구성되기에)[35], 그럼에도 정의상 명확하거나 확

34   [보다 정확히 말하자면, 공집합은 분명히 모든 집합에 부분집합으로 포함되기는 하지만 모든 집합의 구성원이 되지는 않는다(고전 논리에 따른 집합론에서 집합의 구성원 자격[membership]은 포함 관계[inclusion]가 아니라 귀속 관계[belonging]로만 정립된다). 어쨌든 모든 집합에 부분이 된다는 점에서 구성적이라고 할 수 있겠다.(심지어 어떤 주어진 집합에 비가시적으로 포함된 공집합을 구성원으로[다시 말해 원소로] 받아들여 공집합을 가시적인 것으로 만드는 연산인 멱집합[power set]에도 그 자체의 공집합이 하나의 부분으로 숨어 있다.)]
35   [바디우가 『수와 수들(Number and Numbers)』에서 드는 예는 공집합을 이용하여 0에서 시작하는 자연수 수열을 만드는 예인데, 여기에서 저자가 말하는 공집합을

실한, 혹은 분명하게 직관될 수 있는 개념화의 영역을 벗어나는 것으로 그려진다.

실제로, 바디우의 주장에 따를 때, 규정하기 어려운 이러한 특성은 집합론의 주창자들이 제시한 많은 언표들을 복잡하게 만드는 것으로 보일 수 있는데, 여기에는 앞에서 인용한 (상당히 규범적으로 인정되는) "어떠한 원소도 갖지 않는 집합이 실존한다"는 정식이 포함된다. 물론 '실존'이라는 개념은 여기에서 거의 철회의 지점에 이르기까지 [다시] 규정할 필요가 있는 개념인데, 왜냐하면 그 개념이 모든 형식의 부정적인 실존적 언표에 수반되며 플라톤의 『파르메니데스』편에서 친숙해진 외견상의 모순에 부딪혀 힘을 잃기 때문이다. 하지만, 우리가 살펴본 것처럼, 바디우는 충분히 헤겔주의적이기에—그리고 바로 그 사실로 인해(*ipso facto*) 충분히 반反칸트주의적이기에—이러한 외견상의 모순을 사유가 정해진 영역을 넘어서 손상을 입게 되는 딜레마나 징조로 간주하지 않으며, 오직 이성의 범위와 한계에 관한 정태적(static) 구상 위에 세워지는 난관을 구성하는 것이 무엇인지 철저하게 사유하여 그 너머로 이르게 할 추동력으로 본다. 그의 대안적인 변증법적 구상에 따를 때, 사유는 전형적으로 바로 그러한 외견상의 교착 상태 혹은 아포리아에서 그 상황을 이용하여 미지의 땅(*terra incognita*)에, 곧 이제까지 탐험되지 않았으나 앞으로 매우 비옥한 땅이 펼쳐질 완전히 새로운 구역에 이르는 도약을 달성한다. 무엇보다 그러한 진보는 바디우가 말하는 수학적 사유의 '감산적(subtractive)'[36] 차원의 중심적 역

사용한 '재귀적 외삽'이라 말할 수 있는 방식이 나타난다. 예컨대, 0 = { } = ∅, 1 = {∅}, 2 = {∅, {∅}}, 3 = {∅, {∅}, {∅, {∅}}, ….]

36 [이 말에는 '빠져나가는', '벗어나는'의 의미도 있으며, 이 문구를 다시 읽으면 '수학적 사유의 빠져나가는 차원'이다.]

할이 점차 증대됨을 통해 초래되었다. 말하자면 수학적 사유가 연산들
[작용들](operations)의 영역에서 배제되지만 그럼에도 지속적으로 어
떤 동요하게 하는―그리고 따라서 잠재적으로 전환적인―힘을 행사하
는 무언가에 의해 정기적으로 유발되는 다양한 위기들과 마주침을 통
해 진보할 수 있었다는 것이다. 집합론의 초기적 발전의 효과는 바로
그런 것이며, 이는 플라톤의 『파르메니데스』 편에서 처음으로 환기되었
던 역설들의 아이러니한 반복을 거쳐 공집합이 토대를 닦는 개념이자
이른바 모든 추가적인 발전과 정교화 및 발견들의 내재적 추동력임을
파악하는 인식에 이르게 되었다. 바디우에 따를 때, 바로 이 지점에서,
"존재의 감산적 성격이 원소와 집합 사이의 직관적 구별을 무너뜨린
다"(p. 67). 이에 따라 우리가 생각해야 할 것은―혹은, 코언에 의해
제안된 기술적으로 엄밀한 의미에서 바디우가 이 용어를 사용하는 방
식으로 우리에게 개념적으로 '강제되는(forced)' 것은―직관적으로
자명하지만 그럼에도, 이 맥락에서, 논리적으로 지탱될 수 없는 구별선
을 긋는 일이 원칙적으로 불가능하다는 점이다. 보다 분명히 말하자면
이에 따라 우리가 생각할 수 있게 되는 것은 사유는 비직관적인(심지
어 강력하게 반직관적인) 진리들의 파악을 통해 진보할 가능성이 있으
며, 이러한 [직관과 상관없는] 진리들은 엄밀하게 지식에 도래하는 위
기의 출현을 알릴 뿐만 아니라 또한―그리고 오직 그러한 조건에서―
새로운 발견의 전망을 알리는 충돌이나, 비일관성, 개념적 긴장, 또는
논리적 정합성의 실패에서 드러난다는 점이다.

　바디우는 그러한 발상들이 어쩌면 준準신비적이거나 혹은 부정신학
적인 주장들에 복무하거나 편향적으로 사용된다는 오해가 있을 수 있
음을 잘 알고 있다. 전자는 고대 그리스 피타고라스 학파의 수비학적
(numerological) 교설의 전례―그 자체로 플라톤의 형이상학과 인식

론에 강력한 영향을 미친—가 주요 원천이며, 후자는, 우리가 본 그대로, 칸토어와 또 자주 인용되는 다른 몇몇 수학자나 과학자들의 진술에서 표현된다. 바디우는 『존재와 사건』의 [다른 구절들에 비해] 상당히 더 수수께끼 같은(cryptic) 구절들 중 하나에서 이것이 (그 자신에게) 매우 의심스러운 경향이라고 말하는데, 여기에서 그는 이 단계에서 나오는 진정으로 '주목할 만한 결론'을 해명하려 한다. "공백이 유일한 것은 일자는 없기 때문이다"라는 결론을 말이다(p. 69). 공백의 유일성(uniqueness)은, 모든 다른 집합론적 개체들과 달리, 그것이 특징이나 속성 또는 그것을 하나의 구성원으로 포함하는 다른 집합들(즉, 모든 집합들)과 관련된 지위를 말하는 어떤 식별적 목록에 의해서가 아니라, 오로지 순수한 지칭(designation) 또는 명시(ostension)[37]의 행위에 의해 선택되거나 특정될 수 있다는 의미에서, 공백을 어떤 '고유한 이름(proper name)'으로 만든다. 이로써 당연히 공백을 희소화된 부정신학적 사유의 영역 안으로 가져가는 어떤 말할 수 없는 신비가 발생한다. 만일 이른 시기의 수학자들이 "그들 자신의 과단성을 어떤 잊혀진 언어의 기호 안에 숨겨야 했다"면, 이는 어떤 의미에서 수학적 사유에서 어떠한 정당한 장소도 얻을 수 없었던 신학적이거나 신비적인 관념으로 내려가는 불합리한 퇴행이었다. 그들 이른 시기의 수학자들이 느꼈던 신비한 것(numinus)에 대한 감각과 경외의 감정이 정당화되었던 것은 그들이 아무리 '둔하게' 인식하더라도 사유의 힘을 인식했던 까닭이다. 바로 그러한 사유의 힘이 감각-인지적이거나 상식적-직관적인 혹은 심지어 (보통 그렇다고 통용되는) 개념적이거나 선험적인(*a priori*) 자기 명증성의 가정된 권한에 대한 모든 확실한(positive) 기초를

---

37 [달리 말해, '지시적 정의(ostensive definition)'.]

부인하는 진리 탐구의 부정의 길(*via negativa*)을 통해 나아가기를 배웠기 때문인 것이다.

바디우는 단호하게 세속적인 사상가라고 말할 수 있으나, 명확한 무신론적 입장을 받아들임으로써 불을 지르기 보다는—적어도 진지한 (진리에 기초하거나 진리를 향하는) 철학적·윤리적·문화적 논쟁이라는 목적으로—오늘날 진부한 것이 된 일신론적 종교들을 상당 부분 인정하는 사상가이기도 하다. 어쨌거나, 바디우는 성 바울(St. Paul)과 같은 종교적 '투사(활동가, militant)'의 형상에서 그 자신의 목적을 예시적으로 보여 주는 무언가를 발견하는데, 바울의 십자군과 같은 열정은 (그것이 아무리 유순한 역사적·문화적 귀결들과 동떨어져 있더라도) 전례 없는 사건(event)의 난입을 나타낼 뿐만 아니라, 또한—바디우의 확고하게 보편주의적인 가르침과 일치하여—모든 단순히 민족적인 (즉, 히브리 민족이나 그리스인의) 문화-언어적 귀속 관념들을 초월하는 진리의 성격에 대한 믿음을 보여 준다.[38] 앞으로 보게 될 것처럼, 마찬가지로 바디우는 파스칼에게서도 '반철학자(anti-philosopher)'[39]의 패러다임이 될 사례를 발견하는데, 이 사례에서 이성이 언제나 종교적 믿음의 명령 앞에 굴복해야 한다는 가르침을 고수하는 파스칼의 입장은 바디우 자신의 사유와 철저하게 불화한다고 여겨질 것이다(pp. 212~22). 하지만 바디우에 따를 때, 파스칼의 작업은—수학과 논리에

38　Badiou, *Saint Paul: The Foundation of Universalism*.

39　[바디우에 따를 때, 우리가 일반적으로 뭉뚱그려 철학자들이라고 지칭하는 사람들은 세 가지 입장에 따라 분류될 수 있다. 먼저 소피스트는 진리를 부정하며 오직 의견만이 있을 뿐이라고 주장하며, 다음으로 반철학자는 소피스트와 달리 확고하게 어떤 진리를 붙잡지만 그 진리는 어떤 특정한 경험이나 삶(예컨대, 자신의 경험적 삶[미학적이거나 종교적 차원])에 따른 진리이며 보편적인 것이 아니다. 세 번째로, 철학자는 이 둘과 달리 의견이 아닌 진리를 추구하며, 이는 특정한 경험의 차원에 제한되는 진리가 아닌 보편적인 진리이다. 자세한 이야기는 바디우의 비미학에서 찾을 수 있다.]

서만이 아니라 윤리적인 면이나 심지어 실존적·신학적인 면에서도—철학의 보편주의적 주장들에 이의를 제기하고 도발하는 힘에, 궁극적으로는 그러한 주장들을 지지하게 되는 힘에 비추어 볼 때 보다 분명하게 살필 수 있다. 여기에서 우리는, 수학과 어떤 정치적 정의에 대한 초문화적인(supra-cultural) 구상 간의 유사성(kinship)을 통해, 앞에서 인용된 바디우의 언표—수학적 사유의 과정에서 나타나는 모든 엄격한 공백에 대한 고찰이 부정신학의 의사擬似 논리와 (결정적으로 동일하지는 않지만) 유사한 방식으로 그러한 사유를 "언어의 경계에" 놓인 것으로 드러낸다는 취지의 말을 하는—를 이해해야 한다.

부정신학이 분명히 의사擬似 논리이며 수학적 탐구의 분야에서 증명될 수 있는 이점이나 발전의 역사와 달리 있는 그대로 보여진다는 점은, 바디우의 관점에서 볼 때, 부정신학이 언제나 [말하고자 하는] 본질을 포착하는 데 실패하는 다양한 술어들을 지탱하거나 그 기저에 깔려 있다고 가정되는(하지만 설명할 수는 없는) 무엇에 대한 어떤 숨겨진 호소를 수반한다는 사실에 의해 설명된다. 그러므로 부정신학은 수학과 여타 형식 과학들의 영역에서 너무나 오랫동안 사유의 장애물로 작용했던 '현존화(presentifying)'의 사유 양식을 나타낸다. 그러한 장애물을 제거하는 데 요구되는 것은 엄격하게 공리적인 진리절차(truth-procedure)이며, 이것은 "특정한 그 무엇도 제시할 수 없고" 따라서 "존재하지 않는 일자와 관련된 것도 아니며, 그저 셈의 결과 곧 구조의 효과일 따름인 구조화된 다수와 관련된 것도 아"니다(p. 66).

4. 충만함과 공백: 아리스토텔레스는 왜 진공을 싫어했는가

논증 전개상의 이 단계에서 바디우는 아리스토텔레스(Aristotle)에게로 논의의 방향을 돌리는데, 아리스토텔레스가 기본적으로 어떤 형이

상학이나 존재론적 입장에 관해 그 자신과 깊이 불화하는 그러한 사상
가들 중 한 사람이기는 하지만, 대체로 아리스토텔레스의 사유를 고려
의 대상에서 제쳐두기보다는 가능한 한 공유된 논증적 기반에서 만나
게 된 도전으로 다룬다. 관건이 되는 주된 사안은 자연에는 어떤 공백
(void)이나 진공(vacuum) 같은 것이 있을 수 없다는 아리스토텔레스
의 부정이다.[40] 이러한 주장은—본질적으로 형이상학적인 기반 위에서
—중세 및 르네상스 시기의 유럽 사유 전반에 걸쳐 마치 성서(holy
writ)와 같은 권위를 누렸던 교설인데, 이는 초기적인 근대 과학의 발
흥으로 시작하여 근대 과학이 스콜라철학의 정설(dogma)을 거부하고
(이 경우에는) 보다 효과적인 진공펌프 제작과 관련된 실험 방법들을
지지하게 된 시기에 와서야 그 기반을 잃게 된다. 일반적으로 수용되는
이 견해는 근래에 '강한' 지식 사회학자들로부터 제기된 도전에 직면
하게 되었는데, 이들은 과학적 발전이라는 관념을 하나의 자기 편향적
(self-serving) 신화로 기각하며, [진공에 관한 예로 제시된] '실험 물
리학 대 아리스토텔레스 교설'의 문제를—혹은 (이런 종류의 고전적
인 마주침에서 보자면) '17세기 물리학자 로버트 보일(Robert Boyle)
대 철학자 토마스 홉스(Thomas Hobbes)'의 문제를—과학적 방법과
낡아 빠진 형이상학적 인습 사이의 충돌로 보기보다는 오히려 두 이데
올로기의 충돌 사례로 본다.[41] 바디우의 목적은 (분명히 자연 과학 쪽에

40   Aristotle, *Physics* (trans.) Robin Waterfield (Oxford: Oxford University Press,
1996); 또한 *Articles on Aristotle*, Vol. 1, *Science* (eds) Jonathan Barnes, Malcolm
Schofield and Richard Sorabji (London: Duckworth, 1975) 참고.
41   Steven Shapin and Simon Schaffer, *Leviathan and the Air-Pump: Hobbes,
Boyle and the Experimental Life* (Princeton, NJ: Princeton University Press, 1985);
또한 Norris, 'Why Strong Sociologists Abhor a Vacuum: Shapin and Schaffer on
the Boyle/Hobbes controversy', in *Against Relativism: Philosophy of Science,
Deconstruction and Critical Theory* (Oxford: Blackwel, 1997), pp. 265-94 참고.

서 이미 해결된) 이 분쟁을 판정하는 것이 아니라, 논쟁의 지반 전체를 옮겨서 아리스토텔레스가 정확히 공백의 비실존에 관해 형이상학적으로 정해지거나 또는 선험적으로(*a priori*) 입증될 수 있는 진리의 문제로 기술할 때 의도하는 바를 규정하는 것이다. 바디우의 기술에 따를 때, "그리스인들에게 있어, 공백은 실험적 차이가 아니라 오히려 존재론적 범주, 곧 무엇이 자연적으로 존재의 형상들로 확산되는지에 관련된 가정이다"(p. 71). 다시 말해서, 훨씬 후대에 보일이 달성했던 단순히 '인공적'일 뿐인 공백의 창조는, 아리스토텔레스 교설이 그러한 실험적 반증을 허용했던 순수하게 가설에 따른(*ex hypothesi*) 사변적 추론이라는 완전히 다른 차원에 기초한다는 점에서, 그 교설을 반박하는 것으로 간주될 수 없다.

여기에서 바디우의 논점은, 당연히, 육중하면서도 결코 무시할 수 없는 축적된 자연 과학적 증거의 무게에 맞서 아리스토텔레스의 주장을 지지하는 것이 아니며, 그 주장을 이전의 형이상학이나 존재론의 입장과 관련된 사안으로 옹호하는 것도 아니다. 결국, 존재론의 본질적으로 감산적인 본성—실증적인('현존화하는[presentifying]') 용어들을 사용한 명시적 특정을 벗어나는 어떤 것의 우위—을 말하는 바디우의 절대적이면서도 원칙에 따른 주장은 '자연은 진공을 싫어한다'는 아리스토텔레스의 교설이나 혹은 공백에 관한 담론이 과학적 부조리나 논리적 자기모순을 수반할 수밖에 없다는 주장과 아무 관계도 없다. 어쨌든 이는 어떤 기초적인 범주오인(category-mistake)과 같은 무엇을 범하는 것인데, 바디우가 이해하는 바에 다를 때, 아리스토텔레스의 사유에서 "인공적인[즉, 실험적인] 공백의 생산은, 이 논리에서, 자연이 그 자체의 발현에 따라 '아무것도 없는 장소'가 발생하도록 하는지에 관해 아는 문제에 대응하는 적합한 답일 수 없는데, 왜냐하면 그런 것이 공백에 대한 아리스토텔레스의 정의이기 때문이다"(p. 71). 그는 여기에서 상당히 노골적으로 하이데거의 아리스토텔레스 독해에 의지하며, 이는 실제로—내가 기억하는 한에서는—바디우 저작 어느 곳과 비교해도 하이데거적 주해가 가장 두드러지게 드러나는 구절이다. 그럼에도 이 구절은 과학이 대상영역(object-domain)으로 간주했던 모든 단순한 존재자들(beings)의 시원적이지만 오래도록 잊혀진 원천과 또한 그러한 존재자들의 숨겨진 존재론적 기반 양자 모두를 구성하게 될 형이상학적으로 방해받지 않는(metaphysically unencumbered)[42] 존재(Being)로부터 해석학적 깊이의 영역을 소환할 정도로 순수하게 하이데거적이지는 않다. 오히려, 바디우의 가장 큰 관심을 끄는 것은 아리스토텔레스의 공리적인 추론 양식인데, 이 추론은 비록 선명하게 바디우 자신과 반대되지만 그럼에도 바디우가 자신의 세 가지 주요 주제인 공백과 무한과 사건에 관해 말해야 할 무엇과 놀랍도록 밀접하게 관련된 특정한 함축을 가진다고 간주될 수 있는 최초의 원칙들로부터 시작된다.

따라서 만일 아리스토텔레스의 테제들이 그 자체의 형이상학적 기반에 관해서 연속적인 자연 과학적 이해의 발전에 의해 반박되지 않았다면, 이는 하이데거가 말했을 것처럼 자연 과학이 (철학과 같이) 기술지배적 권력의지(will-to-power)와 이 시대의 **존재** 망각에 저당 잡혔기 때문이 아니라, 아리스토텔레스의 추론이 그 자신을 "공백은 진정으로 존재의 이름이며, 의심 받거나 실험의 효과에 의해 정립될 수 없음을 받아들이는" 자들의 집단—바디우도 포함된—에 위치시키기 때문이다(p. 72). 즉, 여기에서 문제가 된 존재론적 탐구의 층위—그 주장이

---

42 ['unencumbered' 라는 말은 짐이나 방해되는 무언가를 내려놓았다는 뜻이며, 이 'metaphysically unencumbered' 라는 말은 '형이상학이 제거된', '형이상학을 내려놓은' 등의 의미로도 읽을 수 있다.]

더 이상 성립될 수 없는 자연 과학적 층위와 구별되는—에서 이루어지는 아리스토텔레스 교설을 반박하려면, 아리스토텔레스 자연학(physics)의 기저에 깔린 논리나 존재론적 측면에 대한 비판적 개입을 거쳐야만 할 것이다. 그러므로 오늘날 진공의 가능성을 주장함에 있어 보일이 옳았다는—혹은 적어도 과학적으로 올바른 길 위에 있었다는—실재론자들이나 보일의 주장과 홉스의 부정이 그들의 진리 내용(truth-content)에 관한 한 동등하다고 여기는 반대편의(강한 사회학적 혹은 문화 구성주의적) 진영 사이에서 벌어진 교전과 관련된 문제에서 어느 한쪽 편을 들 필요는 없을 것인데, 각 진영이 어떤 특정한 이데올로기나 사회·문화적 정신 상태의 산물이었기 때문이다. 하지만, 이는 바디우의 관심이—우선적으로—놓이는 곳이 아니다. 오히려 그가 입증하려 하는 것은 아리스토텔레스의—자연에 실존하는 것으로서든 혹은 다양한 자연 및 인문 과학들의 개념적 장치 가운데 정당한 장소를 지닌 것으로서든—공백 개념에 대한 형이상학에 기초한 완고한 반대가 사실상 그러한 사유가 어디로 향하며 어떤 종류의 역설을 일으키는지에 관한 분명한 인식의 결과였다는 점이다.

따라서 아리스토텔레스의 경우에 공백 개념을 순전한 불가능성이나 혹은 합리적 사유에 대한 모욕에 다름아니라고 받아들이는 것이 사실상(ipso facto) 공백 개념으로부터 야기되는 개념적으로, 형이상학적으로, 존재론적으로 큰 문제들을 초청하는 것이라는 그의 기본적인 전제의 귀결이다. 그러한 문제들 중 가장 주된 것들은 시공간적(spatio-temporal) 무차별(indifference)의 문제(공백이 이런 면에서 어떠한 구별도 허용하지 않기에), 무한정(un-measure)[43]의 문제(마찬가지로 공

---

43   『존재와 사건』 영어판에서 이 말은 'un-measured'로 프랑스어 원문에서는 'dé-mesure'로 등장하며, 의미상 '기준'이나 '범위(mesure)'에서 벗어난다(dé-)는 뜻으

백이 다양한 차원들, 속도들, 혹은 여타의 그러한 양적인 속성들 사이
의 어떤 의미 있는 비교를 금지하기에), 그리고 무엇보다 무한성(*infini-ty*)의 문제이다(사유를 강제하여—아리스토텔레스나 심지어 칸토어에
게도—초과적이거나 역설을 유발하기에 본질적으로 불안을 일으키는
그 개념에 맞서도록 하는 이유에서). 이런 이유로, 바디우가 경고하는
것처럼, 우리는 "근대적 의미의" 물리학[자연학](physics)에 의해, 즉
다른 의미로 극적인 과거의 자기 명증성이나 현재 지속되는 자연 과학
들의 진보에 의해 길을 잃어서는 안 된다. 아리스토텔레스가 우리에게
사유하도록 요청하는 것은 상당히 다른 무엇이다. 말하자면, "공백에
대한 모든 준거는—형이상학적으로—상황 내부에 무한한 속도로 퍼
져 나가는 하나로-셈하기에 대한 초과를, 곧 비일관성의 틈입을 생산
한다"(p. 75). 이런 경우에—그가 결론 짓는 바에 따를 때—"그러므로
공백은 모든 상황이 그 상황에 현시된 다수들을 그것들 자체의 장소에
서 재확인하는 그러한 완만한 질서와 양립할 수 없다." 공백은 다양하
고 구체적인 탐구 영역들에서 아리스토텔레스의 철학을 구축하는 사유
의 존재론-형이상학-인식론적(onto-metaphysico-epistemological)
구조에 대해 잠재적으로 전복적이거나 불안정을 초래하는 위협이라는
방식으로 이해될 수 있을 뿐이다. 아리스토텔레스가 "공백은 충만함과
아무 관계도 없으며, 이에 따라 [공백 안에서 이루어지는] 운동도 충만
함과 관계가 없다"거나 또는 다시 "공백은 그것에 대한 몸의 초과와 아
무 관계가 없으며, 이와 마찬가지로 무(nothing)는 수(number)와 관
계가 없다"고 말할 때, 바디우는 이 언표들의 내용을 거의 문제 삼지
않으며 오로지 이 언표들이 공백의 가능성에 대한 귀류법(*reductio ad*

로 옮길 수 있다.]

absurdum)에 따른 논증을 구성한다는 아리스토텔레스의 믿음만을 살 필 뿐이다.

이런 방식으로 바디우는 이러한 아리스토텔레스의 교설 뒤에 있는 추론 방식을 완전하게 지지하지만—"내 생각에, 이러한 언급들의 집합 은 전적으로 정합적이다"(p. 74)—그러나 그 추론 방식이 아리스토텔 레스의 의도와 완전히 반대의 논점을 증명하는 것으로 간주한다. 이를 테면 관건이 된 불가능성이 단순히 개념적인 불가능성이 아니라, '현존 화하는' 형이상학과 존재론의 측면에서 공백을 적절하게 구상할 수 없 는 그러한 불가능성임을 증명한다고 말이다. 이제 아리스토텔레스가 (그 자신의 논리적 엄정함과 일관성에 의해 상당한 진척을 이루었음에 도 불구하고) 하지 못했던 이러한 구별을 파악할 수 있다는 점은 대체 로 [우리가] 이 문제에 관해 집합론의—특히 무한성과 초한적 수학 (transfinite mathematics)에 관련된—개념과 기법들에서 정보를 얻을 수 있는 입장에 서게 된 결과이다. 게다가 그로 인해 우리는—플라톤, 아리스토텔레스, 라이프니츠, 스피노자, 루소, 헤겔, 하이데거를 (그리 고 가장 중요하게는 바디우를) 위시한—앞선 사상가들의 담론을 특징 짓는 검토되지 않은 전제의 징후를 나타내는 긴장과 갈등과 맹점들의 위치를 찾아내며, 어디에서 그들의 담론이 그러한 문제적 위상들 (topoi)의 처리를 수반하는 주제들을 건드리고 이에 따라 그 자체의 개 념적 한계에 이르도록 강제되는지 알아보는 방식으로 그들의 저술을 읽게 된다.

내가 한 이야기가 반대의 인상을 일으키도록 내버려두지 않으려면, 명확히 해두어야 할 것은 바디우는 결코 이러한 사상가들에 대한 자신 의 접근법을 '철학의 정신분석'으로 기술할 수 있다는 암시를 주지 않 는다는 점이다. 실제로, 그의 가장 중요한 주장들 중 하나는, 철학이 그

저 수학의 획기적인 존재론적 작업에 대해 엄격하게 보조적인 역할을
수용한다는 의미에서만이 아니라, 또한 철학의 비판적 독립성이나 지
성적 완결성을 손상시킬 수도 있는 여러 '조건들(conditions)'에 대해
철학 자체의 결정적인 자율성의 범위를 유지한다는 보다 긍정적인 의
미에서, 그 자체의 고유한 장소를 알아야 한다는 것이다. 그럼에도, 『존
재와 사건』 VIII부에서 그가 프로이트와 라캉의 주제들로 향할 때 보다
명시적으로 드러나게 될 것처럼, 바디우의 징후적 독해의 실천은 1960
년대 중반 이래 지속되는 구조주의적 영감에 따른(structuralist-in-
spired) 마르크스주의와 정신분석 사이의 상호 접근에서 귀결된 그러
한 종류의 비판 철학적 담론들과 많은 부분을 공유하는 실천 방식이다.
그 상호 접근은 대체로 루이 알튀세르(Louis Althusser)의 밀도 높은
이론적 노동을 통해 발생했으며, 이에 따라 바디우가—구조주의 및 비
트겐슈타인의 형식이나 혹은 여타 형식에 따른 언어적 전회에 명시적
으로 반대함에도 불구하고—최소한 알튀세르의 기획에 충실함(alle-
giance)을 말할 자격을 가진 몇 안 되는 오늘날의 주요 사상가들 가운
데 있다는 점을 상기할 필요가 있겠다.[44] 실제로 이것은 바디우가 어떤
(수학, 과학, 정치, 예술을 막론한) 진리절차들에 대한 충실성(fidelity)
이라는 말로 의미하는 어떤 것의 한 가지 놀라운 사례가 될 터인데, 여
기에서 그 결말—성공적인 결론에 이르도록 끝까지 수행된다는 전망
—은 매우 불확실하고 때로는 심지어 심각하거나 재앙적인 퇴보에 이
를 수도 있지만, 그럼에도 그런 종류의 장기적인 관여를 정당화한다는
점에서 충분히 중요하다. 이런 이유로 그는 성 바울이나 파스칼 같이,

---

44   Althusser, *For Marx* (op. cit.) and *Essays in Self-criticism* (trans.) Ben Brews-
ter (London: New Left Books: 1976); 또한 Althusser and Etienne Balibar, *Reading
Capital* (trans.) Brewster (New Left Books, 1970) 참고.

3장 본문 읽기 135

정치적으로나 윤리적으로, 또는 철학적으로 별달리 공유하는 바가 없다고 여겨지는 사상가들에게 끌린다. 그들이 공유하는 무엇은 당면한 기획에 대한 진정한 개인적 헌신에 관한 거의 실존주의적인 진리 구상과 강력한 보편주의적 주장의 독특한 연결이며, 이는 그 기획이 마침내 정당화된다면, 그것의 진리나 정당성이 모든 종류의 사회적이거나 문화적인 경계, 정치적이거나 민족적인 경계, 또는 여타의 그러한 제한적 경계 전반에 걸쳐 적용될 것이라는 의미가 될 것이다.

만일 우리가—3세기 이상의 수많은 헌신적 개인들의 밀도 높은 노력 이후 최근에야 이루어진 페르마의 최후의 정리(Fermat's Last Theorem)에 대한 앤드루 와일스(Andrew Wiles)의 유명한 증명과 같은—수학적 발견들이 완전히 영웅적인 정신적·육체적 지구력에 기초한 개인적 관여를 수반하지만, 그럼에도 일단 밝혀지고 나면 (이제는) 정신적-전기적(psycho-biographical) 기원에 관한 사실들에 상관없이 유효하다는 점을 숙고한다면, 이러한 외견상 상반되는 교설들의 결합이 왜곡이나 순전한 모순이라는 인상은 경감될 것이다.[45] 바디우는 '발견의 맥락'과 '정당화의 맥락' 사이의 구별—분석적인 과학 철학자들 가운데 공통적으로 개진되거나 가정되는—에, 혹은 어떤 발견이 일어났을 다양한 정황들과 과학적 공동체에서 폭넓은 수용에 이른 경험적이거나 논리적인, 귀납적(inductive)이거나 술어적인, 또는 인과적(causal-explanatory)인 정당화의 다양한 기준들 사이의 구별에 완전히 동의하지는 않는다.[46] 바디우의 접근법이 그러한 과학 철학자들과 다른 점

---

45 Simon Singh, *Fermat's Last Theorem: The Story of a Riddle that Confounded the World's Greatest Minds for 358 Years* (London: Fourth Estate, 1997).

46 이러한 '두 가지 맥락' 접근법에 대한 고전적인 설명을 보려면, Hans Reichenbach, *Science and Prediction* (Chicago: University of Chicago Press, 1938) 참고.

은 주로 그가 역사적 발전—즉, 집합론적 개념과 기법 및 증명절차들
의 계보—의 문제들을 훨씬 더 큰 중요하게 여기며, 또한 (그런 중요성
과 일관적으로) 어떤 특정한 문제들이나 발전의 장애에 봉착한 수학자
들의 편에서 그러한 발견들이 매우 구체적인 사유의 절차들을 통해 일
어날 수 있었던 방식을 훨씬 더 크게 강조한다는 것이다. 한편으로, 이
것은 그가 학문 분과들의 경계를 넘어서, 최첨단의 수학 연구(어떤 주
어진 진리절차에 대한 가장 높은 수준의 헌신을 요하는)와 인간적 노
고에서 다른 중요한 분야들(엄격하며 중대한 사유의 요구들이 변함없
는 충실성이나 한결 같은 헌신의 요구와 함께 동조하는) 사이의 밀접
하게 유비적인 관계를 강조할 수 있는 이유다. 다른 한편으로, 그것은
또 진리가 그러한 주제영역들 중 어느 영역에서도 다양한 언어들, 담론
들, 문화적 공동체들, 다소간 특수화된(즉, 수학적) '삶의 형식들' 등
—그러한 주제영역들에 거주하는 자들을 위한 궁극적인 이해 가능성
의 지평을 구성한다고 가정되는—에 '관계되'거나 또는 그런 것들에
'의해 구성된' 것으로 사유될 수 있다는 관념에, 그가 확고한 반대 입
장을 취하는 이유다.

　우리는 이제 아리스토텔레스 자연학[physics](또는 형이상학[meta-
physics])과 아리스토텔레스의 공백에 대한 부인이 근대 과학에 의해
논박되었다는—혹은 원칙적으로 논박될 수 있다는—추정의 오류에
관해 논하는 바디우의 주해들을 검토하기에 더 좋은 위치에 서게 된다.
이것은 바디우를 앞에서 우리가 어느 정도는 '존중의 등가성(parity of
esteem)' 원칙 때문에 보일과 홉스 사이의 (개념상의) 진리라는 주제
에 관해 판단하기를 꺼린다고 언급된 '강한' 사회학자들의 무리 가운
데 위치시키는 것이 아니며, 오히려 보일과 홉스 양자의 충돌하는 견해
들이 나타났던 특히 사회·문화·정치적 맥락에서 이 견해들에 대한 설

3장 본문 읽기   137

명을 구하는 것이다. 오히려—그리고 그러한 순전히 상대주의적인 접근법에 반대하여—바디우가 우리에게 보이려 하는 것은 아리스토텔레스가 공백의 비실존을 단언할 때 드러나는 잘못된 (것으로 밝혀진) 확신과 열의가 경험이나 실험적 증명과는 아무 관련도 없으며, 오히려 공백의 실존 혹은 단적인 가능성이 사물들의 우주적·자연적 질서에 대한 그의 구상 전체를 완전히 좌절시킬 것이라는 그의 명료한 이해와 관련된다는 점이다. 아리스토텔레스가 자연 과학적인 면에서 틀렸다는 점을 바디우는 단 한 순간도 부정하지 않는다. 마찬가지로 아리스토텔레스의 형이상학에 근거한 공백의 부정이 오류라는 점—그것도 홉스와 그 이후까지 내려오는 사유의 역사에 부정적인 영향을 미친 오류라는 점—또한 바디우 자신의 존재론적 입장을 고려할 때 그가 이의를 제기하려 들지 않을 결론이다. 오히려 그의 논지는 바로 이런 것이다. 말하자면, 아리스토텔레스가 붙잡으려 했던 무엇은 현실적이거나 가능적인 공백의 실존을 단언하는 모든 주장으로부터 필연적으로 따라나올 (그가 보기에) 순전히 부조리하거나 심대한 불안정을 야기할 여러 귀결들이었다는 것이다. 즉, 진공의 실존에 반대하는 아리스토텔레스의 논리적 엄밀성과 철학적 날카로움을 담보하는(하지만 과학적 오류를 지닌) 논변들은 이와 상반되는 테제가 그 자신의 우주론적인, 형이상학적인, 자연학적인, 심지어—밀접한 유비에 의한—윤리·정치적인 가르침들에 대해 얼마나 파괴적인 영향을 미치는지 파악했음을 입증한다. 그러한 상반되는 테제의 영향력이 위협하는 무엇이자 아리스토텔레스가 억제해야 했던 무엇은 또한 바디우가 수학이나 여타 형식 과학들뿐만 아니라 모든 분과나 연구 분야 또는—정치를 비롯한—발견의 기획에서도 집합론적 사유의 해방적 효과로 간주하는 어떤 것인데, 이러한 영역에서 관련 주제는 귀속, 포함, 구성원 자격 그리고 하나로-셈하기나 이와 함께 그 부정적인(배제적인) 대응물들을 통해 개념적으로 정확하게 진술될 수 있다. 요컨대, "공백은 계산할 수 없고, 이에 따라 거기에서 가정되는 운동은 결코 사유될 수 있는 본성을 지니지 않으며, 다른 운동과의 비교가 보장될 수 있는 어떠한 근거도 없다"(p. 75). 여기에서 아리스토텔레스의 사유는 그 자체의 '가능성의 지점'을, 형이상학적 추정과 존재론적 추정 및 인식론적 추정(윤리나 정치와 관련한 추정은 말할 것도 없이)이 함께 엮이는 구조 전체가—바디우의 기술에 따를 때—다양한 영역 전반에 걸쳐 확산되도록 허용될 경우 그 구조를 토대까지 흔들게 될 그러한 종류의 아포리아의 도전에 봉착한다.

　지금까지『존재와 사건』의 논의를 해설하는 여정에 따라, 우리는 플라톤으로부터 아리스토텔레스에게로, 즉 바디우 자신이 (비록 제한적이기는 하지만) 강한 지성적 동질감을 느끼는 한 사상가에 관한 숙고로부터 그가 심원하게 불화하는 중심적인 주장들을 견지하는 한편 의심스러운 전제의 맹점들에서 귀결되면서도 그러한 맹점들을 더욱더 드러냄을 발견하는 그러한 추론을 제시하는 한 사상가를 진단하는 독해에 이른다. 바디우의 사유를 그들의 사유와의 관계 안에 '자리잡게' 하고, 결과적인 세 가지 측면의 비교를 바디우의 가장 중요하고도 독특한 주제들 중 몇 가지를 끌어내기 위한 수단으로 활용함으로써, 이제 우리는『존재와 사건』II부를 구성하는 복잡한 수학적 논거나 여타 논거들의 연속을 보다 직접적으로 다루는 작업으로 나아갈 수 있다.

토의 주제

- 윤리나 정치에서 바디우의 강한 보편주의적 입장은 오늘날 문화 및 비판 이론가들 사이에서 강조되는 신조, 전통, 문화적 배경, 가치 우

선성 및 젠더 지향의 차이들에 대한 가능한 최대한의 존중을 보여야
한다는 주장과 선명하게 반대된다. 당신은 이러한 입장을 옹호하는
그의 주장에 납득하는가?

- 바디우가 생각하는 바에 따를 때, 수학과 존재론과 정치적 사유 사
이의 관계는 정확히 어떤 것인가?

II부. 존재: 초과, 상황의 상태, 일자/다수, 전체/부분들 또는 ∈/⊂?

1. 포함, 귀속 그리고 하나로-셈하기

II부를 구성하는 네 개의 성찰들(Meditations)에서 바디우는 집합론의
몇 가지 기본적인 개념 및 절차들을 제시하기에 앞서, 이것들의 보다
광범위한 (수학 외부적) 관련성을 설명하고, 그런 다음 전형적으로 한
사람의 지난 시대 사상가—이번 경우에는 스피노자—의 대조적인 주
장들을 다룸으로써 바디우 자신의 주장이 선명하게 드러날 수 있도록
한다. 어쨌든 2부의 논증 전개가 탄탄하게 구조 지어져 있다는 강한 느
낌을 주는 것은 바디우가 끊임없이 존재와 사건 사이의 관계로, 즉 (수
학에 기초를 둔) 존재의 영역과 (무엇이건 모든 기존의 존재론의 경계
를 넘어서며 미래의 연구 수행을 위한 새로운 항들을 정립하는 어떤 것
을 의미한다고 간주되는) 사건들의 영역 사이의 관계로 되돌아간다는
점이다. 그러므로 나는 오늘날의 (영미권의 분석적 사유를 비롯한) 철
학적 사유라는 더 넓은 맥락에서 핵심적인 주제들과 또한 바디우의 기
획에 관한 어떤 배경적 주해를 제공할 것이다.

성찰 7에는 '초과점(The Point of Excess)'이라는 제목이 붙는데, 이

성찰의 논의를 통해 우리는 직접적으로 수학에 기초한 존재론을 형식 과학, 자연 과학, 사회 과학 및 인문 과학의 주제들에 적용되는 것으로 보는 바디우 구상의 핵심으로 향한다. 달리 말해서, 이 성찰은 플라톤적 존재론과 아리스토텔레스적 존재론 사이의 차이를 드러내는 강렬한 변증법적 연출로 시작되고, 처음부터 줄곧 칸토어 이후 집합론과 관련하여—하지만 이제는 보다 명시적으로—예행연습된 논의를 이끌고 나간다.[47] 여기에서 가장 근본적인 것은 귀속[belonging] 관계($\in$로 표기되는)와 포함[inclusion] 관계($\subset$으로 표기되는)인데, 전자는 "하나의 다수가 다른 다수의 현시에서 하나의 원소로 셈해"짐을 나타내며, 후자는 "하나의 다수가 다른 다수의 하위다수(sub-multiple)"임을 의미한다 (p. 81). 귀속에 관해 말하자면, 그것은 여기에서 어떤 다수 α가 다른 다수 β의 원소가 되어 α가 하나로-셈하기에 의해, 또는 β에 따라 규정되거나 명령된 것으로서 기존의 '상황(situation)'에 의해 '현시된다 (presented)'는 점과 관련된 사항이다. 따라서 $\in$은 '집합론의 유일하게 토대적인 기호'인데, 왜냐하면 이 기호가 사유에 장애물이 되는 동시에 사유가 전형적으로 가장 결정적인 발전 단계들을 달성하는 수단들을 구성하는 그러한 모든 관계들(그 중에 비일관적 관계, 이례적 관계, 모순적 관계, 또는 그러한 문제적 관계들이 들어가는)의 가능성을 정립하기 때문이다. 포함의 경우에는 반대로, 다수 α는 β의 모든 부분집합들 (즉, 구성적 다수들)을 포함하는 것으로 간주되며, 이에 따라 β는 그 자체로 α의 한 부분집합으로 규정되지만, 어쨌든 이 부분집합은—칸토어가 무한성의 다른 '크기들'에 대해 보였던 것처럼—α와 대등한

---

47   A. A. Fraenkel and R. Bar-Hillel, *Foundations of Set Theory* (Amsterdam: North-Holland, 1958); Azriel Levy, *Basic Set Theory* (New York: Dover, 2002); Patrick Suppes, *Axiomatic Set Theory* (New York: Courier Dover, 1972) 참고.

(equinumerous)[48] 것으로, 곧 그 구성원들이 α의 구성원들과 일대일 관계로 짝지어질 수 있는 것으로 간주되어야 한다.[49] 명확한 구분을 위해, 바디우는 '원소(element)'라는 용어는 귀속을 나타내는 용도로, '부분집합(subset)'이라는 용어는 포함을 나타내는 용도로 사용하는데, 이 용어들은 존재론적 구별 이상의 무엇을 의미한다고 간주하여서는 안된다. 그의 주요 관심사는—해당 부와 『존재와 사건』 전반에 걸쳐—추상적이라 여겨지는 순수 수학의 영역에 속한 고찰들이 그 영역 바깥의 문제들에 어떻게 (그저 암시적이거나, 간접적이거나 혹은 유비적인 데 그치지 않는) 직접적인 영향을 미칠 수 있는지 보이는 것이다.

그래서 이 존재론적 구별은, 바디우가 말하는 그대로, 귀속과 포함의 이원성(dualism)을 통해 "차츰 양의 사유 전체를 … 그리고 존재 자체에 의해 규정된 사유의 중요한 정향들[을] … 지배한다"(p. 82). 그리고 또한, 보다 구체적으로, "한쪽의 경우(∈의 경우), 다수는 다른 다수로서의 하나로-셈하기 아래 들어간다. 다른 쪽의 경우(⊂의 경우), 첫 번째 다수에 의해 현시된 모든 원소는 또한 두 번째 다수에 의해서도 현시된다"(p. 82). 전자가 (바디우의 분명하게 명시된 용어로 말해서) 몇몇 원소들을 어떤 주어진 '상황(situation)'에 '귀속된' 것으로서 '현시하는(presents)' 한편 이로써 다른 원소들이 그 상황으로부터 배제된다면, 후자는 한 주어진 '상황의 상태(state of the situation)'에 포함된 모든 부분집합들을 '재현하는(representing)' 것으로, 다시 말해 그러한 선택적 구성원 자격의 조건들을 수반하지 않는 것으로 간주되어야 한다. 바로 귀속과 포함이라는 이러한 두 가지 기본 조건들 사이의 구

---

48 ['같은 수의 원소 또는 구성원을 가진'의 의미.]

49 또한 Joseph Warren Dauben, *Georg Cantor: His Mathematics and Philosophy of the Infinite* (Princeton, NJ: Princeton University Press, 1990).

조적 상호 관계에 상존하는 균열이나 불일치 또는 붕괴의 항시적 가능
성을 통해, 바디우가 존재와 사건에 관한 변증법을 적용하는 다양한 영
역들에서 의미있는 변화가—즉, 사유의 혁명들이나 혹은 이론적으로
정통한 실천이—일어날 잠재성이 드러난다. 무엇보다, 곧 보게 될 것
처럼, 그러한 변화는 멱집합 공리(power-set axiom)의 발견에 의해 시
사된 상식이나 직관에 따른 수학적 파악의 영역에서 발생할 결함과 관
련된다. 말하자면, "만일 집합 α가 실존한다면(현시된다면) 그 집합의
모든 부분집합들의 집합 또한 실존한다"고 할 때, 이 집합의 수치로 나
타낸 값(수치값, numerical value)[50]은 집합 α의 크기에 따라 지수적 증
가를 초래하는 승수(order of magnitude)에 의해 집합 α 자체의 수치
값을 확연히 넘어설 수밖에 없으며, 이는 수학이 칸토어의 혁명으로 초
한수 영역에 진입하는 즉시 무한의 다수적 위계들을 산출한다.

　이것이 의미하는 바는 이제 α의 구성원 자격을 정의했던 귀속에 관
한 제한적 조건들을 치워버리거나 재정의하여 동일한 제한적 조건들
아래 수용될 수 있는 모든 것을 훨씬 넘어서는 수치값을 지닌 β의 실존
—α의 멱집합—을 인정할 수 있도록 해야 한다는 것이다. 멱집합 공리
가 사유하도록 요구하는 것은 언제나 귀속과 포함, 상황과 상황의 상
태, 혹은 일관적 다수성(지배적인 하나로-셈하기에 의해 현시된 것으
로서)과 비일관적 다수성(이른바 귀속되지 않지만 그럼에도 포함되어
있는 모든 부분집합들에 의해 재현된 것으로서) 사이에 존재하는 간극
을 시사하는 엄격하게 편재적인 '초과점(point excess)'의 효과이다.
이것은 또한 구조와 메타구조 사이를, 혹은 다시 어떤 집합의 원소들과
그 집합 자체보다 수치적으로 '더 큰' 부분집합들의 다수 사이를 갈라

50   [다시 말해 원소들을 하나씩 센 수치적 크기의 값.]

놓는 균열로 표현될 수 있다. '더 큰'이라는 말에 작은 따옴표를 표기할 필요가 있다는 것은 외견상 다른 '크기를 지닌' 무한집합들—예컨대 '모든 정수들'이나 '모든 짝수 정수들' 같은—은 제한 없이 [각 집합의 원소들 간에] 서로 일대일로 셈해질 수 있고, 이에 따라 어떤 직접적이거나, 자명하거나, 직관적인 방식으로 더 크거나 작은 것으로 간주될 수 없음을 보인 칸토어의 증명의 한 가지 귀결이다. 하지만, 다른 수학적으로 정의될 수 있는 의미에서, 멱집합 공리로부터 이어지는 귀결은 어떤 주어진 다수의 부분집합들이 그 다수 자체보다 (수치적으로) 더 클 것이며, 이 공리가 무한의 영역(또는 초한수의 영역)으로 확장될 때 부분집합들의 집합[멱집합]의 크기가 최대한도의 계산 범위를 넘어선다는 것이다.

바디우는 이를 '초과점 정리(theorem of the point of excess)'라고 명명하며, 이것이 단지 집합론의 구조나 역사 또는 기원에만 중심적으로 자리한 것이 아니며, 원대한 철학적, 정치적, 윤리적 귀결들로 이어질 집합론적으로 기초 지어진 존재론이라는 그 자신의 노작에도 자리하고 있다고 본다. 그의 서술에 따를 때, "이것은 하나의 결정적인 (존재론적) 정리이며, 어떤 실재적 난관(impasse)에 이른다. 즉, 이러한 크기의 우월성에 '측정치'를 할당하기는 문자 그대로 불가능하다. 달리 말해서, 부분집합들의 집합을 향한 '이행(passage)'은 상황 그 자체에 대한 절대적 초과를 나타내는 작용(연산, operation)이다"(p. 84). 그래서 '상황'과 '상황의 상태'를 구별해야 할 필요가 있는데, 후자는 [상황을 하나의 집합으로 볼 때 상황의] 모든 부분집합들을 포함한다고 간주되며, 이 부분집합들의 수는—이 정리에 의해—일반적인 하나로-셈하기에 따라 상황에 귀속된 원소들의 수를 넘어선다. 바로 여기에서—즉, 존재론의 자원이 한계로 내몰리고 그 한계 너머에 이르도록 하는 압력이 부과되는 이 지점에서—철학은 그 자체로 사건을 '초일자 (ultra-one)'로 혹은 기존의 사물의 질서에 대해 엄격하게 '정원 외적인(supernumerary)' 항목으로, 즉 그 출현이 기존 질서와의 결정적인 단절을 표시하는 [어떤 것의] 발생으로 생각할 수단을 갖추었음을 알게 되며 또 그렇게 구상하도록 추동된다. 그러한 전형적인 예시들은—이러한 용어들의 격하되거나 혹은 일상적인 용법과 구별되는 제대로 된 의미에서—과학에서의 발명, 예술에서의 창조, 정치에서의 혁명, 그리고 사랑에서의 열정일 것이다.[51] 이 항들에는 각각의 부정적인 대응물이 있는데, 바디우에 따를 때, 예술을 대체하는 문화, 정치를 대체하는 관리, 과학을 대체하는 기술, 그리고 사랑을 대체하는 성이 그것이다. 바디우는 주로 자신의 집합론적 설명—곧, 진리사건들이 선행하는 계산이나, 예상되는 역량 또는 존재론적인 파악력을 초과하여 일어나게 되는 과정을 형식적으로 보여주는 설명—의 힘에 의지하여 이러한 구별들을 이끌어 내고 무엇이 그러한 주제영역들 각각에서 어떤 진정한 사건으로 셈해지는지 특정할 수 있게 된다. 그의 설명에 따를 때, "어떠한 다수도 그것이 포함하는 모든 것으로부터 일자-만들기(forming-a-one)를 할 수 없다 … [왜냐하면] 포함은 귀속에 대한 돌이킬 수 없는 초과에 있[기 때문이다]"(p. 85). 그리고 또, "어떤 집합의 모든 평범한 원소들로 이루어진 포함된 부분집합은 고려되는 집합에 대한 분명한 초과점을 구성한다. 그러한 부분집합은 결코 그 집합에 귀속되지 않는다"(같은 페이지).

그래서 사건적인 것과 존재론적인 것을 구별하고자 하는 그의 극단적인 조심성에도 불구하고(여기에서 전자가 결코 어떤 기존의 지식의

---

51   이런 취지의 텍스트 및 문구들을 확인하려면, Badiou, *Infinite Thought*, *Handbook of Inaesthetics*, *Metapolitics*, *The Century* 참고.

상태나 개념적 도식에 따라 연역되거나 예상되거나 허용될 수 없는 무 엇으로 정의되기 때문에), 여전히 바디우의 전체 기획은 존재론적 토 대에 의지하며 실제로 그러한 구별을 만들기 위해 존재론적 토대를 필 요로 한다는 분명한 의미가 있다. 보다 정확하게 말해서, 바디우가 철 학의 고유한 과제로 보는 것은 존재론적 발견을 실행하거나 그 자체로 새로운 존재론적 영역을 탐구하는 것이 아니라—이것은 수학자들에게 역할을 넘기는 편이 가장 좋기에—이런 방식으로 획득된 어떤 결과들 을 설명하고 밝히며, 그 (결정적으로 수학 외적인 일부) 귀결들을 도출 해내는 '메타 존재론적' 조사를 추구하는 것이다. 그래서 우리는 왜 그 가 비트겐슈타인이나 하이데거에 반대하여 "수학이 사유한다"는 주장 을 강조하는지 이해할 수 있게 되는데, 수학은 (비트겐슈타인을 따라 서) 순전히 자기 확인적 논리이기에 얼빠진 동어반복들(tautologies)[52] 의 조합으로 환원될 수 없으며, 또한 (하이데거를 따라서) 자연과 인류 모두 위에 군림하고자 하는 기술-과학-형이상학적(techno-scientific-metaphysical) 권력의지의 표현으로 환원될 수도 없는 창조적이고 혁 신적이며 진리를 드러내는 사유의 활동과 관련되기 때문이다.[53] 확실히 바디우의 작업에서 한 가지 매력적인 측면은 그가 여러 사상가들—파 르메니데스, 플라톤과 아리스토텔레스부터, 데카르트와 파스칼을 거

52　['항진명제'로 옮겨지기도 한다. 'a는 a이다'는 자기 확인적 동어반복이지만, 그 논리값은 언제나 참이다.]

53　특히 Ludwig Wittgenstein, *Philosophical Investigations* (trans.) G. E. M. Ans-combe (Oxford: Blackwell, 1953)와 *On Certainty*, (ed. and trans.) Anscombe and G. H. von Wright (Oxford: Blackwell, 1969); 또한 Martin Heidegger, '*The Ques-tion Concerning Technology' and Other Essays* (trans.) William Lovitt (New York: Harper & Row, 1977)를 볼 것. 그러한 의견들에 대한 바디우의 가장 명시적이고도 강력한 비판을 보려면, *Section one of Theoretical Writings*에 수록된 'Ontology is Mathematics' 절을 참고할 것. (pp. 3-93).

쳐, 프레게, 러셀, 하이데거, 비트겐슈타인 외에 다른 인물들에 이르는 여러 사상가들—사이에서 선택적인 해석적 경로를 추구하여, 자신의 기획과 비견할 때 다양한 정도로 나타나는 관점의 친연성이나 또는 (흔히 동일한 사상가에서 나타나는) 차이들을 평가하는 방식이다. 각각의 경우에, 그의 기본적인 주장은, 집합론에서 칸토어의 시초적 발견들과 이로부터 이어지는 수학자들과 학계에 몸담은 (매우 적은 수의) 몇몇 직업 철학자들에 의한 집합론의 발전으로 발생한 획기적인 진보에 비추어, 이 사상가들을 읽을 수 있고 또 그래야만 한다는 것이다.

여기에서 가장 중요한 것은 멱집합 공리(power-set axiom)인데, 이 공리로 밝혀지는 원리—바디우의 수학에 기초한 비판적 존재론뿐만 아니라, 정치적, 과학적, 윤리적 사안들과 관련된 그의 사유에도 출발점이 되는—가 어떠한 하나로-셈하기의 심급도, 그 보편적 포괄성에 대한 주장과 상관없이, 결코 그 공리의 힘에 의해 드러난 끝없이 확산되는 다수들의 부분집합들을 모두 포함할 수 없다(혹은 재현한다고 주장할 수 없다)는 것이기 때문이다. 바디우는 집합론과 그 형식적 구조에 관한 자신의 '기술적' 설명에 이어서 그 설명을 효과적으로 고쳐말하는 명제를 제시하는데, 이 명제는 이러한 사안들을 적절히 설명하는 데 필요한 (협상 불가능한) 용어들과 조건들을 규정하는 것과 그러한 용어들과 조건들을 준수하거나, 중시하거나, 또는 의거하여 실행하라는 어떤 윤리적 명령 같은 무엇을 제시하는 것 사이에서 동요하는 듯 보이는 규범적 양상을 지닌다. 그가 서술하는 바를 옮기자면, "일단 이 공리를 인정한다면, 단순한 현시와 부분집합들의 하나로-셈하기인 이런 종류의 재현 사이의 간극을 사유할 필요가 있다"(p. 85). 그러한 필요는 명백히 집합론이 그 자체에 대해 제기된—대개 최초에 멱집합 공리에 의해 촉발된 것과 같은 상식적이고 직관적 종류의—다양한 장애물들을 철저하게 넘어서는 사유의 과정에 의해 가장 주목할 만한 진보들을 성취했던 방식에 관해 칸토어로부터 내려오는 다양한 형식적 증명들에서 긴급한 명령의 힘을 끌어낸다. 이런 범위에서 그러한 명령의 힘은 어떤 것이 관련된 형식적 절차의 정확하거나 타당한 적용으로 간주되는지 규정한다는 의미에서 규범적이다. 말하자면, 그 힘은 수학적 진리의 영역에 속하는데, 여기에서 충실성(fidelity)이라는 주제는 윤리나 도덕적 미덕과는 하등의 관계가 없으며, 차라리 일관성이나 엄정함, 증명력이나 논리적 명백함 등과 관련된다. 하지만 그것은 어떤 다른 차원에 속하며, 이 차원에서 '충실성'이라는 용어는 강한 윤리적 어조를 띠게 되고, 진리(truth)의 문제들은 진실함(truthfulness)이나 지성적 미덕과 완전히 동떨어진 것으로 간주할 수 없다.

　나는 바디우를 아리스토텔레스부터 내려오는 윤리적 사유의 전통에 뿌리를 두며, 최근에는 흔히 뚜렷이 상충하는 관점들(예를 들어, 의무론적[deontological] 관점 대 결과론적[consequentialist] 관점)에 대한 어떤 대안을 구하는 철학자들에 의해 받아들여졌던 그러한 역량[덕성]에 기초한(virtue-based) 인식론에 찬성하는 자들의 무리 가운데 위치시키기 바라지 않는다.[54] 요컨대, 이는 다양한 형태를 띤 '지식의 문제'에 관해 어떠한 가능한 해결책도 상상하지 않으며, 오직 인간 이해의 발전에 가장 훌륭하고 신뢰할 수 있는 방식으로 이바지하는 그러한 종류의 윤리적이면서도 또한 인지 탐구적인(cognitive-investigative) 성

54　관련된 논의를 보려면, Lorraine Code, *Epistemic Responsibility* (Hanover, NH: University Press of New England, 1987); M. DePaul and L. Zagzebski (eds), *Intellectual Virtue: Perspectives from Ethics and Epistemology* (Oxford: Oxford University Press, 2002); M. Steup (ed.) *Knowledge, Truth, and Duty: Essays On Epistemic Justification, Responsibilty, and Virtue* (Oxford University Press, 2002)를 참고할 것.

질이나, 성향 또는 지성적 특징들에 관한 예시를 드는 접근법이다. 이러한 특징들은 전형적으로 자연적(physical) 항목들이나 속성들에 대한 지각의 예리함이나 감각적·직관적 '느낌(feel)' 같은 인식적(epistemic) 역량(virtues)으로부터 헌신, 인내, 열린 마음, 증거에 대한 존중, 심지어 그 증거에 반할 경우 가장 소중하거나 확고하게 고수하는 믿음이라도 기꺼이 시험하는 태도, 그리고 충분히 발달된 자기비판의 역량 같은 인식론적으로 중요한 지성적 특성의 양상들에 이른다. 바디우가 그러한 능력들을 최대한도로 유념한다는 점은 행위와 저술에 있어 가장 높은 등급에 있음을 드러냈다고 간주될 수 있는—두 사람 모두 프랑스 레지스탕스의 일원으로 자기 목숨을 희생했던 수학자들인 장 카바이예(Jean Cavaillès)와 알베르 로트만(Albert Lautman) 같은—몇몇 예시적 인물들에 관한 기술로부터 충분히 분명하게 드러난다.[55] 어쨌든 바디우는 진리(truth)와 진실함(truthfulness)을 구별하거나, 혹은 '증거나 형식적 절차(예를 들어, 집합론적 절차)의 가장 엄격한 기준들에 따를 때 언표 x는 참이거나 정당화되는가?' 같은 종류의 문제들과 '언표 x는 모든 시의적이거나, 진리에 기여하거나(truth-conducive), 지식을 증진하는(knowledge-promoting) 역량(virtues)을 보유한 누군가(혹은 어떤 비슷한 생각을 가진 탐구자들의 공동체)에 의해 일어나는 것인가?' 같은 종류의 문제들을 혼동하지 않기 위해 매우 조심한다. 이 두 조건들이 종종 동일한 언표에 의해 충족될 것이라는 점—후자[진실함]가 예상하기로 전자[진리]를 발생시킬 수밖에 없는 조건으로 규정되기 때문에—은 집합론 및 다른 영역들에서 특정한 발견들이나 진보의 단계들에 관한 바디우의 설명 어디에나 암시되어 있

---

55   Badiou, 'Ontology is Mathematics' (op. cit.) 참고.

으며, 그러한 단계들은 전형적으로 엄격한 사유와 기존의 정립된 교설이나 상식적·직관적 믿음에 맞서 그러한 발견이나 진보를 지키는 용기의 조합을 통해 발생했던 것들이다. 그럼에도 이 두 조건들이 혼합되거나 혹은 이 두 조건의 구별이 사실상 붕괴될 수는 없으며―역량에 기초한 인식론의 일부 주창자들에 의해 조언된 것처럼―만일 그러한 혼합이나 붕괴가 있게 된다면 결과적으로 모든 종류의 회의적 관념이나 사회구성주의적 관념 또는 문화상대주의적 관념을 향한 길이 열릴 것이다. 이러한 지성적 역량[덕성, virtues]의 호소는 (아무리 신중하거나 강한 방식으로 특정된다 하더라도) 그러한 모든 요구가 무엇이 고결한(virtuous) 인식적 실천을 구성하는가에 관한 어떤 사회적으로 수용되거나 문화에 특수한(culture-specific) 구상의 실존에 의존한다는 생각과 거리가 그리 멀지 않다.

다음 두 성찰 7과 성찰 8은 각각 '국가, 또는 메타 구조, 그리고 존재의 유형론(정상성, 단독성, 돌출)[The State, or Metastructure, and the Typology of Being(normality, singularity, excrescence)]' 이라는 그리고 '역사적·사회적 상황의 상태[The State of the Historical-Social Situation]' 라는 약간은 선뜻 다가가기 어려운 제목들을 달고 있다. 그렇더라도 독자들은 이를 건너뛰라는 유혹에 빠져서는 안되는데, 왜냐하면 이 성찰들이 그 제목에서 암시되는 것처럼 집합론과 관련한 그의 중심적인 주장에 대한 형식적 증명에 있어 실질적으로 윤리적이고도 사회·정치적일뿐 아니라 '순수하게' 철학적인 내용과 함께, 존재론적 탐구가 적용되는 다양한 영역들에 대한 함축적 영향을 담고 있기 때문이다. 실제로 이 두 장은 가능하다면 앉은 자리에서 한번에 읽는 편이 좋겠는데, 이 두 장의 길이가 18페이지 정도에 불과하고 바디우 작업의 세 가지 주요 차원들(거칠게 말해서, 수학, 존재론 그리고 정치)이 어떤 의미에서 하나의 단일하며 엄격하게 나눠질 수 없는 기획의 여러 측면들로 간주되어야 하는지에 관해 『존재와 사건』에서 가장 명료한 설명을 제공하기 때문이다. 결국, 바디우는 오늘날 가장 확고한 입장에 선(committed)—즉, 가장 '뉘우치지' 않거나 혹은 교활하게 과거로 돌아가지 않는—마르크스주의 지식인들 가운데 위치하며, 모든 진정한 정치적 해방의 기획은 어떤 활동적인 방식으로, 곧 실천적으로 관여하지만 또한 이론적으로도 정통한 방식으로 구체적인 정치적 목적들을 추구함으로써 [이론/실천의] 거짓 이중성을 극복해야 한다는 것이 언제나 마르크스주의의 한 가지 중심 테제였다.[56] 이론과 실천의 관계라는 이 골치 아픈 문제에 대한 그의 대답은 주목할 만한 것으로, 주로 그 이중성을 극단적인—심지어 화해할 수 없는—이율배반으로 보이는 지점까지 밀어붙이지만 어쨌든 그 허위성을 드러내고, 이로써 겉보기에는 매우 '추상적인' 몇몇 집합론적 공리들과 증명절차들의 실천적·정치적 관련성(실제로는 그 불가피성)을 위한 논거를 제시한다는 사실에 비추어 볼 때 그러하다. 한편으로 '부류(계급, class)', '상태(state)', '포함(inclusion)', '귀속(belonging)', '구성원(member)', '부분(part)', '부분집합(subset)', 또는 '셈(count)' 같은 집합론적 용어들과 다른 한편으로 정치 이론의 용어사전이나 기존의 정립된 특권과 권력 구조들의 전환이나 침식을 일차적인 목적으로 삼는 사람들의 사유에서 전형적으로 드러나는 동일하거나 유사한 용어들 사이에 유비적(analogical) 관계가 있음을 보일 수 있다는 이유만으로, 이러한 관련성 주장(relevance-claim)을 적확하게 증명된 것으로 받아들여서는 안된다. 바디우는 이 조심스러운 경계를—비록 완곡한 방식이기는 하지만

---

56   특히 Badiou, *Metapolitics*, *The Century*. 또한 *Polemics* 참고.

—성찰 8에 집어넣어, "정치와의 은유적 친연성으로 인해" 이후로 상황
의 상태(*state of the situation*)[57]라는 문구를 사용하여 "어떤 한 상황의
—그것이 무엇이든 어떤 구조지어진 현시의— 구조가 그것에 의해 하
나로 셈해지는 것, 즉 일자 효과(one-effect) 자체의 일자"를 의미할 것
이라고 언급한다(p. 95). 이러한 친연성은 중심점이 보다 명시적으로
정치로 옮겨지고, 지금까지 암시적인 교차영역적(cross-domain) 유비
들로 제시된 '은유적인' 연결관계가 개념적·분석적 용어들로 보다 상
세한 이해를 획득하게 될 성찰 9에서 설명될 것이라고, 그는 약속한다.

그 연결은 주로 동일한 기술적 조어인 '상황의 상태'를 통해 완성되
는데, 바디우는 이를 '셈의 셈(count-of-the-count)', '메타 구조
(metastructure), 또는 "그것에 의해 어떤 상황의 구조가 다시 하나로
셈해지는 것"으로 다양하게 정의한다. 그의 논점은 이것이 '두 번째
셈'을, 곧—형식적이거나 논리적이거나 또는 집합론적인 모든 체계들
에 자리한 종류의—추가적인 연산(작용, operation)을 수반하며, 이에
따라 첫 번째 셈을 중복적 계산에 종속시킴으로써 계산의 일관성과 포
괄적 장악력을 확인하거나, 또는 아무것도 앞선 연산에 의해 셈해지지
않고 지나간 것이 없음을 보장한다는 것이다. 이런 만큼, 그는 "구체적
인 분석이 철학적 주제와 수렴된다"고 주장하는데, 왜냐하면 두 경우
모두 그 테제는 (수학적이거나 논리적인) 형식적 분석의 과정을 통해
서나, 응용된 자연 과학적 탐구의 기획을 통해서, 혹은 사회적·정치적
구조들과 함께 본질적으로 문제적인 자기 정당화의 양식들에 대한 탐
구를 통해 확인될 수 있기 때문이다.

이러한 것들은 언제나 2차적인 셈—즉, 재현—에 의해 귀속이나 구

---

57 [이 '상황의 상태'라는 기술적 용어에서, '상태(state, 프랑스어로는 état)'라는 말
에는 '국가'라는 의미가 들어있다.]

성원 자격의 조건을 정립하는 1차적인 셈의 중복을 수반한다는 점이
증명될 수 있는데, 여기에서 이 2차적인 셈이 의도하는 바는 1차적인
셈의 지위를 (모든 것을 아우르며 아무것도 배제하지 않기에) 정당한
설명(compte rendu)으로 보장하는 것이지만, 보다 자세히 검토해 보면
실제로는 바로 그 주장에 대해 결코 피해갈 수 없는 도전을 제기하는
것으로 드러난다. 이에 따라 "셈의 구조는 중복됨으로써, 그 자체의 실
행 동안 내내, 그 자체를 확인하고, 그 효과가 완전함을 입증하며, 끊임
없이 공백의 마주칠 수 없는 위험 아래 놓인 일자를 존재로 만든다"(p.
94). 그런 것은—우리가 타당하게 연역할 수 있을 것처럼—다양한 영
역들에서 상대적인 안정성의 시기 중에 이러한 2차적인 셈을 지각하게
되는 일반적으로 지배적인 효과이며, 예컨대 쿤의 ('혁명적' 과학에 반
대되는) '정상' 과학이나, 어떤 이전의 중요한 발전의 영향을 통해 작
업하도록 정해진 시기의 수학이나, 혹은 정치적 불안정의 어떠한 긴급
하거나 강력한 파열의 힘에도 종속되지 않는 시기의 사회적 실존 같은
것들을 언급할 수 있다.[58] 집합론적 측면에서, 그것은 '일관적' 다수성
의 '비일관적' 다수성에 대한 외견상의 우위를, 혹은 하나로-셈하기에
종속되는 것의 하나로-셈하기의 계산적 장악력을 벗어나거나 초과하
는 것에 대한 우위를 보장하는 무엇이다. 이로써 상황의 상태가 보장하
고자 하는 것은 "구조 자체의 공백의—비틀림에 따른—현시적 출현이
될 이 현시의 재앙이 언제라도 일어날 가능성이 없"도록 하는 것이다
(p. 94).

하지만, 앞선 논의에서 명백히 드러나는 것처럼, 그러한 안정성은—
혹은 그러한 안정성의 외양은—오직 항시적인 억압이나 부정 또는 금

---

58   Thomas S. Kuhn, *The Structure of Scientific Revolutions*, 2nd edn (Chicago:
University of Chicago Press, 1970).

지를 통해 유지되며, 이런 부정이나 금지가 없다면, 비일관적 다수성의
분출을 나타낼 것이다. 실제로 이로부터 드러나는 것은 (러셀의 소위
집합론적 역설들에 대한 '해결책'에도 불구하고) 어떤 더 높은 수준의
메타구조적 개념에 의지하여 그 자체의 주장을 정당화하는 모든 구조
가, 혹은 이러한 셈의 이중화에 의지하여 모든 것을 포함하는 재현의
힘을 확인하는 상황에 종속된 상황이 불안정하다는 점이다. 재현의 힘
으로 달성된 모든 안정성의 외양은 부득이 그 자체의 생산에 관한 어떤
중요한 진리들을 억누르고 얻는 외양이며, 그러한 진리들 중에는 "구
조는 정확하게 상황의 항이 아니"라는 것, 즉 구조는 그 자체로 셈해질
수 없으며 따라서 "구조는 그 자체의 효과에서 철저히 규명되며(ex-
hausts itself), 그 효과란 일자성(oneness)이 있다는 것"[59]이다(p. 95).
말하자면, 하나로-셈하기는 이례적인 예시들을 성공적으로 배제하거
나 무시하고, 이로써 귀속과 포함, 구성원들과 부분들, 또는 현시와 재
현 사이의 완벽한 일대일 대응이 실존하는 그러한 일관적 질서로 보이
는 무엇을 부과한다. 그러나, 수학을 비롯한 여타 형식 과학들에서 그
렇듯, 여기에는 다른 곳에서 비일관성이 일어나게 하는 대가가 따를 수
밖에 없다. 어떤 역설이 약정적 지시(stipulative fiat)나 실용적 조정을
통한 그럴듯한 해결책을 달성하지만, 그런 이후 다른 단계에서 훨씬 더
파괴적인 (하지만 또한, 바디우가 열정적으로 강조하듯이, 계시적이거
나 지식을 전환하는) 효과가 발생하는 경우처럼 말이다. 사유는 일반
적으로, 흔히 억압되거나 무시되기는 하지만 결코 피할 수 없는 이러한

---

59 [원문은 "Elle s'épuise dans son effet, qui est qu'il y a de l'un"이다. 이 문장의
번역에서 "there is oneness"로 뭉뚱그려진 부분은 "il y a de l'un"인데, 이 부분은 보
다 정확히 말하면 "일자와 같은 것이 있다" 혹은 "일자의 성질을 지닌 무엇이 있다"는
의미이다.]

귀속과 포함의 위계들 사이의—이와 함께 그것들의 다양한 동종언어들 사이의—비일치와의 일련의 마주침들을 통해, 새롭고도 생산적인 탐구의 영역으로 밀려들어가게 된다. 무엇보다 이는 언제나 겉보기에 부정적인 요인—"공백의 근심과 그것이 구조에 제기하는 위협"—의 분출을 수반하며, 그 요인은 질서를 향한(일관성이나 완전성, 혹은 그런 것들과 관련된 다른 전형적인 명령들을 위한) 반동적 추동력과 사유를 방해하는 어떤 현재적 장애물의 극복을 위한 새로운 길을 발견하는 대항적 추동력 양자 모두에 동기를 제공한다.

2. 상태, 주체, 재현

성찰 8의 마지막 부분에 이르러, 바디우는 우리 앞에 하나의 발전된 전문 용어와 일군의 명료하게 표현된 개념적 구별들을 제시함으로써, 수학과 여타 형식 과학들 내부의 주제들로부터 사회·정치적 영역의 주제들로 옮겨가는 이행을 완수할 수단을 약속한다. 되풀이하자면, 바디우가 그러한 이행을 완수하는 수단은 집합론적 용어들과 연산들(작용들, operations)의 논리를 추구하는 것인데, 여기에서 이 논리는 비일관적 다수성이 일관적 다수성에, 어떤 주어진 다수에 포함되지 못하고 그저 귀속될 뿐인 것이 그 다수에 포함되는 동시에 귀속되는 것에, 그리고 어떤 특정한 상황의 셈해지지 않은 부분들이 모든 원소를 마지막 하나까지 재현할 목적을 지닌 하나로-셈하기에[60] 항시적으로 파괴적이거나 불안정화하는 효과를 야기한다. 이에 따라, 앞에서 언급된 논증의 '은

---

60   [여기서 상황의 '상황의 셈해지지 않은 부분들'이란 상황 속에 구조적으로 잔존하며 상황의 구조에 불안을 야기하는 공백을 지칭하며, '모든 원소를 마지막 하나까지 재현할 목적을 지닌 하나로-셈하기'란 이러한 방황하는 공백을 잡아내어 상황의 안정을 도모하는 '상황의 상태' 혹은 국가이다.]

유적' 성격에 관한 경고에도 불구하고, 바디우의 '상태(state)'라는 용어의 사용은 이러한 설명의 지점—특히 "존재론에서, 상태의 '반反공백적' 기능들은 보증되지 않는다"는 그의 주장(p. 101)—에서 확실하게 사회-정치적 의미와 함께 지금까지 대체로 기술적인(다시 말해 집합론적인) 의미를 환기시킨다. 그래서 바디우가 다시 성찰 8의 마지막으로 향하는 곳에서 요약하여 언급하는 것처럼, "포함은 귀속 외에 어떤 다른 셈의 원칙에 기초하여 일어나지 않는다"(p. 101). 이러한 언급이 수학의 담론에서 여전히 어떤 규제적 규칙들(쿤에 비추어 보자면, '정상적'이거나 문제 해결적[problem-solving]이거나 또는 비혁명적인 작업의 시기를 특징짓는 그러한 규칙들)에 일차적 준거를 두고 있긴 하지만, 이 언급을 읽을 때 대체로 유비적인 어떤 정치적 상황을 환기하지 않을 수 없다. 그러한 상황들 중에는—가장 단정적으로—추방된 자들이나 이주민들 또는 사회적으로 배제되고 권리를 빼앗긴 소수자들의 상황이 있으며, 바디우는 다양한 의회 바깥의 활동가 그룹들에 참여함으로써 그들을 위한 대의에 가담해 왔다.[61]

이러한 주제들은 성찰 9에서 보다 완전하게 전개되는데, 여기에서 그는 [수학과 다른 분야 사이의 유비에 대한] 경고성 언급을 사실상 철회하고(그러한 철회를 선언하지는 않지만), 이러한 수학과 정치 사이의 교차 참조(cross-reference)의 지점들이 그저 은유적인 것 이상의 무엇이 되도록 한다. 그 목적은—암시적인 유비보다는 차라리 적합한 개념화 방식을 통해—관련된 관계성의 차원을 보다 정확하게 명시하려는 것이다. 아리스토텔레스는 종종 바디우에게 논의를 시작하는 사상가의 예를 제공하는데, 그의 기본적인 정향—형이상학적, 존재론

---

61 각주 56 참고.

적, 윤리적, 정치적, 과학적 개념들로 이루어진 장치 전반—은 바디우
자신과 정면으로 반대되지만(아리스토텔레스가 다양한 방식으로 공백
의 실존 또는 가능성을 부인하는 입장을 취하기에) 바로 그 이유로 인
해 관련된 주제들을 뚜렷하게 부각시킨다. 바디우는 근래의 다른 주
석가들과 함께 어떤 몇 가지 중요한 측면에서 아리스토텔레스와 마르
크스 사이의 긴밀한 친연성으로 보는 어떤 것에 관해 논증을 펼쳐낸
다.[62] 그런 측면들 중 가장 중요한 것은 [국가(상태, state)와 개인에 관
한] 아리스토텔레스의 명확한 인식으로, 말하자면 국가가 그 자체의
관할권 아래 있는 것들과 맺는 모든 관계는 개별자들, 개인들, 또는 심
지어—국가의 권력이나 권위 '에 종속된(subject to)' 자로서 그들의 유
적인 (구조적) 배치를 넘어서는 특정한 특징들의 소유를 함축하는 의
미에서— '주체들(subjects)'과 관련된 사안이 아니라는 것이다.[63] 오히
려—가장 근본적인 수준에서—그러한 인식은 한 사람의 개인과 다른
한 사람의 개인 사이의 모든 구별들을 가로질러 그리고 그러한 구별
들에도 불구하고 유지되는 무차별적인 구조적 관계라는 측면에서 이
해되어야 한다.

'주체'와 상태[국가] 사이 관계의 특수한(즉, 경험적이거나 실존적
인) 양상들에 대립되는 것으로서 유적인 양상들에 관한 강조는 바디우
가 플라톤과 아리스토텔레스로부터 시작하여 파스칼, 스피노자, 루소,
헤겔, 마르크스, 훗설 그리고 하이데거에 이르는 광범위한 철학적 전임

---

62   예를 들어 C. B. MacPherson, *The Political Theory of Possessive Individualism*
(Oxford: Oxford University Press, 1962).
63   정확하게 유비적이지는 않지만 가깝게 연관된 논증을 보려면, Louis Althusser,
'Ideology and Ideological State Apparatuses: Notes Toward an Investigation', in
'Lenin and Philosophy' and Other Essays (trans.) Ben Brewster (London: New
Left Books, 1971), pp. 127-86 참고.

자들로부터 취하거나 또는 이들에 대한 비판적 관여를 통해 발전시켰
던 무엇이다. 그러한 강조는 알튀세르의 '구조주의적' 마르크스주의의
특정한 측면들에 대한 그의 지속된 충성을 보다 직접적으로 보여준다.
특히 주체를 지배적 이데올로기에 의해 '호명된(interpellated)'[64] 자로
서, 혹은 언제나 그렇듯 개별적 주체성이라는 환상에 불과한 의미가 부
여되는 '상상적' 오인의 구조에 불가피하게 사로잡힌 자로서 이해하는
알튀세르 구상에 대한 충성을 말이다.[65] 또한, 이후로 계속 보게 될 것
처럼, 그러한 측면은 마찬가지로 라캉 정신분석의 중심 주장들에 지속
된 지지를 천명하는 그의 입장을 반영한다. 즉, 바디우는 대체로 구조
주의적인 라캉의 가장 중요한 발상에 동의하는데, 이는 동일성(정체
성, identity)이 혹은 의식적이면서도 반영적인 자기성(selfhood)이 있
다고 가정되는 장소로서의 자아(ego)가 실제로는 그저 담론의 부수 현
상일 뿐이며, (알튀세르의 설명에서 이데올로기의 작용과 같이) [모든
곳에서] 편재적으로 작용하지만 분석가(analyst)와 피분석자(analy-
sand) 사이 구어적(verbal) [발화의] 교환에서 일별되는—그러나 결코
진정하게 혹은 완전하게 이해되지 않는—무의식의 '장난감'일 뿐이라
는 생각이다.[66] 하지만, 여기서 가장 결정적인 것은 수학의 예와 형식
과학들 내부 및 그 너머에서 수행되는 규율잡힌(disciplined) 탐구에
대한 요구들이다. 무엇보다 집합론이 요구하는 바는 사유가 특수하기

64　[보통 호명으로 번역하는 'interpellation'이라는 말에는 경찰에 의한 '검문', '불
러 세움' 등의 의미도 겹쳐 있다. 말하자면 이 호명 논리에 따를 때, 주체는 결코 스스
로 나타나는 것이 아니다. 무엇인가(알튀세르의 경우라면 '이데올로기', 바디우의 경
우라면 '사건')에 의해 불러 세워질 때, 비로소 주체가 되는 것이다.]

65　같은 책에서; 또한 Althusser, *For Marx* (trans.) Ben Brewster (London: Allen
Lane, 1969).

66　Jacques Lacan, *Ecrits: a selection* (trans.) Alan Sheridan-Smith (London:
Tavistock, 1977).

보다는 보편적인 것에, 이산離散적(discrete)이기 보다는 구조적이거나 조합적인 것에, 그리고—현재 논리학자들과 언어 철학자들 사이에서 통용되는 이 용어들의 기술적 의미에 비추어 볼 때—의미(sense)와 준거(지시, reference)라는 주제들에 대한 내포적(intensional)이기보다는 외연적(extensional)인 접근법에 관련되어야 한다는 것이다. 이로 인해 어떤 항의 작용적(연산적, operative) 의미는 전적으로, 물리적이거나 추상적인 것을 막론하고, 그 항이 적용되거나 연장되[어 영향을 미치]는 대상들의 범위에 의해 고정되며, 정당하게 관건이 되는 그 항 아래 놓이는 것으로 표현되는 그러한 대상들과 관련한 어떠한 특수한 것(그것들 특유의 속성들, 성질들, 특징들)에 의해서도 고정되지 않는다. 즉, 집합과 그 구성원 자격 조건에 관한 외연주의적(extensionalist) 구상은 이와 달리 잠재적인 후보 구성원들을 구별하며 이에 따라 어떤 항목들이 포함될 자격이 있는지 결정한다고 간주될 법한 그 어떤 것에 대한 사유[67]도 엄격하게 배제하는 방식이다.

수학자들 사이에는 이러한 경쟁적 접근법들에 관해 많은 토론이 있었다. 이에 따라 외연주의(extensionalism)의 옹호자들은 대개 실재론적(realist) 원칙을 지지하여 집합론적 언표들 또는 정리들이 사물들이 수학적 실체에 따라 정립되는 방식에 의해 고정되는 진릿값(truth-value)을 지닌다고 주장하는 데 반해, 내포주의(intensionalism)의 옹호자들은 흔히 반反실재론적(anti-realist) 입장으로 경도되어 진리란 인식론적 근거와 관련한 사안이며 가장 발전된 증명이나 확인의 힘 너머에 있는 그러한 객관적인 진리 제작자(truth-makers)가 실존한다는 주장은 터무니없는 것이라고 보는 경향이 있다.[68] 바디우는 외연주의적 입

---

67   ['내포주의적(intensionalist) 구상'을 말한다.]
68   추가적인 논의를 보려면, Dale Jacquette (ed.), *Philosophy of Logic: An Antholo-*

장을, 즉 집합, 부분집합, 원소, 부분, 구성원 등에 관한 엄격하게 비구별적인 존재론을 받아들이는데, 이는 어떠한 종류의 질적 구별을 위한 여지도 남기지 않으며 따라서 이것들의 다양한 관계의 위계들을 순수하게 수적인 측면에서 구상하는 방식이다. 이러한 기초 위에 그는 대부분의 분석철학자들이 터무니없이 멀리 나간 주장이라고 생각할 법한 무엇을 쌓아올린다. 말하자면 집합론의 특정한 공리들과 정리들로부터 일반화된 사회적 존재론을 도출해낼 뿐만 아니라, 집합론의 두 가지 개념들 곧 귀속과 포함이라는 개념들 사이의 명확한 구별에 기초한 정치적 정의의 구상을 도출해 내는 것이다. 그리하여, 내가 말한 그대로, 그는 수학적으로 도출되어 윤리·정치적으로 강화된 확신을 얻게 된다. 곧, 이러한 관심들이 오로지 어떠한 형태의 정체성의 정치(identity politics)나 어떠한 (인종, 민족, 젠더에 기반하거나 혹은 문화-언어적인 것을 막론한) 차이의 개념과도 대립하는 철저하게 평등주의적이면서도 보편주의적인 전망에 의해 그러한 사안들에서 의미있는 역할을 담당하는 것으로 다뤄질 수 있다는 확신을 말이다.

여기에서 '포함'과 '귀속'이라는 두 핵심 용어들을 사용하는 바디우의 용법에 어떤 계산된 모호함이 있음을 언급할 필요가 있다. 한편으로, 그의 정치 활동가적 기획에 기초가 되는 테제—간단히 말해서, '셈해지지 않은 자들의 셈하기'라는 테제—는 어떤 주어진 다수 안에 포함된 원소들 또는 부분들의 다수성이 그 집합에 '온전히' 귀속된 것으로 간주되거나 혹은 완전한 참가자 지위의 권리를(또한 이에 수반되는 책임들을) 부여받은 것으로 간주되는 구성원들의 다수성을 훨씬 상회하리라는 것이다. 이 경우에, 이러한 귀속에 대한 포함의 초과는 귀속의

---

gy (Oxford: Blackwell, 2002) 참고.

지위가 어떤 주어진 사회·정치적 상황 내부에 포함된—하지만 여전히 그러한 지위를 누리도록 인정받지 못하는—모든 자들에게 반드시 연장되게 하는 방향으로 가능한 멀리까지 밀고 나갈 급진적인 해방의 정치의 관심사에 가장 강력하게 기여하는 집합론의 공리라 여겨질 것이다. 다른 한편으로, 앞에서 인용된 바디우의 정식으로부터, 포함은 또한 국가(State)가 모든 사람을 평등하게 취급한다는 거짓 주장에, 즉 지배적이면서도 포괄적이라 가정되는 하나로-셈하기를 통해—지위나 계급 또는 사회·문화적 처지와 관계없이—민주주의적으로 구성되어 모두를 포함하는 정치체에 동등하게 '귀속된' 자로 나타나는 각각의 모든 사람을 존중한다는 주장에 적용하는 계산 원리라는 점이 분명히 드러난다. 요컨대 "투표자는, 예를 들어, 익명의 주체가 아니고, 국가의 분리된 구조가 그 자체의 고유한 일자에 따라 재현하는 것은 오히려 부분이며, 다시 말해, 국가가 재현하는 것은 아무개라는 유일한 원소를 지닌 집합이며 《아무개》를 직접적 일자(immediate-one)로 하는 다수가 아니다"(p. 107).[69] 여기서 그의 사유는 단순히 형식적이거나 추상적인(따라서 기만적인) 평등 개념을 제공하는 것으로서의 '포함'과 지금까지 실존했던 자유 및 사회 민주주의의 모든 형태에서 나타나는 극단적인 결손을 개념화하고 이를 넘어 서는 방식을 사유할 강력한 수단을 제공하는 것으로서의 '포함' 사이에 자리한 어떤 확실한 긴장을 드

---

69 [여기서 바디우의 말의 의미는 국가는 익명의 개인을 단 하나의 원소를 지닌 단원집합[singleton]("아무개라는 유일한 원소를 지닌 집합")으로 만들게 되는 한이 있더라도 부분집합으로 만들어 포함할 뿐 결코 직접 원소로 귀속시키지 않는다는 것이다. 상태는 상황에 대한 부분집합의 셈을 관리하며, 오직 이런 방식으로 원소를 대한다. 마찬가지로 국가는 개인을 결코 직접 대하지 않는다. 국가는 개인을 '선량한 시민', '범죄자 집단', '실업자 집단' 등과 같은 어떤 속성이나 술어에 따른 부분집합에 포함시키는 방식으로 셈한다.]

러낸다. 수학적(혹은 의사擬似 수학적) 기술들(techniques)을 정치나 이데올로기와 관련된 모든 양식의 설득력 있는 결말로 이끌어가는 악명높은 융통성을 고려할 때, 이는 그리 놀라운 일이 아니라고 할 수 있을 것이다. 하지만 바로 그러한 남용에 반대하여—바디우가 주장하는 것처럼—우리는 그가 『존재와 사건』에서 상세하게 검토하는 집합론적 개념, 공리 및 절차들의 유일무이한 증명의 힘을 동원할 수 있다. 즉, 그러한 집합론의 요소들은, 미국이나 혹은 서구와 구소비에트권 전체에 걸쳐 나타나는 다양한 형식들을 막론하고, '자유 민주주의'의 작용들에 전형적으로 나타나는 민주주의적 결함—곧, 정치적 권리 박탈—의 종류와 정도를 가장 적절하게 보여줄 수 있다.

따라서 국가의 포함에 대한 집착적 관심을 말하는 바디우의 논점은 이것이 귀속(혹은 개인들이 사회·정치적 실존의 조건들에 관계되는 방식)의 주제들에 대한 체계적인 무시만이 아니라 또한 포함의 의미가 정확히 무엇인지에 관해 협소화된—하나로-셈하기의 경직된 적용에 의해 야기되는—관료주의적 의미에도 잘 들어맞는다는 것이다.

그 개인은 언제나—인내하거나 조바심을 내며—이 기본적인 강압에, 죽음의 부과를 비롯하여 다른 모든 종류의 속박을 구성하는 이 속박의 원자에 종속된다 … 모든 일관적인 부분집합은, 좋건 나쁘건, 즉각적으로 국가에 의해 셈해지고 고려되는데, 그것이 재현과 관련된 사안이기 때문이다. 반면, 반대되는 것에 대한 항변과 선언에도 불구하고, 결국 사람들의 삶이—즉, 그들이 받아들였던 일자와 관련한 다수의 삶이—문제가 될 때, 국가가 관심을 갖지 않는다는 점은 분명하다. 그런 것이 그 분열의 궁극적이면서도 피할 수 없는 깊이이다. (pp. 107~8)

바디우 사유의 특징은 그 흐름이 그러한 명백하게 윤리적이면서도 정
치적인 열정—포함적이라 공언하지만 실제로는 매우 선택적이거나 배
제적인 방식으로 배분되는 인간 복지의 측면에서 희생을 치르게 된 슬
픔과 분노가 뒤섞인—을 전달하지만, 그럼에도 결정적으로 추상적인
집합론적 절차들로부터 도출된 논증 양식을 통해 논지를 제시한다는
것이다. 그러나 수학적 담론을 인간과 관련한 창조적인 내용이 결여된
영혼 없는 추상의 영역으로 보는 (적어도 예술과 인문학의 유형들 사
이에서) 이러한 폭넓게 유지되는 의견은 바디우가 매우 열정적이며 설
득력 있는 방식으로 반대해 온 것인데, 이를 위해 그는 보통 수학자들
이 통합된 개념적 힘과 상상적 힘에 의지하여 발견했던, 이전에 생각하
지 못한 여러 개체들의 풍성함의 예시를 드는 방식을 동원한다.[70] 동시
에 그가 열정적으로 주장하는 바에 따를 때 (그 자체가 '민주주의적' 이
라 주장하더라도) 부정의하거나 억압적인 체제들에 의해 가해진 부정
들을 바로잡을 가장 효과적인 한 가지 방식은 집합론의 개념적 자원들
을 분명하게 특정되고 논리적으로 정확한 표현의 수단으로 사용하는
것이다. 즉, 그러한 개념적 자원들은 현재 실존하는 의사擬似민주주의
적 통치(governance)의 형식들이 어떻게 하나로-셈하기에 따른 자격
을 취득하여 좋은 입지에 선 구성원 또는 주체들만의 귀속을 보장하는
방식으로 작동하는지 설명하는 데 있어 가장 강력한 이점을 제공한다.
집합론이 가능하게 하는 것은 바로 인정되거나 인식된 귀속에 대한 포
함의 초과를—혹은 현재 수용된 규칙이나 관습들에 따른 셈(count)에
대한 셈해지지 않은 부분집합들의 초과를—검토할 형식화된 평가이
며, 이는 이론과 원칙에 있어 적절한 유인을 얻어 추동된 사회·정치적

---

70   특히 Badiou, 'Ontology is Mathematics' (op. cit.).

현상태(status quo)에 대한 도전의 기초를 구성한다.

또한 이것이 현실 세계의 다양한 억압적 상황들에 걸쳐 있는 너무나 많은 사람들의 복지와 삶의 희망과 생존에 결정적으로 관련될 수 있는 주제들을 지나치게 '추상적인' —심지어 비인간적인—방식으로 다루는 접근법으로 간주되어서는 안된다. 결국, 바디우가 예리하게 언급하는 그대로,

> 공백의 표지가—즉 일반적으로 비일관적이거나 폭동을 일으킨 군중이— 배회할 때, 정부들이 아무 이유도 없이 '3인 이상의 회합'을 금지하는 것은 아니다. 다시 말해, 아무 이유도 없이, 명시적으로 그러한 '부분들'의 일자에 대한 불관용을 선언하고, 이에 따라 포함들을 셈하여 일관적인 귀속들이 보존되도록 하는 것이 국가(State)의 기능임을 선포하는 것은 아니다. (p. 109)

여기에서 현저하게 드러나는 것은—최소한의 교묘한 의미론이나 개념상의 조작이라는 느낌이 없지는 않지만—집합론적 '추상들'과 직접적으로 정치적이거나 사회 활동가적 관심사에 대한 관여의 언어 사이를 능숙하게 가로지르는 바디우의 역량이다. 바디우가—사실/가치 이분법에 관한 여러 분석적 개정들이나 혹은 순수하게 사실 확인적인(constative) 'be 동사(is)'로부터 규범적·가치 평가적인 '의무(ought)'를 이끌어 내는 유도 방식에 관해 가정된 불가능성을 비롯하여—있을 법한 모든 방식의 반대들에 맞서 그러한 역량을 펼쳐낼 수 있는 것은, 에둘러 회피하는 전략이나 모호하게 유비적 사유를 내놓는 습관 보다는, 오히려 이 지점에 이르기까지 개진된 매우 집중적으로 농축된 논증의 시퀀스(sequence) 덕분이다. 보다 명확하게 말해서, 그 역량은 그 자체

로 정치적 측면에서 재언명되는 집합론적 사유의 역사 내부에 지금까지의 강조점들만을 위치시킬 뿐만 아니라, 이어지는 급진적 발전의 지점들을 위치시키는 그의 유례없는(singular) 재능과 관련된다. 만일 정치가 정의상 "평화롭든 폭력적이든 그 양상과 상관없이, 국가에 대한 공격이"라면, 그러한 주장은 "돌출(excrescence)[71]이 용인될 수 없음을 주장함으로써, 단독적인(singular) 다수들을 동원하여 정상적인(normal) 다수들에 맞서게" 하는 형식적 추론의 증명된 역량에서 지지를 얻는다(p. 110).

'단독성'은 이런 맥락에서 어떤 주어진 상황 안에 현시되지만 상황의 상태에 의해 재현되지 않는 항으로, 혹은 다시 말해—같은 이야기가 되겠지만—그 상황 '안에 포함되'지만 어떤 사회·정치·행정적 목적으로 인해 '포함됨'을 인정받지 못하는 항으로 정의된다.[72] 그러므로 그것[단독성]은 국가가 승인한 권위와 권력의 구조들에 대한 최대한의 도전의 장소이며, 결국 그러한 구조들이 그 자체의 합법적인 곧 '민주주의적인' 권한의 외양을 유도해 내는 것은 하나로-셈하기와 자유롭고 평등한 주체들로 이루어진 일관적 다수를 대표[재현]한다고 주장하는 그릇된 권리이며, 실제로—바디우의 분석을 통해 드러나는 것처럼—그러한 거짓 외양에 맞서 허위성을 드러내는 비일관적 다수가 아니다. 유일하게 이러한 이데올로기적 허울을 돌파할 수 있는 것은 (모든 것

---

71   [여기서 상황에서 재현[포함]되지만 현시[귀속]되지 않는 돌출항은 상황의 원소들에 대한 재현의 기제, 곧 상황의 상태 혹은 국가를 의미한다.]

72   [바디우는 존재자를 귀속[현시]과 포함[재현]이라는 두 가지 작용을 기준으로 돌출(상황에 귀속되지 않지만 포함됨), 정상성(귀속되는 동시에 포함됨), 단독성(귀속되지만 포함되지 않음)으로 구분한다. 여기서 돌출은 재현의 기제인 상태/국가와 같은 것을 지시하며, 단독성은 상황 안에 존재하지만 재현을 통해 시민권을 가지지 못하는 자들을 가리킨다. 이런 의미에서 '공백의 분출'로서의 사건과 연결되는 것은 단독성이다.]

을 포함하기에) 완전하게 민주주의적인 정치체라는 어떤 주어진 자기이미지에 귀속된 것으로 셈해지지 않는 '단독성들'의, 혹은 완고하게 저항하며 따라서 '용인할 수 없는' 결함(또는 거부)의 사례들의 갑작스런 분출이다. 따라서 '단독성'은—'공백', '사건' 그리고 '사건의 자리'와 함께—집합론적으로 파생된 다양한 개념들 가운데 또 다른 핵심용어로 자리하는 데, 바디우는 이를 사용하여 [현재] 수용되고 있는 믿음이나 확고한 사회·정치적 힘에 맞서게 되지만 (수학의 위대한 발전, 과학의 발견, 혹은 중요한 정치적 변화의 에피소드 중 어떤 것을 막론하고) 철저하게 새로운 무언가가 일어나게 되는 방식을 이해하고 설명하려 한다. 이것은 그의 기획이 존재론적 방향—즉 정체되어 있기는 하지만 역동적이거나 항시적으로 자기 전환적인 항들로 구상된 구조들과 양상들을 설명하는—과 다른 한편으로 사건 개념을 향한 방향—사건 이후 이어지는 관점에서 볼 때 사건에 이르렀다고 여겨질 법한 모든 것과의 보다 급격한 (그리고 완전히 예상할 수 없는) 단절을 수반하는—사이를 잇는 경첩이 되는 지점이다.

그러므로 바디우는 '민주주의적으로' 인가된 모든 의회적 수단이나 또는 미국 및 (이른바) 유럽 '공동체'에 속한 국가들의 현재적 조건들 아래 실존하는 모든 과정을 통한 그저 장식적일 뿐인 변화에 상반되는 진정한 변화가 일어나리라는 전망에 관해 회의적인—혹자는 냉소적이라고도 말할—태도를 견지한다. 반대로, 그는 레닌과 다른 혁명적 사상가들에 의해 절망적으로 언급된 현상으로 인용하는 어떤 것을, 다시 말해 함께 국가에 맞선 자들의 최선의 노력에도 불구하고 [완강히 지속되는] 국가의 '터무니없는 내구성'을 우회하거나, 허를 찌르거나, 혹은 이를 돌파할 수 있게 할 대안적 수단을 발견하리라는 열정적인 신념 또한 견지한다. 여하튼 국가가 기존의 권력과 특권을 포기하지 않으리라는 체념적 시각은 결코 그러한 바람직한 결말을 가져올 의회 바깥의 다른 수단의 실존 또는 국가가 관여하지 않는 다른 수단의 실존에 관한 유사한 체념을 수반한다고 간주하여서는 안 된다. "정치적 활동가(political activist)[73]는 국가의 성벽 아래 선 전사라기 보다는 사건에 의해 일깨워진 공백을 지키는 보초병인데, 왜냐하면 국가는 오직 사건과 씨름할 때 그 자체의 지배에 대해 맹목적으로 되기(blinds itself)[74] 때문이다"(p. 111). 국가의 힘이 행사되는—그리고 영속화되는—유일한 조건은 그들의 주변성이나 사회적 비가시성 자체로부터 (그들 자신의 배제되고 이례적인 현존에서, 따라서 잠재적인 전복이나 불안정화를 야기할 현존에서 유래하는) 대항할 힘을 얻는 자들을 묵살하는 무시이거나 또는 (극한에 이를 때) 이들을 강제로 누르는 억압이다. 만일 이러한 '단독성' 혹은 용인되지 못할 자들(not-to-be-tolerated)로서 쫓겨난 자에 대한 인정이 승인된다면, 국가 권력이 윤리·사법적 기반과—바디우의 중심 테제에 따를 때—형식적으로 특정될 수 있는 기반에 관한 도전에 직면하게 될 때, 그러한 자들은 국가 권력이 임의적이고 부정의하다는 점과 그러한 주장의 근거가 연약하다는 점을 모두 노출시킬 확고한 위치에 서게 된다.

3. 스피노자: 공백의 폐제

우리는 이제 성찰 10 '스피노자'에 관한 논의로 나아갈 수 있는데, 거기에서 제시된 논증은—앞서 플라톤이나 아리스토텔레스에 대한 관여처럼—바디우의 기획과 특별한 관련성을 지닌 철학사의 에피소드를 경

---

73   [프랑스어 원문은 le politique(정치가)이다. 하지만 바디우가 말하는 정치는 의회나 정부와 관련 없는 정치이며, 그런 의미의 정치 참여자를 뜻하는 것으로 여겨진다.]
74   [혹은 '분별을 잃기'.]

유하는 정기적인 탈선들 중 다른 한 형식을 취한다. 이 경우에 그 관련성은 스피노자의 사유에서 나타나는 세 가지 중요한 양상 사이의 관계—바디우의 관점에서, 매우 문제적인 관계—즉 스피노자의 합리주의적 형이상학과 일원론적(monist) 존재론(즉, 정신과 자연을 단순히 자기 동일한 실체의 두 '속성'으로 놓는 구상) 그리고 바로 이로부터 유래하는 인간의 사유와 행동의 원동력에 관한 엄격한 결정론적 견해 사이의 관계와 관련된다. 문제는 스피노자가 드러낸 (당시로 볼 때) 매우 급진적인 다양한 원형 계몽주의적(proto-enlightenment) 기획들—윤리적이고 사회·정치적이면서도 사변적인 철학의 본성에 대한 보증—에 전념하는 입장에 의해 선명해지는데, 바디우는 공유된 실천적 입장의 사안으로서 이러한 기획들에 끌리지만, 그는 이 기획들이 스피노자 세계관의 세 가지 우선적 구성요소들과 완전히 양립 불가능하다고 생각한다. 그러므로 그 문제는 책의 중심적인 문제를 위한 초점을 제공한다. '존재'의 차원에 대비하여 '사건'에 있어, 혹은—예상할 수 없거나 의도되지 않은 방식으로라도—일어나서 기존의 상황을 중단시키고 이를 전환하는 어떤 것에 있어, 발견될 수 있는 역할 혹은 공간은 무엇인가?

바디우를 스피노자의 철학적 궤도로 들어가게 하는 또 다른 공유된 사안은 언어가 철학적 이해의 일차적 관심사나 필수 불가결한(sine qua non) 조건으로 고려되지 않을 필요가 있다는 (그리고 그렇게 고려되어서는 안 된다는)—대부분의 오늘날의 사유와 완전히 상반된—신념이다. 따라서 바디우는—이들의 광범위한 관점의 차이에도 불구하고—어떤 의미에서 언어의 영향력에는 한정이 없으며 그래서 진리가 언어 의존적이거나 언어 상대적인 방식으로 해석되어야 한다는 주장을 주된 특징으로 공유하는 다양한 형태의 실용주의적 접근, 해석학적 접근, 포스트구조주의적 접근, 포스트근대론적 접근, 반실재론적 접근 및

'포스트분석적(post-analytic)' 접근 등을 선호하지 않는다.[75] 이런 이유로 그는 스피노자의 'ideam enim veram habemus'('우리가 참된 관념을 가졌으므로')라는 위압적인 합리주의적 언명을 즐겨 인용하는데, 이는 단지 이러한 사유의 유파들만이 아니라 칸트로부터 오늘날에 이르기까지 인식론적 신조를 견지하는 거의 모든 사상가들에게 추문에 가까운 모욕을 주는 것이다.[76] 바디우가 원칙에 따라 열정적으로 고수하는 신념은 진리가 언제나 지금으로서는 최선인 지식의 힘을 초월하며, 따라서 우리가 올바르게(또는 지성적으로) 지식에 관해 이야기할 수 있는 모든 것에 관한 기준을 설정한다고 간주될 수 있다는 것이다. 이로부터 이어지는 귀결은 이런 것으로, 말하자면—앞에서 언급된 사유의 유파들과 반대로—하나의 적합하면서도 지식에 기여하는 언어의 사용을 판별하는 기준은 언어가 진리의 요건에 부응해야 한다는 것이며 그 반대가 아니라는 것이다. 스피노자와 같이, 그러나 오늘날의 많은 철학자들과 달리, 바디우는 언어에 관해—어쨌든 철학과 같은 특정한 분과학들에서—가장 높은 수준의 개념적·의미론적 명료함과 정확성을 [달성하기] 바라며, 이로 인해 관습적인 실천이나 공동체적 근거라는 규범에 국한되지 않는 규제적 규범에 종속되는 것으로 사유한다. 그러므로 바디우는 오늘날 스피노자가 『에티카(Ethics)』에서 기하학적 방법(more geometrico)—즉, 정의(definition), 공리(axiom), 명제

---

75   예를 들어 Kurt Mueller-Vollmer (ed.), *The Hermeneutics Reader* (Oxford: Blackwell, 1988); Richard Rorty (ed.), *The Linguistic Turn* (Chicago: University of Chicago Press, 1967); Robert Stainton (ed.), *Perspectives in the Philosophy of Language: A Concise Anthology* (New York: Broadview Press, 2000) 참고.
76   '관념의 길(way of ideas)'로부터 '말의 길(way of words)'로(혹은 인식론으로부터 언어철학으로) 옮겨가는 이러한 초점의 이동에 관한 유용한 논의를 보려면, Ian Hacking, *Why Does Language Matter to Philosophy?* (Cambridge: Cambridge University Press, 1975) 참고.

(proposition), 따름정리(corollary), 주해(scholia)라는 완전한 수리 논리적(logico-mathematical) 장치에 입각한 엄격한 연역적 추론의 과정을 통해 결론에 이르고자 의도하는 유클리드 기하학의 방식—에 따라 시도하는 논변의 전개를 진지하게 받아들이는 몇 사람 되지 않는 사상가 중 하나이다.[77]

이런 측면에서—다른 측면들에서도 그런 것처럼—그는 지금까지의 동료이자 지성적 스파링 상대 질 들뢰즈(Gilles Deleuze)의 견해에 선명하게 대립하는 견해를 취한다.[78] 들뢰즈의 관점은 삐걱거리는 스피노자의 거푸집은 무시되어야 하고, 『에티카』는 (의사擬似) 증명적 논리 구조가 아니라 텍스트의 여러 지점에서, 특히 주해에서 터져 나오는 격정적인 강렬함(passionate intensity)의 계기들과의 팽팽한 긴장이 감도는 개인적 성찰을 위해 읽어야 한다는 것이다. 바디우는 이러한 '다른' 스피노자를 무시하는 경향에, 곧 들뢰즈가 무대 중심에 위치시키는 불안하고 제멋대로이며 욕망하는 물리적 존재의 표지들을 간과하는 경향에 빠지지 않는다. 오히려, 그의 독해 방식은 『에티카』의 논변 구조에 있어 한 단계에서 다른 단계로 매끄럽게 넘어간다고 가정되는 진행이 매우 상이하며, 상당한 긴장을 내포한 감정적이거나 정념적인 특성의 계기들로 중단되는 그러한 강조점과 이례적인 구절 및 (흔히 무시되는) 그러한 다른 중요한 접점들(junctures)을 중시한다. 이에 따라, 바

---

77 Spinoza, *Ethics*, in *The Collected Writings of Spinoza* (trans.) Edwin Curley (Princeton, NJ: Princeton University Press, 1985).

78 Badiou, *Deleuze: The Clamor of Being*; 그리고 Gilles Deleuze, *Spinoza: Practical Philosophy* (trans.) Robert Hurley (San Francisco: City Lights Books, 1988)와 *Expressionism in Philosophy: Spinoza* (trans.) Martin Joughin (New York: Zone Books, 1992), 이와 함께 Deleuze and Félix Guattari, *A Thousand Plateaus* (*Capitalism and Schizophrenia*, Vol. 2) (trans.) Brian Massumi (Minneapolis: University of Minnesota Press, 1987)에 수록된 스피노자에 대한 여러 인용들을 볼 것.

디우는 들뢰즈 못지 않게 오로지 논리적(또는 의사·기하학적·연역적) 구조에 집중함으로써, 스피노자가 삶과 저술의 강렬한 감정을 드러내는 그러한 다른 차원을 경시하거나—혹은 무시하는—대가를 치르는 모든 독해 방식을 거부한다. 실제로, 바디우 자신의 사유에 결정적인 것은 스피노자의 단호한 일원론적 존재론—정신과 몸 또는 사유와 물질이 자기 동일적 실체의 두 가지 '속성들'이라는 이해—이 정념적인 경험의 영역만이 아니라 우발적인 역사적 사건이나 사회·정치적 사건의 세계로부터 오는 통제할 수 없는 침입에 영향을 받을 수밖에 없다는 점이다. 결국, 바디우의 철학적 기획 전체는, 정확히 말해서, 한편으로, 존재론의 집합론적 토대에 대한 탐구를 통해 드러나거나 발견된 것으로서 존재의 차원과, 다른 한편으로, 본질적으로 그러한 설명을 회피하면서도 예컨대 정치, 예술, 윤리의 다른 영역들에서 사유의 실행을 위한 새로운 기준—새로운 충실성의 조건들—을 정하는 사건의 차원 사이를 가르는 중요한 구별을 수반한다.

스피노자는 잘 알려진 것처럼 『에티카』에 관한 그의 작업과 단절하고서 『신학정치론(Tractatus Theologico-Politicus)』을 저술하는데, 이로써 그 당시에 네덜란드 자유 공화국(Dutch Free Republic)을 위협하는 종교적 당파 및 정치적 당파들 간의 갈등이라는 위기에 최선을 다해 개입했다.[79] 바디우의 독해는 바로 이 중요한 사실에서, 그리고 이와 함께 스피노자의 정념들(passions)이—긍정적 정념이나 부정적 정념을 막론하고—어렵게 얻은 사상과 언론의 자유를 지키려는 투쟁에 대한 스

---

79   Etienne Balibar, *Spinoza and Politics* (London: Verso, 1998); Jonathan Israel, *Radical Enlightenment: Philosophy and The Making of Modernity*, 1650-1750 (Oxford: Oxford University Press, 2002); Yirmiyahu Yovel, *Spinoza and Other Heretics*, Vol. 1, *The Marrano of Reason*, Vol. 2, *The Adventures of Immanence* (Princeton, NY: Princeton University Press, 1989).

피노자의 강렬한 참여에 의해 반복적으로 소환된다는 점에서 신뢰성을 얻게 된다. 다른 한편으로—들뢰즈에 맞서—그는, 스피노자 사유의 기하학적·연역적 설명 양식을 그저 유용한 형식적 도구 또는 최대한의 수사학적 논증의 효과를 얻는 데 유용한 수단으로 다룬다면, 스피노자 사유의 윤리적·정치적 힘뿐만 아니라 그 철학적 힘을 과소평가하게 될 것이라는 입장을 고수한다. 바디우가 스피노자에 관해 흥미롭게 여기는 점은 바로 이러한 독특한 조합으로, 즉 *sub specie aeternitatis*(영원한 것의 관점에서) 혹은 언제나 시간에 구속된 인간 인식의 범위를 잠재적으로(potentially) 초월하는 것으로서 성립한다고 간주되는 진리들에 고정된 정신과 스스로 시간(예컨대, 문화·역사적인 그리고 사회·정치적인 맥락)에 연루되어 있음을 깊고 분명하게 지각하는 지성을 함께 묶어 내는 조합이다.

이에 따라 스피노자는 바디우의 철학적 기획에 동기를 제공하는 두 가지 주요 테제에 대한 시범 사례이자 주목할 만한 전임자의 위치에 선다. 그의 사유는 바디우가—집합론, 마르크스주의, 정신분석 및 다른 종류의 사유에 정통한 사후적 시각이라는 유리한 입장에서—모든 존재론의 기초로서 수학과 그 이후에 주어질 (진리를 추구한다는 점에서) 엄격하게 구속적인 책무에 비추어 우리의 지성적이고도 윤리·정치적 책임을 재정의하는 것으로서 사건에 관해 제시하는 논증을 예표한다. 이런 면에서 그는 어떤 방식으로든 근래의 프랑스 스피노자 해석의 두 주요 진영 모두에 다리를 걸치게 된다. 한쪽 진영에는 스피노자를 '구조주의적'이거나 혹은 비판적·합리적인 마르크스주의의 대의에 동원했던—알튀세르나 이른 시기의 발리바르 같은—사람들이 있는데, 이 진영의 사유는 상당 부분 거짓되거나 기만적이면서도 상상적인 성격을 지닌 이데올로기적 믿음의 효과들에 의해 가려지지 않은 진리와

지식을 추구하는 스피노자주의적 탐구 방식에서 구상된다.[80] 다른 한쪽
진영에는 들뢰즈를 필두로 (오늘날의 정치의 주제들뿐만 아니라 스피
노자 연구 학계의 주제들과 관련하여) 이 의견에 강력하게 반대하는 사
람들이 있는데, 이들은 철학적 상궤를 벗어난 스피노자 사유의 특성과
욕망하는 생산(desiring-production), 리비도적 경제(libidinal econo-
my) 또는 '탈영토화된(deterritorialised)' 에너지 흐름 같은 개념들과
의 친연성을 강조하는 독해 방식이라는 극단적인 대립의 위치로 이동
한다.[81] 내가 다른 곳에서 보인 것처럼, 이 극단적으로 대립적인 독해 방
식들 각각은 스피노자 텍스트에서 강력하게 지지하는 구절들에 직접적
으로 호소함으로써 상당한 해석적 근거를 주장할 수 있다.[82] 하지만, 양
쪽 해석에서 뚜렷하게 빠져 있는 무언가가 있는데―그리고 이것이 바
로 바디우가 제시하려 하는 무엇인데―그것은 기하학적 방식에 따른
(*more geometrico*) 추론 방법이 어떻게 스피노자의 (긍정적이거나 부정
적인) 정념들에 대한 서술에 그리고 이와 함께 역사적·정치적 삶의 압
력과 전망에 대한 그의 반응에 관계되는지 보여 주는 적절한 설명이다.

따라서 스피노자는 바디우의 근대적 사유의 계보에서 중심적인 인물
이 되는데, 그 이유는 스피노자가 바디우와 마찬가지로 그 무엇보다 진
리와 지식, 이론과 실천, 진리의 무시간적 차원을 열망하는 (원형적으

80   예를 들어 Louis Althusser, *For Marx* (trans.) Ben Brewster (op. cit.)와 'Ele-
ments of Self-criticism', in *Essays in Self-criticism* (London: New Left Books,
1976), pp. 101-61; Althusser and Etienne Balibar, *Readig Capital* (trans.) Brews-
ter (New Left Books, 1970); *Balibar, Spinoza and Politics* (London: Verso, 1988);
Pierre Macherey, *In a Materialist Way: Selected Essays* (ed.) Warren Montag,
(trans.) Ted Stolze (Verso, 1998).
81   각주 78 참조.
82   Christopher Norris, *Spinoza and the Origins of Modern Critical Theory*
(Oxford: Blackwell, 1991).

로 수학적인) 것으로서 이성과 그 자체를 변화하는 역사 및 사회·정치적 조건들에 일치시키도록 요구될 때 실천적 제약들에 종속되는 것으로서 이성 사이의 관계를 이해하는 데 관심을 가졌던 까닭이다. 하지만 우리는 스피노자의 정치적 열정과 신념의 힘이나 강도(intensity)를 평가할 위치에 이를 수 없을 터인데―그리고 바디우는 여기에서 들뢰즈와 갈라서게 되는데―그러한 평가를 위해서는 스피노자의 정치적 열정(정념, passion)과 신념과 기하학적 방법에 따른 추론의 증명력을 비교하여, 후자를 단순한 군더더기나 혹은 상당히 의심스럽게 여겨질 전제나 결론들에 과학적 신빙성을 부여하려는 잘못된 시도로 취급해야 할 것이기 때문이다. 그리고 또한, 대체로 정서적 차원과 스피노자의 결합적인 삶과 사유(life-and-thought)의 정황적 세부 내용을 모두 무시하는 알튀세르의 입장 같이 극도로 합리주의적인(ultra-rationalist) 입장을 받아들인다면, 그 추론의 중요한 측면―말하자면 그러한 열정들에 관한 비판적 점검이자 그것들의 동기가 되는 원동력으로 기능하는―을 파악할 수 없게 될 것이다. 물론, 스피노자를 자기 시대에 훨씬 앞섰던 사상가로 보기 위한 강력한 논거가, 그리고 무엇보다 진리, 주체성 그리고 이데올로기적 오인(misrecognition)에 관한 원형적 마르크스주의 이론을 만들어 내는 데 성공했던 인물로 보기 위한 강력한 논거가 있다. 스피노자는 이러한 이론의 정립을―알튀세르의 주장에 따를 때―'1종' 인식과 '2종' 인식 사이의 구별을 통해, 즉 '혼동'을 일으키거나 '상상적인' 이념들이 어떤 방식으로 (엄격하게 이론화되었기에) '적합'하고도 명료하며 식별적인 대체물들에 적절하게 자리를 내주는지에 관한 설명을 통해 달성했다.[83] 하지만, 알튀세르 비판자들이

---

83 Spinoza, *Ethics* (op. cit.).

곧바로 지적할 것처럼, 어떻게 주체들이 이러저러한 지배적 이데올로기 형성에 의해 수동적으로 호명되는지(interpellated)—혹은 그러한 이데올로기 형성에 동원되는지—에 관한 알튀세르의 고도로 구조주의적인 설명 방식에서는 어떠한 설득력 있는 정치적 작인作因이나 동기의 추출도 난망하다.[84] 자신의 스피노자 독해에서 마찬가지로, 이러한 사안들에 대한 알튀세르의 전반적인 접근법에서 결여된 것은 바로 바디우가 가장 중요하게 제시하고자 하는 무엇이다. 말하자면, 그것은 곧 윤리적 차원, 정치적 차원, 철학적 차원, 예술적 차원, 또는 (특히 사랑과 관련한) 개인적 차원을 막론한 어느 차원에서든, 철학이 개념적 엄격함과 명료함 그리고 정확성에 대한 요구를 현실 세계에서 일어나는 사건들의 우발성이나 예측 불가능성에 대한 개방성과 화해시킬 방법에 관한 설명이다.

그러므로 바디우의 철학적 기획에 선택된 한 사람의 전임자로서 드러나는 스피노자의 위치는, 스피노자의 급진적인 일원론과 비일관적 다수성이 우선한다고 보는 바디우의 마찬가지로 급진적인 구상 사이의 극단적인 대조에도 불구하고, '하나로-셈하기'의 다양한 작용들에 의해 그것에 부과된 모든 단일성(unity)의 경계를 획정하고(subtend) 이를 넘어선다. 또 바디우의 집합론적 주제들을 기껏해야 기발한 기분 전환으로 그리고 최악의 경우에 자기 전문 분야의 관심사들—즉 정치, 윤리, 미학, 정신분석—과 완전히 동떨어진 분과에 대한 쓸데없는 전문 지식의 과시로 일축하려고 시도할 법한 자들을 위한 교훈이 될 것이다. 그들은 몇 가지 근거로 인해 틀렸다고 할 수 있을 터인데, 그 근거

---

84 예를 들어 Ted Benton, *The Rise and Fall of Structural Marxism* (London : New Left Books, 1984)와 Gregory Elliott, *Althusser: The Detour of Theory* (London : Verso, 1987).

들 중에는—내가 이야기한 그대로—바디우의 수학적 사유에서 나타나는 고도의 정교화와 그러한 사유의 개념적 범위 그리고 그의 존재론적 (즉, 집합론적) 관심사가 다른 주제들과 교차되는 범위 등이 있다. 바디우의 논지는 바로 그러한 다른 주제들이 진리라는 기준에 확고하게 시야를 고정시키는 동시에, 그런 만큼이나 언제라도 일어나 동일한 기준에 따라 사유하고 행위하며 살아가는 것이 어떤 것인지 철저하게 재규정할 수 있는 다양한 종류의 사건들을 적절하게 설명하는 그러한 기획을 가능케 하는 데 있어 중요한 '조건들'을 구성한다는 것이다. 이런 이유로 바디우는 최근의 분석적 전통에서 수리 철학으로 통하는 분야에 대해 매우 비판적이며 심지어 경멸하는 태도를 보이는데, 이 분야는 협소하게 기술적인 주제들이나 과도하게 부풀려진 주제들—규칙 준수에 관한 끝이 없을 듯 보이는 논쟁 같은—에 몰두하며, (그의 관점에서 말할 때) 주체를 하찮은 것으로 만들고 사유를 철학적으로나 수학적으로 보다 도전적인 다른 경로들로부터 빗나가게 한다.[85] 이는 또한 바디우가, 그것이 아무리 훌륭한 것이라 하더라도, 수학의 모든 기본적인 진리들을 한 줌의 집합론적 공리들과 엄격하게 연역적인 증명 절차들로부터 유도해내려 하는 모든 형태의 프레게-러셀 류의 논리주의적 (logicist) 프로그램을 기각하는 이유이기도 하다.[86]

여기에서 바디우의 사유는 스피노자에게 가장 가까이 다가가지만, 모든 다양한 '양식'의 대상들, 존재들 그리고 사건들을 내포하거나 포괄하는 ('신' 또는 '자연'과 교환 가능한) 단 하나의 분화되지 않는 (undifferentiated) 존재의 질서라는 스피노자의 관념을 기각한다.[87] 마

---

85   각주 70 참조.

86   특히 Badiou, 'Ontology is Mathematics' (op. cit.).

87   Spinoza, *Ethics* (op. cit.).

찬가지로 스피노자는—오늘날의 물리주의적(physicalist)[88]이거나 중심
상태 유물론적(central-state-materialist)[89] 심리 철학과 함께—정신과
몸이라는 두 가지 '속성'을 그저 부수 현상적인 것으로, 말하자면 우리
인간의 한정된 판단력의 산물로 이해한다.[90] 그래서 바디우가—다양한
형태를 취하는 규정적인 하나로-셈하기에 의해 제한되는 무한히 많은
다수적 무한성들의 개념에서 자신의 존재론을 시작하는 철학자로서—
철저하게 일원론적이거나 혹은 반反이원론적 입장에, 즉 정신과 세계
를 나누는 데카르트적 형이상학에 반대하는 입장을 확고히 하는 철학
자인 스피노자와 거리를 두려 한다는 점은 놀라운 일이 아니다. 결국,
들뢰즈가 명시적으로는 차이나 이질성이나 다수 그리고 끝없이 증식하
는 '탈주선들(lines of flight)'을 중시하면서도—특히 수학의 주제들에
관한 사유에 있어—존재와 진리의 궁극적인 단성성單聲性(univocity)
에 대한 은밀한 애착의 모든 징후들을 드러낸다고 주장함으로써 들뢰
즈 추종자들 가운데 상당한 혼란을 일으켰던 것은 바로 바디우였다.[91]
여기에서 나는 바디우와 들뢰즈 사이의 문제에 관한 판결을 내리려 하
는 것이 아니며, 단지 그 문제가 플라톤으로부터 내려오는 철학사에서
중요한 주제와—모든 것 중에서도 가장 중요하게—수학, 철학 그리고
철학이 진리에 접근할 수단을 이루는 다양한 '조건들' 사이의 관계에

---

88 [물리주의(physicalism)는 모든 것은 물리적이며 이를 넘어서는 초월적인 것은
없다는 존재론적 테제에 따르는 철학의 유파.]

89 [중심 상태 유물론(central state materalism)이란 정신 작용을 뇌와 중추 신경계
에서 일어나는 물리 작용과 동일시하는 심리 철학이다. 일종의 물리주의로 볼 수 있다.]

90 고전적인 강경 노선의 진술을 보려면, D. M. Armstrong, *A Materialist Theory
of the Mind* (London: Routledge & Kegan Paul, 1968); 또한 Paul M. Churchland,
Scientific Realism and the Plasticity of Mind (Cambridge: Cambridge University
Press, 1979) 참고.

91 각주 78 참조.

관한 매우 다른 시각들을 반영한다고 말하려 할 뿐이다. 만일 그들이 동의할 수 있는 최소한의 지점이 있다면, 그것은 비록 헛된 시도라 하더라도 다수의 이해를 추구하는 것으로서, 그리고 최상의 합리적 이해의 역량을 초과하는 무언가를 파악하려면 반드시 필요한 것으로서, 하나로-셈하기에 대한 준거 없이 다수를 사유하는 일이 엄격하게 불가능하다는 점이다.

이와 같이, 스피노자의 일원론적 존재론에 대한 반대에도 불구하고, 바디우는 스피노자의 '우리가 참된 이념을 가지기에' 라는 경구에 전적으로 동의하며, 더욱이 '사물들의 질서' 와 '관념들의 질서' 가 실제로 다양한 서술이나 양상들 아래 하나이자 같은 질서라는—표면적으로 철저하게 일원론적인 함축을 지닌—스피노자의 주장에 동의한다.[92] 이는 바디우의 수학적 플라톤주의 수용에 따른 결과이며—회의주의자들, 반反실재론자들 그리고 관습주의자들의 주장과 반대로—수학적 개체들과 진리들과 이것들을 발견이나 형식적-예증적 증명의 범위 내부로 가져오는 다양한 사유의 절차 및 실행들을 구별하는 대상영역(object-domain)이 없다고 말하는 비표준적 방식으로 해석된다.[93] 자주 회자되는 플라톤의 객관적[대상적] 진리 대 인간에 의해 획득될 수 있는 지식이라는 '딜레마' 로부터 이러한 이해를 구해내는 무엇은 바디우가 애초에 그러한 간극을 개방하기를 거부하며, 이와 함께 수학—진리로 정향된 사유에 대한 우리의 전범적 예시(paradigme case)—이 전형적으로 문제 만들기(problem-creating)와 문제 풀이(problem-solving)라는 동기들 간의 항시적인 변증법을 통해 가장 두드러진 발전을 이루었던 측면을 강조하는 입장에 있다. 이러한 양극 사이에서 일어나는 끊임없

92   Spinoza, *Ethics* (op. cit.).
93   Badiou, 'Ontology is Mathematics' (op. cit.).

는 움직임에서, 수학은 그 자체의 창조적 자기 혁신의 역량과 그 다양한 형식적 절차들이 인간의 경험이나 지식이나 탐구의 다른 분야들에 관련되는 범위를 모두 보여 준다. 우리가 본 그대로, 이런 이유로 바디우는 소크라테스가 가장 직접적으로 일자[하나]와 다수[여럿]의 아포리아에 직면하는 플라톤의 『소피스트(*Sophist*)』와 『파르메니데스(*Parmenides*)』의 여러 구절들로부터 존재론적 문제들에 관한 힌트를 얻게 되는데, 이 대화편들에서 사유는 종국에 고전적 집합론의 역설들과 이 역설들을 해결하거나 어떻게든 완화시키려는 (러셀과 다른 학자들에 의한) 다양한 시도에 이르게 될 길고 고통스러운 경로에 접어들게 된다. 여기서도 다른 곳—예를 들어 스피노자와 헤겔에 관한 주석—에서와 마찬가지로, 바디우의 독해는 본질적으로 [그가 다루는] 사상가가 명시적으로 말하는 내용과 충돌하는 반反논리(counter-logic)의 현존을 암시하는 다루기 힘들거나, 저항적이거나 또는 동화될 수 없는 의미를 담은 그러한 징후적 순간들을 끄집어내기를 목표하는 진단적 독해이다.

결국 이런 양가적 반응을 유발한 것은 소피노자인데, 왜냐하면 바디우가 스피노자 사유의 몇몇 측면—그 중에서도 특히 기하학적 방법에 따른 공리·연역적 추론 양식—에 강하게 이끌리지만 그럼에도 정신과 자연을 자기 동일적 실체의 두 '속성'으로 보는—즉 그 실체가 다양한 '양태들(modes)'로 나타내지며 그 실체의 외견상의 다수성이 정신과 자연의 참된 본성을 그 자체의 너무나 많은 여러 측면이나 현상적 외양들로 기만하는—철저하게 일원론적 구상을 거부하기 때문이다.[94] 실제로 스피노자 윤리학의 중심적 주장, 즉 참된 자유는 (비록 대부분

94 Spinoza, *Ethics* (op. cit.); Badiou, 'Spinoza's Closed Ontology', in *Theoretical Writings*, pp. 81-93; 또한 Norris, *Spinoza and the Origins of Modern Critical Theory* (op. cit.) 참고.

인간이 알 수 있는 것을 말하는 것이기는 하지만) 모든 것을 아우르는 필연성의 질서에 대한 수용에 있다는 주장과 존재의 영역과 사건의 영역을 구별하려는 바디우의 관심 사이에는 분명한 충돌이 있다. 요컨대 "스피노자는 구조와 메타구조를 동일시하고, 일자효과를 직접적으로 상태에 할당하며, 귀속과 포함을 비非구별하는(in-distinguish) 방식으로 지금까지 존재론에서 있었던 가장 급진적인 시도의 전형이 된다"(p. 113). 스피노자의 철저하게 일원론적인 구상의 결과는 바로 그런 것이다. 그러한 구상이 사회, 정치, 윤리의 영역들과 또한 —형식 과학과 물리 과학 같은—영역들의 주제들에 일관적으로 적용되지만, 그럼에도 인간 지성의 창조적·전환적 힘에 대한 설명에 실패하며, 마찬가지로 그러한 분과들의 '공식적인' 역사에서 전형적으로 나타나는 류의 깔끔하게 재단된 이야기에서 자리를 찾지 못하는 우발적 요인들에 반하여, 그러한 요인들에도 불구하고, 또는 (때로) 그러한 요인들의 기대치 않은 결과로서 그러한 발전들이 달성되는 방식에 대한 설명에 실패할 때 얻게 되는 결과라는 것이다. 한 마디로, "명백히 [스피노자의 철학은] 공백을 폐제하는 탁월한 철학이"며, 그러므로 바디우는 스피노자의 사유 체계에서 모종의 결함이—즉, 모종의 논리적 비일관성 또는 그 자체의 개념적 요건들을 충족시키지 못하는 실패가—있음을 입증할 필요가 있을 것이다. 바디우가 이를 입증하는 방식은 스피노자가 그 개념 외에 다른 가능적 화해의 수단이 결여된 다양한 이중성들(신과 자연, 무한과 유한, 정신과 몸, 본질[essence]과 부수적인 것[accident], 자유와 필연)을 연결할 수단으로 도입하는 '무한한 양태(infinite mode)'라는 개념에 집중하는 것이다.

여기에서 바디우의 논변은 극도로 압축적이며 어떠한 종류의 요약에도 저항한다. 그가 이 '무한한 양태들'이라는 개념이 스피노자의

(분명히 논리적으로 자기 모순적이기에 엄격하게 사유 불가능한) 문제적 교설의 모든 무게를 떠받친다는 점을 보이며, 그 교설이 그 자체를 지배하는 가르침들에 따를 때 수용할 수 없는 무엇을 인정할 필요에 봉착하게 되는 지점을 드러내는 방식으로 논변을 이끌어 간다는 이야기로 충분할 것이다. 여기에 수반되는 것은 스피노자의 사유 장치 전체에 대한 비판적 개입이며, 특히 철저하게 일원론적 구상— '*deus sive natura*(신 곧 자연)' —을 통해 그 모든 골치 아픈 자가당착들(antinomies)의 초월을 아우르고자 하는 그 사유 장치의 강력하지만 (바디우가 생각하는 바에 따를 때) 내재적으로 자기 논박적인 시도에 대한 비판적 개입이다. 이런 방식으로 스피노자의 전략은 실패로 정해지며, "공백—메타구조적이거나 혹은 신적인 폐제를 통해 비非실존자이자 사유될 수 없는 것으로 보증되는—은 완전하게 명명되며 스피노자에 의해 무한한 양태의 개념 아래 놓인다"(p. 113). 말하자면, 양태(*mode*)를 대상들의 물리적(육체적) 속성이나 혹은 정신적(지성적)인 속성 아래 현시되는 광범위하지만 유한한 대상들과 관련되는 것으로 규정하는 정의는 무한(infinite)의 담론과 화해할 수 없으며, 이 후자는 오직 본질적으로—또는 정의상—모든 그러한 한정적 구상을 초월하거나 넘어 서는 것에 관한 스피노자의 담론에서 합법적인 자리를 얻는다. 여기에서 스피노자의 일원론적 교설(*deus sive natura*)은 그 자체의 한계에 부딪히는 것으로 보인다. 즉, [이 한계란] "비어 있는 항을 불러 내야 할 필요성이며, 입증할 수 있는 준거('무한한 양태') 없는 그것[비어 있는 항]의 이름은 연역적 연쇄에 방황(errancy)을 기입한다"(p. 120). 혹은 다시 말해, 스피노자 사유의 '중요한 교훈'은 다음과 같은 방식으로 표현될 수 있다. 곧 "상황의 상태와 상황을 (즉, 메타구조와 구조를, 또는 포함과 귀속을) 융합하는 최상의 하나로-셈하기의 지위

를 통해 초과를 무화하고 그것을 현시적(presentative) 축의 단일성
(unity)으로 환원한다 해도, 당신은 공백의 방황을 회피할 수 없을 것
이다"(p. 120).

그러므로 스피노자가 의도한 존재론으로부터 윤리학—실제로 모든
것을 포괄하는 필연성에 대한 지혜로운 수용 외에 아무것도 아닌 '자
유' 개념을 수반하는—의 유도가 어떤 방식으로 바디우가 요구하는 존
재의 영역과 사건의 영역에 대한 원칙에 따른 명확한 구별과 화해할 수
있을지 생각하기는 난망하다. 전자의(즉, 존재론적) 영역은 스피노자
가 기하학에 따른 방법(*more geometrico*)이라는 논증의 규칙에 관한 주
장을 통해, 그리고 이로부터 오는 수학이 형식적, 물리적, 사회 과학적
영역들에 걸친 지식 증진에 관한 우리의 지식을 설명할 능력을 갖춘 어
떤 비판적 존재론에 유일하게 적합한 기초를 제공한다는 역사적으로
때이른 이해를 통해 어느 정도의 지도 작성(charting)을 해 나갔던 영
역이다. 하지만 결정적으로 스피노자의 체계에 결여된 무언가가 있는
데, 그것은 인간의 목적과 가치와 확고한 입장이 현실 세계의 정황에서
나타나는 완전히 우발적인 성격에 봉착하게 되는 사건적 차원에 대한
허용—혹은, 그 자체의 용어로 하자면, 사건적 차원을 허용할 수단—
이다. 여기에서 주목할 필요가 있는 사항은 바디우가 상당히 스피노자
자신의 방식으로 스피노자를 읽는다는 점, 즉 단순히 스피노자의 생각
을 이야기하고 이에 찬동하는 신앙주의적(fideist) 주해 양식이 아니라
스피노자 자신이 성서 텍스트 독해에 적용했던 류의 '징후적' 독해를
통해 스피노자를 읽는다는 점이다.[95] 이런 관점에서 볼 때, "무한한 양
태는 스피노자가 그럼에도 불구하고—그리고 따라서 자신의 과업에

---

95   각주 79 참조.

대해 무의식적인 최상의 인식으로—(그 자신에 의해 모든 곳에서 색출되지만) 결코 주체의 가정을 제거할 수 없는 지점을 지정할 때 사용하는 무엇이다"(p. 113). '주체(subject)', 곧 엄밀한 의미에서 바디우가 설명하는 주체는 그들의 충실성을 지배하며 이에 따라 그들의 주체성의 조건 자체를 규정하는 기획에 입각하거나 혹은 그러한 기획과 동의어가 되는 실존을 지닌 무엇이다.

여기서 스피노자는 오늘날의 비판적 렌즈를 통해 읽히는데, 거기에는 프로이트-라캉주의의 '상상적' 오인 개념, 알튀세르의 이데올로기적 호명(interpellation)에 관한 구조적-마르크스주의적 이해, 그리고 마르크스의 잘 알려진 인간 존재자들이 실제로 그들 자신의 역사를 만들 수 있으나 그들 자신이 선택한 조건이나 정황에서 그런 것은 아니라는 취지의 주장 등이 통합되어 있다. 그러나, 스피노자의 사유는 이에 따라 약화된 방식으로 나타나지 않으며, 오히려 오늘날 그가 발견했다고 이해되는 것들—종종 (항상은 아니더라도) 최고 수준의 인식의 성찰에 위치한—에 관해 그리고 오늘날 그의 작업에 관련된 그러한 비판적 프로토콜들에 관해 놀라운 선견지명을 갖춘 것으로 드러난다.

토의 주제

- 진리와 지식이라는 주제들과 관련하여 인간 주체와 그 역할에 대한 바디우의 구상에서 가장 놀랍거나 흥미로운 사실을 드러낸다고 생각되는 것은 무엇인가?
- 당신은 바디우의 상태, 상황, 공백, 포함 및 귀속이 밀접하게 연결된 주장을 어떻게 이해하는가?

III부. 존재: 자연과 무한성.
하이데거/갈릴레오

1. 그리스적 시작: 시인가 수학인가?

『존재와 사건』의 III부는 성찰 11에서 15까지를 담고 있으며, 그 내용은
광범위하며 말할 필요도 없이 아찔한 분량의 철학적, 문화-역사적 기
초를 그리고—이 지점 이후로 더욱 늘어나는—수학적 기초를 망라한
다. III부는 '자연: 시인가 수학소인가(Nature: poem or matheme)?'
라는 제목의 절로 시작되는데, 거기서 바디우는 서론에서 처음으로 제
기된 주제에 관해, 말하자면 '제1 철학'에 대한 권리를 주장하는 것으
로서 시와 수학 사이의 문제에 관해 보다 긴 지면을 할애하여 상세한
고찰을 제시한다. 즉, 그는 (수학이나 자연 과학이 아니라) 시가 고대
그리스 사유의 시초적 계기—실제로 발현의 조건—와 그 문화·역사적
발단에서 이어졌던 모든 것을 특징짓는 역할을 담당한다고 말하는 하
이데거의 주장에 대해 도전하는 논의에 착수한다. 이 주장은 **존재**(Be-
ing)의 부름에 결연히 직면함에 관한 강조를 줄이고, 그 대신
Gelassenheit(초연히 내맡김)의 분위기를, 곧 시인들에 의해 제시된 진
리들을 향한 수용적 개방성을 조언하며, 시인들의 언어(특히 고대 그
리스어에 대해 깊은 친연성을 가졌다고 가정되는 독일어)에는 그들이
아니라면 오래 전에 잊혀졌을 근원을 여전히 증언할 능력이 있다고 보
는 관점으로 향하게 된 후기 하이데거적 '전회'의 기초가 되었다.[96]

---

96 특히 Martin Heidegger, *Poetry, Language and Thought* (trans.) Albert Hof-
stadter (New York: Harper & Row, 1971); 또한 *Early Greek Thinking* (trans.)
David Krell and Frank Capuzzi (Harper & Row, 1975) 그리고 *Heidegger: Basic
Writings* (ed.) Krell (Harper & Row, 1977) 참고.

이로부터 해석학적 깊이의(depth-hermeneutic) 접근법이 연원하며, 하이데거는 이로써 플라톤과 아리스토텔레스부터 훗설에 이르는 '서구 형이상학'의 다양한 부가물을 관통하고 그 너머에 이르도록 되돌아가는 자신의 사유의 길을 주장한다.[97] 그 부가물들 중 가장 주된 것은 극단적인 환원과 변질을 거치는 부적합한 진리 구상인데, 이는 초월적 형상(form) 혹은 이데아(이념, idea)에 관한 플라톤의 관념론적 교설에서 시작되며, 다음으로 진리를 *homoiosis* 혹은 일치(일대일 대응, correspondence)로 보는 아리스토텔레스의 이론에서 주로 언명되지만, 하이데거의 설명에 따를 때, 그 이후에 연속된 수정과 정교화의 시도들은 이전의 결함을 만회하지 못했다.[98] 이러한 시도들이 공유하는 것은 그러한 (시원적이기에) 보다 깊고도 진정으로 계시啓示적인(revealing) 진리의 차원을 고려하지 못하는 실패인데, 그리스인들—특히 몇몇 소크라테스 이전 사상가들—은 이러한 진리의 차원을 *aletheia*라는 이름을 사용하여 환기시켰던 바 있는데, 이 단어는 문자 그대로 '잊지 않음(unforgetting)'으로 혹은 한때 [인간의] 영혼에 알려져 있었으나 (보다 신비주의적인 피타고라스주의나 신플라톤주의 또는 원형적인 워즈워드 시작試作의 외양에서 그렇듯) 이후에 거짓되거나 혼란스런 외양들로 덧입혀진 진리들을 망각으로부터 되찾음[99]으로 번역된다. 하이데거에게, 이러한 실패가 만회될 수 있는 유일한 길은 오로지 과거로부터 유증되어 철학을 사로잡았던 여러 다양한 개념들의 해체[de-

---

97   Martin Heidegger, *Being and Time* (trans.) John Mcquarrie and Edward Robinson (Oxford: Blackwell, 1980).

98   이러한 다양한 구상들에 대한 유용한 비교 역사적 설명을 보려면, Barry Allen, *Truth in Philosophy* (Cambridge, MA: Harvard University Press, 1993).

99   [aletheia는 어원적으로 따질 때 a- + lethe- + -ia로 분해되며, lethe(망각, 은폐)의 없음(a-) 또는 제거를 의미한다.]

construction](*Aubbau* 혹은 '파괴[unbuilding]')를, 또한 시적 언어가 개념적 분석이나 평이한 산문(plain-prose)의 주해에 의해 접근될 수 있을 어떤 의미의 수준 너머에서 소통하게 될 방식들에 충분히 익숙해진 귀와 정신을 가지는 것이다. 더욱이—그리고 여기에서 바디우는 단호하게 하이데거와 결별하는데—그러한 사유는 소크라테스 이후 서구 철학의 합리주의와 갈릴레오 이후 곧 수학에 기초한 자연 과학의 계보에서 공통의 원천을 지닌 기술 지배적(technocratic) 이성의 약탈로부터 언젠가 우리를 구원할 그러한 수용적인(receptive) 곧 민감한(responsive) 의식을 최대한 회복시키는 방향을 향해 나아간다.[100]

이러한 진단은 바디우에게 지성의 역사에 대한 심대한 왜곡이라는 인상을 줄 뿐이며, 이러한 왜곡은 부분적으로 수학의 분명한 원칙에 따르면서도 또한 창조적인 사유의 활동에 대한 평가 절하에 의해 야기된 것이며, 부분적으로는 시의 과거와 지성의 역사에서 지속되는 시의 역할에 대한 기초적인 오해로부터 야기된 것이다.[101] 추측할 수 있는 바, 바디우에게 이는 순전히 그 자체의 논리적 형식에 따라 자명한 진리를

---

100 예를 들어 Heidegger, *'The Question Concerning Technology' and Other Essays* (trans.) William Lovitt (New York: Harper & Row, 1977) 그리고 'The End of Philosophy and the Task of Thinking', in *Time and Being* (trans.) Joan Stambaugh (Harper & Row, 1972)을 볼 것.
101 [시와 철학의 관계에 관해서는 바디우의 『비미학』 1장의 논의를 참조할 것. 여기서 바디우는 예술적 진리의 내재성과 단독성이라는 두 가지 기준으로 예술에 대한 관점을 세 가지 도식(지도적 도식[비록 유사물을 통한 것이지만 예술 자체가 드러내는 진리가 있으므로 단독적이지만, 진리가 예술 자체 내부에 있지 않기에 내재적이지 않음], 낭만적 도식[예술 자체가 진리이므로 내재적이지만, 전체적인 진리를 문제 삼기에 단독적이지 않음], 고전적 도식[진리는 없으며 그저 표상에 따른 효과만이 중요하다는 점에서 내재성도 단독성도 없음])으로 분류한다(하이데거의 예술관은 낭만적 도식으로 분류). 그리고 이 전통적인 세 가지 도식이 포화되었기에, 예술적 진리의 내재성과 단독성이 동시화된 새로운 도식이 필요하다고 말한다.]

지니는 경험적으로 공허한 부류의 언표들(혹은 동어반복[tautology])
과 관찰이나 또는 경험적 근거에 따라 정립될 수 있는 진리 또는 비진
리를 갖는 다른 부류의 언표들만을 진정으로 의미 있는 것으로 받아들
였던 오래된 논리 실증주의적(logical-positivist) 교설의 다른 형태일
뿐일 것이다.[102] 이런 방식으로, 하이데거의 수학과 자연 과학에 대한
경시는―서구 형이상학의 시대로부터 예정된 그러한 분과학들의 출현
에 대한 담론의 형태로 위장하고 있다해도―앞에서 언급된 요건들 중
어느 하나도 충족시키지 못한 (시를 포함한) 어떠한 종류의 담론도 경
시하는 실증주의적 태도를 반사하는 거울상으로 볼 수 있다. 바디우는
하이데거의 과학에 대한 적대적 태도를 공유하지 않는 것과 마찬가지
로 (자연 과학이나 형식 과학을 막론한) 과학을 철학의 유일한 지도자
료로 삼으며, 따라서 시를 (여타의 그러한 '감정적'이거나 그저 '형이
상학적'인 표현 양식들과 함께) 정확하게 할당될 수 있는 진릿값
(truth-value)을 결여하는 것으로 치부하는 이러한 실증주의적 관념을
공유하지 않는다.[103] 무엇보다 그는 단호하게 수학이 제1 철학으로서의
지위에 대한 플라톤의 주장을 감당할 풍부한 창조적 자원을 그리고 또
한 개념이나 증명의 엄격함을 갖추고 있음을 보이려 한다.

이런 측면에서 바디우는, 하이데거나 비트겐슈타인을 비롯하여, 수
학이 사유라는 용어 자체의 온전한 의미에 따른 '사유', 즉 사유를 단
순한 계산이나 기계적 추론이나 또는 규칙에 지배되는 형식적 절차와

---

102   추가적인 논의를 보려면, A. J. Ayer (ed.), *Logical Positivism* (New York: Free Press, 1958) 참고.

103   I. A. Richards를 비롯한 일부 문학 비평가들은 시의 이념을 '감동적인' 것으로, 즉 엄격하게 비인지적이거나 비진리 가능적인(non-truth-apt) 담론의 양식으로 받아들임으로써 이 상황을 극복하려 했다. Richards, *Principles of Literary Criticism* (London: Kegan, Paul, Trench & Trubner, 1924) 참고.

혼동하지 않을 의미에 따른 '사유'와 관련된다는 점을 부인하기까지 하는 그러한 철학자들과 확고하게 대립하는 위치에 선다.[104] 그래서 그는 한때 '자연(nature)'을 뜻하는 그리스어 φύσις에서 강력하게 전달되었고, 여전히 희미하게 들려 오는 그러한 시적 방향들이 실제로 라틴어 natura로의 번역에서 은폐되었으며, 이후 그 시원적 주제가 개념적이거나 수학·과학적 측면의 취급 방식에 종속되는 그러한 사용법의 역사에서—차츰 더—그렇게 은폐되었다는 순수하게 하이데거적인 관념을 기각한다. 하이데거의 관점에서, "'자연(nature)'이라는 단어는, 특히 갈릴레오적 단절의 효과로, 그리스어 단어 φύσις에 간직된 무엇을 완전히 망각한다"(p. 123). 반면, 바디우가 보기에, 철학의 그리스적 시작—사유가 매우 보수적인 기원의 신비를 향하기보다는 오히려 진리를 위한 그 자체의 미래적 잠재성을 향해 돌아서는—은 최우선적으로 수학과 관련되며, 어쨌든 시에 대한 적확한 대응에 수반되거나 요구되는 것이 무엇인지에 관한 하이데거의 특이한 이해에서 그런 것처럼, 시와 관련된 것이 아니다. 플라톤의 결함이 (하이데거가 보는 그대로) "존재의 그리스적 운명"과 "φύσις를 ἰδέα로 놓는 이해"—즉, 시적인 것을 존재론적 깊이와 관련지어 단순히 추상적이거나 개념적인 것으로 놓는 이해—를 제안하는 "불명확한 경계들에" 대한 잘못된 선택에 있다면, 이와 달리 바디우는 이런 에피소드와 이로부터 이어지는 (갈릴레오 이후) 역사를 오로지 은유와 이미지와 시적 몽상에 넘겨진 언어와

---

104   특히 Ludwig Wittgenstein, *Remarks on the Foundations of Mathematics* (ed.) G. H. von Wright, R. Rees and G. E. M. Anscombe (Oxford: Blackwell, 1956); *Philosophical Investigations* (trans.) G. E. M. Anscombe (Oxford: Blackwell, 1954); Crispin Wright, *Wittgenstein on the Foundtions of Mathematics* (London: Duckworth, 1980); Heidegger, 'The End of Philosophy and the Task of Thinking' and '*The Question Concerning Technology*' (각주 100 참조).

의 수학에 의해 유발된 단절을 거쳐야만 가능해졌던 지성적 해방의 사건들의 시퀀스로 읽는다. 되풀이하지만 수학에 비해 시를 평가절하하는 것은 결코 바디우의 의도가 아니며, 이는 하이데거에 관한 이러한 논평들에 따라 남겨진 잘못된 인상일 터인데, 이런 인상은 이후에 『존재와 사건』 뒷부분에 제시된 횔덜린(Hölderlin)과 말라르메(Malarmé)에 관한 그의 주석을 읽는다면 거의 지속되기 어려운 것이다. 오히려 바디우의 의도는 수학에 마땅한 몫을 돌려주어, 지식과 진리 사이에서, 혹은 어떤 주어진 (역사적으로 정의된) 발전 단계에 정립된 인간의 이해와 그 단계에서 그러한 이해의 범위를 벗어남으로써 얻게 되는 진보를 촉발할 박차로 기능하는 어떤 것 사이에서, 수학을 정확한 관계의 위계를 개념화하고자 하는 모든 존재론의 주형 또는 생성적 근원으로 대하는 것이다.

그래서, 하이데거와 반대로, 바디우는 기술, 과학, 수학, 그리고 여타의 그러한 개념적 지배를 위한 서구적 추동력의 산물들로 돌아서는 운명적 전회에 의해 감춰질 진정한 진리나 시원적 진리의 장소로서 해석학적 깊이를 간직한 언어라는 관념—혹은 언어에 대한 우리의 익숙한 귀기울임이라는 관념—을 기각한다. 앞으로 보게 되겠지만, 시는 (그 중에서도 특히 말라르메의 시는) 예술을 진리의 역사를 파악할 수 있게 하는 '조건들' 중 하나로 보는 바디우의 예술 이해 가운데 자랑스럽게 자리하며, 이에 따를 때 진리의 역사는 예술적, 정치적, 과학적, 윤리적 충실성에 대한 새로운 조항들을 정하는 세계 전환적 사건들의 시퀀스를 통해 점진적으로 드러난다고 간주된다. 다른 한편으로, 시적 언어를 단 하나뿐인 또는 유일하게 특권적인 진리의 매개체로서 이해하는 후기 하기데거적 관념에 이의를 제기한다.[105] 그 역할이 어떤 하나의

---

105 각주 96 참조.

분과에 의해 점유되는 한, 바디우가 결정적으로 *doxa*, 즉 수용된 의견 혹은 상식적 믿음과 단절하고 이로써 그 자체와 다른 (진리를 향해 정 향되기에) 비슷한 탐구 기획들 양자를 시작하는 그러한 그리스적 사유 의 회복을 지시하는 무엇으로 생각하는 것은 시보다는 차라리 수학이 다. 바디우가 보기에, 그러한 고대 그리스의 사건에서 진정으로 독특한 무엇—그 고유한 사건적 지위를 구성하는 무엇—은 오랫동안 상실된 존재의 충만 혹은 "존재와 나타남 사이의 기원적 연결 관계"에 대한 욕 망을 포기하는 그러한 사유의 차원에 이르게 될 돌파구이다. 말하자면 한때 사유가 헬레니즘 이후 서구 문화의 담론에 단단히 고착된 모든 골 치아픈 대립항들(주체/대상, 정신/자연, 이성/직관 등)의 출현 이전에 누렸던 조건으로 사유를 되돌려 놓을지 모를 그러한 욕망을 포기하게 하는 돌파구인 것이다.

그러므로, 바디우에 따를 때, 이러한 두 가지 정향은—지속적으로 되풀이되는 '두 문화' 논쟁[106]에서 그런 것처럼—직접적으로, 혹은 다 양한 대체적 형식으로 서구적 사상의 계보 안에서 주도권을 잡기 위해 경쟁했다고 여겨질 수 있다. 이러한 대체적 형식에 포함된다고 간주되 는 것은 분명하게 그어진 노선들에 따라 영미권 철학자들을 구분하는 —그러나 더 넓은 시각에서 볼 경우 어느 정도 편협하거나 학계 내부 에 한정된 것으로 보일 수밖에 없는—(예를 들어, 개념적 분석의 주장 에 대립하는 것으로서 '일상언어'의 권한에 관한) 그러한 이해관심이 나 우선순위 또는 강조에 따른 차이들이다. 두 가지 중요한 '정향들'이

106　['두 문화 논쟁(The 'two cultures' debate)'은 서구 문화 전체의 지성적 삶은 과학과 인문학이라는 두 가지 문화로 분열되며, 이러한 분열이 세계의 문제들을 푸는 데 있어 장애물이 된다는 영국의 과학자이자 소설가 C. P. 스노우(Snow)가 했던 1959년 케임브리지대학 강연 내용을 둘러싸고 이어져 온 논쟁이다.]

처음으로 출현했던 그 시초적 순간으로 되돌아감으로써, 우리는 보다 분명하게 어떤 방식으로 "한쪽은 원래 그리스어의 의미에 따른 자연 (nature)에 기초하여, 시에서, 나타남을 존재의 도래하는 현존으로 맞이"하는데 반해 "다른 한쪽은 플라톤적 의미에 따른 **이념**(이데아, Idea)에 기초하여, 수학소에 결여를 곧 모든 현존의 감산을 제출하며, 이에 따라 존재를 나타남으로부터, 그리고 본질을 실존으로부터 분리시"키는지 알 수 있다(p. 125). 이때—존재와 나타남 사이를 벌리는 공백의 인식을 통해—가능해지는 것은 수학적 토대로 인해 분명해진 지식과 진리 사이의 유사한 구별에 대한 인식, 곧 현재 상태에서 해결되지 않은 몇몇 문제들만이 아니라 아직 특정되지 않은 수단으로 언젠가는 그 문제들을 마침내 극복할 것이라 전망하는 예상적 사유의 힘에 의해 드러난 것으로서 현재적 이해의 범위와 한계에 대한 인식이다. 바디우가 고대 그리스적 사유의 대약진(great leap forward)의 특징을 표시한다고 생각하는 것은 '시적-자연적' 차원과 구별되는 이러한 '수학적-이념적' 차원이라는 측면이다. 그리고 이 '대약진'이라는 표현이 관련이 없거나 썩 반갑지만은 않은 정치적 의미, 즉 마오주의적 의미를 담고 있다고 느껴진다면, 수학과 정치 사이의 관계에 관해 바디우가 말하는 바에 관해 다시 생각해볼 필요가 있다. 실제로, 바디우의 논점—특히 하이데거에 대한 개입이라는 맥락을 강력하게 반영하는—은 파르메니데스와 플라톤으로부터, 라이프니츠와 스피노자를 거쳐, 칸토어 집합론의 발전이 시작되는 시기에 이르기까지, 수학(또한 이와 함께 수학의 이름으로 지지된 다양한 철학적 교설들)과 정치적 힘[권력], 정의, 평등, 대표[재현] 등의 주제들 사이에는 언제나 (종종 은폐되거나 부인되기는 했으나) 긴밀한 관계가 있었다는 것이다.

이런 이유로 바디우는—그가 말하는 바에 따를 때—훨씬 더 광범위

한 민족적·문화적 배경들(예를 들어, 인도, 중국, 이집트)에 걸쳐 일어
난 시의 시작에 대비되는 것으로서, 그리스가 만들어낸 수학적 돌파구
의 완전한 독창성과 문화적 특유성을 크게 강조한다. 물론 이러한 문화
들 역시 수학 발전에 기여했고, 또 아랍 세계나 이슬람의 학문 전통에
뿌리를 둔 사상가들에 의해 달성된 몇 가지 특기할 만한 발전상이 있다
는 반론이 제기될 수 있다. 하지만 바디우의 보다 특별한 테제는 바로
그리스인들이 근대 수학적 사유의 두 가지 가장 핵심적인 구성요소의
발견에서, 말하자면 공리·연역적 추론 양식과—파르메니데스, 플라톤,
아리스토텔레스에 의한 매우 다른 방식들에서 보여진 그대로—비존재
의 문제에 대한 어떤 엄격하면서도 지속적인 접근에 따라 제기된 모종
의 역설적 도전에 기꺼이 직면하는 태도의 발견에서 중요한 역할을 했
다는 것이다. 요컨대 "그리스인들은 시를 발명하지 않았다. 오히려, 그
들은 수학소(matheme)로 시(poem)를 중단시켰다(*interrupted*). 그럼
으로써, 공백에 의해 명명된 것으로서의 존재에 대한 충실성인 연역의
실행을 통해, 그리스인들은 존재론적 텍스트의 무한한 가능성을 열었
다"(p. 126). 다시 말해서, 그들은 존재 사유를 그 자체의 "자연적 나타
남에 대한 시적 속박"으로부터 단절했고, 이로써 현존(presence) 개념
—"최초의 복귀를 요구하는"—은 "추이될 수 있는 사유를 부과하는 감
산적인 것(subtractive), 곧 공백-다수(void-multiple)" 개념으로 대체
했다(p. 126). '추이될 수 있는(transmissible)'이라는 말의 의미는, 잠
재적으로 끝없이 이어지는 발견들의 시퀀스에서, 그 발견들 각각이 앞
선 것에 기초하여 구축되는 동시에—바디우가 명시하는 그대로—아직
당면하지 않은 문제들이나 또는 아직 해결되지 않은 개념적 이상異常
(anomaly)의 감지를 통해 나아가는 그러한 명시적인 추가적 진보들을
가리킨다. 그가 보다 환기하는 방식으로(심지어 시적인 방식으로) 말

하는 그대로, "시(poem)가 향수에 젖어 그 자체를 자연에 의탁하는 것은 오로지 시가 과거에 수학소(matheme)에 의해 중단되었던 까닭이며, 시가 현존을 추구하는 '존재'란 그저 불가능한 공백의 충족(filling in)일 뿐이기에, 수학은 순수한 다수의 비의들(arcana)에서 존재 자체에 관해 실제로 감산적으로 표명될 수 있는 무언가를 무한정하게 식별해낸다"(pp. 126~7).

여기에서 이러한 고대 그리스에서 시작된 경쟁적 발상들 사이의 우선순위 문제를 넘어서 관건이 되는 것은, 파르메니데스로부터 칸토어와 그 이후 보다 근래의 발전들에 이르기까지, 수학의 힘은 열정적으로 추구되거나 강한 저항에 직면함과 관계없이 언제나 있었고, 이러한 수학의 힘이 새로운 존재론적 가능성의 영역들을 탐색하고, 이로써 정치를 비롯한 다른 사유의 영역들에 관한 모종의 원대한 문제들을 제기해왔다는—바디우의 전체 기획에 중심적인—주장이다. 요컨대 집합론적으로 명시된 다양한 개념들—구성원 자격, 포함, 귀속, 공백, 상황, 상황의 상태, 사건의 자리, 비일관적 다수성 대 일관적 다수성 등—은 어떤 현존하는 질서의 *status quo ante*(오래된 상태)와 하나로-셈하기에 의해 배제된 원소들로부터 오는 압력을 받게 될 개연성이 있는 동일한 질서 안에서 압력이 가해지는 지점 양자를 설명할 수 있는 자원을 갖춘 사회·정치적 존재론의 세공을 허용한다. 말하자면, 그러한 고대 그리스적 논쟁들에서 처음으로 출현했고 칸토어와 함께 성취되었던 가능성은 타당한 추론을, 즉 순수 수학에서 사회·정치적 영역을 이끌어 내는 데 있어 정확하고도 지나치지 않으며 단순한 은유에 그치지 않는 추론을 허용했던 철저하게 형식화된 '다수의 유형론'이 전개될 가능성이다. 이 지점에서 매우 분명하게 부각되는 것은 한편으로 '시적-자연적(poetico-natural)' 존재론이라는 어떤 오래전에 상실된 시원적 근원을 향해 돌아서 진정한 존재와 진리를 추구하는 하이데거의 구상과 다른 한편으로 수학적 발견이나 사회·정치적 진보 중 어느 것을 통해서라도 미래의 발전 가능성을 향하는 '수학적-이념적(mathematico-ideal)' 구상 사이에서 바디우가 인지하는 뚜렷한 차이다. 후자의 입장이 바디우의 집합론적 접근법으로부터 얻게 되는 것은 현실적으로 실존하는 (소위) 사회 민주주의의 형식들과 그러한 민주주의가 취할 형식 사이의 관계에 대한 형식화된 서술을, 즉 엄밀한 개념과 분명한 논리로 표현된 서술을 제공하게 된다는 이점이다.[107]

이에 따라, 여기서도 수학의 경우와 마찬가지로, 지금까지 억압되거나 인식되지 못했지만 이제 명확하게 부각되는 문제들의 감지는 추가적인 발전을 위한 주된 유인과 또한—역설적으로 보일지 모르겠으나—(필연적으로) 아직 어떤 해결책을 달성할 수단이 마련되지 않았다 해도 그러한 해결책이 가능한 성취의 범위 안에 있음을 사전에 파악할 수단을 제공한다. 앞서 언급했고 이후로 더 자세하게 설명하게 될 것처럼, 이러한 거짓 딜레마 혹은 의사擬似역설(pseudo-paradox)에 대한 바디우의 주된 대응은 '강제(forcing)'와 '유적인 것(generic)'이라는 집합론적 개념을 소환하는 것인데, 이 두 개념은 양자 모두 수학자 폴 코언(Paul Cohen)에 의해 개발되었으며, 사유가 어떻게 그 자체에 앞선 위치로 도약하여 아직 증명되거나 확인되지 못한 것을 알아낼 수 있는지에 관한 문제와 관련된다.[108] 그 주장이 오늘날의 수학적 지식의 발전을 이해하고 이러한 발전의 설명을 위한 유일한 기초를 구성하는 것

---

107 특히 Badiou, *Theoretical Writings, Polemics, and The Century*; 또한 *De quoi Sarkozy est-il le nom?*

108 Paul Cohen, *Set Theory and the Continuum Hypothesis* (New York: Addison-Wesley, 1966).

으로 입증되어야 한다는 점은 진리와 지식 및 그 근거라는 수학 내부적
주제들뿐만 아니라 더 크게(적어도 더 넓게) 확장된 인간의 사회·정치
적 관심사와 그러한 [수학적] 주제들의 관련성이라는 측면에서 바디우
의 논거에 절대적으로 핵심적인 사안이다. 무엇보다, 이 주장은 근래에
反실재론적인 수리 및 논리 철학자들에 의해 반박되었는데, 이들의
주장은 우리가 어떤 방식으로든 알려지지 않은 것들을 알게 된다고 말
하거나, 혹은 충분한 증거나 증명의 기반 없이 진리들의 실존을 확언하
는 그러한 (자기 모순적이기에) 터무니없는 발상을 수반한다는 것이
다.[109] 이 경우에, 이 사상가들이 내리는 결론에 따를 때, 우리는 객관주
의적인(objectivist) 진리 담화(truth-talk)를 확연하게 보다 온건한
'보증된 단언 가능성(warranted assertibility)'의 담화로 교체하고, 이
로써 (어느 쪽의 이해를 선호하든) 진리가 언제나 '인식적으로 제약된
다'는 테제를, 이를테면 우리가 알 수 있는 것의 범위와 한계에 제한된
다는 반실재론적 테제를 받아들이는 편이 나을 것이다. 이에 따를 때,
실재론(realism)은 철학적으로 말해서 그저 가망없는 대의로 간주되기
만 하는 것이 아니라, 또한 진리를 객관주의적 방식이나 정신에서 독립
적인 방식으로 이해함으로써 결과적으로 (마치 여러 세대 전의 회의주
의자들과 같이) 우리가 무엇이라도 알게 될 수 있음을 부정하기에, 여러
불필요하면서도 까다로운 문제들을 초래했던 것으로 간주되어야 한다.

　이런 류의 논변들에 대해 실재론이 흔히 내놓는 대답은 우리가 알지
못하는 것들이 있음을 알아야 한다는 주장―그 역(우리가 지금 모든

109　Michael Dummett, *Truth and Other Enigmas* (London: Duckworth, 1978);
Neil Tennant, *Anti-realism and Logic* (Oxford: Clarendon Press, 1987); 또한―강
력한 반대 노선의 주장을 보려면―Christopher Norris, *Truth Matters: Realism,
Anti-realism and Response-dependence* (Edinburgh: Edinburgh University Press,
2002) 참고.

것을 완전히 알고 있다는 주장)은 결국 상당히 받아들이기 어려운 것
인데―과 바로 우리가 알지 못하는 것이 무엇인지 알아야 한다는 주장,
즉 현재 우리 인식의 범위를 벗어나는 그러한 진리들의 구체적인 본성
과 내용을 알아야 한다는 주장 사이에 놓인 결정적인 차이를 지적하는
것이다.[110] 이는 결국 존재론적 주제들과 인식론적 주제들, 혹은 '무엇
이 실존하는가?'라는 유형의 질문들 사이의 구별에 대한―그리고 (실
재론자들이 그렇게 할 것처럼) 우선순위에 대한―존중을 의미한다. 이
제는 이야기할 필요가 거의 없겠지만, 이러한 구별은 존재의 다양한
(예를 들어, 물리적이거나 추상적인) 양식들에, 그리고 또한 인간적 탐
구가―항상은 아니더라도 때때로―그러한 양식들을 인식하거나 이해
할 수 있는 마찬가지로 다양한 방법 및 수단들에, 단호하게 존재론적인
초점을 두는 바디우의 사유에 있어 기본적인 것이다. 오로지 이런 방식
으로만이, 우리는 수학 및 자연 과학 영역 내부와 그 너머에서 인간의
인식적, 개념적, 설명적 범위의 힘들이 발전해 나가는 진보의 과정이나
혹은 그러한 진보의 가능성 자체를 분명하게 설명할 수 있으리라는 희
망을 가질 수 있다고, 그는 주장한다. 이는 우리가 또한 본질적으로 모
든 앞서 정립되거나 일관적인 존재론에 대한 동화에 저항하는 그러한
사건의 영역―그러한 발견들이 일어나는 환원될 수 없을 정도로 우발
적인 상황이나 배경―을 고려해야 한다는 바디우의 반대 주장(그러나
결코 모순이 되지 않는 주장)과 궤를 같이한다. 바로 여기에서 바디우
는 가장 단호하게 하이데거의 존재론적 깊이를 추구하는 해석학적 되
새김질―사유가 한때 자연과의 합일이나 조화의 상태로 실존했다고

---

110   이러한 주제들에 대한 추가적인 논의를 보려면, Michael Devitt, *Realism and
Truth*, 2nd edn (Oxford: Blackwell, 1986); 또한 Norris, *Epistemology: Key Con-
cepts in Philosophy* (London: Continuum, 2005)를 볼 것.

보는 사유의 '시적·자연적' 구상에 바쳐진—과 결별한다.

그런 것이 바로 사유가 주체와 대상, 정신과 자연, 담론적 사유와 감각적 직관의 방해받지 않은 교류(communion)를 완전하게 보장하는—보장하지 않을 수 없는— '자기 동질적 자기 현전(self-homogeneous self-presentation)'를 열망해야 한다는, 순전한 하이데거적 요구이다. 하지만 이러한 바라마지 않을 상태는(바디우에 따를 때, 이 미망은) 거기에 사유가 현재적으로 '정상적' 이거나 혹은 '자연적' 인 조건을 구성하는 모든 것의 경계를 초월하거나 넘어서리라는 주장의 폐기가 수반되어야 한다는 점을 고려할 때 매우 값비싼 대가를 치러야 하는 것으로 간주된다. 실제로 만일 "자연이 결코 내부적으로 그 자체와 모순되지 않는다"면—즉, 자연이 차이들이나 이상異常들 혹은 역설들을, 곧 일시적으로 정체되어 있으나 종국에는 진보를 촉발할 문제들을 일으킬 여지가 없는 그런 것을 위한 이름이라면—어떤 그러한 자연화의 힘의 기반과 어울리는 모종의 '정상성(normality)' 또한 어떠한 지성적, 윤리적, 사회·정치적 발전이라도 폐제廢除하는 것으로 간주될 수 있다. 바디우가 '도식적으로' 기술하는 바에 따를 때,

만일 N이 관건이 되는 상황이라면, N의 모든 원소는 또한 N의 하위 다수(sub-multiple)이다. 존재론에서, 이는 다음과 같이 기술될 터인데, n ∈ N(귀속)일 때 또한 n ⊂ N(포함)이기도 하다. 다음으로, 다수 n은 하나의 자연적 상황이기도 한데, n' ∈ n이라면 또한 n' ⊂ n이기도 하기 때문이다. 우리는 어떤 자연적 다수가 정상적 다수들을 하나로 셈하고, 이것들이 그 자체로 [다른] 정상적 다수들을 하나로 셈한다는 점을 알 수 있다. 이러한 정상적 안정성은 자연적 다수들의 동질성(homogeneity)을 보장한다. (p. 128) 말하자면, 존재의 다수성을 자연화(혹은 정상화)하려는 모

든 시도에서 오는 결과는 정상성이 최대의 압력에 노출되며 이에 따라 현재적으로 실존하는 질서에 닥칠 어떤 임박한 위기나 단절을 예기하는 '사건의 자리들(evental sites)'에서 가장 명확하게 출현할 그러한 다양한 내부적 모순들을 인식하지 못하는 실패—혹은 (정치적 용어로) 강령적 거부(programmatic refusal)—이다. 더욱이 바로 이러한 결정적인 단계들에서, 사유는 정확하게 현행의 교착 상태에 대한 대응으로 고안되거나 새롭게 발견된 개념적 자원들의 적용을 통해 그러한 곤경의 상태 너머로 나아갈 가능성을 식별해 낸다.

2. 휠덜린: 시(poetry), 자연, 역사

이런 이유로『존재와 사건』에서 바디우의 문학적 주해를 담고 있는 두 개의 주요 부분들 사이에, 말하자면 말라르메와 휠덜린에 관해 다룬 절들(pp. 191~8, 255~61) 사이에는 강조나, 어조, 또는 개입의 수준에 있어 현저한 차이가 나타난다. 내가 믿기로, 이 지점에서 논의의 흐름을 잠시 앞으로 건너뛴다 해도 그렇게 방해가 되지는 않을 듯 한데, 앞으로 건너뛰어 살필 부분들은 현재의 논의 맥락에서 다루는 편이 좋다고 여겨지기 때문이다. 후자[휠덜린]의 사례에서, 바디우는 하이데거에게 철학과 상상력의 측면에서 큰 영향력을 행사하지만, 정작 바디우 자신에게는 그다지 큰 공감을 얻지 못하는 주제들—조국, 자연, *genius loci*(장소의 정령), 근대 독일 문화와 고대 그리스 문화 사이의 정신적 친연성, 그리고 일종의 머물 장소나 본연의 거주 장소로서의 언어—을 다뤘던 한 시인에 관해 기술한다.[111] 이에 따라 그의 독해는 정치적 위

111   각주 96과 각주 97을 볼 것. 또한 Christopher Norris, 'Settling Accounts: Heidegger, de Man and the Ends of Philosophy', in *What's Wrong With Postmodernism: Critical Theory and the Ends of Philosophy* (Hemel Hempstead: Harvester-

험에 관해서, 또 마찬가지로 이러한 '시적-자연적' 가치들과 믿음들의
융합에 너무나 깊게 뿌리내린 창조적 견해의 시적 매혹에 관해서 때로
강하게 환기시키지만, 대부분의 경우 그런 것들로부터 비판적 거리를
두며 심지어 그것들을 진단하는 숙고의 형식을 취한다.[112] 반면, 말라르
메에 관해서, 바디우는 자신의 영역에 있다고 여기는데, 왜냐하면 여기
서는 시(poetry)가 그 자체로—주제적으로 그리고 형식적 함축에 의해
—우연과 필연, 존재와 사건—곧 기존의 사유 양식과 달리 (수학적 발
견이나 혹은 창조적 예술의 진정으로 의미있는 '획기적' 발전의 형식
을 취함에 관계없이) 철저하게 새로운 사유 양식의 출현—에 관해 뒤
얽힌 관념들의 복합체에 전념하기 때문이다. 이 시인들을 갈라놓는 것
은—그리고 바디우의 두 시인에 대한 동등하게 밀도 높은 그러나 매우
다른 각도를 취하는 개입을 설명하는 것은—한편으로 고대 그리스 문
화와 근대 독일 문화 사이의 특권화된(즉, 지리학적으로 특정되지만
그럼에도 준準보편적이거나 세계사적인) 관계의 관념에 깊이 결부된
시 작법(poetics)과 다른 한편으로 대개 수학자들이나 논리학자들 또는
분석적 태도를 취하는 언어 철학자들의 영역으로 간주되는 사유의 영
역들을 탐색하는 시 작법 사이의 대비이다.

  휠덜린에 관해, 바디우는 "이후로 [이 시인에 관한] 모든 해설은 하
이데거의 주해에 의존한다"고 인정하면서 논의를 시작한다(p. 255).[113]
하지만 하이데거의 존재론적 깊이를 추구하지만—어떤 결정적으로 징
후적인 측면에서—불충분하게 비판적인 주석들에서 발견되는 문화적·

Wheatsheaf, 1990), pp. 222-83 참고.
112   또한 Jean-Luc Nancy and Philippe Lacoue-Labarthe, *The Literary Absolute:
The Theory of Literature in German Romanticism* (trans.) Philip Barnard and
Cheryl Lester (Albany, NY: State University of New York Press, 1988) 참고.
113   Heidegger, *Poetry, Language and Thought* (op. cit.).

미학적 민족주의의 위험을 무엇보다 경계하는 독해를 통해, 그러한 자신의 선언을 평가하고 심지어 암시적으로 철회하는 데까지 나아가기도 한다. 바디우가 기술하는 그대로, "횔덜린은 이따금 이러한 관련성에 대한 예언자적 이해에 매우 근접하여, 독일이 그리스의 약속을 완성한다는 위험한 상상에 노출되었다"(p. 259). 횔덜린의 시는 이러한 위험을 회피하거나 혹은 적어도 이 위험으로부터 보호되는데, 이는 그가 그리스 비극의(즉, 니체가 이후에 폭력적이고도 비합리적이며, 디오니소스적 광란에 사로잡힌 것으로 확인하게 될) '아시아적' 기풍으로 지각하는 것과 이에 대응되지만 완전히 전환된 해석적 활용의 조건들 아래 놓인 독일적 수용 사이의 거리에 대한 항시적인 직감에 의한 것이다.[114] 나는 여기에서 이러한 강력하게 환기적인(또 그런 만큼이나 시적으로 양가적인) 주제들에 대한 횔덜린의 처리 방식을 살피는 바디우의 복잡하면서도 주제적으로 풍부하며―그 자체로―밀도 높은 시적 숙고에 관한 자세한 주석을 제공하지는 않을 것이다. 이에 관해서는 횔덜린에 관한 바디우의 기술이, 『존재와 사건』에서 나타나는 주된 접근법과는 달리, 거의 배타적으로 주제적 내용들을 다루는 확장된 주해에 그치며, 형식적이거나 구조적인 고려사항들에 거의 신경쓰지 않는다는 점에서 특기할만하다는 이야기로 충분할 것이다.[115] 내 생각에, 그 이유는 여기에서 바디우가 향하는 논의의 경로가, 한편으로, '진정한' 사유를 존재에 대한 어떤 궁극적인 원천이나 또는 존재에 접근하기 위한 문화·언어적으로 특권화된 수단과 동일시하는 기원의 신비에 무릎 꿇

---

114   Friedrich Nietzsche, *The Birth of Tragedy out of the Spirit of Music* (trans.) Shaun Whiteside, (ed.) Michael Tanner (Harmondsworth: Penguin, 1993).

115   예를 들어 Jean-Jacques Leçercle, 'Badiou's Poetics', in Peter Hallward (ed.), *Think Again: Alain Badiou and the Future of Philosophy* (London: Continuum, 2004), pp. 25-47 참고.

는 하이데거적 굴복의 유혹과, 다른 한편으로, 회의적 방향으로 가게 되는 만큼이나 대체로 시를 표현적이거나 환기적인 힘이 결여된 채로 내버려 두게 될 그러한 개념들의 비판 사이에 놓인 험난한 경로이기 때문이다.

이러한 긴장은 횔덜린에 관한 주석의 마지막 몇 문장에서 가장 두드러지게 나타나는 데, 여기에서 바디우는 하이데거적 해석의 깊이로부터 보다 '철학적인' 혹은 개념적으로 매개된 실마리로 시인의 주요 주제들을 고쳐 말하는 재언명을 향해 방향을 돌리는 것으로 볼 수 있다. 이러한 해석에서 시인은 '개입자(intervener)'로, 자신을 '폭풍의 현재'에 넘김으로써 '이차적 충실성'을 시도하는 자로 그려지는데, 물론 여기에는 오로지 역사적이며 훌륭하게 판단된 시의 보존(reserve)이라는 확실한 보호의 거리를 둔 엄격하게 '자신을 공백 안에 폐지함'과 또 바라던 격변적 사건— '신들의 복귀' —을 명명함이라는 조건이 달린다. 바디우의 기술에 따를 때, "그런 자가 개입자"이며, 다시 말해

> 충실할 것이 요구됨을 아는 자, 곧 그 자리에 드나들 수 있고 땅의 열매들을 공유하지만, 또 다른 사건에 대한 충실성에 의해 사로잡힐 수 있으며, 균열을, 단독성을, 법의 동요를 가능케 할 공백의 가장자리(on-the-edge-of-the-void)를, 그 고장을, 그 간극을 식별할 수 있는 자, 그럼에도 또한 예언자적 유혹에서, 성직자의 오만함에서 보호되는, 그러나 마찬가지로 사건을, 그가 사건에 부여한 이름을 확신하는 자이다. (p. 261)

이것은 어떠한 철학이나 문학 비평의 잣대로 보더라도 놀라운 구절이지만, 특히 바디우가 여기에서 다루고 있는 민감한 주제들을 볼 때 더욱 놀라운 구절이다. 그러한 주제들 중에는—특히—횔덜린이 신들을

독일 민족의 운명이라는 맥락 안으로 불러들이는 신들의 소환과 이후
완전히 어둡고도 단호한 어조로 제시된 독일 민족의 운명에 대한 단언
사이에 어떤 종류의 혹은 어떤 깊이의 선택적 친연성이 있는지에 관한
오래토록 지속된 논쟁이 있다.[116] 여기에서 바디우가 매우 조심스럽고
능숙한 솜씨로 진행하고 있는 작업은 주의를 요하는 의역과 주제 해설
과 집합론적으로 유도된 자신의 사건(혹은 '단독성') 개념을 혼합하여
펼쳐 놓는 작업인데, 그가 제시하는 사건(event) 개념은 존재의 질서에
서 공백으로부터 나오는 것이며, 이에 따라 그러한 엄격하게 예상 불가
능한 일어남이 그런 예상할 수 없는 성격에도 불구하고, 되돌아볼 때
예정되어 있었던 것처럼 보이는 그러한 장소(위치, locus)—'사건의 자
리(evental site)'—를 표시한다. 이는 결국 횔덜린의 더 노골적으로 표
현된 그리고, 다시 한번 되돌아볼 때, 이데올로기적으로 더 큰 골칫거
리가 될 민족주의적 주제들에 관한 뚜렷한 강조점의 이동과 궤를 같이
한다. 요컨대 바디우의 독해는 그러한 주제들의 잠정적이고도 가정법
적으로 규정된 성격을, 그리고 그러한 사유—그토록 강력한 '시적-자
연적' 주제와 '민족적-탐미주의적(national-aestheticist)' 주제의 조
합—를 결국 잠재적인 정치적 재앙이라는 결론으로 이끌게 될 모든 정
치 프로그램으로부터 취해야 할 최대한의 거리를 강조하는 읽기 방식
이다. 어쨌든, 정치적 재앙을 향한 경로를 따라갔던 사람은 바로 하이
데거였으며, 그는 1930대에 나치스 정당에 대한 전면적 지지로—그리
고 또한 명시적 부정이나 사과의 실패(혹은 거부)로—이런 측면에 관
해 경고하는 가장 충격적인 교훈을 제공한다.[117]

---

116   각주 111과 각주 112 참조.
117   Tom Rockmore and Joseph Margolis (eds), *The Heidegger Case: On Philoso-phy and Politics* (Philadelphia, PA: Temple University Press, 2008); 또한 Rock-

그러므로 바디우의 매우 정밀하게 미세조정된 횔덜린 주석은 그 시인이 국가 사회주의(National Socialism) 이데올로기에 대한 문화적 지지대를 제공했다는 의견을 회피하도록 설계된 수정주의적 이해가 아니라, 오히려 그 자신의 철학적-정치적 주제들과 명령들에 봉사하도록 시를 동원하고자 했던 하이데거의 욕망으로 인해 간과된 뉘앙스의 문제들과 주제적 함축에 보다 완전하게 반응하는 독해로 읽는 편이 타당할 것이다. 되풀이하자면, 이는 언제나 철학이 정확히 어느 정도의 비판적 유보(reserve)를 유지해야 하는 이러저러한 네 가지 조건들—하이데거의 경우에는 정치—과 그 자체가 지나치게 긴밀하게 '봉합되도록(sutured)' 허용할 때 봉착하게 되는 심각한 손상의 위협에 관해 기술할 때, 바디우가 가장 분명하게 의도하는 예들 중 하나이다. 문학 비평(보다 정확하게 말해서, 철학 자체의 특유한 텍스트적 해석 양식을 통한 시에 대한 관여)이라는 면에서 이에 상당하는 대응물은 시와 *genius loci*(장소의 정령) 사이의 유대 혹은 언어와 그 본래적 기반 사이의 유대 같이 어떤 자연적이라 가정되는 유대의 직접적인 지지로부터 한 걸음 물러섬이며, 그러지 않을 경우 이러한 유대는 강력하게 왜곡하는 효과를 야기할 수도 있다. 그러므로 횔덜린 시의 강렬하지만 또 깊이 양가적인 기풍에 관해 바디우는 다음과 같은 주장을 내놓는데, "그리스는 그 본래적 자리가 폭력적이며 아시아적이기에 형식의 탁월함으로 그 존재를 완성한 데 반해, 독일은 그 자리가 황금빛 평야의, 협소한 서구의 자리이기에 폭풍에 토대를 둔 이차적 충실성에서 그 존재를 완성할 것이다"(p 260). 그래서, 그의 설명에 따를 때, "사건의 풀려남(unbinding)은 … 바른 길의 보장을 통해 그 자리로의 빈번한 출입을 막는

more, *On Heidegger's Nazism and Philosophy* (Berkeley & Los Angeles: University of California Press, 1992) 참고.

다". 횔덜린의 시가 보다 깊고 보다 이데올로기적인 무게를 실은 어떤 강력한 기원의 신비와의 공모—민족적 장소와 본래적 언어 그리고 시적 진정성 사이에 뿌리내린 모종의 자연적 친연성을 단언하는 사유—에서 회피하도록 하는 것은 또한 (충분한 주의와 감각을 갖추고 읽을 때) 그 시가 선행하는 하이데거의 주제 해석의 양식에 저항할 수 있도록 하는 무엇이기도 하다.[118]

말라르메의 경우, 바디우는 확연히 훨씬 더 편안함을 느끼는데, 철학적으로 말해서, 이 시인의 특징적 주제들과 심취하는 사안들이—그리고 또 이것들이 전형적으로 표현되거나 전달되는 다양한 형식적 장치들이—바디우 자신의 것들과 매우 가까운 모습을 드러내기 때문이다. 그러므로, 바디우의 주석이 'Un coup de dès' ('주사위 던지기 …'[119])라는 말라르메의 가장 '철학적인' 시이자 바디우가 『존재와 사건』에서 골몰하는 주제 및 관심사들에 명시적으로 관련된 시에 초점을 맞추는 것은 그리 놀라운 일이 아니다.[120] 따라서 그는 명확히 관련된 한 행— "혹은 사건은 모든 무익한 결과를 두고 초래되었는가?"—을 인용함으

---

118 어느 정도 유사한 취지의 논변을 보려면, Paul de Man, 'Heidegger's Exegeses of Hölderlin', in *Blindness and Insight: Essays in the Rhetoric of Contemporary Criticism*, 2nd edn (London: Methuen, 1983), pp. 246-66을 참고할 것.

119 [일반적으로 '주사위 던지기'라는 짧게 줄인 제목으로 회자되지만, 원제는 'Un coup de dés jamais n'abolira le hasard(주사위 던지기는 결코 우연을 폐하지 않으리라)'이다.]

120 지금까지 가장 얻기 쉬운 자료는 온라인에서 무료로 다운로드 할 수 있는 A. S. 클라인(Kline)이 번역한 말라르메의 '주사위 던지기(Un Coup de dés)' 영어 번역으로, 여기에는 번역자의 소개글, 시인 자신의 원래 서문과 프랑스어 원문 전체가 포함되어 있다. 이 번역은 [http://wws.tonykline.co.uk/PITBR/French/MallarmeUn-CoupdeDes.htm]에서 볼 수 있다. 또한 Stéphane Mallarmé, *Selected Poetry and Prose* (ed.) M. A. Caws (New York: New Directions, 1982) 참고. 추가적으로 자세한 주해를 보려면, Malcolm Bowie, *Mallarmé and the Art of Being Difficult*, 2nd edn (Cambridge: Cambridge Unversity Press, 2008)을 참조.

로써 논의를 시작하여, 이 시가 어떤 방식으로 엄격하게 사건적인 일련의 일어남들(occurrences)을, 즉 예상 불가능하고 예비되지 않은―하지만 그럼에도 확정된 역할, 위치, 궤적, 시간적 국면 등으로 이루어진 '태양의 드라마'의 (물론, 사후적으로) 펼쳐짐으로 보이는 어떤 것에 자리하는―그러한 일어남들을 (묘사하거나 재현하기 보다는) 무대에 올리거나 연출하게 되는지에 관한, 기술적으로 인상적이지만 또한 [그러한 일어남들을] 강력하게 상기시키는 설명을 제시하기에 이른다. 바디우는 그저 이 시를 이러한 주제들에 관한 자기 사유의 전개를 위한 도약대로 사용하거나, 혹은 부담스러울 정도로 복잡하고도 추상적인 관념들을 전달하기 위한 은유나 이미지나 그러한 류의 유비적('시적') 장치들의 유용한 원천으로 사용하는 데 그치지 않는다. 오히려, 그의 주된 가르침들 중에는 '시가 사유한다'는 것이 있는데, 이는 비록 수학과 동일한 방식이나 같은 정도의 형식적·개념적 엄격함을 갖추어야 하는 것은 아니더라도, 최소한 시를 통해 어떻게 사유가 직접적인 직관의 파악력을 넘어서는 무엇과 대면하는 지점에 이르게 되는지에 관한 (단순히 암시적인 예증에 반대되는) 유효한 예를 제공할 수 있는 한에 있어 그렇게 말할 수 있을 것이다. 이에 따라 말라르메는 어느 누구보다 앞선 절의 제목― '자연: 시인가 수학소인가?' ―에서 바디우에 의해 개진된 항들에 따라 범주화되기를 거부하는 작가의 모습으로 나타난다.

우리가 본 그대로, 이 제목이 상호배타적이거나 혹은 선명하게 양극으로 갈린 사유 양식들 사이의 선택을 부과하는 듯 보인다는 사실은 대체로―횔덜린과 함께 릴케나 다른 독일 시인들을 증인으로 불러 내어―시가 고대 그리스적 '발단(inauguration)'의 주요 원천이라고 주장하는 하이데거의 강변에 의해 설명될 수 있는데, 이에 따를 때 시는 비록 덧없이 사라져 오래도록 '서구 형이상학'의 부가물들로 뒤덮혀 있었으나 여전히 유일하게 진리에 이를 수 있는 접근 수단인 것이다. 하지만 곧 바디우의 말라르메 읽기로부터 이러한 [하이데거의] 주장이 바디우의 '양자택일적(either-or)' 질문에 대한 잘못된 이해라는 점이 명확해지는데, 왜냐하면 이러한 주장이 그 질문이 날카로운 심문의 형태로 표현된다는 사실을 무시하는 탓이다. 이에 따라 하이데거는 플라톤으로부터 논리 실증주의자들에 이르기까지 시를 폄하하는 자들에 의해 개진된 종류의 논변에 대한 지지와 선을 긋게 되는데, 말하자면 시가 허구(혹은 거짓됨), 상상적인(혹은 완전히 공상적인) 세계 그리고 과장된(그래서 유혹적이며 위험한) 감정 상태를 유포하며 이 모든 이유로 시를 금지하거나—이것이 플라톤이 선호한 선택지이다—혹은 적어도 확고하게 억제해야 한다는 생각과는 가능한 한 거리를 두게 된다.[121] 바디우가 강조하는 것은 오히려 하나의 다른 시 읽기 방식의, 본질적으로 비非하이데거적인 곧 비非해석학적인 방향의 시 읽기 방식의 지속적인 가능성이다. 이는 한편으로 단순한 분석적 근거 너머의 시원적이라 가정되는 **존재**의 진리들(truths-of-Being)에 대한 과대평가에 의해 행사되는 유혹에 저항하며, 다른 한편으로 이에 상응하여 이미 플라톤이 판에 박힌 문화적 경구(cultural truism)로 취급했던 철학과 시의 '오래된 분쟁'이라는 수용된 관념에 진지하게 도전할 모든 접근법에 대한 과소평가를 통해 행사되는 유혹에 저항하는 독해 방식이다. 이런 관점에서 시의 본성—혹은 시에 즉시 반응하는 정신 상태의 본성—은 본질적으로 시를 철학과 (무엇보다) 수학을 비롯한 모든 형태의 진

---

121 이 분야에 대한 폭넓고 매우 통찰력있는 검토를 보려면, Graham Dunstan Martin, *Language, Truth and Poetry: Some Notes Toward a Philosophy of Literature* (Edinburgh: Edinburgh Unversity Press, 1975).

정한 진리 추구의 기획과 본질적으로 불화하는 자리에 서게 된다. 바디우가 보기에, 그러한 사유는 시는 사유하지 않으며—적어도 자신이 하는 활동이 자신의 직업적 존재 이유(*raison d'être*)를 규정하는 (수학자나 철학자 같은) 사람들에게 인정될법한 어떤 '사유'라는 의미에서—더구나 '창조성(creativity)'과 '독창성(inventiveness)' 같은 가치들이 형식 과학이나 자연 과학의 담론에서 단지 제한적인 역할을 하는 데 그칠 뿐이라고 가정하는 이중적 오해로부터 기인한다.

　그러므로 바디우는 이런 방식의 오해에 맞서는 이중적 논쟁(polemic)에 나선다. 수학의 풍부함과 다양성과 진정으로 창조적인 잠재력을 알아보지 못하는 문학 비평가들이나 이론가들에 대해, 그리고 또 시가 드러내 보일 수 있는 종류의 개념적 엄격함과 논리적 정확성에 관해 유사한 정도의 맹목성(blindness)을 드러내는 분석적 진영에 속한 사람들에 대해 맞서는 이중적 논쟁에 말이다. 바디우가 주장하는 바에 따를 때, 시와 수학 사이의 차이는 모든 것을 아우르며 모든 것을 동질화하는 '텍스트성(textuality)'의 이름으로 즉각 진리를 추방해 버린 잡다한 '담론들'을 버무려 뭉쳐낸 어떤 희미하게 포스트근대론적인 혼합물로 무너져 내리는 것이 아니라, 오히려 시와 수학 각각이 특유의 진리 주장(truth-claim)을 제기하는 것으로 간주되어야 할 필요가 있다. 무엇보다, 이에 수반되는 것은—그리고 여기에서 바디우는 말라르메를 가장 중요한 예시로 드는데—시적 직관을 쉽게 표현된 이성의 진리들을 능가하는 창조적이거나 상상적인 진리들의 원천으로 보는 발상과 단절하고, 이로써 시적 사유가 가장 높은 힘으로 올려진 형식적·논리적 복잡성의 위계를 달성할 것이라는 인식(recognition)에 이르는 귀결이다. 이에 따라 그는 단지—사유의 발전들, 특히 자연 과학의 발전들이 대개 의미-확실성의 추정된 자명함에 의해 야기된 오류의 노출을 수반하기에―사유가 직관과 구별될 뿐만 아니라, 의식(consciousness)이 그 가운데서 사유가 진행되는 요소라거나 혹은 모든 사유의 전제 조건이 된다고 가정되는 이상, 의식과도 구별된다고 간주한다. 이런 측면에서 바디우는 정확하게 확실한 지식의 고정점(anchor-point)이자 회의적 의심에 맞서는 요새로 간주되는 데카르트의 코기토―의식과 자기 의식 의 주체―에 대한 모든 형태의 호소를 기각했던 다양한 분야―과학 철 학, 인식론, 인류학, 언어학, 정신분석을 망라한 여러 분야―에 속한 근래 프랑스 사상가들의 무리에 속한다.[122]

이러한 발전상은 훗설의 데카르트적 주제들에 대한 현상학적 재작업 으로부터, 하이데거의 그리스 문명 이후 서구(특히 데카르트적) 인식 론에 관한 '존재론적-깊이'에 따른 전면적인 비판을 거쳐, 사르트르의 의식을 '즉자(in-itself)'보다는 오히려 '대자(for-itself)'로―다시 말 해, 현재적으로 그 자체의 존재에서 기인하는 상태 혹은 조건을 언제나 이미 '초월하는(transcend)' 것으로―보는 실존주의적(existential- ist)[123] 의식 개념에까지 이르렀다.[124] 이러한 발전상은 이어서 구조주의 적 전회나 포스트구조주의적 전회에 의해―알튀세르의 구조적 마르크

122   예를 들어 Gaston Bachelard, *Le rationalisme appliqué* (Paris: Presses Univer- sitaires de France, 1949); *The New Scientific Spirit* (Boston: Beacon Press, 1984); Georges Canguilhem, *Ideology and Rationality in the History of the Life Sciences* (tans.) A. Goldhammer (Cambridge, MA: MIT Press, 1988); 또한 Mary Tiles, *Bachelard: Science and Objectivity* (Cambridge: Cambridge University Press, 1984) 참고.
123   [existentialist를 '실존주의적'으로 옮기기는 했지만, 이 단어에는 '바깥에 있다' 는 의미가 내포되어 있기도 하다. 따라서 existence가 '외존'이나 '탈존'의 의미가 있 는 것으로 간주하여 바로 앞에 쓰인 transcend와 연결하여 읽어야 한다.]
124   폭넓은 지성적·역사적 맥락에서 이러한 발전들에 대한 유용한 검토를 참고하려 면, Peter Sedgwick, *Descartes to Derrida: An Introduction to European Philosophy* (Oxford: Blackwell, 2001)를 볼 것.

스주의나 라캉의 정신분석 같은—이론적 반反인본주의의 형식들을 향해 추가적으로 추동되었고, 이러한 흐름들은 앞선 시기의 사유의 운동들에서 그들이 데카르트적인 주체 중심의 인식론의 잔여 요소들로 여겼던 무엇에 어떠한 여지도 두지 않았다(혹은 적어도 어떠한 여지도 두지 않으려 했다).[125] 바디우가 앞에서 언급된 자료들 각각에서, 특히 라캉을 꼽을 수 있겠으나 또한—이 두 사람의 철학적 관점 사이에 드러나는 심원한 차이를 고려할 때 그럴 법하지 않기는 하지만—사르트르와 알튀세르에게서, 그리고 심지어 훗설이나 하이데거를 비롯하여 여러 다양한 방식으로 날카로운 대립각을 세우는 사상가들로부터, 자기 기획에 중요한 의미를 지닌 무언가를 취한다고 말해도 무리는 없을 것이다. 하지만 말라르메에 관한 절에서 가장 놀랍게 다가오는 것은 자신의 기획을 앞서 언급한 사상가들의 원천들로부터 떼어 놓으면서도 심지어 암묵적으로 그들에 대한 빚을 인정하는 바디우의 방식이다. 무엇보다, 내가 이야기한 것처럼, 거기서 가장 놀라운 것은 기본적인 현상학적 주장에 대한 바디우 자신의 거부이며, 다시 말해 존재론의 주제들을 향하는 어떠한 사유도 (혹은 존재의 본성과 구조 그리고 속성들에 관한 질문들도) 인간 의식에 대한 반영(reflection)을 거칠 수밖에 없다는 훗설-하이데거적 주장에 대한 바디우 자신의 거부, 그리고 다시 하이데거의 관점으로 넘어와서 시원적인 의미와 진리의 원천들이 의식을 통해 발견되는 생활세계(life-world)나 경험적 맥락에 관한 깊이 있는 해석학적 숙고로부터 의식의 위치가 확인된다는 주장에 대한

---

125   특히 Louis Althusser, *For Marx* (trans.) Ben Brewster (London: Allen Lane, 1969) 그리고 Jacques Lacan, *Ecrits: a selection* (trans.) Alan Sheridan-Smith (London: Tavistock, 1977) 참고.

바디우 자신의 거부이다.[126]

3. 말라르메: 사건으로서의 시

말라르메에게서 바디우는 우연, 필연성, 구조, 사건, 다수 그리고 하나로-셈하기 같은 '주제들' 혹은 '테마들'—명백히 바디우 자신의 관심사와 가장 가까운 종류의 소재들—을 다루는 시를 발견하는 한편, 이주제들을 우리의 상황 지어진(situated) 세계-내-존재(being-in-the-world) 형식들에 가장 깊숙이 얽매인 지각의 형식들에 관한 실존적 되새김질의 초점으로 삼는 (하이데거의 횔덜린 주해와 같은) 종류의 주석을 피할 것이다. 말하자면, 말라르메가 몰두하는 관심사들은 주제적 성격을 지니는데, 그러한 관심사들이 시 안에서 그리고 시 너머에서 그렇지 않았다면 그저 막연한 관련성을 지녔을 「주사위 던지기(*Un coup de dés*)」를 구성하는 에피소드들의 시퀀스를 명시적으로 명명하거나 언급하며, 구조적인—심지어 서사적인—차원을 제공하기 때문이다. 하지만 이 시는 또한 그러한 시퀀스를 상연하거나 직접적으로 제시하기에, 더욱이 다양하게 상상된 사건들이 시가 묘사하거나 재현한다고 여겨지는—(되풀이해서) 의식의 상태가 아니라—사유의 과정에 영향을 미치는 방식에 대해 서술한 정교한 기록을 통해 그렇게 한다는 점을 고려할 때, 수행적(performative) 측면에서 사유되어야 한다. 만일 "말라르메의 시가 언제나 도박적(aleatory) 사건의 장소를 고정한"다면, 그리고 그 사건이 필연적으로 "그 사건이 남긴 흔적들에 기초하여 해석"되어야 한다면, 이는 "그 텍스트의 (일의적) 의미가 거기에서 일어

---

126   하이데거의 깊이의 해석학과 이러한 문제들에 대한 현상학에 기초한 접근법에 대한 비교 비평을 살펴보려면, Dale Jacquette, *Ontology* (Montreal: McGill-Queen's University Press, 2003) 참고.

났다고 선언되는 무언가에 달려있기 때문이다"(p. 191). 그 의미가 '일의적'이라는 것은—내가 받아들이기로—이 행들을 따라가는 읽기가 표상적인[figural](예를 들어, 은유적인, 상징적인, 혹은 비슷한 방식으로 유비적인[analogical]) 독해들을 완전하게 차단한다는 의미에 따른 것이 아니라, 이 행들이 현실적으로 시인과 독자의 사유의 연쇄에 구두점을 찍는(중단시키는, punctuate) 그러한—제목에 사용된 '주사위 던지기'를 포함하는—텍스트적 사건들의 수준에서 잠깐동안 이어지는 무언가에 대한 인식으로부터 시작되어야 할 것이라는 의미에 따른 것이다. 이에 따라 바디우는 이 시를 비유적으로(allegorically) 읽는다고, 정확하게 그 자신의 작업의 철학적 중심에 위치한 존재와 사건을 둘러싼 상상적인 미장센(무대장치, *mise-en-scéne*)로 읽는다고 말한다. 하지만 이러한 주장은 그에 적합한 인식으로 평가될 필요가 있을 터인데, 이러한 적합한 인식이란 말라르메의 시(poem)가 바디우의 집합론적 사안들에 관해 논의할 사안들을 예견하면서도, 또한—보다 중요한 측면에서—시(poetry)[127]가 사유하는 방식이 하이데거의 해석학적 깊이에 따른 방식이 아니라 오히려 확연하게 수학적인 절차와 비교를 요청하는 방식이라는 바디우의 주장을 확증한다.

이 지점에서 진리의 권리를 주장하는 두 경쟁자로서 '시 혹은 수학소' 사이의 직접적인 분쟁은 이 둘 사이의 관계가 변증법적으로 생산적이며 지속적인 교환의 목적에 대해 선명하게 분극화되지는(polarized) 않지만—바디우가 조심스럽게 주장하는 그대로—여전히 충분히 분명하다고 이해해야 한다는 제안으로 대체되어야 한다. 바디우의 말라르메 읽기가 축자적인 인용과 함께 능수능란한 부연, 텍스트 해석,

---

127   [poem은 한 편의 작품으로서의 시를 말하고, poetry는 시작詩作을 비롯하여 시와 관련한 모든 것을 지칭한다.]

주제적 분석 그리고 철학적 주석을 조합하는 놀라운 방식은 아마도 바디우가 이 시로부터 몇몇 핵심적인 모티프들을 골라 내어 이것들이 자신의 집합론에 기초한 존재론의 양상들을 반향하게 하는 다음의 구절에서 가장 잘 포착될 것이다. '~하게 하는(allows them)'이라는 말은 그 무엇보다 프로그램적이거나 우선적인 것인데, 여기에 수반되는 것은 주기적으로(그러나 예상할 수 없게) 개입하여 존재와 사건 사이의 관계에 관한 사유의 경로를 바꾸는—다양하게 상상되지만 그럼에도 결정적인—에피소드들을 통해 이 시를 따라가는 독해 방식의 실행이다. 요컨대 그의 주석은 이 시의 유명한 첫 구절—"주사위 던지기는 결코 우연을 폐하지 않으리라"—로부터 윤리적, 사회적, 과학적 실천들과 함께 (보다 명확하게) 형식 과학과 자연 과학들을 망라하는 모든 범위에 걸쳐 우리의 발전의 전망을 함의하는 것으로 받아들여져야 할 무엇에 관한 성찰을 향해 나아간다. "만일 사건이 방황적이라면", 그가 기술하는 그대로,

그리고 만일 상황의 관점에서 그것[사건]이 실존하는지 아닌지 결정할 수 없다면, 그것은 우리에게 도박을 하도록[128], 즉 이러한 실존에 관해 법 없이 법을 제정하도록 주어진다. 결정 불가능성은 사건의 한 합리적 속성이자 사건의 비존재에 대한 구원적 보증물이기에, 망설임의 불안을 통해서 만큼이나 외장소(outside-place)의 용기를 통해, '심연 위에 흩날리는' 깃털과 '아마도 저 높은 곳에 있을' 별이 됨에 대한 각성이 있을 뿐이다. (*BE*, p. 198)

---

128 [여기에 쓰인 단어 bet(프랑스어 본문 parier)은 '돈을 걸다', '도박을 하다' 등의 의미이기는 하나 '확신하다'의 의미가 있기도 하다.]

즉, 사건이 그저 지배적인 하나로-셈하기의 특정한 위치에 몰려 있는 압력의 지점들에서 발생하는 이례적이거나 주변적인 문제적 사례들이라고 보는 존재론적인(궁극적으로 집합론적인) 사유의 영역으로부터 더 이상 그러한 셈하기가 지배적인 역할을 수행하지 못하는 이른바 사건의 영역으로 가는 논리적으로나 합리적으로 보장된 경로는 없다. 그래서—바디우의 진술에서—수학적, 자연 과학적, 정치적, 윤리적, 예술적 사유의 역사에서 가장 중요한 획기적 순간들은 기존에 정립되거나 공인된 개념적 파악의 양식들과의 단절로부터 귀결되는 것으로 입증될 수 있다. 단적으로 이러한 영역들 중 어디에서도 관건이 되는 발견에 앞서 실존했던 정립된 이론, 패러다임, 작업틀, 신념 체계 및 개념적 도식들에 준거하여 중요한 발전들을 설명할 방법이 없기 때문이다.

하지만, 이는 모든 진정으로 자기 또는 세계를 전환시키는 참여가—윤리, 정치 혹은 과학적 탐구의 영역 중 어디에서라도—그저 엄격하게 공약 불가능한[129] 선택지들 사이의 급진적인(그리고 합리적인) 동기가 없는 선택에 의지하여 실행될 수 있을 뿐이라는 취지에 따른 모종의 순전한 결정론적 신조로 받아들여져서는 안 된다. 물론, 우리는 몇몇 주해자들이 그러한 차원의 헌신들이, 적합한 증거에 따른 근거나 어떤 합리적인 결정 절차에 기초하여 도달하게 된 판단 같은 무엇을 배제하는 것처럼 여겨질, 모종의 갑작스럽고도 준비되지 않은 전환의 경험을 통해 발생하는 방식을 해명하는 바디우의 설명에서 이러한 [결정론적] 결론을 끌어 내게 된 이유를 알 수 있다. 결국, 바디우가 성 바울(St. Paul)을 '진리의 투사(militant)'로 보는 관점이 바로 이런 것인데, 다

---

129   ['어울리지 않는', '상응하지 않는', '공존할 수 없는' 정도의 의미로 생각하면 된다. 나눗셈에서 두 수가 분모를 공유하게 되는 경우를 떠올리면, 이 말의 의미를 유추할 수 있다.]

마스쿠스로 향하는 길 위에서 바울이 받은 계시는 그 이후에 삶의 방식
이자 그 계시적 사건에 충실한 가르침으로 간주되는 어떤 것을 위한 조
건으로 정해진다.[130] 이런 발상, 즉 바울의 경험이 어떤 의미에서 자연
과학 및 '인문학' 분과들 전반에 걸친 급진적 이론 변화의 에피소드들
에서 일어나는 무엇에 대한 패러다임적 사례라는 발상은 바디우가 결
정론이나 신앙중심주의 혹은 (그의 확고한 세속적·무신론적 입장을 기
억하는 사람들이라면) 사르트르의 실존주의적 입장을 지지한다는 의
심을 일으키기 쉬운 것이다. 하지만 그러한 독해 방식은 부득불 그가
말라르메의 시에서 읽어 내는 무엇을, 즉 아포리아적이지만 (논리·수
학에 기초하기에) 엄격하게 요구되는 필연성과 우연의 교차를 무시할
뿐만 아니라, 비슷한 의미에서 선택이나 결정들이 그것들을 실행하게
하는 최초의 사건의 이름에 대한 충실성이나 또는 그러한 충실성의 결
여와 관련한 엄격한 제약들에 종속된다는 사실 또한 무시하게 될 것이
다. 이러한 확연하게 비결정론적인 측면이—다시 말해, 그의 작업이
근거, 동기, 이해관심 및 귀결들에 대한 사건 이후적 분석에 허용하는
여지가—아니라면, 그의 작업은 '충실성(fidelity)'이 그저 하이데거의
'진정성(authenticity)'의 변형에 지나지 않거나 혹은 누군가의 가장
내밀한 확신들을 그러한 자기 폐쇄적이며 따라서 자기 정당화나 자기
책임면제와 관련한 영역 너머에서 설명될 수 없는 것으로 취급하는 그
러한 진리의 기준에 상당할 뿐이라는 심각한 혐의에 노출될 것이다. 이
럴 경우에 어쨌든, 바디우와 관련한 이상, 거짓된 계시나 혹은 강력한
만큼이나 기만적인 진리 확신의 예가 될 어떤 것에 대한 성 바울이나
파스칼의 예시적 충실성과—수학, 과학, 윤리, 정치 또는 예술 중 어디

130 Badiou, *Saint Paul: The Foundation of Universalism*.

에서든─단지 당면한 과제에 대한 진정한 헌신을 통해서만이 아니라 또한 그 유효성이나 다른 (비슷한 방식으로 지역적이거나 분과에 특수한) 기준들에 의해 평가된 것으로서의 진리를 통해서 충실성이 규정되는 다른 사례들을 구별할 수단은 있을 수 없을 것이다.

그러니까 중요한 것은 완전히 예상할 수 없는 사건의 성격과 사건으로부터 가장 강력한 작용이 미치는 사람들의 삶과 믿음에 대한 사건의 전환적 영향력에 관한 바디우의 강조를, 이것이 거의 의식적이거나 반영적이거나 또는 정신에 대해 현존하는(present-to-mind) 사고와 관련한 사안이 아님에도 불구하고, (일부 그러한 사건들의 본성으로 인해) 합리적이고도 신중한 사고의 실천을 위한 여지를 남기지 않을 결정론적 전망으로 착각하지 않는 일이다. 결국, 앞에서 본 것처럼, 데카르트로부터 훗설에게 내려오는 철학의 전통 전반에 대항하는 그의 논지는 사유(*thinking*)와 의식(*conciousness*)이 동의어가 아니기에 특정한 종류의 사유들(그 중에서도 가장 발전되거나 창조적이거나 또는 지성적으로 원대한 사유들)은 실제로 최초의 만들어짐의 과정에서 의식적 파악의 가능성 자체를 배제하리라는 것이다. 이런 방식으로 바디우는 그러한 행위나 결정이나 헌신들에는 의식이 있는 한 현재적으로 가용한 모든 증거나 정당화의 기반을 넘어서는 무언가에 대한 충실성에 기꺼이 자기 삶을 판돈으로 거는 자세가 수반된다는 주장을, 결정적으로 그러한 기준이 그저 (사건 이후에) 이어지는 이해에 적용될 뿐만 아니라 또한 사유의 과정들이─그 과정들이 기초를 두거나 그로부터 귀결되는 어떠한 의식 이전의 수준에서라도─관련된 것으로서 적용된다는 믿음과 일치시킨다. 그러한 자세는 또한 사유가 최상의 현상학적(즉, 자기 집중적이고도 명료하다고 가정되는) 성찰의 힘들을 회피하는 경향이 있는 방식을 포착해 내는 다양한 요소들─성격에 있어 주제적 요

소, 구조적 요소, 의미론적 요소, 통사적 요소, 그리고 (바디우가 끌어
내기 위해 애쓰는 것처럼) 준準수학적 요소―의 상호작용을 통한 그의
말라르메 시 읽기로부터 나오는 것이기도 하다. 바디우가 기술하는 바
그대로, '주사위 던지기'에서,

> 사건의 본질이 상황에 대한 귀속과 관련하여 결정 불가능하다(undecid-
> able)는 점을 고려할 때, 사건의 사건성이라는 내용을 지니는 (그리고 그
> 러한 사건성이 분명히 '영원한 정황들' 안에서 결행된 주사위 던지기인)
> 어떤 사건은 결국 비결정(indecision) 외에 다른 형식을 가질 수 없다. 주
> 인은 절대적 사건(말라르메가 말하는 그대로, '거기 있음[there is]'의 유
> 효한 실제적 개념인 우연을 폐지할 절대적 사건)을 생산하기에 그는 이 생
> 산을 그 자체로 절대적인 어떤 주저함에 매달아야(suspend) 하는데, 이는
> 사건이 사건의 자리라는 상황에 귀속되지 않는 이상 우리가 알지도 보지
> 도 못하는 그러한 다수임을 지시한다. (*BE*, p. 193)

여기에서 우리는 바디우의 포스트[post] (또는 안티[anti])현상학적 입
장과 그가 집합론적 통찰을 활용하여 필연과 우연, 존재와 사건, 곧 존
재론과 본질적으로 어떠한 존재론적 설명의 힘도 초월하는 무엇에 관
해 펼쳐 내는 사유 사이의 연관을 알게 된다. 사유가 언제나 현재적으
로 의식 혹은 자의식의 반영(성찰, reflection)에 영향 받기 쉬운 무엇
의 경계 너머로 나아갈 수 있는 것처럼, 사건은 언제나 하나로-셈하기
의 현재적 구상에 의해 고정된 어떠한 한계도 넘어서거나 초월할 수 있
다. 이는 수학이라는 익숙한 영역이나 혹은―철학과 그 네 가지 '조건
들'을 비롯한―여러 비슷한 영역들을 막론한 초월이며, 그러한 영역들
에서 비슷한 방식의 초월의 운동을 확인할 수 있다.

바디우는, 자신의 주해가 이러한 초월의 운동을 되풀이하여 주제적
설명과 매우 추상적이고 형식적이면서도 궁극적으로는 논리 수학적인
성격의 언표들 사이를 왕래하도록 허용하는 방식으로, 말라르메를 자
신의 철학적 목적에 동원한다. 나는 이런 이야기를 하기가 약간 망설여
지는데, 왜냐하면 바디우가 예증적 역할에 손쉽게 차용할 수 있는 모티
프들에만 과도한 주의를 기울이는 경향이 있다는 불평이 그런 경향만
아니라면 어느 정도 호의적인 태도를 취할 문학 이론가들에 의해 제기
되기 때문이다. 결과적으로 그가 텍스트를 꼼꼼히 읽어나가는 것은 철
학적 수확을 얻기 위한 목적이며, 이에 따라 그에게는 본질적으로 그러
한 독해 방식에 저항하는 형식이나 문체 또는 주제에 있어 '중복된' 양
상들을 무시—또는 적어도 경시—하는 경향이 있다.[131] 이런 비판에는
어느 정도 진실의 요소가 있는데, 만일 독자가 그의 횔덜린이나 말라르
메 읽기를 문학이 우리의 주의를 요구하는 언어적이거나 형식적인 장
치의 수준에서 관련한 모든 것에 대한 완전한 설명을 얻을 때까지 '내
용'이나 '주제'와 관련하여 아무것도 말해서는 안 된다는 고도의 형식
주의적(또는 구조주의적) 요구에 비교한다면 어느 정도 그럴 것이다.[132]
물론 바디우의 시 읽기는 대체로 그런 방향에서 강력한 영향력을 행사
하는 다양한 관심사들을, 다시 말해 그의 관심사가 그러한 목적에 기여
하는 이 텍스트들의 주제적 양상들에 확실하게 집중되도록하는 그러한
관심사들—그것들 중 가장 주요한 것은 수학과 정치이다—을 동기로
삼아 진행된다. 하지만 이것은 실제로 바디우가 예외적인 통찰과 명민

---

131   각주 115 참고.
132   이러한 고도의 형식주의적 견해에 대한 가장 극단적인 진술을 보려면, Veronica
Forrest-Thompson, *Poetic Artifice: A Theory of Twentieth-century Poetry* (Man-
chester: Manchester University Press, 1978) 참고.

함을 그리고 개념적 파악의 힘을 갖춘 독자라는 이야기에 불과하며, 그
의 시(poetry)에 대한 접근법은(그리고 또한 상세한 분석을 위한 이 특
정한 시인들의 선택은) 철학이 어떻게 문학적 텍스트들에 가장 훌륭하
고 생산적인 방식으로 개입할 수 있는지에 관한 그의 확고한 입장을 반
영한다.

4. 무한의 형태들: 갈릴레오에서 칸토어로

우리는 이제 논의를 진행시켜—혹은, 횔덜린과 말라르메를 앞서 살폈
으므로, 약간 뒤로 돌리자면—성찰 12에서 14까지 면밀하게 살펴볼 터
인데, 여기에서 바디우는 그가 칸토어 이후 집합론의 출현으로 유발된
것으로 보는 매우 다양한 분과들 전반에 걸친 사유의 혁명에 관한 논의
를 이어 간다. 보다 구체적으로, 이 장들은 [그러한 집합론의 출현으로]
집합론이 무한을 구상하는 방식의 사유에—이를테면 실제로 그 문제
가 아무리 영리하게 실용적 측면에 따른 편의적 교설 (doctrine of con-
venience)로 설명되는 (러셀의 유형 이론[Theory of Types] 같은) 형
식적 '해법들'로 관리된다 하더라도 어느 지점에 이르면 언제나 역설
을 야기하게 될 무한한 다수들의 다수성(혹은 집합들 안에 포함된 부
분집합들)을 구상하는 방식의 사유에—미친 영향과 관련된다. 성찰 12
는 우리가—'자연: 시인가 수학소인가?' 라는 질문을 가지고—순서에
따른 진행 방식을 벗어났던 지점에서 논의를 재개하여 '자연적 다수들
의 존재론적 도식과 자연의 비실존(The Ontological Schema of Natu-
ral Multiples and the Non-Existence of Nature)' 을 주제로 논의를 이
어 간다. 『존재와 사건』이 여기에서 수학을 일반화된 형식적, 물리적,
사회적 존재론을 위한 기초로 놓는 쪽을 향해 다시 한번 보다 [길게]
지속되는 밀도 높은 노력을 요하는 방향 전환을 취하게 되므로, 바디우

사유의 집합론적 원천들과 구조를 (필연적으로 단순화된 형태이기는
하나) 어느 정도는 더 자세한 형태로 펼쳐 놓을 때가 되었다. 『존재와
사건』의 이 부분의 전반에 걸쳐 그가 가장 강하게 역설하는 논점은 "수
학 내부적인 무한성 개념은 없고, 그저 '매우 큰' 것에 대한 희미한 이
미지들만이 있을 뿐이"라는 것이다(p. 145). 그러므로 만일 (수학자나
철학자를 막론한) 사상가들이 칸토어의 집합론적 혁명의 도래에 앞서
무한 관념을 불러낸다면, 그들은 그 관념을 해결할 수 없고 피하는 편
이 나은 역설들의 근원으로 탄핵할 목적이거나, 그게 아니라면—무한
을 보다 용인하는 편이지만 그런 만큼이나 혼란스럽게—합리적 사유
의 가장 먼 경계 너머에 놓인 어떤 형언할 수 없는 영역으로 놓기 위한
것이다.[133] 더구나 그는 그래서 "무한한 다수성이란 무엇인가?"라는 질
문이, 적어도 이 질문을 수학적 이해를 위해 정식화할 수 있도록 했던
—칸토어로부터 코헨에 이르기까지 여러 사상가들에 의한—모든 인상
적인 발전에도 불구하고, "오늘날 아직 완전하게 해결되지 않"은 질문
이라고 주장한다. 여기서 바디우의 논점은 (자연수 또는 양의 정수
[counting number] 집합과 같은) 어떤 무한 집합에 (짝수 집합 같은)
하나의 '더 작은' 부분집합이 포함되지만 그럼에도 두 집합이 서로 각
각의 원소들간에 일대일로 짝지어질 수도 있다는 생각에 관해 언제나
반反직관적인(counter-intuitive) 무언가가 있으리라는 것이다. 혹은
다시 말해—오히려 우리의 감각이 기만됨을 '알고' 있으나 그럼에도
계속 감각적·지각적 수준에 장악되는 시각적 망상들처럼—모든 주어
진 무한 집합의 멱집합(power-set)이, 곧 원래 집합 안에 포함된 모든
부분집합들의 총합이 앞에서 이야기한 것과 같은 방식으로 일대일 대

―――――――
133 무한에 관한 사유의 역사를 논하는 매우 날카롭고도 폭넓은 주해를 보려면, A.
W. Moore, *The Infinite* (London: Routledge, 2001) 참고.

응의 절차를 허용한다는 생각을 수용하지 않으려는 저항이 있다. 직관적으로 해당 멱집합이 원래의 집합 자체보다 (실제로 무한하게) 더 크다는 점을 알 수 있으니 말이다.

이 단계에서 바디우의 주된 논점은 이런 것이다. "무한에 이르기까지 서로 구별될 수 있는 무한한 다수들"이 있으며, 따라서 "무한의 존재론화(ontologization)는 무한한 일자(one-infinite)를 폐지할 뿐만 아니라 또한 무한의 유일성(unicity)을 폐지"하는데, 왜냐하면 "그것이 제출하는 것은 유한에 대한 공통적인 대비(opposition) 안에서 식별될 수 있는[134] 무한들의 무한성으로부터 오는 현기증"이기 때문이다(pp. 145~6). 칸토어의 혁명이 도래하고 나서야 그러한 현기증에 굴복하지 않고서 무한한 항들을 사유할 수 있게 되었다. 곧 어떤 방식으로 그러한 다양한 무한성의 위계들(orders) 또는 '크기들(sizes)'이, 그러한 항들을 규정하는 가장 중요한 특징에 있어, 수적으로 동등한 것으로 사유되어야 할 것인지 구상할 수 있게 된 것이다. 집합론이 개념적이거나 직관적인 저항의 상당한 가능성에도 불구하고 이에 맞서 추가로 어떤 의미심장한 발전의 단계를 성취할 때마다 동일한 압박이 주기적으로 되풀이되었다. 요컨대 아리스토텔레스로부터 헤겔에 이르기까지 모든 사상가들이 '완전해진' 혹은 '확실한' 무한[실무한]('positive' infinity)을 부정했다면—그러한 무한이 모든 방식의 역설이나 또는 (그들이 추정했던 것처럼) 해결될 수 없는 아포리아를 낳는다는 이유로 그것을 이성에 대한 직접적인 모독이라고 간주했다면—이런 판단은 의심의 여지 없이 분명한 상식적·직관적 근거에 따른 것이었다. 비록 그들의 판단이 객관적인 혹은 수학적으로 증명할 수 있는 진리에 관한 한 잘못

---

134 [저자는 이 단어를 '식별될 수 없는(indistinguishable)'으로 인용하지만, 『존재와 사건』 원문에서는 'distinguishable'이 사용되었다.]

된 것이기는 하지만 말이다. 여기서 바디우의 논점은 직관적 자명성의 주장이 흔히 사유 과정들과 물리적 사건들 사이에 필요한 연결고리를 제공한다고 간주되는 그러한 저변에 깔린 법칙들에 대한 하나의 공동의 보증물로서 자연에 대한 호소에 동조했다는 것이다. 말하자면, 완벽하게 자연적인 가정(물론 그런 이유로 유효하거나 합리적으로 정당화되지는 않는 가정)이 있는데, 그러한 가정은 이성이 최적의 효과에, 즉 가장 신뢰할 수 있는 방식으로 지식을 증진하거나 또는 진리에 이바지하는 효과에 발휘된다면, 이는 오직 그 자체로 충분히 자연스럽게 인간의 인식이나 지성의 범위에 주어지는 어떤 것에 관한 그러한 자연적 수렴의 문제일 뿐이라는 것이다. 바디우는 바로 이러한 순환적이거나 자기 확인적일 따름인 공허한 정신 상태에 대한 도전에 나서, 그러한 [자연적] 주장—추정상의 자명성—과 근대적 집합론의 발전을 뒤따르며 그 파급력을 흡수했던 사상가들이 사용할 수 있었던 다양한 개념적 자원들을 직접적으로 비교한다.

따라서 이 장에서 그의 가장 중요한 주제는 이런 것인데, 이를테면 자연에 대한 호소가 가장 강력한 압력을 가하거나 혹은 가장 큰 직관적 무게를 전달하는 모습을 보이는 곳이라면 어디서든, 현재 공인된 진리의 가장 먼 경계 너머에 이른 사유가 표현하는 바로 그러한 종류의 도전에 대한 은밀한 저항을 발견하게 될 개연성이 있다는 것이다. 이는 또한 그가—다시 한번 부조리하게 보일 수 있겠지만—"자연은 실존하지 않는다"고 주장하는 이유이기도 한데, 이는 적어도 무한하게 다수적인(그리고 다수적으로 무한한) 실존의 양식들에 따른 집합론적 존재 구상에 간접적으로나마 부합할 '실존한다(exist)'는 말의 의미에 따른 것이다. 수학적으로 말해서, 서수(ordinal)—첫 번째, 두 번째, 세 번째 등과 같은 '순서를 정하는(placing)' 수들—의 영역에서, 자연이나 자

3장 본문 읽기   221

연적인 것의 관념은 가장 강력한 힘을, 그리고 이에 따라 가장 격심한 혼동을 야기할 힘을 행사한다는 점이 감지될 수 있다. 이는 (바디우가 '그저 재미삼아' 간략한 형식적 증명을 제공하는) 기본적인 원칙에서 도출되는데, 이 원칙이 말하는 바는 어떤 한 서수에 귀속된 모든 다수는 그 자체로도 서수이고, 이 경우에 서수들 사이에 엄격하게 추이적인 (transitive) 관계가 주어지며 "그 서수에 귀속되는 모든 서수는 또한 그 서수에 **포함된다**"는 것이다(p. 133). "하나의 서수는 따라서 그 자체로도 서수들인 다수들로 이루어진 다수"이기에, 우리는 "이 개념이 문자 그대로 모든 존재론의 근간을 제공하는데, 그것이 **자연**(Nature) 개념 자체이기 때문이"라고 연역할 권리를 얻게 된다(p. 133). 이런 측면에서 이 개념에 수반되는 것은 귀속과 포함의 결정적인 구별의 붕괴인데, 이는 바디우의 관점에서 어떠한 종류이든 정립된 구조들이 가장 눈에 띄게 압력을 받는 위기의 지점을 표시한다. 따라서 서수들의 본성, 곧 서수들이 서로 엄격하게 동질적인 관계성의 위계(order)에 있다는 사실은 각각의 서수들에 자연적 세계의 어떤 특정한 양상들이나 속성들 또는 특징들에 대한 단 하나뿐인 존재론적 장악력의 정도를 부여하는 무엇이다. 하지만 그러한 본성은 또한 어떤 기존의, 존재론적으로 확정된 정세(state of affairs)가 그 자체의 장악력을 넘어서며 이로 인해 오로지 이례적이거나 모순적이거나 또는 설명할 수 없는 것으로 등재되는 무언가에 봉착하게 되는 그러한 전환적 과정에서 역할을 맡게 될 어떠한 가능성도 배제하는 그런 것이다.

달리 말해서, 바로 그러한 전제된 '자연의 동질성'이 서수들에 절대적이고도 불변적인 일치라는 성격을 유형적으로 부여하며, 또 역으로 그러한 서수들의 특성은 자연을 합리적 사유의 목적에 충분히 일관적인—곧 동질적인—것으로 만든다. 이에 따라 바디우가 형식주의, 관습

주의, 허구주의, 구성주의 및 직관주의라는 사유의 유파들이 뭉쳐진 집
단에 대항하여 내놓는 주장은 수학적 영역의—서수들의 추이성(transi-
tivity)과 같은—두드러진 특성들이 모든 존재론적 탐구에 유일하게 적
합한 기초 혹은 출발점을 제공한다는 것이다.[135] 그 결과, 이 출발점은
사유가 정당하게 (자연 과학의 현실을 비롯한) 자연적 현실의 영역들
을 이해할 수 있도록 하는—그러나 결정적으로 그 이상에 이르지는 않
는—수단이 되는데, 이 자연적 현실은 [수학적 영역에서 제공된 기초
가 아니라면] 칸트적 방식으로 언제까지고 우리 인식의 힘이 지닌 가장
큰 범위 너머에 놓이는 것으로 간주되어야 할 무엇이다. 이를 한정하는
조건이 들어서는 지점에는 다시 한번 존재의 영역과 사건의 영역 사이
를, 혹은 존재론과 어떠한 방식의 존재론적 특정도 벗어나거나 초월하
는 어떤 것 사이를 선명하게 구별해야 한다는 바디우의 주장이 따른다.
이런 방식으로 바디우는 존재론으로부터 인식론으로 돌아서는 것으로
잘 알려진 칸트의 전회—칸트 자신의 '코페르니쿠스적 혁명'—를, 그
리고 이와 함께 현상계/예지계(phenomenal/noumenal)[136]의 이원론과
(바디우의 사유에 따를 때) 그러한 이원론에서 야기되어 혼동과 잘못
된 시작을 유발하는 모든 철학적 노력들을 거부한다.[137] 바디우의 관점
에서, 차라리 그 구분은 (제1 철학의 지위를 되찾는) 존재론과—여기

---

135   이러한 다양한 사유의 유파들에 대한 일류의 온라인 검토와 함께 유용한 선택적
서지 목록을 참고하려면, Leon Horsten, 'Philosophy of Mathematics', *The Stanford
Encyclopaedia of Philosophy* [http://plato.stanford.edu/entries/philosophy-mathe-
matics/] 참고.
136   [칸트 철학에서 지각과 경험에 의해 인식되는 phenomenon과 구별되는
noumenon은 이성에 의해서만 사유되는 '예지적 실체' 또는 '절대적 실재'를 말하며,
이 단어는 칸트 철학 외에 다른 곳에서 쓰일 때는 통상 '본체'로 번역된다.]
137   Immanuel Kant, *Critique of Pure Reason* (trans.) N. Kemp Smith (London:
Macmillan, 1964).

에서 이전의 존재론적 약속이 가장 결정적인 도전과 전환들을 겪게 될 따름이지만, 바로 그렇기 때문에—존재론적 약속의 효력이 그치는 사건들의 영역 사이에 떨어진다.

그러한 사건들이 예상되거나 또는 사전에 허용될 수 없다는 사실— 그러한 사건들이 언제나 새로운 것의 충격과 함께 도래한다는 사실— 은 바로 사건들을 모든 현행의 존재론적 도식의 범위 너머에 위치시키는 무엇이다. 마찬가지로 이는 사건들을 '자연적 다수들'의 영역으로부터, 혹은 바디우에 따를 때, '자연적' 현실의 구조에 대응하는 것으로 이해되는 서수들의 연쇄적 배열(sequence)에서 원형적 현현을 발견하는 그러한 다수들의 영역으로부터 완전히 동떨어진 영역에 두는 무엇이다. "만일 어떤 다수가 하나의 서수—추이적 집합들로 이루어진 한 추이적 집합—라고 한다면, 이는 하나의 절대적인 결정이며, 다수가 현시되는 상황과 무관하다"(p. 133). 즉, 그러한 사실은 어떤 사건이 일어나 기존의 상황을 중단하고 이를 전환할지도 모를 가능성을, 혹은 어떤 엄격하게 정원 외적인(supernumerary) 원소가 도래하여 이 [상황의] 상태가 지배적인 하나로-셈하기에 의해 고유하거나 합법적인 장소를 찾지 못하는 것의 형태를 띠는 공백에 직면하게 되는 중대한 지점—곧 사건의 자리—에 영향력을 행사할 가능성을 배제한다. 자연 혹은 자연적인 것은 이로 인해 널리 유포된 이러저러한 개념적인, 법적인, 사회·정치적인 질서 아래 현시에 적합한 것으로 간주되는 어떤 것(현시되지만 그렇다고 인정되지 않는 어떤 것과 대비되는)의 범위와 영역에 한계를 부과하는 무엇으로 규정될 수 있다. "자연적 일관성은—하이데거처럼 말하자면—귀속이라는 다수-현시라는 기원적 **이념**(Idea)의 자연적 다수들 전체에 걸친 '지배력(holding sway)'이다"(p. 134). 실제로 만일 이런 이야기를 '자연은 자기에 귀속된다'는 것으로 받아들인다면

―즉, 자연의 관념이 자기에 귀속되지 못하는 모든 것을 배제하거나 무시한다는 취지의 일관성이 지배하는 영역의 관념이라면―우리는 또한 이러한 자연적인 것의 관념이 특정한 종류의 외삽추론(extrapolation)의 남용에 이르기 쉽다는 그의 논점을 받아들일 것이다. 그러한 외삽추론 중에는 다소간 은밀한 방식으로 어떤 문화적, 시민적, 사회·정치적, 인종적 공동체 개념을 자연적으로 그 자체의 궁극적인 원천과 함께 귀속됨(belonging-together)의 개념으로부터 유도해 내는 방식의 추론이 있는데, 바디우가 주장하는 바에 따를 때, 이는 자연화된 (직관적인) 개념적 파악의 힘을 초월하는 모든 것에 의해 제시되는 종류의 도전들에 관해 그 자체를 확장하지 않겠다는 사유의 거부에 따른 것이다.

　그래서, 바디우의 설명에 따를 때, 사유가 어떻게 계산의 유한한 차원에서 무한한 차원으로 가는 이러한 걱정스러운 경로를 협상해낼 수 있을 것인지에 관한 문제에 함께 묶여 있는 정치적으로나 철학적으로 중요한 몇 가지 주제들이 있다. 한 가지는 갈릴레오가 잘 알려진 바와 같이 자연이라는 책이 "수학의 언어로 쓰였다"고 선언함으로써 근대적인 자연 과학들에 유증했던 주제이다. 이제쯤이면 거의 말할 필요도 없겠지만, 바디우는 이 진술을 이루는 항들을 뒤집어 수학이나 과학의 진리들이 그 자체로 어떤 주어진 자연적 '언어'와 여기에 연관된 다양한 배경적 믿음들이나 규약들 또는 '삶의 형식들'에 의존하거나 오로지 그러한 맥락에서만 알 수 있는 것으로 이해되어야 한다고 주장하는―반실재론, 구성주의, 포스트근대론, 비트겐슈타인 또는 강한 사회학의(strong-sociological) 태도를 비롯한―유행을 따르는 노선의 수용과는 거리가 멀다.[138] 반대로, 그는 수학적 언어가 어떤 의미로도 자연적

138　특히 Badiou, *Manifesto for Philosophy*와 *Theoretical Essays*를 볼 것.

언어에 대한 의존과 무관하고, 그러한 최종적인 언어적 매혹의 기반에 의해 조장되는 종류의 상식적·직관적 환상을 감지해 내며, 이러한 환상에 반대하여 잠재적으로 초월할 수 있을 단 하나의 효과적 수단임을 확고하게 주장한다. 실제로 바디우는 바로 이 '자연적' 언어의 자연화하는(*naturalizing*) 경향이—요즘에는 (불행히도) 대부분의 지성적 공동체의 격려와 축복을 받으며—순응주의적이거나 순전히 마취적인 영향력을 행사해 왔다고 간주하는데, 그러한 영향력의 원천은 사유가 그 자체의 문화적 공동체의 교육적(*informing*) 가치 및 믿음들과 결코 (지성적으로) 단절해야 한다고 주장할 수 없다는 관념이다.

따라서, 바디우가 갈릴레오의 경구를 인용할 때, 수학 자체의 전문적 영역 내부와 그 너머에 이르는 지성적 발전의 수단으로서 수학의 탁월성을 부정하거나, 또는 수학을 되돌려 그러한 발전들이 이러저러한 시점에 언어적으로 표현될 수 있는(그래서 개념적으로 달성될 수 있는) 무엇의 범위와 한계에 제한된다고 주장하려는 목적이 아님이 명확해진다. 그러한 개념들은 전적으로 바디우의 사유에 이질적이며, 그의 사유에 수반되는 것은 두 가지 규칙—(1) 진리는 언제나 현재의 지식의 한계를 초월할 수 있고 때로 그런 일이 일어나며, (2) 지식(특히 수학적 지식)은 그 자체로 모든 자연적 언어나 혹은 심지어 모든 형식적으로 정제되거나 엄격한 언어를 통해 표현될 수 있는 무엇 너머에 이를 수 있다—에 대한 무조건적인 책임이다. 그래서, '자연은 실존하지 않는다(Nature Does Not Exist)'라는 제목의 절로 성찰 12를 마무리 짓는 중에 "자연은 말로 표현할 수 있는 존재를 갖지 않는다"고 확언함으로써, 바디우가 (갈릴레오 이후의) 근대 과학은 줄곧 그 자체의 진리를 말하거나(truth-telling), 진리에 기여하거나(truth-conducive) 혹은 적어도 진리에 근접하는(truth-approximative) 힘이라는 잘못된 망상

적 관념에 종속되어 있었다고 이야기한다는 추정은 거의 불가능할 것
이다. 바디우가 '자연의 책'에 관해 갈릴레오를 준거한다는 점은 어떤
확실한 한정적 판단의 힘을 지니는데, 그 힘이 결정적으로 갈릴레오에
의해 자연적 질서로 이해되었던 수학과 물리적 세계 사이에 놓인 관계
너머에 이른 근대적(즉, 집합론적) 발전의 구체적인 양상을 지시하기
때문이다. 이에 따라, 만일 "모든 서수들의 집합이 … 다수의 **이념들**의
작업틀 안에서 자연의 존재론적 하부 구조를 규정한"다면, 갈릴레오의
그러한 기초적인 추정은 고전적 패러다임보다 오래 지속되지는 못할
것인데, 거기서 무한은 그저 잠재적인 역할이나 한계점의 역할로 등장
할 뿐이며—칸토어 이후 [고전적 패러다임에서] 그럴 것처럼—명확히
정의되어 완전하게 작동 가능하기는 하지만 (모든 새롭게 이루어진 발
전에 따라) 역설적이거나 반反직관적인 개념으로 등장하지 않는다.

　이 단계에서, 바디우가 기술하는 바에 따르면, "한 새로운 존재론의
정리가 그러한 집합[서수들의 집합]이 다수의 공리들과 양립할 수 없
으며, 존재론의 틀 안에 실존하는 것으로 인정될 수 없음을 선언한다.
[…] 오직 어떤 자연적 존재들만이 있을 뿐이다"(p. 140). 다시 말해, 사
유가 한계 서수(limit-point ordinal/limit ordinal) 개념 너머로 나아
가 현실적인(진정한) 무한의 실존이 아니라 다수적 위계들(orders)이
나 '크기들(sizes)' 또는 기수성들(cardinalities)의 실존을 구상하게 되
는 곳에서, 사유는 철저하게 새로운 개념적 기반 위에 서게 된다. 그 이
후로 사유는 수와 물리적 현실의 구조들 사이의 관계에 관한 '자연적'
질서 같이 (한때 그렇게 여겨졌던) 어떤 확고하면서도 신뢰할 수 있는
발판들을 가질 수 없겠지만, 동시에—그리고 바로 그 이유로 인해—엄
청나게 확장된 존재론적·탐색적 사유의 범위를 누리게 된다. 이러한
영역들 간의 경계를 가장 명확하게 표시하는 것—집합론적(이에 따라

연산적) 무한 개념으로 옮겨가는 이행의 지점―은 단지 논리나 수학이나 여타 형식 과학들에서만이 아니라, 또한 물리학에서 신학을 망라한 다른 사유의 분과들에서 탐구의 수행을 지배하는 전제들의 급격한 변화다. 후자에 대해, 바디우는 기독교가 언제나 무한의 이념들과 밀접하게 묶여 있었다고 언급한다. 비록 이 무한이 다른 (철저하게 세속화되었기에 존재론적으로 훨씬 더 큰 영향을 미칠) 집합론적 사유의 양식을 배제했던―그리고 그러한 사유의 양식으로부터 오는 도전 아래 놓였던―측면에서 이해되기는 했지만 말이다. 이런 의미에서, 그는 "기독교적 일신교는, 신을 무한으로 나타내기는 하지만, 그리스적 유한주의(finitism)와의 즉각적이며 완전한 단절을 도입하지 않는다"고 기술한다(p. 142). 그리고 다시 말해, 만일 "중세 기독교의 무한한 **신**이 존재로서 본질적으로 유한하다"면, 이는 분명히 "**그**와 창조된 **자연** 사이에 넘을 수 없는 심연이 없"는 탓인데, "왜냐하면 이성에 따른 후자[창조된 **자연**]에 관한 견해가 우리에게 **그**의 실존의 증명을 제공하기 때문이다"(p. 143).

확실히 우리가 말할 수 있는 것은―물론 바디우가 이런 방식으로 말하지는 않지만―신학이 무한의 과도한 자원들을 길들이는 데 이용하려 했던 개념적 경계 표시의 과정과 집합론의 출현을 통해 초래된 새로우면서도 더욱 확장적인 존재론의 영역 사이에 정확하게 역의 관계가 있다는 것이다. 한편으로, 바디우는 "우리는 데카르트가 창조된 **자연** 자체의 무한성을 인정하게 될 시점에, 갈릴레오 사건의 영향을 받아, **신**의 실존에 관한 증명을 바꿔야 했다는 점에 주목해야 한다"고 말한다(p. 143). 즉, 데카르트는 '부동의 원동자(immobile supreme mover)'―말하자면, 자연적이거나 물리적인 실존의 변하기 쉬운, 시간에 매인, 유한한 영역에 대한 대조를 통해 그 존재가 정의되는―로서의

신이라는 관념을 폐기하고, 그 대신 신을 전적으로 그러한 유비적 사유
의 방식들 바깥에 그리고 그 너머에 놓인 어떤 선험적 영역에 위치시켜
야 했다. 그렇다 해도, 이러한 종교적 영향 아래 놓인 무한 구상은 칸토
어 이후의 근대적인 무한 구상을 향한 어떠한 진보의 전망도 닫아 버렸
던 제한적 존재론에 매인 채로 남아 있었다. 이런 이유로, 바디우가 말
하는 그대로, "결과적인 존재의 무한성은 최상의(supreme) 존재자의
실체적 무한성이라는 유일한 형이상학적 점괄성點括性(punctuality)[139]
에 따라 인식될 수 없다"(p. 143). 그것은 또한 이러한 주제들에 관한
사유의 집합론적 혁명이 오직 철저하게 세속화된 무한성 구상의 출현
과 함께 일어날 수 있었던—혹은 모종의 은밀한 신학적 관할권을 바라
는 칸토어의 잔여적 갈망 너머의 단계를 달성할 수 있었던—이유이기
도 하다. 이러한 무한 구상이 마침내 무대에 등장할 때, 거기에는 두 가
지 결정적인 효과가 있다. 이를테면, 무한(즉, 무한하게 다수적인 무한
성의 위계들)을 그러한 모든 형이상학적이거나 초현세적인 기반으로
부터 완전히 분리시키는 효과가 있으며, 마찬가지로 새롭게 발견된 이
모든 존재론적 자원들을 주로 수학이나 자연 과학들과 관련된 사유의
기획 안에 재배치하는 효과가 있는 것이다. 이에 따라 "존재의 무한성
이라는 테제는 필연적으로 포스트기독교적이거나 혹은, 이 편이 낫다
면, 포스트갈릴레오적이다"(p. 143). 그리고 무엇보다, "무한에 관한
모든 테제의 급진성은—역설적으로—신과 관련되기 보다는 오히려 자
연과 관련된다"(p. 143).

　이 두 가지 진술은 광범위하게 유포된 근대 철학 및 과학사의 확신에

---

139   [이 말(프랑스어 ponctualité)은 '점괄성'으로 옮기기는 했지만 '점點적인 것',
'점으로 된 것'의 의미이다. 해당 문장을 풀자면 부동의 원동자라는 형이상학으로부
터 제시된 단 하나의 준거로만 자연의 무한성을 인식할 수는 없다는 것.]

너무나 직접적으로 반대하기에, 여기서 분명한 추가적 논평을 필요로
한다. 결국, 어떤 (바디우 자신은 부정하기 바라지 않을) 강력한 가정
이 하나 있는데, 이는 갈릴레오가—종교적 박해의 위협에 직면했을 때
그가 단기적으로 어떤 전술을 취했건 간에[140]—상당한 용기를 내어 태
양중심설을 지지했으며, 무한에 관한 담론의 신학적 관련성과 이로부
터 야기되는 해결불가능한(혹은 그 당시에 그렇다고 여겨졌던) 수학과
철학의 문제들을 고려할 때, 그러한 담론에 어떤 방식으로도 관계하지
않겠다는 그의 거부가 완벽하게 이해될 수 있지 않겠느냐는 가정이
다.[141] 프랑스 철학 및 과학사에는 갈릴레오에 관해 폭넓은 영향을 미친
알렉상드르 코이레(Alexander Koyré)의 설명으로부터 이어지는 현저
한 특징이 있는데, 이 설명에서 갈릴레오는 그 누구보다 더 우주를—
어떤 의미에서—무한하거나 한정 없는 것으로 보는 구상으로 가는 길
을 열었던 사상가로 간주된다.[142] 하지만 바디우의 논점은 초기 근대 과
학의 역사에 대한 갈릴레오의 중심성을 부정해야 한다는 것도 그 특정
한 주장을 온전히 이해할 경우에만 기각해야 한다는 것도 아니다. 요컨
대 "만일 **자연**의 무한성이 오직 세계의 무한성을 나타내거나 혹은 코이
레가 근대적 단절이 있다고 보는 '무한한 우주'를 나타낸다면, 여전히
이 우주는 일자의 실존자 됨(being-existent-of-the-one)[143]의 완성으

140 [종교 재판을 받게 된 갈릴레오는 교회를 향해 태양중심설(혹은 지동설)을 부인
한다는 입장을 천명한 이후 재판소를 나오면서 '그래도 지구는 돈다'라는 말을 했다
고 알려져 있다.]

141 Moore, *The Infinite* (op. cit.).

142 Alexandre Koyré, *From the Closed World to the Infinite Universe* (New York: Harper & Row, 1958).

143 [『존재와 사건』 프랑스어판에는 'l'être-étant-de-l'un'으로 표기되어 있고, 옮
기자면 '일자의 존재자 됨'이다. 존재자(étant)와 실존자(existent)는 같은 것으로 간
주된다.]

로 이해할 수 있다"(p. 144). 이는 갈릴레오의 성취를 평가절하하는 것이 아니며, 또한 어떠한 사유라도 그러한 형이상학적으로 지배되는 무한의 관념 너머로 나아가 다수적인 무한성들 또는 무한한 다수성의 가능성을 제기할 경우—과학이나 신학의—정립된 믿음들에 대해 얼마나 전복적인 것이 될지 바디우가 인식하고 있음을 어렴풋이나마 보여준다. 만일—바디우가 이러한 갈릴레오적 맥락에서 이야기했듯이—그 문제가 "오늘날 아직 완전하게 다뤄지지 않았다"는 이야기가 참이라면, 어쨌든 그 문제는 강력하고 매혹적이면서도 위협적인 힘을 회피하는 데 있어 그저 부분적인 성공을 거뒀을 뿐인 플라톤으로부터 내려오는 사상가들에게 강력한 영향을 미쳤던 것이다.

분명히 바디우는 훨씬 뒤에 가서 (성찰 26에서) 갈릴레오도 파스칼처럼 어떤 유한한 양을 무한한 양에 '더하는 것'이 후자에 수적인 차이나 양적인 차이를 만들지 못한다는 사실과 같이, 논리를 뒤트는 역설들을 날카롭게 인식하고 있었다고 언급할 때, 이 논점을 분명히 한다. 혹은 다시 말해서, 자연수의 수열이 무한하며 마찬가지로 짝수의 수열도 무한하기에, 두 수열은(상식적·직관적 입증뿐만 아니라 강력하게 지지되는 논리적 확신에 대해서도 분명히) 수적으로 대등하다고(equinumerous) 간주될 것이다. 그러한 딜레마에 직면할 때, 바디우는 갈릴레오가 "매우 현명하게도 '더 많이'와 '더 적게'라는 개념들이 무한과 무관하다거나 또는 무한한 전체들이 양들이 아니라는 결론을 내렸다"는 점을 인정한다(p. 266). 이러한 평결은 그 역설이 하나의 개념으로 전환될 수 있다는 점, 혹은 무한에 관한 스캔들—곧 어떤 의미로 전체와 동등한 것으로 이해될 수 있을 부분에 관한 스캔들—이 실제로 무한의 정의 자체 또는 특징적인 표식으로 기능할 수 있다는 점에 대한 칸토어의 인식이 있어야만 철회될 수 있을 것이다. 하지만 여기에서 바디우의 요지는 변증법적 사유의 과정을 강조하는 것으로, 이 과정에 따를 때 무한성의 이념은 일단 확고하게 정립되고 나면 기존의 형이상학적 관습으로 제약된 신념으로부터 무한에 부과된 한계를 돌파하는 경향이 있으며, 그리고 이에 따라 그러한 신념의 여러 다양한 지지자들이 의식적으로 상상하는 그 어떤 것보다 급진적인 형식을 띠는 경향이 내재되어 있다.

우리는 이미 칸토어가 어떤 방식으로 자신의 발견의 함축들을 밀어붙이는 데 주저함을 보였고, 보다 안정된―그의 경우에 은밀하게 신학적인(crypto-theological)―사유 양식들로 물러나 그러한 함축들을 적어도 일시적로나마 억제하는 경향을 보였는지 살핀 바 있다. 이에 따라 집합론적 탐구의 역사는, 아리스토텔레스 이래, 무한의 역설들을 해결하려는 더 이른 시기의 시도들에 특징적으로 나타나는 통찰과 맹목성이 공함축된(co-implicated) 그러한 동일한 변증법을 계속해 나가는 역사이다. 각각의 모든 단계에는―바디우가 주장하는 그대로―이중의 모순적 운동이 있으며, 이에 따를 때 새롭고도 보다 도전적인 구상들의 출현은 인정된 관념들의 관성적 힘과 동조하게 되는데, 이리하여 그러한 '사건적' 혁신들은 종종 발견자들의 의도와 다르게 혹은 반대로 일어나게 된다. 그런 순간에 발생하는 것은 규칙, 방법, 연구 계획 및 정립된 절차들에 대한 호소에 의해 설명될 수 없는 무엇인데, 그것은 정확하게 이제까지는 타당하거나, 일관적이거나, 지식에 기여하거나, 또는 과학적으로 받아들일 수 있는 탐구 수행의 방식을 특정했던 무엇을 넘어서는 운동으로 구성되기 때문이다. 무한한 다수―너머에 이르는 운동(movement-beyond)을 수반하는―의 경우, "규칙은 이 다수를 현시하지 않을 것인데, 왜냐하면 규칙은 이 다수를 완전하게 가로지르는(traverse) 데 실패함으로써 그것을 무한한 것으로 간주하기 때문"이며, 이로부터 "그 다수가 '다른 곳에' 규칙의 무력함의 장소로서 현시되어야 할" 필요성이 이어진다(p. 147). 무한한 다수가 정의상 한계 서수(limit-ordinal)에까지 이르며 또 이를 포함하는 수들 또는 양들—말하자면, 무한에 미치지 못하는 모든 것—에 적용되는 어떤 규칙에 의해 횡단되는(traversed) 영역 저편에 있기에, 그러한 규칙은 다시 한 번 정의상 그러한 다수를 생산하거나 포섭하지 못한다. 그러므로 이러한 유한한 계산(reckoning)의 '타자'는, 바디우에 따를 때, "규칙에서 감산된(빠져나온, subtracted) 다수이며, 그것은 또한 그 규칙의 적용 범위에 있을 경우 그 규칙의 행사를 중단할 무엇이다. 그것은 명백히 규칙의 한계에 위치한다"(p. 147).

5. 규칙 준수와 선택 공리

분명히 바디우가 이 문제를 제기하는 방식에 따른 의미는 그가 자신의 사유를 비트겐슈타인의 통찰로 시작하여 지난 30년에 걸쳐 분석철학자들 사이에서 방대한 분량의 주해를 산출했던 규칙 준수에 관한 논쟁 안으로 가져간다는 것이다.[144] 하지만 바디우의 접근법은, 수학과 논리 및 여타 형식 과학들에 관한 분석철학이—규칙 준수의 '역설' 혹은 수학의 진리가 잠재적으로 인간적 인식 범위의 한계를 초월하는 것으로 간주될 수 있는지에 관한 문제같이—수학자들의 관심사보다는 철학자들의 관심사와 관련될 개연성이 큰 몇 가지 주제들에 집중하는 경향을 보

---

144   규칙 준수라는 주제에 관해서, Ludwig Wittgenstein, *Philosophical Investiga-tions* (op. cit.), Sections 201-92 *passim*; Saul Kripke, *Wittgenstein on Rules and Private Language: An Elementary Exposition* (Oxford: Blackwell, 1982); Alexander Miller and Crispin Wright (eds), *Rule-following and Meaning* (Chesham: Acumen, 2002).

이는 이상, 분석철학자들의 접근법과 선명하게 대비된다.[145] 게다가 이러한 차이는 복잡하고 도전적이며 때로 문제적인 논쟁 사례들을 선택하는 바디우와 (기초적인 덧셈이나 혹은 계속되는 'n + 2'의 수열같이) 진리와 지식과 회의적 의심에 관한 흥미로운 문제를 제기한다고 간주되지만 수학적 이해력의 확장이나 (심지어) 지성적 창조성의 확장을 요구하지 않는 기술 연마용 연습 문제(five-finger-exercise)의 예들을 선호하는 분석철학자들 사이에 놓인 극명한 대비에 반영된다. 실제로, 바디우의 작업을 한번 살펴보겠다는 용의를 가진 몇 안 되는 분석철학자들을 도발할지도 모를 한 측면은 위험을 피하지만 현행의 수학이나 수리철학의 경계에서 그러한 주제들에 관여함으로써 얻게 되는 보상 또한 피하게 되는 그러한 '중요치 않'고, 모험적이지 않으며, 존재론적으로 온건한 양식의 사유를 향한 바디우의 어느 정도는 경멸적인 태도이다.

그러므로 이로 인해 그의 접근법은 규칙준수 문제에 관해 차이를 보이게 되며, 그가 가장 존경하는 수학자들이 지성적 창조성과 사변적 범위에 있어 다른 수학자들과 두드러지게 구별되는 것과 마찬가지로, 기존의 의제나 협소하게 전문화된 주류 분석철학의 풍토와 현격하게 대비된다. 그가 보는 그대로, 그 문제는 "'이미(already)'와 '아직-더(still-more)'[146]의 변증법"과, 곧 플라톤부터 내려오는 일자와 다수에 관한 서구 사유에서 가장 중요한 모든 에피소드들에서 모습을 드러냈던 그러한 변증법과 관련된다. 본질적으로 "'현시의 무한성이 실존한다'라는 테제를 유효하게 만들기 위한 사유의 매개(means)는 무엇인

145　바디우는 *Theoretical Writings*의 1부 'Ontology is Mathematics'(pp. 3-93)에서 강력한 논쟁적 힘을 동원하여 이러한 논점을 개진한다.

146　[이 말은 『존재와 사건』 프랑스어판에서 'encore'의 번역어인데, 'encore'에는 '아직'과 '더'의 의미가 함께 들어가 있다.]

가?"라는 질문에서, "'매개'라는 말을 우리는 무한성이 일자의 매개 없이 사유될 수 있는 것에서 일어나는 방식들로 이해한다"(p. 146). 이에 대한 바디우의 대답—논증과 증명절차로 이루어진 어떤 중요한 공리·연역적 연쇄들의 상세한 검토로 지지되는—은 이것이 사유자의 편에서 선택(choice) 혹은 결정(decision)을, 곧 그러한 무한에 대한 제한된 극한점 개념들 너머에서 사유의 가능성들을 탐험하겠다는 확고한 약속을 요구한다는 것이다. 말하자면, 거기에 수반되는 것은 계산 가능한 방법이나 신뢰할만한 절차라는 안전한 기반을 떠나서 잘 정립된 형식의 타당한 추론에—심지어 오래도록 지속된 수학적 사유의 진보에 의해 점차 의심받게 된 그러한 종류의 직관적 기반들에—거의 가치를 부여하지 않는 개념적 *terra incognita*(미지의 영역)에 뛰어드는 모험을 감행하겠다는 각오다.[147]

어쨌든 이러한 선택이라는 요소에 대한 강조—다시 말해, 가장 엄밀하고도 논리적으로 필연적인 형식적 절차마저 어느 지점에 가면 엄격한 요건이 되기보다는 바라는 바에 따른 형식적 연산을 요구할 것이라는 사실에 대한 강조—는 단 한 순간도 이러한 문제들에 대한 모종의 무분별하거나 또는 (통상적 의미에 따른) 결정론적 접근법과 혼동되어서는 안 된다. 오히려, 바디우가 애써 보이려 하는 것처럼, 수학자들은 어떤 매우 복잡하고 노력을 요하는 형식적·증명적 절차들을 통해 '선택 공리(axiom of choice)'를 정식화하기에 이르렀고, 이로써 연역이나 엄격한 증명력의 관할권에 대한 최종적인 한계를 명시하게 된 것이다. 이 공리가 의미하는 것은, 그 기본적 형태에서, 어떤 집합 α가 주어

147　이러한 사유의 역사에 대한 상세한 검토를 참고하려면, J. Alberto Coffa, *The Semantic Tradition from Kant to Carnap: To the Vienna Station* (Cambridge: Cambridge University Press, 1991)을 볼 것.

질 때 α의 각 원소 또는 부분집합으로부터 취해진 하나의 대표 원소를 포함하는 다른 집합 β가 실존한다는 것이다. 선택 공리는 두 가지 중요한 이유로 바디우의 사유에서 중요한 역할을 담당하는데, 이 공리는 어떤 엄밀한 형식적 절차로 증명할 수 없다는 의미에서 '불법적'이지만, 그럼에도 집합론에 기본적으로 작용하는 정렬성整列性(well-orderedness) 개념을 제공하기에 엄격하게 필수불가결하다.[148] 그러므로 이 공리는 정확하게 바디우가 존재와 사건을 가르는 철저한 이분법으로, 혹은 존재론과 모든 일관적인 존재론적 설명의 범위를 넘어서는 무엇을 가르는 철저한 이분법으로 보이고자 하는 것을 포착한다. 바디우의 서술에 따를 때, "이 공리는 개입의 존재론적 도식이지만, 여기에는 사건이 결여된다. 관건이 되는 것은 개입의 존재이며, 그 실행이 아니다"(p. 500). 바디우의 감산적 구상에 따를 때, 이는 현재 실존하는 존재론적 도식 내부에 있는 불화의 지점을, 개념적 긴장 또는 비일관성을 표시하며, 어쩌면 이로 인해 비록 지금까지 현실화되지 않았고 그래서 불특정하거나 개념적으로 불확정적인 가능성과 관련한 사안으로 간주될 뿐이지만, 그럼에도 임박한 어떤 전환적 사건의 자리를 나타내는 것인지도 모른다.[149] 바디우는 이 공리가 혹자들에게는 수학적 사유의 중심에 불합리성의 요소를 용인한다는 이유로 수용할 수 없는 것 또는 매우 문제적인 것으로 여겨졌다고—그리고 그런 것으로 남아 있다고—

148 [선택 공리는 체르멜로가 공집합이 아닌 모든 집합이 정렬됨을 증명하기 위해 도입한 공리이다. 하지만 집합 안에서 임의적인 선택 함수가 있다고 가정함으로 인해 수학자들 중에는 이를 부정하는 사람들도 있다. 그래서 ZFC 공리계는 다른 공리들(ZF 공리계)에 선택 공리(C)가 추가된 형태로 표기된다.]
149 상세한 논의를 보려면, Gregory H. Moore, *Zermelo's Axiom of Choice: Its Origins, Development and Influence* (Berlin & New York: Springer Verlag, 1982)를 살필 것.

언급한다. 하지만, 이는 그들이 실제로 어떤 위협적인 붕괴에 직면하여 그러한 우월한 기준들을 적용하기보다는 고전적으로 구상된 객관성(대상성, objectivity)과 진리의 권리를 보존하고자 하는 (상당히 이해할 수 있을 법한) 그들의 보수적 욕망의 징후이다. 실제로 이러한 주제들을 검토함에 있어 바디우의 논지는 선택 공리가 그 자체에 가장 엄격한 필연성을 부과했으며 그 자체로 선택(이편이나 저편 중 어느 한편을 선택할 필요성)과 관련된 것이 아니었던 현대 수학과 논리의 건축물에서 토대적인 문제들에 대한 대응으로 출현했다는 것이다. 이는 주로 단지 외견상의 자명성과 비슷한(그러나 파생적인) 방식으로 당연하다고 여겨지는 다른 진리들에 의지하여 공리로 간주되었던 몇 가지 기본적인 추정들이 있었기 때문으로 드러난다. 그래서 선택 공리는 바디우가 수학과 다른 영역에서 제시하는 진리의 단 하나뿐인 결정적 기준의 예시적 사례이다. 되풀이해서 말하자면, 그것은 현재 얻을 수 있는 지식의 영역 너머로 가는 최초의 모험—오직 이런 의미에서, '믿음의 도약'—이 이후에 증명되거나, 그러한 모험의 타당성이 그 자체의 진리를 승인하는 잠재성이나 혹은 지식에 기여하는 힘의 정도에 의해 확인되는 절차이다.

의심의 여지 없이—다소간 정당하게—선택 공리와 수학적 진리의 본성에 관한 우리의 사유에 미치는 그 영향력에 관한 바디우의 강조가 그의 작업의 다른 우선적인 주제들과 큰 관련성을 지닌다는 이야기가 있을 것이다. 그러한 주제들 중 가장 주된 것은 획기적인 사건에 맞춰진 초점인데, 이는 수학, 정치, 자연 과학, 예술 중 어느 분야를 막론하고 이전의 모든 명시적인 규정의 수단이나 사건의 미래적 발생을 예기할 수 있는 기술을 벗어나는 그런 것이다. 이와 궤를 같이 하는 것은 충실성(fidelity)을—수학자, 정치적 활동가, 창조적 예술가, 철학자 및 여타의 사람들을 막론하고—그들 자신이나 다른 누구의 것이든 현재로서는 최상의 증명력과 탐지력을 넘어서는 어떤 것에 대한 확고한 헌신에 모든 것을 걸겠다는 의지로 '진리의 투사들'의 자격을 얻게 되는 그러한 사람들의 행동방식에서 드러나는 속성이라 보는 바디우 특유의 발상이다. 두 경우 모두 그는 선택 혹은 결정의 요소들이 심지어 가장 엄격하게 정식화된 수학적 사유의 영역들에서도 완전히 제거할 수 없다는 발상에 특별한 관심을 가지며 이에 매혹된다. 실제로 그 발상은 존재와 사건이라는 완전히 분리된 두 영역 사이를, 혹은 인정된(존재론적으로 정립된) 진리들의 차원에 속한 것과 오직 모든 존재론적 기준에 의해 이례적이거나 엄격하게 경계를 벗어난 것으로 간주되는 것 사이를 연결하는 어떤 접합의 수단을 찾아야 할 필요성에 대한 답을 제공한다. 비록 이것이 수학이나 철학 어느 면에서 보더라도 이단적인 답이기는 하지만 말이다. 그러므로 바디우의 초점은 분명하게 모호하거나, 잘못 정의된, 혹은 근사치에 불과한 다양한 무한 개념들로부터—칸토어의 작업에서—무한을 그저 암시적인 수학 개념에 그치는 것이 아니라 처음으로 연산적인(즉, 진리 가능적인[truth-apt]) 수학 개념의 역사로 끌어올릴 수 있도록 하는 무한 규정을 생산해 냈던 결정적 계기로서 사유의 운동에 놓는다.

성찰 14는 그 개념이 어떤 방식으로 '신은 무한하다' 라는 테제에서 '자연은 무한하다' 라는 테제로, 거기서 또 '무한성에는 무한하게 다수적인 위계들이 있다' 라는 테제로 이르는 연속적인 개선과 정교화 과정을 거쳤는지 보여 주는 과정이 이어진다. 여기에는 점점 더 모험적인 경향을 띠는 가정들의 시퀀스를 수립할 목적으로 상당한 분량의 자세한 해석적 논설이 수반되며, 그러한 경로의 완성에 사용되는 증명절차들은 점점 더 엄격한 면모를 보이기에 이른다. 따라서 그 시퀀스는—

간략히 말해서―끝없는 후계 서수(successor ordinals)의 수열로서 무한 개념으로부터 무엇이건 그 수열 너머에 놓인 어떤 것의 시작을 나타내는 한계 서수(limit-ordinal) 개념으로, 그리고 그로부터 유한이 [무한에 대한] 특수하거나 한정적인 사례이며 그 반대는 아닌 것으로 규정하는 무한에 대한 완전한 (집합론적) 파악으로 이동한다. 이러한 수순들 중 첫 번째는 "자연적 다수들의 존재론적 하부구조라는 동질적 우주 안에 있는 질적 불연속성"에 대한 인식을 통해, 즉 사유가 고대 그리스 시기로부터 현재에 이르는 철학자와 수학자들에 의해 발견된 일자와 다수에 관한 고전적 역설들에 봉착할 때 일어나는 개념적 파열에 대한 인식을 통해 발생한다. 이 단계에서 '무한의 도박'을, 현재 사용할 수 있는 모든 증명 방법을 넘어서지만 그럼에도 전적으로 그러한 도박에 기인하는 증명의 기초를 제공하게 될 조건을 미리 정하는 사변적 모험을 감행할 수 있게 된다. 그 불연속성이 드러나는 계기는, 후계 서수들은 "그것들 각각이 후계하는 유일한 서수에 기초하여 결정"되지만, 이에 반해 한계 서수들은 "후계의 장소 자체이며, 오직 이전에 지나친 서수들의 '끝나 버린'―하지만 규칙에 따를 때 끝날 수 없는―시퀀스 너머에서 지시될 수 있을 뿐이"라는 사실이다(p. 155).

바디우가 우리를 이 지점으로 이끄는 추론(형식적으로 정확한 논의를 위해 대부분 수학 기호로 표기된)에 대한 적절한 설명을 제시할 만큼 내게는 지면이 충분치 않으며, 더구나 규칙준수 문제에 대한 그의 해결책이 어떤 방식으로 현재의 분석적 논쟁에 어떤 신선한 지성적 공기를 유입시키는지에 관한 상당한 분량의―물론 유익하기는 하지만―지엽적인 논의를 풀어내기는 어렵다.[150] 여기서는 밀도 높은 논변을 이

---

150   각주 145 참조.

어가는 이러한 몇몇 페이지들이 일종의 *via negativa*(부정의 길)를 통해, 혹은 진행되는 설명과 비판의 과정 중 어느 단계에서 한계에 맞닥뜨렸음을 보였던 그러한 초기 아이디어들에 대한 검토를 통해 점진적으로 칸토어 이후 무한 개념으로 곧장 나아가는 방식으로 논의를 진행한다는 점을 언급하는 것으로 충분하다. 예컨대 "하나의 한계 서수가 실존한다"는 언표는 모든 추가적인 수학적 사유를 위한 출발점을 구성한다는 점을 보이는 두 번째로 가장 기본적인 공리이다(혹은 실존적 단언이다). 첫 번째이자 가장 근본적인 공리는—되풀이하자면—모든 하나로-셈하기에 내재하는 비非일자로서 공백의 실존을, 곧 집합 내부에서 현시되지만(presented) 재현되지 않는(not represented) '방황하는' 원소들을 나타내며 따라서 귀속과 포함 사이의 일치(correspondence)를 보장하지 못하는 셈하기의 실패를 나타내는 모든 하나로-셈하기로부터의 '감산(빠져나감, subtraction)'의 지점으로서 공백의 실존을 단언한다. 한계 서수 개념은 사유가 '끝없는 반복'의 가능성을 혹은 '아직-하나-더(still-one-more)'를 내다보는 단순한 재귀적(recursive) 추론의 절차를 완수하며, 이러한 가능성은 그럼에도 여전히—이러한 변증법적 과정에서 다음 단계로서— '하나의 너머(beyond)이기도 한 어떤 한 장소의 인식'으로 향한다. 여기에서 다시 바디우는 말라르메를 불러내는데, 그가 보는 말라르메는 놀랍게도 유한과 사유가 유한을 넘어서지만 그 과정 중에 그 한계를 무화하거나 부정하지 않는다고 구상하게 되는 어떤 것의 교차를 전달하는 데 성공한 시인이다.

그래서 한계 서수 개념은, 이후에 이어지는 발견에 의해—즉 집합론적으로 정의된 무한 개념의 출현과 함께—드러나는 것처럼, 수학적 사유의 궁극적인 목적에 미치지 못하는 것으로 간주되지만 그럼에도 여전히 어떤 결정적인 역할을 했던 것으로 (그리고, 이러한 주제들을 통해 나아갈 길을 사유하는 사람이라면 누구에게든, 여전히 그러한 역할을 하는 것으로) 볼 수 있는 수학적 사유의 발전에서 주목할 만한 단계들 중 하나이다. 사유는 정확하게 어떤 부분적인 지식의 상태에 의해 생겨난 문제들과 당혹감에 봉착함으로써―바로 그러한 문제들을 노출시키는 데까지만 나아가는 어떤 한정된 진보를 통해―그로부터 열리게 된 변증법적 경로를 따라서 더 멀리까지 밀고 나가라는 압박을 받는다. 따라서 이 단계에서 "우리는 아직 무한을 정의하지 않"은 셈이며, 어떤 의미에서 그저 오늘날의 집합론의 사용법에 맞춰진 정의에 따르고 있을 뿐이다. 확실히 새롭지만 아직 지도가 없는 수학적 영역을 향한 사유의 운동을 일으키는 것은 바로 현재로서는 최선인 우리의 개념적 파악력의 부족함 또는 교착 상태이다.

하나의 한계 서수가 실존한다고 하자. 그렇다 해도 우리는 무한 개념과 한계 서수 개념을 일치시킬 수 없으며, 결과적으로 유한 개념을 후계 서수(successor ordinal) 개념과 동일시할 수 없다. 만일 α가 하나의 한계 서수라면, $S(\alpha)$라는 이 한계 서수의 후계자(successor)는 그것보다 '큰' 수인데, 왜냐하면 $\alpha \in S(\alpha)$이기 때문이다. 따라서 이 유한한 후계자는― '후계자 = 유한' 이라는 등식을 상정할 경우―그 자체의 무한한 전임자(predecessor)보다 더 클 것인데―'극한 = 무한' 이라는 등식을 상정할 경우―이는 모든 사유에 모순되며, '무한을 향한 이행' 이라는 돌이킬 수 없는 몸짓을 금지한다.(p. 157)

여기서부터 바디우가 취하는 설명의 경로는 (무한이 유한한 수학의 정상적 자원들에 대한 매우 문제적이고 의심스러운 부가물로 그려져야 한다는) 오래된 가정이 그 반대편에 놓인 (유한이란 실제로 단지 무한에 대한 연산적 파악에 의해 사유에 열린 개념적 공간의 세계들의 매우 작은 하위 영역[sub-region]일 뿐이라는) 가정에 굴복하게 된 여러 단계들을 거쳐 진행된다.

6. 헤겔: 무한에 관해 사유하지 않는 방법

이 지점에서 바디우는 그 자신과 충분히 공통적인 발상을 하지만 또 한 편으로는 그의 발상과 충분히 상충되기에 유익한 변증법적 마주침을 만들어 내는 한 사상가의 작업을 통해 또 한번 전략적 이탈을 실행한다. 헤겔을 통해 제기되는 문제는 철학이 무한에 관한 성찰에 의해 발생한 아포리아들을 통과하여 그 너머에 이르는 길을 사유하고자 하는 시도에서 철학 자체의 개념적 자원들의 한계에 봉착하게 된 철학적 추론이다. 여기에 흥미를 더하며, 심지어 (바디우의 관점에서) 헤겔 논변에서 특유하게 신랄한 부분은 이 사상가가 굳이 무리하게 수학을 평가절하하거나 그 자체의 협소하게 기술적인 영역에 속한 (형식적이면서도 내용이 결여되어 있기에) 하찮은 진리들만을 찾아내는 데 그치는 분과학으로 본다는 사실이다.[151] 그래서, 헤겔의 생각에 따를 때, 수학에는 본질적으로 철학이 세계사적 신조, 문화, 정치 체계, 지성적 발전과 예술적 형식, 또는 장르들의 광대한 전체 연속으로 다시 사유해 들어가는 광범위한 현상학적 기획을 통해 제공할 수 있는, 세계를 드러내며 인간을 계발啓發하는 차원이 결핍되어 있다. 헤겔의 관점에서, 이는 수학적 사유의 추상적이거나 순수하게 추론적인 본성, 다시 말해 그의 『정신 현상학(*Phenomenology of Mind*)』의 풍부한 서사적 광경을 이루는— '원시적 감각 확신' 으로부터 가장 고등한 형식의 예술적 표현이

---

151 G. W. F. Hegel, *Science of Logic* (trans.) A. V. Miller (London: Allen & Unwin, 1959).

나 철학적 표명에 이르기까지의—생생한 인간 경험의 현실들로부터 가장 동떨어진 영역에 자리한다는 특성에 기인한 것이다.[152]

간단히 말해서, 헤겔은 바로 바디우가 언제라도 기꺼이 비난할 뿌리 깊은 편견에 놀랍도록 딱 들어맞는 사례를 제공한다. 말하자면, 수학이 예술이나 인문학에서 특징적으로 나타나는 그러한 종류의 창조적이거나 혁신적인 자원의 풍부함을 본질적으로 결여한 '건조한' 학과 또는 분과라는 의견에 말이다. 분명히, 바디우의 가장 웅변적인 구절들 중 몇몇은 수학사를 구성하며, 특히 칸토어를 발단으로 하여 시작된 공리, 정리, 가정 및 추측들의 가파른 급증과 새롭게 발견된 미지의 땅으로 들어가는 모험들에—또한 이후에 이로써 개방된 개념적 지형을 확보함으로써 고안된 마찬가지로 혁신적인 증명절차들에—관한 것이다. 그래서 우리는 바디우가 어떤 이유로 헤겔의 『논리학(*Science of Logic*)』[153] 에서 '양적 무한'이라는 주제에 할애된 장에, 그리고 [그 중에서도] 특히 헤겔이 "수학은 개념에 비추어 '즉자(in-itself)도 대자(for-itself)도 결여된' 사유의 상태를 재현하기에, 수학의 '과정은 비과학적'인 것이라고 정립하려 하는" 구절에 흥미를 가지는지 잘 알 수 있다(p. 161). '개념(concept)'이라는 용어는—헤겔의 철학적 어법에서—(그 용어의 공통적인 용법에 따라) 어떤 지성적 사유나 재현[표상]들(representations)의 체계에 적당히 할당된 장소를 갖춘 지성적·정신적·관념적 구성요소만을 의미하는 것이 아니며, 오히려 『정신 현상학』과 다른 곳에

---

152 Hegel, *Phenomenology of Mind* (trans.) A. V. Miller (Oxford: Clarendon Press, 1987).
153 [헤겔의 논리학은 두 가지가 있는데 여기에서 언급된 논리학이 있고, 다른 하나는 철학 백과사전이라 할 수 있는 『엔치클로페디(*Enzyklopädie*)』에 수록된 논리학에 관한 부분이 있다. 국내에서는 보통 전자는 '대논리학', 후자는 '소논리학'으로 지칭된다.]

서 헤겔이 중심 주제로 삼는, 지금까지 항시적으로 발전하는 주체와 대
상의 복잡하고 역동적인 관계에서 순간적으로 포착된 단계를 의미하는
것으로 간주되어야 한다. 더구나 헤겔은 이렇게 이해된 개념의 매개를
통해 의식이 절대지(절대적 앎, Absolute Knowledge)라는 최종 목적
지로 가는 도중에 달성되었다고 가정해야만 할 변증법적으로 서로 연결
된 여러 단계들을 증명한다고 주장한다.

　이와 같이—특히 수학이 무한한 양이라는 주제를 건드리는 곳에서
—수학을 개념의 영역에서 배제함으로써, 헤겔은 두 가지 목적을 염두
에 두는 것으로 보인다. 헤겔의 한 가지 목적은 보다 위협적인 곧 개념
적으로 포섭할 수 없는 측면들을 억제하는 것이며, 다른 한 목적은 철
학이 모든 것을 아우르는 회고의 관점에서 **정신**의 역사가 기록될 수 있
는 항시적인 변증법적 자기극복의 영역 안에 안전히 자리잡도록 하는
것이다.[154] 이에 요구되는 것은 **정신**이 미개한 감각확신[sense-certain-
ty](또는 자기무의식[un-*self*-consciousness]), 자기지식(*self*-knowl-
edge)의 시작, 자기의식(*self*-consciousness)의 심화, 자기분열(*self*-di-
vision)의 출현, 그리고 마침내 자기(*self*)가 모든 당황스러운 이율배반
들을 초월한다는 주장을 실현할 때 장차 오게 될 주체와 대상 사이 혹
은 정신과 실재(reality) 사이의 화해(일치, reconciliation)의 전망이라
는 연속적인 단계들을 통과하게 되는 개괄적인 고찰을 거쳐야 한다는
것이다. 그러므로, 바디우의 주장에 따를 때, 헤겔은 "타자(other)와 **타
자**(Other)의 무차별(in-difference)을 지속적으로 기입하"며, 헤겔의
체계 내에서 차이(difference)—또한 '다수성(multiplicity)'과 '실제적
무한(positive infiniy)'으로도 읽히는—의 소멸은 언제나 사전에 의식

154　같은 책에서.

이 그러한 회복적 치료에 저항하는 무언가의 모든 잔여를 지워버릴 (amortize) 변증법적 방편들을 가지도록 함으로써 완성된다. 그의 기술에 따를 때, "헤겔의 모든 것은 다음에서 발견될 수 있다. '아직-더 (still-more)'는 '이미(already)'에 내재적이며, 존재하는 모든 것은 이미 '아직-더'인 것이다"(p. 162). 그리고 다시 한번, "헤겔은 특별한 천재성으로 존재라는 유일한 지점에 의지하여 유한과 무한을 함께 발생시키는 데 나선다. 무한은 유한 자체의 내부적 근거이자 경험 전반의 한 단순한 속성이 되는데, 그것이 일자의 체제의 귀결이기 … 때문이다. 존재는 무한해야만 한다"(pp. 163~4).

그래서 수학에 개념적 사유의 존엄성을 부여하는 사안에 대한 헤겔의 거부─즉, 수학을 단순히 형식적이거나 기계적인 기술의 영역에 가두는 감금─에서 오는 한 가지 주된 귀결은 그의 체계가 이미 정해진 변증법적 진보에서 장애물이 될지도 모를 어떤 것을 피해가거나 또는 등재할 수 없게 되는 측면이다. 보다 구체적으로 말하자면, 그의 체계에서, 무한이 사유를 [무한과 관련한] 실재적인 도전에, 즉 무한 자체를 다시 완전하게 하는(re-integrative) 최상의 힘에 대한 (단순히 관념적이거나 일시적인 것과 반대되는 의미로) 실재적인 도전에 직면하게 한다는 생각은 불가능해진다. 물론 헤겔 자신은 잘 알려진 것처럼, 사유가 어떤 결정적으로 특정된 정지점(halting-point) 없이 'n+1'을 반복하는 예나 또는 이와 유사한 정식을 수반하는 '반복의 법칙'에 종속될 때 야기하는 '악무한(bad infinity)'을 언급할 때, 자기 확신을 줄이고 이를 제한하는 보다 급진적인 구상을 관건으로 삼는다고 여겨진다.[155] 그런 '진부한' 무한 구상이 바로 "더 높은 의무", 곧 "넘어섬을

---

155   보다 자세한 논의를 보려면, Moore, *Infinity* (op. cit.) 참고.

넘어서야 한다"거나 "반복의 법칙이 전체적으로 단언되어야 한다"는, "요컨대 **타자**가 출현해야 한다"는 요건에 대한 사유의 요청을 통해, 헤겔이 극복하고자 하는 무엇이다(p. 164). 하지만, 바디우의 논변에 따를 때, 이 주장은 헤겔의 '진' 무한('good' infinity) 개념이 '악' 무한과 기이할 정도로 가까운 유사성을 가질 뿐만 아니라, 그 자신의 진술에 따를 때, 바로 그 이유로 '진' 무한으로 간주된다는 사실에 의해 침식되며, 그 개념은 언제나 (그 자체의 빛에 의해) 이성의 지상권을 회복한다고 보장되는 변증법적 도식의 범위 안에 남는다. 그러므로 거기에는 실제로 '악무한'이 그 자체의 대응물인 '진무한' 때문에 개진된 주장을 뒤집는다고 볼 수 있는 의미—헤겔의 텍스트가 최선을 다해 억누르지만 여기에서 바디우에 의해 시도되는 종류의 징후적 독해를 통해 시야에 드러나는 의미—가 있다. 말하자면, 만일 "악무한이 악무한인 것은 무한을 헤겔에 따른 진무한으로 만드는 것과 동일한 이유 때문이"라면, 즉 "그것이 일자의 존재론적 내재성을 파훼하지 않는다"는 이유로 악무한이 된다면, 분명히 진무한이 악무한과 마찬가지로 "이러한 결정성으로서의 '이미(already)'와 관련된 '아직-더(still-more)'에 의해, 오로지 국지적으로 한정된 그 자체의 존재에 기인"하는 그러한 "한정되거나 유한한" 성격을 갖는다는 결론을 내려야 한다(p. 165). 달리 말해서, 악무한으로부터 진무한으로, 국지적인 것(local)으로부터 전체적인 것(global)으로, 양(quantity)에서 질(quality)로, 혹은 유한(finite)에서 (완전한) 무한(infinite)으로 가는 데 있어 결정적인 것이라 가정되는 이행은 오히려 "일자의 존재가 사라지게 될 선언적(disjunctive) 결정을 부과"한다고 간주되어야 할 이행이다.

어떤 특정한 관점—명시적으로 헤겔과 그의 신앙주의적 해석자들이 취하는 관점—에서 보자면, "여기에서", 즉 낮은 곳에서 높은 곳으로 가는 그러한 이행이 달성되는 자기 확신적인 변증법적 지양止揚(subla-tion)의 과정에서, "헤겔의 기교는 정점에 이른다"는 말은 타당하다. 보다 회의적이거나 비판적인 다른 관점에서 볼 때, 바로 이 지점에서 헤겔의 체계는 순전한 다수성의 영역에, 정의상 지배적인 하나로-셈하기로부터 부과된 모든 한계를 초과하는 것으로 구상된 무한의 영역에 속한 어떤 것을 포함하거나, 포섭하거나, 또는 이해하는 데 실패함으로 인해 허물어진다. 헤겔이 시도하는 것은 결국 악무한을 진무한으로, 혹은 양적 무한을 질적 무한으로 전환하게 될 일종의 *Aufhebung*(지양止揚)[156]—더 높고 진전된 이해의 단계로 나아가는 초월의 운동과 조합된 충돌 해결의 과정—이다. 하지만, 바디우에 따를 때, 헤겔이 진무한(질적 무한) 개념을 무한 개념 그 자체로 간주하는 이상, 다시 말해 악무한을 나타내는 '아직-더' 혹은 'n + 1'으로 유형화된 관념에만 은밀하게 호소하는 단 하나의 조건에서 의미나 내용을 갖는 무한으로 간주하는 이상, 그는 "수에 관한 개입에 실패"한다. 아무리 "영웅적"인 시도라 하더라도, "그것은 사실상 순수한 다수의 외부성 자체에 의해 중단된다"고, 바디우는 결론 짓는다(p. 169). 단순히 양적인 개념들의 질적인 극복을 통해 달성되는 매우 정신화된(spiritualized) 또는 승화된(sublimated) 헤겔의 초월 관념은 그 자체로 (아무리 변증법적으로 탄력적이라 하더라도) 이러저러한 형태의 하나로-셈하기에 의해 부과된 모든 경계를 무너뜨리는 엄격한 무한 구상의 힘에 의해 극복된다—즉, 잘못되거나 망상적인 관념으로 입증된다. "순수한 다수라는 험로(chi-cane)를 통해 변증법적 권리의 연속성을 유지하려 하며, 그 연속성[157]이

---

156   [글자 그대로 모순 혹은 충돌을 종료하고 더 높은 단계로 끌어올림.]

157   [저자가 인용한 영어판에서는 'entirety'로 번역되어 있지만, 프랑스어 원본에서 해당 위치에는 'continuité'를 받는 대명사 'la'가 위치한다.]

존재라는 유일한 지점에서 시작되도록 하려 하기에, 헤겔은 무한에 합류할 수 없다"(p. 170).

그러므로 헤겔은, 바디우가 보는 그대로, 중요한 철학 작품들을 읽을 때, 텍스트의 논증적 목적에 대한 존중과 그 텍스트나 이를 신봉하는 정통적 주해자들에 의해 인정되는 개념적 긴장의 징후를 드러내는 구절들에 대한 비판적 초점 사이에서 균형을 잡는 독해 방식을 취해야 할 필요를 보여주는 주요한 사례가 된다. 헤겔은 그 자신의 논증을 구성하는 논리에 의해 제약 당하여―그 논리가 무한이라는 매우 문제적이며 역설적인 주제를 건드리는 즉시―그의 명시적인 철학적 신조 어디에서도 찾을 수 없는 어떤 진리들에 대한 의도치 않은 증인이 된다. 그 진리들 중에 있는 한 가지는 수학이 존재론적 탐구와 관련하여 우선권을 얻으며, 이에 따라 그러한 탐구는 순진한 직관적 자명성의 단계 너머에서 추구될 때 (변증법적으로 포섭될 수 없는 형식을 지닌 무한이라는 주제와 같이) 그 자체의 토대에 이의를 제기하는 주제들에 대한 개입에 착수할 수밖에 없다는 것이다. "질(quality)에 있어, 반복되는 것은 타자(other)가 그 경계를 가로질러야 할 내부가 된다는 것이다. 양(quantity)에 있어, 반복되는 것은 동일자(same)가 증식되어야 할 외부가 된다는 것이다"(p. 168). 바디우는 이러한 이중적 아포리아의 양극 사이에 헤겔 철학의 '실재(real)'를, 즉 최상의 변증법적 동화의 힘에 저항하는 무엇과 마주치게 되는 지점을 위치시킨다.

바디우의 철학은 따라서 지난 60년 남짓한 세월에 걸쳐 모두가 다양한 방식으로 헤겔 저작에 대한 강력하게 수정주의적인 혹은 이단적인 독해를 제시할 목적으로 프랑스 철학에서 실행된 일련의 헤겔에 대한 개입 중 가장 최근의 작업으로 간주될 수 있다. 이러한 해석자들―보통 조르주 바타이유(Georges Bataille)를 필두로 한―은 주로 『정신 현

상학』에 집중하며, 그 책의 보다 체계적인(즉 권위주의적인) 주장들을
전복하거나 직접적으로 헤겔의 원대한 변증법적 도식 아래 포섭될 수
없는 그러한 저항적인 세부내용이나, 함의 또는 서사적 사건들을 강조
하려 한다.[158] 그러한 독해들은 전형적으로 여러 양상—정치적, 문화
적, 예술적, 종교적, 철학적 등등의—을 띤 역사가 다양한 세계사적 현
현에서 어떤 준準섭리적(신의 섭리에 준하는, quasi-providential) 이
념(Idea)의 전개를 통해 각각의 모든 최종 에피소드를 이해하게 될 그
러한 원대한 규모 '전체화'에 따른 모종의 목적론적 파악에 종속될 수
있다고 보는 어떠한 관념도 기각한다. 헤겔의 포스트근대적 해석자들
은 역사가 궁극적인 이해 가능성을 밝히려 하는 어떠한 주장도 좌절시
키는 측면을 강조하기 위해, 개념적이거나 변증법적이거나 종합적인
파악에 있어 한계와 그 너머에 이르기도록 최선의 노력을 요구하는 임
의적이고 우발적이면서도 예상할 수 없는 사건들의 항시적인 연쇄를
제시한다.

　바디우는 일정 정도 이러한 해석자들의 무리에 속한다고 할 수 있을
터인데, 그가 비슷한 방식으로 헤겔의 명시적으로 공언된 의도에 맞서
는 결을 따라서, 심지어 헤겔의 몇 가지 보다 고압적인 주장들에 저항
하는 목적으로 독해를 진행하기 때문이다. 하지만 또한 언급해야 할 것
은 바디우가 역사의 종언을 말하거나 또는 역사가 더 이상 어떠한 종류
의 의미도 만들어 내지 못한다는 포스트근대론적 신조를, 특히 헤겔에
의해 예시화된 종류의 '메타 서사적(meta-narrative)' 관점으로부터

158　Stuart Barnett (ed.), *Hegel After Derrida* (London: Routledge, 1998); Christopher M. Gemerchak, *The Sunday of the Negative: Reading Bataille Reading Hegel* (Albany, NY: State University of New York Press, 2003); Alexandre Kojève, *Introduction to the Reading of Hegel* (New York: Basic Books, 1969).

어떠한 의미도 만들어 내지 못한다는 (독자의 취향에 따라서는) 서글프거나 혹은 환희에 찬 선언 외에 이로 인해 상실된 확실성들을 대신할 그 무엇도 제공하지 못하는 어떠한 형태의 손쉬운 포스트근대론적 신조도 지지하지 않는다는 점이다.[159] 바디우가 이러한 사상가들과 결별하는 것은 특히 헤겔을 넘어서고자 하는 어떠한 시도라도 먼저 헤겔 사유의 한계가 어디에 있는지 그리고 어떤 이유로 그 사유가 펼쳐지는 어떤 특정한 지점들에서 그러한 한계가 발생하는지 이해하는 데 요구되는 집요함과 비판적 엄격함을 갖추고서 그의 사유의 변증법적 단계들을 관통해야만 한다는 주장이다. 무엇보다, 유일하게 이런 종류의 비판에 적합한 개념적 발판을 제공하는 헤겔 사유의 양상은 포스트근대론적이거나 철저하게 수정주의적인 헤겔 해석자들이 몰두하는 경향을 보이는 그러한 언어의(해석학, 서사 또는 표상[재현, representation]의) 문제들보다는 오히려 수학적 영역의 주제들—말하자면, '진' 무한과 '악' 무한에 관한 주제들—을 여는 통로다. 수학을 통한 접근법이 달성하는 것은 언어 우선의 설명에 의해 그저 무해한 것으로 '재해석'된 헤겔의 체계—억제되지 않은 수적 증식의 영역으로부터 오는 어떠한 위협도 물리칠 수단으로서 정신의 '내면화하는(interiorizing)' 힘이라는 헤겔의 개념과 같은—에서 그러한 결정적인 논증의 전환과 이로부터 귀결되는 압력점들에 놓이는 특히 분명한 초점이다.

그러므로 "헤겔과 동일한 전제들에 기초하여, 우리는 수에 있어서 **일자**의 반복이 부정적인 것의 내부로부터 일어날 수 없다는 점을 확인해야 한다"(p. 169). 오직 그러한 (언제나 체계 붕괴의 가능성이 잠재

---

159   가장 잘 알려지고 폭넓은 영향을 미치는 예를 보려면, Jean-François Lyotard, *The Postmodern Condition: A Report on Knowledge* (trans.) Geoff Bennington and Brian Massumi (Manchester: Manchester University Press, 1984) 참고.

되어 있기에) 매우 민감한 주제들에 대한 헤겔의 처리방식을 통해 헤
겔 자신에 대해 개입함으로써, 우리는 의심의 여지 없이 바디우가 루이
알튀세르나 피에르 마슈레(Pierre Macherey)를 비롯한 앞선 세대의 반
反헤겔주의적 마르크스주의 이론가들로부터 배웠던 종류의 '징후적'
독해를 거친 그러한 유익한 강조점들을 드러낸다고 기대할 수 있다.[160]
이와 함께―그리고 동일한, 폭넓게 구조주의적인 지성적 배경으로부
터― '실재(real)' 라는 개념이 나오는데, 이 개념은 바디우가 주로 정신
분석가 자크 라캉에게 빚지고 있는 개념이며, 그는 이 실재라는 용어를
어떤 주어진 사유의 기획을 넘어서거나 회피하거나 방해하면서도 또한
어떤 의미에서 그 기획의 유일한 대상 혹은 원인이 되는 관심사를 나타
내는 어떤 것을 간략히 지칭하는 데 사용한다.[161] 바디우가 프랑스 사유
의 구조주의적 '계기' 로부터 간직하는 것은 알튀세르가 (마르크스주의
적 굴절을 통해) 명명하는 '이론적 실천(theoretical practice)' 의 영역
에 관해 명료하게 정식화된 몇몇 지침들의 지지와 함께 개념적 엄격함
의 미덕이나 체계 및 방법의 주장을 온당하게 존중하지 않는 이상 그러
한 실천이 있을 수 없다는―오늘날의 포스트근대론적 관념들과 극명
하게 대비되는―기본적으로 합리주의적인 신념이다. 공시적共時的으
로(synchronically) 언어학 자체를 제외한 여러 다양한 분과들에서 연
구 수행을 위한 모델로 이해되는 소쉬르적 언어 패러다임(랑그[la
langue])[162]에 대한 호소에도 불구하고, 여전히 거기에는 구조주의가

---

160   각주 125 참조; 또한 Pierre Macherey, *In a Materialist Way: Selected Essays*
(ed.) Waren Montag, (trans.) Ted Stolze (London: Verso, 1998)를 볼 것.
161   각주 125 참조.
162   [랑그(langue)와 파롤(parole)은 소쉬르가 제시한 언어(language)의 양측면으
로, 랑그는 언어 활동의 사회적·체계적 측면이며, 파롤은 개인적·구체적 발화의 실행
과 관련된 측면이다.]

'끝까지 아래로 내려가는' 언어, 담론, 텍스트성의 포스트구조주의적 개념을 향한 연속적인 미끄러짐에 저항한다는 분명한 인식이 있다.

말하자면, 바디우의 기획에서 하나의 결정적인 원칙—특정한 구조주의적 교훈과 함께 그보다 한층 더 깊은 층위에 깔린 합리주의적 교훈이 [바디우 사상의] 형성에 미친 영향을 드러내는 원칙—은 사유가 언어라는 저항할 수 없는 궁극적인 이해 가능성의 지평에 수동적으로 종속되지 않는다는 것이다. 반면, 그 기획의 주요 과제는 거짓되거나 근거 없는 믿음들에 질문을 제기하거나 비판하는 것이다. 심지어(혹은 특히) 이러한 믿음들이 암시나 유비 또는 설득과 관련한 언어의 힘을 통해 우리 사유의 습관에 깊이 배인 특정한 전제들로부터 기인하는 것들이라 해도 말이다. 여기서 다시, 우리는 바디우가 어떤 이유로 비트겐슈타인적 계통의 철학에 단호하게 맞서는지, 이를테면 우리를 '언어의 주문'에 빠지기 쉬운 우리의 성향에 따라 유발된 다양한 수수께끼나 당혹스러운 난제들로부터 풀어준다고 주장하지만 오히려 보다 비판적이거나 분석적인 자세를 받아들이지 못하는 실패—혹은 결연한 거부—로 인해 그러한 난제들의 고착을 강화하는 경향을 보이는 비트겐슈타인적 '일상언어(ordinary-language)'의 철학에 단호하게 맞서는지 알 수 있다. 이러한 반대는 헤겔에 관한 주해에서 충격적인 효과를 드러내는데, 거기서 바디우는 어떻게 "분리하는 결정"—헤겔의 "순수한 다수라는 험로(chicane)를 통해 변증법적 권리의 연속성을 유지하"고자 하는 바람과 "그 연속성이 존재라는 유일한 지점에서 시작되도록 함으로써 그 연속성을 유지하겠다는 결정—이 아무리 많은 분량의 교묘한 개념 처리로도 해결하거나 누그러뜨릴 수 없는 징후적 긴장"으로서 "텍스트 자체 안으로 회귀"한다고 볼 수 있는지 언급한다. 그 결정은 "양과 질이라는— '무한'이라 불리는 한쪽에서 다른 한쪽으로 던져진 연약한 언어적 가교만이 그것들의 상사성相似性의 심연을 측정하고, 이로써 서로의 비非친연적 본성의 역설을 발견함으로부터 면제될 뿐인—너무나 유사한 것들 사이의 분할에 의해" 가장 날카롭게 표명된다(p. 170).

이 구절은 바디우가 제시하는 철학의 정당한 역할에 관한 비판적·합리주의적 구상과 그 역할을 언제라도 언어의 편재성遍在性(ubiquity)을 상기시키는 것으로 제한하며 또 이와 함께 사유가 언어적 매혹의 힘에도 불구하고 그 힘에 맞서는 정확하거나 해방적인 효과를 발휘하리라는 가정의 오류를 상기시키는 것으로 제한하게 될—비트겐슈타인, 포스트구조주의, 또는 하이데거적 해석학을 막론한—형태의 모든 교설 사이에 놓인 거리를 명확하게 보여준다. 이 구절로 우리는 『존재와 사건』의 논증에서 바디우가 자신의 주된 철학적 준거항들과 (가장 중요한) 수학적 준거항들을 배열하는 단계에 이르며, 이제 이러한 준거항들이 더 폭넓게 역사적이며 사회·정치적인 영역의 주제들에 관련되는 방식에 관한 고찰로 나아갈 수 있게 된다. 어쨌든, 그리고 IV부의 제목이 '사건: 역사 그리고 초일자'이기는 하지만, 바디우의 목적에 있어 그러한 관련성이 충분히 명확해지기 위해서는 집합론적 주제들의 설명에 있어 아직 가야할 길이 남아있다.

토의 주제

- 바디우가 두 가지 고대 그리스적 '발단', 즉 시와 수학 사이의 대조를 중요한 논점으로 삼는 이유는 무엇이라고 생각하는가? 이런 선명한 구별은 그 자신이 미리 형성한 일군의 철학적 우선성이나 역사적·문화적·정치적 우선성으로부터 정당화되거나, 혹은 대체로 그러한 우선성으로부터 귀결되는가?
- 바디우가 보는 바에 따를 때, (아리스토텔레스로부터 헤겔에 이르

는) 다양한 사상가들이 보인 수학의 영역에서 '실무한'에 관한 구상을 피하는 양상과 사회적·정치적 질서에 관한 이들의 다소간 보수적인 견해를 고수하는 태도 사이에는 어떤 관련성이 있을까?

IV부. 사건: 역사 그리고 초일자

1. 역사, 정치, 사건의 자리

IV부는 철학자들이, 그 중에서도 특히 분석철학자들이 하나의 강제된 관계로 간주할 뿐만 아니라 지독한 범주오해나 혹은 완전히 괴리적인 영역들 간의 고유한 구별을 존중하지 않는 결함으로 간주할 어떤 것을 설명하기 위한 정확한 항들을 명시함으로써 시작된다. 다시 말해, 바디우가 의도하는 것은 수학의 영역에서 포함, 귀속, 구성원 자격의 다양한—그러나 여기서는 언제나 부분적인—양상들을 수반하는 여러 사회적·정치적 구조들로 향하는 (그저 유비적인데 그치지 않을) 논리적 절차에 따른 사유의 수순이다. 바디우의 출발점은, 앞선 부분들에서 그랬던 것처럼, 그가 두 영역 모두에서 결정적인 질문들에 전달되는 명확한 사유의 표시로 받아들이는 자연과 비非자연적인 것(non-natural) 혹은 반反자연적인 것(anti-natural) 사이의 확연한 구별이다. 실제로 그것들은—여기서는 헤겔을 따라서—직관적인 감각 확신과의 단절이나 지금까지 알 수 없었기에 아직 알려지지 않은 개념적 공간의 영역들을 발견할 수 있는 이성의 능력에 대한 탐색을 관건으로 하는 어떠한 분야에서도 제기될 수밖에 없는 질문들이다.[163]

---

163   G. W. F. Hegel, *Phenomenology of Mind* (trans.) A. V. Miller (Oxford: Clarendon Press, 1987).

자연적인 것과 반자연적인 것의 이원론은 바디우 논증의 이 지점에서 다수의 대비들을 발견하게 되는데, 그 중에는 정상적인 것과 비정상적인 것, 구성원(member)과 부분(part), 재현(representation)과 현시(presentation), 귀속(belonging)과 포함(inclusion), 또는 원소(element)와 부분집합(subset) 사이의 대비들이 있다. 이러한 구별들이 정확하거나 완벽하게 서로 이어지는 지도를 그리지는 못하지만 어쨌든 그의 전반적인 논지를 포착해 내는데, 이 논지란 집합론에 기초한 존재론이 집합론 분야에서 있었던 근래의(즉, 칸토어 이후의) 진보를 충분히 이용하여 사회·정치적인 상태[국가]들(states), 상황들(situations), 또는─바디우의 매우 독창적인 문구로─ '상황의 상태들(states of the situation)' 같은 다른 핵심적인 구조적 요소들과 앞서 언급한 여러 대비적 개념들로 이루어진 논리를 정당하게 주장할 수 있다는 것이다. "비정상적인 것이란 무엇인가?"라는 질문에 대한 답으로 바디우가 기술하는 바에 따를 때, "최초에 (현시되는 동시에 재현되는) 정상적인 다수성들에 대립하는 어떤 것은 단독적인(singular) 다수성들로, 이것들은 현시되지만 재현되지 않는다. 단독적인 다수성들은 상황에 귀속되지만 상황에 포함되지 않는 다수성들이며, 이것들은 원소는 되지만 부분집합이 되지 않는다"(p. 174). 이로부터 그는 매우 논쟁적이지만, 자기 목적에는 절대적으로 중요하며 (내가 여기서 입증하고자 했던 바 그대로) 논리적으로 일관된 일련의 제안들을 유도해 낸다. 바로 이러한 기초 위에 바디우는─엄격하게 '단독적인' (즉, 사건적인) 일어남들의 영역과 자연화되거나 정상화된 유력한 하나로-셈하기의 영역에 어떠한 나머지도 없이 병합될 수 있는 모든 것 사이의 엄격한 구별을 제안함으로써─역사와 정치를 급진적으로 재사유하기 위한 논증을 쌓아 올린다. 요컨대 그는 이 단계에서 잠시나마 그러한 사건들의 원인과 진행에 대한 연구가 어떻게 이 사건들이 전형적으로 어떤 한 자리(site)—
사회·정치적 정황의 복합적이거나 과결정된(overdetermined) 국면—
에서 일어났으며, 이에 따라 "공백의 가장자리에(on the edge of the
void)" 자리하여 "오직 비非현시된 다수들로 이루어진" 다수를 구성한
다고 간주될 수 있음을 보일 것인지 설명해 나간다(p. 175). 이 단계에
서, 프랑스 혁명이나 소비에트 혁명의 초기 국면들에서 그랬던 것처럼,
중심과 주변, 포함된 것과 배제된 것, 사회·정치적 측면에서 '셈해진'
자들과 무無(nothing)로 셈해지는 현존(즉, 그들의 벌거벗은 실존)을
지닌 자들 사이의 정상적 관계를 전복하거나 뒤집는 효과를 보이는 어
떤 예외적인—확실히 전적으로 유일무이한—정세(state of affairs)가
전개된다.

　바디우의 설명으로, 이때 일어나는 것은 그러한 배제된 원소들 가운
데 부상하는 공통적인 목적의 감지에 의해—또한 이와 함께 지금까지
지배적인 계급 분류나 이데올로기적 블록을 형성했던 자들 가운데 찾
아오는 붕괴나 파국 또는 정당화 위기의 감지에 의해—초래된 강렬한
집합적 동원의 과정이다. 여기에서 그의 사유는 『변증법적 이성 비판
(Critique of Dialectical Reason)』에서 어떤 특정한 정황들(즉, 사회정
부정의나 정치적 배제)에서 오는 극도의 압력들이—모종의 결정적인
촉발적(triggering) 사건의 영향을 통해—때로 어떤 방식으로 전前혁명
적(pre-revolutionary) '융합집단(group-in-fusion)'의 구성에 요구되
는 조건들을 만들어 내는지에 관해 보다 자세히 설명하는 사르트르의
기술과 상당히 많은 부분을 공유한다.[164] 이러한 융합집단은 이후 적어

164　Jean-Paul Sartre, A Critique of Dialectical Reason, Vol. 1 , Theory of Practical
Ensembles (trans.) A. Sheridan-Smith (London: New Left Books, 1976) 그리고
Vol. 2 (trans.) Quintin Hoare (London: Verso, 2006).

도 잠시 동안 인간의 사회적 관계들의 통상적 상태—사르트르가 주로
상호 적대나 불신으로 점철된다고 간주하는—를 극복하는 데 성공하
지만, 그저 다른 사람들의 욕구나 욕망들에 대한 순전한 무관심의 시기
로 인해 물러나게 될 따름이다. 공유된 윤리적·정치적 목적의 의미에
의해 고취되며 지도되는 집단적 작인作因(힘, agency)이 나타나는 그
러한 (지금까지는 유감스러울 정도로 짧은 시기 동안만 유지되었기에)
예외적인 시기에는 또한 진정한 혁명적 *praxis*(실천)의 가능성이, 즉
그들의 목적과 유망한 귀결들에 대한 분명한 집합적 파악으로 실행된
정치적 행위와 개입들의 특유한 가능성이 출현한다. 『존재와 사건』에서
바디우는 보다 직접적으로 다른 정치적 저작들에 비하자면 이 주제에
관해 많은 이야기를 하지 않는다.[165] 어쨌든 그러한 가능성은 비록 단독
성(singularity), '돌출(excrescence)' 또는 사건의 자리들(evental
sites)의 출현과 이런 항들이 지닌 기존의 (사실상 '합법적인') 사회·정
치적 구조 및 재현의 양식들에 대한 저항의 힘에 관한 그의 여러 언급
들에 대한 (조용히 억제되어 있긴 하지만) 끊임없이 반복되는 후렴구
다. 무엇보다, 그의 관심을 끄는 것은, 그러한 국지화된 압력의 지점들
이 전체를 붕괴시키거나 철저한 체계 전복적인 성격을 가질 정도로 증
대될 수 있는 방식으로, 이는 정치적 상황이나 수학과 논리 같은 형식
적 분과학을 비롯하여, 전형적으로 전前혁명적 위기와 이어지는 패러
다임 변화로 이루어진 짧은 기간들 사이에 간헐적으로 배치되는 오래
토록 지속된 '정상적' 발전의 국면들을 통해 움직이는 모든 분야를 배
경으로 하여 나타난다.

---

165   특히 Badiou, *Metapolitics*와 *Polemics*, 또한 'Philosophy and Politics', 'Ontol-
ogy and Politics: An Interview with Alain Badiou', in *Infinite Thought*, pp. 69-78
과 pp. 169-94 참고.

하지만 그러한 [사건적] 에피소드들에 대한 바디우의 설명과 토마스 쿤(Thomas Kuhn)의 책 『과학혁명의 구조(*The Structure of Scientific Revolution*)』에서 발견되는 광범위한 영향력을 행사하는 논변을 구별하는 세 가지 주요한 특징이 있다.[166] 한 가지는 당연히 바디우가, (사회적이거나 과학적인 것을 막론한) 기존의 존재론이 그 자체의 근거 영역 내부나 외부에서의 예기치 않은 발전들로부터 패러다임을 무너뜨릴 만한 압력 아래 놓이는 지점들에 관한 집합론적 탐구를 통해, 그러한 전환적 사건들이 발생할 가능성의 조건들을 이론화하고자 한다는 점이다. 두 번째는 그가 삶의 이력, 개입, 발견, 전향적 경험 및 정치적 압력이나 정통 과학적 믿음에 대한 저항에 있어 그러한 사건적 에피소드들의 발단기에―어떤 종류를 막론하고―형성되는 여러 다양한 헌신된 집단들을 모아 내는 집결점이나 이에 필요한 초점을 제공한다고 간주하는 그러한 예시적 인물들(즉 '투사들[militants]')을 훨씬 더 강조한다는 점이다. 세 번째는, 이러한 특징들과 어느 정도는 현저한 차이를 보이는데, 바디우가 언제나 사회적으로 배제되거나 정치적으로 억압당하는 자들의 위협적인 동원에 반대해왔던 힘들을 분명하게 인식한다는 점이다. 여기서 다시 그는 사르트르에, 특히 『변증법적 이성 비판』에서 실천(*praxis*)이 '실천적 타성(practico-inert)'―즉 물질적 정황의 때때로 방해하는 힘과 또한 행위자들의 원래의 목적으로부터 굴절되고 [결국] 그 목적에 맞서게 되는 그러한 과거의 행위들이 축적된 후과―에 따른 방해와 왜곡의 효과들에 봉착하는 방식을 분석하는 사르트르의 구절들에 찬성한다. 이러한 진단은 심지어 매우 잘 짜여진 혁명의 계획조차 좌절시키며, 다시 가장 전형적으로 아이러니하고 때로 급작스러

---

166   Thomas S. Kuhn, *The Structure of Scientific Revolutions* (Chicago: University of Chicago Press, 1970).

운 전도顚倒(reverse)의 형태를 취하는 경향이 있는 '반목적성(coun-ter-finality)'의 효과에 관한 사르트르의 기술에 동의하는 것이다.

바디우에게 있어, 그 과정은 극적인 요소를 덜어내고 냉철하게 서술되는데, 이에 따를 때 "단독성들의 뿌리 깊은 특징들 중 하나"는 "그것들이 언제나 정상화될 수 있다"는 것, 혹은—어떤 혁명에 불꽃을 일으키는 사건들과 같이—시작이 되는 사건들로부터 언제라도 비단독적인 (즉, 역사적으로 흡수되고 정치적으로 더 이상 위협이 되지 않는) 일어남들(일어난 일들, occurrences)의 범위로 되물려질 수 있다는 것이다. 어쨌든, "사회·정치적 역사가 보여주듯이, 모든 사건의 자리는 결국 상태적 정상화를 겪을 수 있다"(p. 176). 하지만 이는 사건들이—그리고 이 사건들이 일어나는 자리들(sites)이—차후의 여러 가지 운명들을 거치게 될 것이며, 이러한 운명들 중 어떤 것들은 진보적이거나 해방적인 충동을 보존하고 끌고나가겠지만 다른 것들은 이전 상태로의 회귀나 혹은 그러한 충동을 취소하거나 부정하는 구속의 효과를 야기할 것이라는 당연한 인식 이상의 무엇이 아니다. 확실히, 진정한 사건들을 보다 관습적인 평가에 따라 '세계사적인' 것으로 간주될 수 있을 법한 다른 에피소드들과 단호하게 구별하는 것은 바로 사건의 출현 조건들과 긍정적이거나 부정적인 효과들에 대한 이 사건의 우발적인(혹은 예정되지 않은) 유산 양자 모두에 관련된 우발성의 양상이다. 그러므로 "오로지 역사의 지점, 곧 사건의 자리들의 재현적 불확실성에서, 다수 존재(being-multiple)는 어떤 보충물(supplement)[167]에 따라 비일관된다는 점이 밝혀질 것이다"(p. 177). 즉, 바디우가 이 결정적인 무게가 실

---

167 ['보충물'이란 무엇인가에 더해지는 것을 지칭하는데, 이 보충물은 그것이 더해지는 어떤 것의 성질을 바꾼다. 이 구절에서 바디우가 언급하는 보충물은 상황에 부가되듯 도래하여 상황 자체의 성격을 바꿔놓는 사건을 지칭한다.]

린 신조어에 할당하는 집합론적으로 유도된 의미에서 '비일관된다 (inconsist)'[168]는 점이 밝혀질 것이다. 요컨대 그러한 다수 존재의 심급 이나 조건은 오로지 기존의 상황을 급진적으로 뒤집거나 변모시켜 포함, 구성원 자격, 귀속 등의 요건을 재규정하게 될 어떤 원소의 부재 혹은 결정적인 결여로 인해 '실존한다(exist)'고 말할 수 있다.

이런 이유로 바디우는 한편으로 존재 수학적인(onto-mathematical) 혹은 존재 정치적인(onto-political) 항들로 구상되는 자연, 일관성 (consistency), 재현 및 '상태' 같은 기본적으로 정상화하는 개념들과 다른 한편으로 역사와 정치의 영역을 규정하는 것으로 간주되는 사건, 현시 및 단독성 같은 본질적으로 저항적이거나 동화될 수 없는 항들 사이의 범주적 구별을 주장하는 데 열중한다. 이것이 바로 바디우가 "역사성(historicity)은 존재의 점적인 한계에 위치한 현시이"며, 하이데거와 반대로, 존재는 오직 "역사적 국지화(localization)에 의해 [현시적 근접성에] 이르는데, 왜냐하면 무언가가 재현으로부터 곧 상태로부터 감산되기 때문이"라고 하는 말의 의미이다(p. 177). 게다가, '자연적인'(즉, 사회적으로 정상화된) 개념과 범주로 회귀하는 습관을 통해, 사유는 비판의 예봉을 빼앗기고 일반적으로 인정되는 정치적 지혜의 지시에 순응하게 된다. 이에 따라 자연에 대한 어떤 이데올로기적 대체자를 요구하는 호소는 기존의 정립된 사물의 질서에 도전하는 모든 것

---

168 [여기서 '비일관된다'로 옮긴 'inconsist'는 'consist'에 담긴 '존재하다', '지속되다', '이루어지다'의 반대 의미로 만든 말이다. 특히 바디우의 관점에서 우리가 인식하는 모든 다수는 어떤 하나로-셈하기의 기제에 따라 셈해진(현시되거나 재현된) 다수이며 이에 따라 존재하거나 실존하게 된다는 점을 고려하여, 그리고 consist(있다, 실존하다)의 부정어인 inconsist라는 말에 '있지 않다'나 '비실존하다'의 의미가 있음을 감안하여, 이 말은 이 문장의 다음 문장에서 쓰인 'exist(실존하다)'라는 말에 대한 대구로 읽어야 한다.]

을 구부리거나 억누르거나 또는 (극한에서) 강제로 억압하는 수단의
역할을 수행한다. "현존과 셈(count)의 조밀한 초과로서, 자연은 비일
관성을 감추고 공백을 외면한다. 자연은 그 존재의 사건적 소환을 향해
열리기에는 너무나 전체적이며 너무나 정상적이다"(p. 177). 여기서
다시, 우리는 바디우의 사유와 롤랑 바르트의 『신화론(Mythologies)』으
로 대표되는 고전적인 단계의 구조주의 사이의 친연성을 엿볼 수 있는
데, 이는 이 단계의 구조주의가 순수하게 문화적인 의미, 가치, 믿음의
구성이 전적으로 자연적인 것 혹은 무시간적인 문화 초월적 진리들의
차원에 속하는 것으로 통용되었던 방식을 드러냄으로써 그 시대의 이
데올로기적 자기 이미지들에 이의를 제기하고자 했기 때문이다.[169]

주로 이런 이유로 바디우는 '역사적' 상황을 "적어도 하나의 사건의
자리가 발생하"는 것으로 규정하며, 이에 따라 "자연적 상황의 본질적
인 안정성"과 직접적으로 대조한다(p. 177). 그것은 또한 그가 "역사성
은 하나의 국지적 기준"이라고 주장하며, 주지의 사실 그대로 헤겔이
역사성이 소유한다고 간주했으며—사르트르를 비롯한—보다 근래의
사상가들이 대부분 부인하지만 흔히 보다 온건하게 들리는 다양한 대
체 용어로 은밀히 다시 가지고 들어오려는 유혹을 받아왔던 모든 것을
망라하는 광범위한 목적론적 의의를 주장하지 않는 이유다. 요컨대,
『변증법적 이성 비판』에서 제시된 사르트르의 '전체화하는 것 없는 전
체화(totalization without a totalizer)'는 이러한 욕망에 비추어 (이를
테면) 변증법적 케이크를 먹지만 전체를 삼키지는 않는 것으로, 혹은
헤겔의 사유에서 유용한 의미 생산의 중핵은 붙들되 거창한 보편주의
적 주장은 거부하는 것으로 이해될 수 있다. 분명히, 바디우가 즉시 지

---

169 Roland Barthes, *Mythologies* (tans.) Annette Lavers (London: Paladin, 1972).

적할 것처럼, 그러한 동일한 양가성은, 장 프랑수아 리오타르(Jean-François Lyotard) 같은 포스트근대론의 권위자들(gurus)이—헤겔을 비롯한—근대주의적 '거대 서사'의 시대의 종식을 공언하면서도, 한 편으로 이른바 그러한 획기적인 사건에 관한 서사(그리고 분명히 독자에 맞춰 고안된 서사)를 이야기할 때, 훨씬 노골적으로 자기 타협적인 형태로 간주될 수 있다.[170]

바디우의 작업은 이러한 흐름이나 혹은 다른 반동적인 흐름들과 분명하게 대조되는 입장에 서는데, 그러한 흐름들 중에는 전복적인 '의미화의 실천(signifying practice)'이라는 이후로 무한화된 역할의 이름으로 체계와 방법에 관한 구조주의적 관념들에 맞선 포스트구조주의적(post-structuralist) 저항이 있다. 만일 이 [의미화의 실천이라는] 개념이 이미 헤겔의 『정신 현상학』의 장대한 전경 안에 따로 떼어놓은 예약된 자리— '불행한 의식'과 '낭만적 아이러니'의 영역들 어딘가에 위치한 자리—를 가진다면, 그 개념은 바디우에 의해서도 전형적으로 정치적 후퇴나 인지된 실패의 시기에 출현하는 퇴행적 운동들의 영역 안에 확고하게 위치하게 될 것이다.[171] 그러한 시기에 그는 권력과 주도권이 급진적인 전위대의 손에서 벗어나고, 사건들이 퇴행적이거나 점증적으로 반혁명적인 전기를 맞기 시작했던 프랑스 혁명력(French Revolutionary Calendar)의 달을 참조하여 '테르미도르적(Thermidorean)' 시기라는 이름표를 붙인다.[172] 테르미도르 반동 이후로 그 이름표는 여

170 Jean-François Lyotard, *The Postmodern Condition: A Report on Knowledge* (trans.) Geoff Bennigton and Brian Massumi (Manchester: Manchester University Press, 1984).

171 예를 들어 Badiou, *Metapoltics*, *The Century*, 또한 *De quoi Sarkozy est-il le nom?* 참고.

172 [열월熱月로 번역하기도 하는 테르미도르월은 프랑스 혁명력에서 11월이며, 일

러 비슷한 맥락에 적용되어왔는데, 가령 트로츠키(Trotsky)가 소비에
트 연방에서 스탈린의 권좌 등극을 '테르미도르적' 재앙이라고 비난했
던 경우나 혹은 바디우가 1968년 이후 프랑스 사회 및 문화에서 있었
던 진정한—다시 말해 풀뿌리 운동적이면서도 지성적인—급진주의로
부터 후퇴에 대한 묘사에 사용할 경우가 그렇다. 이런 방식으로, 바디
우는 *Nouveaux Philosophes*(신철학자들)나 다른 그러한 유행을 따르며
미디어의 속성을 잘 이용하는 지식인들에게 그들의 소명을 배신했다는
비난을 퍼붓는 동시에, 그들에게서 국가가 후원하는 자유 민주주의적
이익을 위해 자기 혁명적 생득권을 팔아치운 테르미도르적 정치 문화
의 열렬한 변론자들을 본다. 또한 포스트구조주의나 포스트근대론 같
이 유행하는 사유의 유파들에 대해서도 마찬가지인데, 이들은—그저
관념적인 것에 반하는 의미에서—현실적인 세계 전환적 힘의 소유권
을 주장할 모든 형태의 철학적이거나 이론적인 관여에 대한 일반적인
환멸감을 증언한다.[173]

　바디우의 사유가 이들의 사유와 가장 선명하게 갈라서는 지점은 어
떠한 외양을 막론한 언어적 전회에 대한 변함없는 거부에 있으며, 또한
언어적 전회에 대한 분명한 상대역으로서, 그의 사유가 형식 과학, 자
연 과학 및 사회 과학들을 위한 존재론의 기초 작업과 사건들이 그러한
존재론적 영역들에 대해 지금까지 정해져 있던 경계를 넘어선다고 간
주될 수 있는 구분의 지점을 정하는 수단으로서의 수학에 부여하는 특
권적 역할에 있다. 그러니까 만일 역사성이 오로지 '국지적'이거나 특

반적인 달력에서 7월 19일~8월 17일에 해당한다. 저자가 언급하는 이야기는 1794년
테르미도르월에 보수파들이 당시 '공안위원회'를 장악하고 있던 로베스피에르를 비
롯한 자코뱅당 급진 세력의 공포 정치에 반기를 들어 이들을 숙청했던 '테르미도르
반동'을 지칭한다.]

173　Badiou, *Manifesto for Philosophy*.

수한 맥락에만 관련된 기준이라면, 이는 적절하게 수학적 용어를 사용
하여 "상황이 셈하고 현시하는 다수들 중 (적어도) 하나는 어떤 자리
(site), 이를테면 그 자체의 원소들(즉, 그것이 일자적 다수[174]를 형성하
는 다수들) 중 어느 하나도 그 상황 안에 현시되지 않는 그러한 다수"
라는 취지로 표현될 수 있다(p. 177). 또한 이로부터 이어지는 귀결은,
알려진 바 역사적 사건들로부터 유래하며 '이데올로기의 종언'으로 표
현된 모든 평결이 그저 시기상조일 뿐 아니라 지극히 잘못 이해된 것인
이상—포스트근대적·테르미도르주의적 신조나 또는 그런 류의 정치적
으로 닳아빠진 유파의 신조와 반대로—우발성은 역사적 사건들에 필
수불가결한, 실제로는 그러한 사건들을 규정하는 양상이라는 것이
다.[175] 그러한 신조들은 어떤 특정한 사건들의 정치적 의의가 단지 지금
까지 역사의 진행에 대한 그러한 사건들의 단기적 영향이나 또는 심지
어 장기적 영향의 기능으로 평가될 수 없다는 사실을 파악하지 못하는
실패로부터 귀결된다. 실제로 그러한 사건들은 지금까지 정치적 '실재
론'의 권위자들에게 있어 아무것도 아닌 것으로 간주되었지만 이후에는
혁명적 변화의 기획들에 착수하게 된 자들에게 동기를 제공하는 힘으로
혹은 강력한 영감의 원천으로 기능하게 될 이전에 인정되지 않았던 잠
재력이나 어떤 예시적인 성격을 가진다고 밝혀질 것이기 때문이다. 그
리고 반대로, 미래 역사의 진로에서 아직 예상할 수 없는 변화들에 비추
어 보면 전혀 중요하지 않은 것으로 간주되지만 [과거의] 표준적인(즉,

---

174 [여기서 '일자적 다수(one-multiple)'란 '하나로 셈해진 다수', 즉 집합을 지칭
한다.]

175 그런 종류의 초기 예를 보려면, Daniel Bell, *The End of Ideology: On the
Exhaustion of Poltical Ideas in the Fifties* (Glencoe, IL: Free Press, 1960) 참고. 또
한—보다 최근의 논의를 보려면—Francis Fukuyama, *The End of History and the
Last Man* (London: Hamish Hamilton, 1992).

정통 역사나 주류 정치의) 설명에 따를 때 '중요한' 사건들이 있다.

그럼에도—그리고 이것이 바로 바디우의 수학적 기초에 따른 접근
법이 해석학적이거나 언어적이거나 혹은 완전히 서사적인 전회 중 어
떤 형태와도 거리를 두게 되는 지점인데—바디우는 결코 해석이 [과거
로] '회귀한다'는 발상을 지지할 수 없다.[176] 더구나 그는 과거의 사건
들이 언제나 불가피하게 이해관계나 우선권이나 또는 오늘날의 역사가
들에 의해 전가된 종류의 이데올로기적 선입견(parti pris)이라는 강한
수정주의적/구성주의적(strong-revisionist/constructivist) 주장에 동
의할 수 없다.[177] 오히려 관건은 모든 주요한 (혹은 잠재적으로 주요한)
역사적 사건의 발단에서 이어지는 매우 구체적지만 [동시에] 복합적으
로 과결정된(overdetermined) 여러 가능적 결과이며, 그러한 사건의
의미가 언제나 사건의 귀결 자체와 마찬가지로 어떤 면에서는 여전히
결정되어야 할 무엇이라는 점이다. 따라서 바디우는 과거의 사건들이
이데올로기적 변화의 바람에 한없이 열려 있다는 생각을 지나치게(혹
은 잘못된 방향으로) 밀어붙이는 그러한 포스트근대적 역사 기록자들
—회의주의자들, 상대주의자들, 구성주의자들, '강한' 텍스트주의자
들, 또는 반反실재론자들—의 주장을 받아들이지 않는다. 성찰 17 '사
건의 수학소'와 성찰 18 '존재에 의한 사건의 금지'에서, 그는 수학이
어떻게 비판적인(비非교조적이지만 그럼에도 엄격하게 형식화된) 존
재론의 기초로서 여기서 매우 귀중한 지침을 제공할 수 있는지에 관한

176   Kurt Mueller-Vollmer (ed.), *The Hermeneutics Reader* (Oxford: Blackwell,
1988); Richard Rorty (ed.), *The Linguistic Turn* (Chicago: Unversity of Chicago
Press, 1967); Robert Stainton (ed.), *Perspectives in the Philosophy of Language: A
Concise Anthology* (New York: Broadview Press, 2000) 참고.
177   예를 들어—다양한 시각을 살피기 위해서—Keith Jenkins (ed.), *The Postmod-
ern History Reader* (London: Routledge, 1997) 참고.

주제로 되돌아간다. 즉, 이 주제는 사유가 어떻게 객관적인(대상적인, objective) 역사적 진리의 요건들에 주어야 할 마땅한 고려를 이를테면 역사적 사건이 후대의 상황들의 관점에서 볼 때 활활 타올라 전적으로 새로운 의미를 획득하게 되는 방식과 조합할 것인지에 관해 시사한다. 결국, "언제나 현실에 있어 어떠한 사건도 일어나지 않을 가능성이 있"는데, 왜냐하면 "엄격하게 말해서, 하나의 자리(site)는 오직 어떤 사건의 발생에 의해 소급적으로 그렇다고 평가될 때에 한하여 '사건적'이"기 때문이다(p. 179).

분명히 이 지점에서 "나는 내 전체 건축물의 기반을 다룬다"고, 바디우는 언급한다. 실제로 만일 사건들의 성격이 어떤 의미에서 사건들 안에 거주하거나 혹은 사건들을 통해 살아가는 자들의 인지를 벗어나는 그런 것이라면—만일 어떤 사건의 "그 자체의 자리와 관련된 상황에 귀속됨이 그 상황 자체의 견지로부터 결정될 수 없다면"(p. 181)—분명히 『존재와 사건』의 철학자는 자신의 작업에서 그럼에도 어떻게 그러한 사건들이 충실성을 요구하며 이끌어 낼 수 있는지에 대한 설명을 시도할 것이다. 혹은 다시 말해서, 만일 "어떤 사건의 기표(signifier)가 필연적으로 그 사건의 자리에 대해 정원 외적(supernumerary)이"라면, 분명히 사건의 자리가 형성하는 어떤 문제적인 부분을 포함하는 상황은 결코 그 사건의 정치적 의미를, 혹은 심지어 그 무대를 가장 날카롭게 지각하는 관찰자들에게도 보이지 않을 혁명적 잠재성을 생산하지 않을 것이다. 따라서, 바디우는 사건이 전적으로 명시될 수 있는 존재의 영역 너머에서 발생하며, 이로 인해 어떤 [사건의] 후보가 되는 일어남이 가짜 사건의 지위(pseudo-evental status)와 확연히 구별되는 완전한 사건의 지위를 위한 시험을 통과하는지 판별하는 참된 판단의 조건들을 언명하고자 하는 모든 동시대적 시도를 실격시킨다고 보는

데, 엄밀하게 말해서 이러한 바디우의 발상에는 어떤 해결할 수 없는 역설이 있는 듯 보인다. 한편으로, "만일 사건이 상황에 귀속된다면— 즉, 사건이 거기에 현시된다면—사건은 그 자체로 공백의 가장자리에 있는 것이 아니다"[178](p. 182). 그런 경우[상황에 귀속될 경우]는 가짜 사건에 해당할 것인데, 가짜 사건에는 실제로 그러한 중대한 의미를, 곧 '정상화'하는 이해나 해석의 양식에 종속 될 때 추가적인 사건들의 원인이 될 역량을 박탈당하는 잠재적으로 진정한 사건의 의미를 주장할 정당한 권리가 없다. 다른 한편으로, 만일 반대의 가설—"사건은 상황에 귀속되지 않는다"는 가설—을 받아들인다면, "장소 외에는 아무 것도 일어나지 않았을 것"[179]인데, 즉 공백(혹은 확정된 존재의 절대적 부정)은 이러한 최종적인 존재론의 종말 이후에 남게 되는 모든 것이며, 따라서 "어떠한 현시될 수 있는 다수도 그러한 이름의 부름에 응답하지 않"을 것이다(p. 182).

분명히 해야 할 것은 이것이 추상적이거나 가공으로 만들어진 딜레마가 아니라 오히려 자유의지 대 결정론의 문제나 혹은 이성의 자율성 대 모든 것을 포괄하는 숙명론적 신조의 문제 같은 모든 철학적 문제들 중 가장 깊고도 다루기 까다로운 주제를 건드리는 문제라는 점이다. 바

---

178 [이것은 상황 속에 공백의 가장자리가 있다 해도, 반드시 사건이 발생하는 것은 아니라는 의미다. 또한 사건은 더해지는 무엇이며, 일어난다 해도 곧 사라진다. 사건 이후에 남게 되는 것은 사건을 선언하는 주체들인 것이다. 그리고 무엇보다 사건이 현시된다고 말하기 어려운 이유는 사건이 존재의 법칙에 따르지 않기 때문이다. 바디우가 제시하는 사건의 수학식은 $Ex = \{x \ / \ x \in X, \ Ex\}$인데 여기서 Ex는 사건, x는 상황에서 공백과 같이 무시되는 원소, X는 사건의 자리(혹은 공백의 가장자리)이다. 이 수학식에서 볼 때, 사건은 사건의 자리에 속한 원소 x 외에 사건 자체를 원소로 귀속시킨다. 이는 명백히 '토대 공리'(자기 귀속을 금지하는 공리)의 위반이며, 수학적 존재론에 위배되는 것이다.]

179 [앞에서 언급된 바 있는 말라르메의 시 「주사위 던지기」의 한 구절이다.]

디우에게, 이러한 주제들은 주로 발생했다는 인식을 필요로 하는—따라서 역사와 관련한 진리를 고려해야 한다고 주장하는—어떤 것에 대한 인정과 그러한 과거의 사건들이, 정말로 그 이름을 얻기에 합당하다면, 어느 정도까지 새로운 정치적 정세나 우리의 이후 역사의 귀결이나 반향들에서 오는 예기치 않은 전기의 도래에 따른 재평가에 열린 채로 유지되어야 할 것인지에 대한 인정 사이에서 어떤 진정한 딜레마의 형식으로 제기된다. 예컨대, 그의 보다 길고 복잡한 설명들 중 하나를 인용하자면, "사건은 상황 안에 있고 [그 자체와 공백 사이에] 삽입됨으로써 그 자리로부터 '공백의 가장자리'를 단절시키거나, 혹은 그렇지 않다면 사건은 상황 안에 있지 않고 그 명명의 힘은, 만일 그 힘이 '무엇인가'에 전달된다면, 오로지 공백 자체에만 전달된다"(p. 182). 만일 첫 번째 발상이 항상 사건을 정상화한다면—다시 말해, 사건을 친숙하거나 또는 이데올로기적으로 수용된 사유 방식들의 영역 내부로 안전하게 되돌려 놓는다면—두 번째 발상은 사건을 '초일자(ultra-one)'로 취급하는 위험을 떠안는데, 이것은 어떤 의미에서 판단이나 역사적 비교 또는 개념적 재현의 공간 너머에 실존하기에 실질적인 모든 정치적 내용을 상실하게 될 것이다.

2. 역사의 재현: 진리와 사건

앞에서 말했듯이, 바디우는 이 같은 무엇—언어적 준거에 관한 완전히 유명론적인 구상과 연합한 정치 및 윤리적 사안들에 관한 완전히 포스트근대론적 전망—이 그 자신의 사건 개념을 공백의 가장자리에 실존하며 따라서 본질적으로 모든 종류의 명확히 떨어지는 설명에 저항하는 것으로 해석하게 될 수도 있다는 우려스러운 가능성에 매우 민감하다. 바디우의 언급에 따를 때, 그 위험은 "'프랑스 혁명(French Revo-

lution)' 을 순전히 하나의 낱말일 뿐이라고 주장한다면, 당신은 현시되
거나 현시되지 않은 무한한 사실들을 고려하여 그런 종류의 일이 결코
아무것도 일어나지 않았음을 쉽사리 증명할 수 있을 것"이라는 점이다
(p. 182). 그리고 당연히 이런 위험은, 대체로 우익적 성격의 역사 수정
주의(historical revisionism)가 프랑스 역사가들 사이에서 특히 프랑스
혁명에 관해 상당한 기반을 얻게 된 시기에, 바디우 같은 정치적 신조
를 가진 사람이라면 누구라도 그만큼 더 심각하게 받아들일 사안이
다.[180] 따라서 그러한 입장은 의심의 여지 없이 그에게 최근에 여러 다
양한 분과에서 사유에 예기치 않은 불행한 효과를 끼쳤으며, 광범위하
게 퍼져 있고, 이데올로기적으로도 의심스러운 언어적·담론적·서사
적·텍스트주의적·해석학적 전회의 또 다른 예로 각인된다. 그리고 그
는 그러한—때로 매우 이단적인(비정통적인, heterodox) 종류의—판
단을 내리는 데 전혀 거리끼지 않는다. 예를 들어, 그는 보통 중요한 사
건으로, 심지어 획기적인 사건으로 간주되는—예를 들어 1989~91년
의 소비에트 유형의 공산주의 붕괴나 혹은 2001년의 뉴욕 쌍둥이 빌딩
공격 같은—특정한 에피소드들의 경우에 오히려 여러 면에서 이미 진
행되고 있던 전개들의 (예상할 수는 없더라도) 완벽하게 이해할 수 있
는 귀결로 봐야 한다고 주장한다.[181]

말하자면, 어떤 세계 전환적 사건 발발에서 (그러한 발발에 직면하
여) '자연적으로' 혹은 본능적으로 이어지는 종류의 반응들과 이후에
그러한 사건이 어떻게 일어나게 된 것인지에 대한 역사나 정치 면에서

180   예를 들어 François Furet, *Interpreting the French Revolution* (trans.) Elborg
Forster (Cambridge: Cambridge University Press, 1968); Furet and Mona Ozouf
(eds), *A Critical Dictionary of the French Revolution* (trans.) Arthur Goldhammer
(Cambridge, MA: Harvard University Press, 1989) 참고.
181   Badiou, *Infinite Thought*, p. 46-7.

보다 정통한 더욱 깊은 이해에 비추어 정당화될 수도 있을 그러한 종류
의 반응들 사이에는, 역사학자와 정치학자 그리고 이데올로그들(논객
들, ideologues)이 무시하게 될 위험이 있는 선명하면서도 필연적인 구
별이 있다. 이러한 구별은 그저 사후적 회고의 지혜로부터 이점을 취하
거나 혹은 과거의 판단 실수로부터 배워야 한다는 결국 때로 완벽하게
이성적이라 여겨질 주장과 관련한 사안이 아니다. 보다 구체적으로 말
해서, 그 구별은 지식과 그 지식을 소유하고 있다는 의식이 반드시 함
께 가는 것은 아닌 (그리고 보통 그렇지 않은) 완전히 구별된 상태들이
나 조건들 혹은 역량들이라는 바디우의 반反데카르트적 관점이나 그로
부터 귀결되는 확신과 관련된다. 이런 면에서, 그는 비슷한 방식으로
지식이 명석판명하며 의심의 여지 없이 자명한 정신의 파악력과 관련
될 수 있음을 부정함으로써 데카르트 인식론의 유산으로 남겨진 문제
들 중 일부를 해결하고자 했던 티모시 윌리엄슨(Timothy Williamson)
같은 분석철학자들의 의견에 완전히 동의한다.[182] 오히려 지식은, 의식

---

182   Timothy Williamson, *Knowledge and its Limits* (Oxford: Oxford University
Press, 2000). 윌리엄슨(Williamson)이 바디우의 관점과 특히 유사한 관점으로부터
이 문제들—특히 알려지지 않은 진리/알 수 있는 진리의 (비)실존 혹은 구상 (불)가
능성에 관한 실재론자들과 반실재론자들의 논쟁 주제—에 도달했다고 말해야 할 것
이다. 물론 철학 용어나 방향에 있어 매우 큰 차이를 보이기는 하지만 말이다. 요컨대
윌리엄슨은, 더밋(Dummett) 같은 반실재론자들에 맞서, 우리가 어떻게 진리들이 실
존함을 알 수 있으며, 더구나 특정한 조건들이 그 조건들을 (비록 현재 우리의 이해
상태로 볼 때 불가능한 범위가 되더라도) 닿을 수 있는 범위 안으로 가져오게 될 그러
한 인식적 파악력의 발전에 특정된다는 주장을—논리적으로 그리고 인식론적으로 말
해서—이해할 수 있는지 입증하는 작업에 착수한다. "일단 그 영역[인식 불가능성의
영역]이 비어있지 않다고 인정한다면, 우리는 그 범위를 보다 효과적으로 탐험할 수
있게 된다. 앎[지식]에 대한 범위를 설정함에 있어, 인식 가능성의 한계 양쪽을 모두
발견할 필요는 없다. 사소하게, 우리가 알 수 없는 것이 무엇인지 알 수 없다 하더라
도, 우리는 무언가 알 수 없다는 점을 알 수 있다"(pp. 300-01). 그리고 반대로, 같은
의미에서 그런 것이기는 하지만, 우리는 데카르트적 의미에서 투명하게, 직접적으로,

의 파악력을 벗어나는 지식의 획득에서 인과적 요인들의 영향력이나,
우리가 확고하게 고수하는 신념들의 모든 논리적 함의를 파악할 수 없
는 무능력, 혹은 문제가 제기되지 않는 이상 우리가 쉽게 인지하지 못
하는 '우발적인' 믿음과 구별되는 것으로서 [기존의] '정립된' 다양한
항목에 대한 믿음 중 어느 것이든 관계없이, 그러한 상태를 달성하는
사유의 역량에 관한 여러 다양한 제한들에 종속된다.

    그러한 교훈은 데카르트로부터 내려오는 인식론이—칸트로부터 분
석철학 내부의 논쟁들까지 이어지는 길고 복잡한 지류를 비롯하여—
'명석판명한 관념들(clear and distinct ideas)'의 형태로 정신에 현존
하는 지식의 차원을 위한 데카르트의 잘못된 탐구에 의해 제기된 오래
토록 동일하게 반복되는 문제들에 좌초한 것으로 보일 수 있다는 사실
에서 특히 강력한 설득력을 얻는다. 이에 따라 바디우는 그러한 접근법
전반을 단호하게 기각하며, 철학을 그 합리적이고도 구성적이며 (무엇
보다) 과학적으로나 정치적인 진보적 발걸음으로 되돌려 놓을 유일한
길이 바로 다양한 경험주의 및 합리주의의 외양을 한 인식론적 '관념
의 길(way of ideas)'에 의해, 그리고 이후에는 마찬가지로 다변적인
'언어적 전회'에 의해, 탁월한 제1 철학의 역할로부터 격하된 기초 존
재론의 주제들로 접근하는 것이라고 역설한다.[183] 이때 명확해지는 것
은 자기 의식적인 관념이나 개념 또는 재현들에 대한 호소로서 혹은 그
렇지 않다면 하나의 대체적 보증 수단으로서 언어의 심판대(그리고 명

반영적으로 혹은 우연하게 정신에 현전함을 의식적으로 지각하지 못하는 많은 사물들
을 알거나 고안해 낼 수 있다. 윌리엄슨은 이러한 두 가지 주요 논점에 있어 바디우와
동의하며, 마찬가지로 수학과 논리 그리고 형식 과학들에 대한 '고전적인'(즉, 이가적
[bivalent]이거나 비직관주의적인) 접근법을 받아들인다.
183   각주 176 참조. 또한 Ian Hacking, *Why Does Language Matter to Philosophy?*
(Cambridge: Cambridge University Press, 1975)를 볼 것.

3장 본문 읽기   271

료하다고 추정되는 언어의 힘)에 대한 호소를 통해 인간이 지식이나 이성 또는 진리를 얻을 수 있다는 주장을 정당화하려는 모든 탐구에서 특징적으로 나타나는 실패하도록 정해진 운명이다. 바디우에게, 이러한 의식의 범위에 대한 경계를, 특히 반성적(reflexive)이거나 자기 의식을 통해 접근할 수 있는 사유의 범위에 대해 명확한 경계를 그어야 할 필요는 추가적으로 프로이트의 중심 개념들에 관한 자크 라캉의 폭넓게 구조주의적인 설명을 거쳐 전해진 것으로서 정신분석의 가르침들에 의해 강화된다.[184] 그러므로, 이후에 보게 될 그대로, 그는 자아(ego)가 자기 집에서 주인이 되지 못하며 실제로는 편재하는 무의식(unconscious)의 장난감이나 혹은 무의식의 속임수에 쉽게 속는 자(dupe)에 다름아니라는 라캉의 주장에 중요성을 부여한다.

이러한 인식론적 특권의 격하(또는 급진적 재배치)는 정치적·윤리적 판단들에 적용되는 만큼이나 형식 과학 및 물리 과학들에서 주장, 이론, 가설 등의 진리나 타당성에 대한 판단에도 적용된다. 두 경우 모두—물론 다른 방식으로—우리는 여러 상식적·직관적 믿음의 그릇되거나 오도하는 본성뿐만 아니라 (의식적 사유가 아무리 투명하거나 명료하다 해도) 지식이 의식적 사유의 전달을 넘어섬을 인정해야 한다. 그러므로 격랑이 휘몰아치도록 복잡한 사건의 압력 아래 살아가며 헌신하는 행위자들—수용된 지식의 상태에서 전前혁명적 위기의 시기에 경쟁 이론들을 평가하는 과학 사상가들 같은—은 명료하게 표명하거나 의식적 반성(성찰, reflection)의 수준으로 가져오기 힘들다는(어쩌면 불가능하다는) 점을 발견하게 될 마찬가지로 엄청나게 복잡한 사유의 과정들에 따라 행위하거나 추론할 것이다. 이런 이상, 과학적 주제

---

184 Jacques Lacan, *Ecrits: A Selection* (trans.) Alan Sheridan-Smith (London: Tavistock, 1977).

와 관련하여, 바디우는 외부적 요인 또는 인과적 요인을 취하여, 준거 대상의 고정(reference-fixing)에서 그리고 이에 따른 다양한 후보(진리 가능적[truth-apt]) 진술들의 진릿값 결정에서 큰 역할을 담당하도록 하는 현대 인식론의 중요한 흐름과 상당히 부합한다. 또 이러한 접근법들에는 당연히 현존 또는 부재가 이러저러한 특정한 사례에서 무엇이 지식으로 간주되어야 할지 결정하는 '내부적'이거나 주체적이거나 혹은 의식적인 상태를 특정할 어떠한 필요도 경시하는—심지어 부정하는—경향이 있다.[185] 어쨌든 오늘날 폭넓게 합의된 의견은 순수한 내재주의(internalism)란 작동하지 않으며—즉, 절대로 해결할 수 없는 문제들을 일으키며—창조적이면서도 풍부한 수준에서 과학적 사유를 유형화하는 그러한 발견 절차에 요구되는 가장 훌륭하고도 적합한 설명을 제시할 추론 과정이 반드시 당대의 수준과 적접 관련되어야 하는 것은 아니라는 것이다.[186]

확실히, 바디우는 이 사안들에 관해 경험주의적 철학 전통보다는 주로 다른 하나의 합리주의적 철학 전통으로부터 접근하며, 특히 라이프니츠나 스피노자를 위시한 중요한 합리주의적 전임자들과 같은 방식으로 이 사안들을 다룸으로써 수학이나 여타 형식 과학들의 궁극적인 패러다임을 발견한다. 바디우의 기획에서 주목할 만한 것은—그리고 더 나아가 그 다른 전통으로부터 구별되는 것은—이러한 형식적 정향을 역사적, 사회적, 윤리적, 실천적·정치적 관심사와 조합하는 측면인데, 이는 분명히 대부분의 분석철학자들에게 괴리적인 영역들의 심각한 혼

---

185   Hilary Kornblith (ed.), *Epistemology: Internalism and Externalism* (Oxford: Blackwell, 2001).

186   특히 Alvin Goldman, *Pathways to Knowledge: Private and Public* (Oxford: Oxford University Press, 2002).

합을 수반한다는 인상을 줄 것이다. 하지만 그의 논점은 바로 이런 것 인데, 말하자면 우리가 일단 인식론과 언어 철학으로부터 정당하게 그 러한 특권적 지위를 보유해야 할 존재론으로 관심의 초점을 이동시킨 다면, 수학적 관심사와 정치적 관심사를 결합시키는 것은 더 이상 기이 한 오류나 완전히 도착적인 무엇으로 간주되지 않을 것이다. 바디우의 설명에 따를 때, 우리는 오직 근대적 집합론에 의해 사용할 수 있게 된 자원들로부터 존재론적 개념들과 범주들을 끌어내는 엄격한 연역을 가 능한 한 끝까지 밀어붙임으로써만이 사유의 분과로서 존재론의 한계와 그러한 한계를 넘어서는 무엇의, 바로 그 정의에 의해 그러한 모든 개 념 및 범주들 아래 놓일 '초일자(ultra-one)'로서 사건의 성격 양자 모 두를 정확하게 명시할 수 있다.

따라서 바디우의 논점은 어떤 종류의 역사적·정치적 평결을 반대하 는 것이나, 혹은 그러한 평결이 오직 이러저러한 주목할 만한 사건의 충분히 구속력 있는 성격을 보증하는 합리적 동기에 부족한 선택을 통 해서만 확신을 가지고 공언되거나 지지될 수 있다는 결정론적 방식을 주장하는 것이 아니다. 오히려 그의 논점은 그러한 결정적 계기들에서 진행되는 무엇이—(형식적인 그리고 물리적인) 과학들이나 윤리·정치 적 영역을 막론하고—대개 수정된(혹은 철저하게 변화된) 믿음과 신념 들의 형태나 혹은 증명적 활동의 형태로 나오게 될 복잡하며 대체로 암 묵적이지만 그럼에도 합리적인 가치 판단의 과정에 종속됨을 주장하는 것이다. 후자의 증명적 활동은 아리스토텔레스가 '실천적 삼단논법 (practical syllogism)'[187]의—즉, 어떤 주어진 상황에 관한 언표(소전 제)나 또 그 동일한 상황과 관련된 원칙의 언표(대전제)가 어떤 추가적

---

187   [삼단논법에서 대전제나 소전제 중 적어도 하나에 윤리적 원칙을 집어넣어 어떤 윤리적 결론을 이끌어 내는 것을 말한다.]

인 언표가 아니라 적합하거나 합리적으로 연역될 수 있는 행동으로 결론 지어진다고 간주되어야 함을 추론하는 방식의—고유한 귀결로 간주했던 그러한 종류의 활동이다. 바디우의 사유는 이런 면에서, 전적으로 인식론적 정향에 기울어 다른 여러 막다른 길에 봉착하는 딜레마들 중에서도, 특히 사실이나 사실확인과 관련한 '존재(is)'로부터 윤리적 '의무(ought)'를 끌어내는 사안의 논리적 불가능성을 말하는 흄(Hume)의 김빠진 진술을 낳았던 전반적인 데카르트 이후 철학 전통에 비하자면, 오히려 아리스토텔레스에 훨씬 더 가깝다.

요컨대 서로 중요한 차이들이 있지만, 앞에서 언급된 것처럼, 바디우와 아리스토텔레스를 함께 묶어 두 사람이 그러한 [인식론적] 전통에 매우 확고하게 맞서게 하는 것은 두 사상가 모두 인식론적 문제보다는 존재론적 문제에 우선성을 할당하며, 이에 따라 그러한 윤리나 정치를 불능화하는 결론을 이끌어 내기를 거부하는 그들의 입장이다. 그래서 바디우는 역사적 사건들의 '진리'가 언제나 해석의 산물이며, 이로 인해 오늘날의 이해 관심이나 우선성들에 대한 반응으로 사건들이 획득하는 중요성 이상의 무엇이 아니라는 입장을 취하는 어떠한 형태의 회의주의, 상대주의, '강한' 구성주의, 혹은 포괄적인 포스트근대론도 받아들이지 않는다. 실제로 그는 인식론적·언어적·서사적 전회 전반을 그리고 이러한 전회로부터 발생한 '역사의 종언'이나 '이데올로기의 종언' 같은 여러 유행하는 슬로건들을 단호하게 거부한다. 바디우에게 있어, 사건은—그가 이 용어에 할당하는 매우 특수한 의미에서—사건을 해석적 로르샤흐 검사(Rorchach blot)[188] 이상의 무언가로 보는 사람들의 윤리·정치적 충성과 진리 추구의 동기에 관한 권리를 갖는다. 다

188 [스위스의 정신의학자 로르샤흐가 고안한 검사법으로, 불규칙한 좌우대칭의 색채무늬를 보고 말하는 것을 듣고 정신 상태를 진단한다고 한다.]

른 한편으로—혹은 어쩌면 바로 그 이유로 인해—어떤 특정한 역사적 사건들이 특별한 중요성을 얻는 것(혹은 마찬가지로 그러한 중요성을 잃는 것)은 그 사건의 보다 장기적인 영향력에 새로운 빛을 던지는 이후의 전개나 에피소드들의 귀결이다.

분명히 바디우는 그러한 중요성을 획득하거나 되찾거나 유지하는 조건으로서 이러한 역사적 사건들의 증언에 대한 충실성 혹은 진리라는 개념과 사건들을 언제나 그저 우리 자신의 서사적이거나 상상적인 가공의 허구로 간주할 뿐인 '현재의 역사'로서 다른 전형적으로 포스트근대론적인 역사 개념 사이에 매우 정교한 선을 긋는다.[189] 결국, 바디우의 언급에 따를 때(p. 180), 심지어 프랑스 혁명과 같이 매우 중요한 사태가 발발하는 경우에도, 우리는 그 사회적 기원, 배경 조건, 촉발적 에피소드, 발전 단계, 주요한 진전, 중요한 반전, 쇠퇴의 징후 등등을 끈기 있게 열거할 수 있으나, 그럼에도 그 진정한 역사적 의미의 결정적인 중요성에 관해서는 아무것도 말할 것이 없다. 논증의 이 단계에서 요구되는 것은 사건들을 기존의 어떠한 사회적·정치적 가능성의 공간에도 속하며 따라서 그 초기 참가자들의 편에서 예외적인 정도의 '투사적(militant)' 충실성을 요구한다고 볼 수 있는 역사적 에피소드들의 바로 그 부류(정확히 말하자면, 그러한 분류할 수 없는 집합체[assemblage])로 지목되도록 할 어떤 추가적으로 더욱 빈틈없는 수단의 특정이다. 말하자면, 바디우는 역사에 관한 포스트근대론 회의주의와 관련된 상대주의적 관념들을 논박하는 한편 진리(*truth*)와 참됨(*truthfulness*) 사이의 (그의 관점에서 볼 때) 결정적으로 중요한 연결고리를 설정하는 자기 주장을 유효하게 하려면, 무엇을 해야 할지 보다 자세히

---

189 각주 177과 또한 Frank Ankersmit and Hans Kellner (eds), *A New Philosophy of History* (London: Reaktion, 1995) 참조.

설명할 필요가 있다. 그래서 그는 『존재와 사건』 V부에서 '사건: 개입과 충실성'이라는 제목 아래 놓인 여섯 개의 성찰을 통해 그 요구를 충족시킨다.

토 의 주 제

- 바디우의 서술에 따를 때, "만일 공백이 주제화된다면, 공백은 그 방황(errancy)의 현시에 따라 주제화되어야 하며, 그것을 어떤 구별적인 셈하기에서 일자(one)로 식별하는 단독성을 통해 주제화되어서는 안 된다." 지금까지 읽은 내용에 기초하여 이 수수께끼 같은 언표를 어떻게 설명하거나 해석할 것인가?

사유가—흔히 가장 위대한 창조성의 순간이나 가장 결정적인 지성적 지복의 순간에 그러듯이—의식적이거나 혹은 자기 의식적인 정신을 통하지 않고 진행될 수 있다는 바디우의 反데카르트적 단언을 어떻게 이해해야 하는가?

V부. 사건: 개입과 충실성. 파스칼/선택, 횔덜린/연역

1. 파스칼: 수학, 기적 그리고 '무한한 사유'

여기에서 바디우는 철학의 몇몇 중심 주제들—사건(event), 상황(situation), 포함(inclusion), 귀속(belonging), 개입(intervention) 및 정원 외적인 것(supernumerary)—을 펼쳐 내는 자신의 통상적인 습관을 따르는 동시에 자신의 작업의 특정한 몇몇 양상을 예표한다고 볼 수 있을 한 앞선 시대 사상가의 작업에 어느 정도 자세한 분석적 주해를 바친다. 이 경우에 관련된 인물은 17세기의 수학자이자 도덕론자(moral-ist), 신학자이자 아포리스트(aphorist)[190], 또한 사변적 사상가였던 블레즈 파스칼(Blaise Pascal)이며, 매우 폭넓은 관심의 범위로 그의 주해자들에게 상당한 문제를—그리고 그들 가운데 입장차를—야기했던 바 있다.[191] 파스칼이 『존재와 사건』에서 매우 중요하게 그려진다는 점은 윤리적 기반, 정치적 기반, 철학적 기반 및 (특히) 종교적 기반에서 바디우가 자신과 선명하게 상충된다고 예상될 법한 사상가들과의 의미심장한 친밀성 또는 비교의 항목들을 발견하는 한 가지 놀라운 사례이다.

이런 맥락에서 바디우가 한편으로 주로 [철학의] 그러한 무가치한 관심사들에 대한 무관심이나 배제 혹은 이를 끝장내고자 하는 자세를 취하는 비트겐슈타인이나 리처드 로티(Richard Rorty) 같은 현대판 '소피스트들(sophists)'과 다른 한편으로 철학에 도전하며 비슷한 방식으로 그 자신의 주장을 이성과 진리로 추정되는 담론으로서 시험하도록 강제되는 철학을 지닌 '반反철학자(anti-philosopher)' 사이에 긋는 구별선을 상기할 필요가 있다.[192] 바디우는 데카르트와 파스칼을 대조하는데, 이들 중 한쪽은 (적어도 알려진 바에 따를 때) 모든 것이 합리적 방법과 결정 절차들의 적용으로부터 시작된다고 보는 한 사람의 사상가이며, 다른 한쪽은 수학과 논리와 자연 과학에 있어서 자신의 성취가 진정한 종교적 신앙으로 가는 길을 여는 믿음의 도약—이른바 모든 합리적 기준의 폐기—과 비교할 때 아무것도 아닌 것으로 여기는 한

---

190   [금언이나 경구를 쓰는 사람.]

191   대표적인 선집을 보려면, Blaise Pascal, *Pensées and Other Writings* (ed.) A. and H. Levi (Oxford: World Classics, 1999).

192   Badiou, *Manifesto for Philosophy*.

사람의 신자이다.[193] 바디우의 의도는 단 한 순간도 파스칼의 교설적 입
장이나, 혹은 이성이 그 자체의 고유한 한계를 알아야 하며 이로써 초
超이성적 역설과 내면을 향해 계시되거나 영적인 진리의 영역으로 들
어가는 실존적 진출을 위한 여지를 만들어야 한다고 주장하려는 것이
아니다. 오히려 그의 의도는 아주 오래되고 대립적이지만 그럼에도
생산적인 관계—이성과 믿음 사이의 관계—에 관한 자신의 논점을 역
설하는 것인데, 이러한 논점은 성 바울과 그리스 철학자들 사이의 (물
론 대체로 상호 간에 당황스러운) 대화에서 가장 인상적으로 표현되
며, 그 이후로 이성이 그 자체의 어떤 실재적이거나 추정적인 범위의
한계에 봉착하는 문제가 제기되는 모든 곳에서 여러 형태로 재부상되
어 왔다.[194] 그러므로 '반철학자'는—소피스트와 달리—그 한계를 시
험하는 과정에 영속적으로 관여하여 모든 그러한 주장에 저항하는 철
학자에게 도발하지만, 또한—바디우가 보기에 가장 중요한 것으로—
이성의 힘이 어떤 방식으로 선명하게 대립되지만 그럼에도 때로 기이
하게 친밀한 부분으로부터 오는 도전을 통해 정련되고 확장되는지 보
여준다.

확실히 이러한 충돌은, (우리가 본 그대로) 철저하게 세속화된 초한
적 무한 개념을 위한 토대를 놓음으로써 신의 실존을 불필요한 가설로
만들었으나 그럼에도—무한이 인간의 지성이나 계산의 범위의 유한한
성격을 넘어선다는 점에서—무한과 기독교 신앙이 양립할 수 있도록
할 '잠정적' 무한 관념을 계속 옹호했던 칸토어의 예에서 그렇듯, 때로
단 한 사상가의 작업 내부에서도 있을 수 있다.[195] 바디우가 파스칼에게

193   Pascal, *Pensées* (op. cit.).
194   또한 Badiou, *Manifesto for Philosophy*를 볼 것.
195   Badiou, 'Philosophy and Mathematics: Infinity and the End of Romanti-

서 발견하는 예시적인 것은 그의 기독교적 믿음의 교설적 내용이 아니라 오로지 어떤 미래를 통해 확인할 수 있는 것으로서의, 다시 말해 회고적으로 지금까지는 엄격하게 결정 불가능한 추측들에 관해 결정하는 진릿값(truth-value)을 부여하게 될 아직 상상조차 할 수 없는 사건으로서의 가설에 그가 모든 것을 걸었다는 점이다. 그래서 우리는 앞에서 제기된 문제로 돌아간다. 진정한 사건을 하나의 단독적이면서도 분류될 수 없는, 그럼에도 사건에 응답하는 자들 가운데 마찬가지로 단독적인 요구를 행사하는(혹은 행사할 수 있는), 일어남으로 부각시키는 것은 무엇인가? 바디우는 라캉의 "비록 어떠한 종교도 참이 아니지만, 어쨌든 기독교는 진리의 문제에 가장 가까이 접근했던 종교"라는 취지의 수수께끼 같은 발언을 언급한다(p. 212). 그는 더 나아가 이 인용구를 그 자신의 말로, 그리고 여기서 파스칼이 매우 중요하게 그려지는 이유를 보이는 방식으로 해설한다. 요컨대, "기독교에서, 그리고 오직 거기에서만, 진리의 본질은 사건적 초일자를 가정하며, 진리에 관련되는 것은 관조가—혹은 움직이지 않을 지식이—아니라 개입의 영역에 속한다고 말해진다"(p. 212).

물론 이 지점에는 심각한 오해의 위험이 있는데, 파스칼의 사유에서 어쩌면 비신자(non-believer)를 윤리적·철학적 기반 위에 놓인 문제에 열려 있는 자로 공격할지도 모를 그러한 요소들에 바디우가 명백히 끌리고 있다는 점을 고려한다면 말이다. 예컨대 바디우는 오로지 의미 있는 진술들만이 경험적인(예를 들어, 과학적인) 실험의 방식을 통해 검증 가능한/반증 가능한(verifiable/falsifiable) 진술들이 되거나 혹은 그 논리적 형식으로 인해 자명한(그래서 동어반복적[tautologous]이며 경

cism', in *Theoretical Writings*, pp. 21-38.

험적으로 무의미한[vacuous]) 진술들이 된다는 논리 실증주의의 주장
[196]에 대한 반론으로서 몇몇 신학자들에 의해 개진된 '종말론적 검증론
(eschatological verificationism)' [197]의 교설 같은 어떤 것을 수용하는
듯 여겨질 수도 있다.[198] 이에 대해 신학자들은 때로 기독교 신앙의 공
준들이 현재로서는 명백하게 파악되거나 정확하게 명시될 수 없는 분
명한 조건들 아래 언젠가는 마침내 검증되거나 반증될 것이라고 대답
한다.[199] 하지만, 한편으로, 엄격하게 현세 내적인(intra-mundane) 미
래 발견의 영역에서—비록 이 영역이 수(numbers), 집합(sets) 및 부
류들(classes) 같은 추상적 개체들로 확장된다 하더라도—진리 가능적
(truth-apt)이지만 아직 검증되지 않은 추측이나 가설들을 위한 진리
확정자(truth-makers)를 위치 짓는 (바디우의) 실재론적 존재론과, 다
른 한편으로, 어느 정도까지 (경험적으로나 논리적으로 적합한 기반에
서) 증명, 지식 또는 증거로 간주되는 어떤 것 너머로 향하는 신학적
입장 사이에는 완전한 차이가 있다. 다시 말해, 현재 우리의 가장 훌륭
한 증명이나 확인의 수단을 넘어선다고 밝혀질 어떤 것에 대한 미래 지
향적 개방성의 태도를 요구하는 것으로서—수학이나 자연 과학 혹은

196 [이 주장은 기본적으로 경험적으로 검증될 수 있는 진술만이 인지적으로 의미있
는 진술이며, 그렇지 않을 경우 동어반복(혹은 항진명제[tautology])이 된다는 검증주
의 혹은 의미의 검증 기준에 관한 서술이다.]
197 [검증주의에 대한 반론으로 영국의 종교 철학자이자 신학자 존 힉(John Hick)이
제시한 주장. 예를 들어, '사후 세계가 있다'는 주장에 대한 검증은 죽은 후에나 가능
하며, 따라서 이 진술이 참이라면 사후에 참으로 검증할 수 있겠지만, 거짓이라면 반
증될 수 없다(거짓일 경우, 죽은 자는 천국을 확인할 수 없기 때문). 신이나 사후 세계
같은 종교적 진술들이나 일부 윤리적 행동에 관한 진술에 적용된다.]
198 견해들의 예를 보려면, A. J. Ayer (ed.), *Logical Positivism* (New York: Free
Press, 1958) 참고.
199 예를 들어 John Hick, *Faith and Knowledge* (London: Macmillan, 1967)를 볼
것.

정치를 막론하고—바디우의 진리 개념은 결코 종말론적인 것이 아니다. 반대로, 진정한 (획기적) 사건을 다소간 의미심장한 사태의 발발이나 해프닝의 추이로부터 구별하는 것은, 회고적으로 볼 때, 사건이 그 자체를 어렴풋이 예표했던 이전의 에피소드들에 대한 전환적인 관계에, 그리고—필연적으로 이로부터 따라나오는 것으로서—또한 사건의 진리 내용이 추가로 드러나거나 점진적으로 펼쳐지게 될 이후 사건들에 대한 예기적 관계에 들어선다는 사실이다. 실제로 그 내용은 전적으로 자연 과학적이거나 사회·정치적이거나 또는 형식적·개념적인 종류 중 어느 종류를 막론하고 실제적인 발전상과 관련되지만, 그러한 발전상의 본성으로 인해 최대한도의 검증 범위 너머에 놓이는 가설과는—앞에서 언급한 신학자들에게는 미안한 일이지만—아무런 관련도 없다.

'종말론적 검증론'에 관한 주장을 분명히 해명하는 일이 중요할 터인데, 왜냐하면 이러한 주장이 때때로 사건을 모든 주어진 상황에 파열을 가하는 것으로 보는 발상과 주체가 이 사건에 대한 '투사적(militant)' 충실성을 통해 실존한다고—글자 그대로 존재하게 된다고—보는 발상이라는 바디우의 매우 밀접하게 관계된 두 가지 발상에 제기되는 한 가지 반대에 관련되기 때문이다. 특히 이런 측면에서 성 바울을 예시적 인물들 중 한 사람으로 간주한다는 점에서, 바디우가 모종의 은밀한 신학적 사상가 혹은 (어쩌면 보다 간결하게) 은밀한 키르케고르주의 사상가로 간주되어 종교적 불신을 말하는 그의 공언이 액면 그대로 받아들여지지 않을 위험이 있다.[200] 요컨대 바디우는 유명한 파스칼의 도박과 매우 유사한 어떤 것을, 즉 알려진 바 그대로 신이 현실적으로 실존할 가능성이 영에 가깝지만 그럼에도 영원한 구원의 전망이 영

200 Badiou, *Saint Paul: The Foundation of Universalism*.

원한 저주의 전망보다 무한하게 나으므로 우리의 믿음을 전지전능하며
전적으로 자비로운 신에게 두는 편이 낫다는 파스칼의 개연론적 근거
에 기초한 증명과 유사한 어떤 것을 지지한다고 이해될 수도 있을 것이
다.[201] 내가 받은 인상은 바디우의 작업을 깊이 파고들었던 그 누구도
그가 이러한 논변에 공감한다고 여기지 않는다는 것이다. 적어도 윤리
적, 종교적 함의나 (특히) 사회·정치적 함의와 관련해서 말이다. 결국,
이러한 논변은 분명하게 바디우 작업의 주요한 두 가지 가르침에, 말하
자면 철저하게 세속화된 유물론적 존재론—가장 단호하게 기독교의
신이나 다른 어떤 신에게도 여지를 남기지 않는 그러한 존재론—과 또
한 최대 정도의 개념적·논리적 엄격함으로 사물들을 철저하게 사유할
필요성을 역설하는 그의 입장에 반한다.

　이러한 관점에서 볼 때, 바디우는 분명히 파스칼에 대한 가장 훌륭하
고도 지성적으로나 윤리적으로 가장 결정적인 대답—어떤 집행력을
지닌 신에 대한 믿음이 요구되지만, 그 신의 (앞에서 열거된) 추정된
속성들이 서로 조화될 수 없거나 또는 인간 경험의 사실들과 양립할 수
없음이 드러나는 어떤 거룩한 역설을 묵인하지 말아야 할 분명한 책임
이 있다는 대답—을 제시한 밀(Mill)이나 러셀 같은 원칙에 입각한 무
신론자들에 공감한다.[202] 다른 한편으로, 바디우는 만일 파스칼이 만들
어 낸 중요한 수학적 진보를 검토하거나 그의 다른 (신학적) 언표들을

201　파스칼의 도박(Pascal's Wager)에 대한 앨런 하젝(Alan Hajek)의 탁월한 논의
　　를 보려면 스탠포드 철학 백과사전(*Stanford Encyclopedia of Philosophy*)[http:/plato.
　　stanford.edu/entries/pascal-wager/]에서 다운로드할 수 있다.
202　예를 들어, J. S. Mill, *An Examination of Sir William Hamilton's Philosophy,
　　and of the Principal Philosophical Questions Discussed in his Writing* (London:
　　Longmans, Green & Dyer, 1878) 그리고 Bertrand Russell, *Why I am Not a Chri-
　　tian, and Other Essays on Religion and Related Subjects* (ed.) Paul Edwards (Lon-
　　don: Allen & Unwin, 1957) 참고.

윤리·정치적 용어들로 번역한다면 파스칼 같은 사상가로부터 많은 것을 배울 수 있다고 판단할 정도로 충분히 '대륙적인' 합리주의자다.[203] 이때 드러나는 것은 기독교를 교리적 지지의 압력이나 사회·정치적 신중함의 압력으로 인해 표현될 수 없는 무언가를 대신하는 표상적인 혹은 심지어 우의적인(allegorical) 대체물로 이해하는 방식이다. 예컨대, 파스칼의 구상에서, "사건의 교설을 이루는 모든 요인들은 기독교 안에, 어쨌든 어떤 현존의 존재론의 잔해 내부에 배치되며, 이에 관해서 나는 특히 그러한 교설이 무한 개념을 축소시킴을 보인 바 있다"(*BE*, p. 212). 이러한 후자의 평가는 결정적인데, 그러한 평가가 바디우의 논변을 어떠한 계통의 신학적 사유— '부정적'이기는 하지만 그럼에도 신이 결코 인간이 사용할 수 있는 용어들로 정의되거나 개념화될 수 없다고 주장하는 모든 다양한 부정 너머에 신적 존재의 일부 잔여를 보존할—와도 확고하게 분리시키기 때문이다. 그러한 평가는 또한 칸토어를 통해 수학의 담론에 들어간 연산적인 무한 개념이 여전히 칸토어의 보다 회고적인 선언들에 영향을 미쳤던 앞선 시기의 '낭만적인', 신비적인, 종교적인, (알려진 바) 초이성적인 무한 개념과 아무런 관련도 없다는 바디우의 주장을 입증한다.[204] 파스칼이—명시적으로 믿음과 관련한 신학적 사유에 헌신하는 듯 보이기는 하지만—그러한 사유의 계통과 갈라서는 것은 인간적 이해의 한계에 종속되는 것으로 이해되는 이성의 행사와 본질적으로 그러한 한계를 초월하는 것으로 이해되는 믿음의 요건들 사이에서 역설적 관계를 사유하고자 노력함에 있어 그

203　Nicholas Hammond (ed.), *The Cambridge Companion to Pascal* (Cambridge: Cambridge University Press, 2003) 그리고 Robert J. Nelson, *Pascal: Adversary and Advocate* (Cambridge, MA: Harvard University Press 1982) 참고.

204　이해를 돕는 주해를 보려면, A. W. Moore, *The Infinite* (London: Routledge, 2001) 참고.

당시 누구보다 더 멀리까지 밀고 나갔기 때문이다.

따라서, 바디우의 설명에 따를 때, 파스칼의 공공연히 반反합리주의적인(기독교 신앙주의적인) 사유의 합리적 내용은 '결정적인' 발상이 될 것인데, 이는 진리를 향한 모든 결정적 진보가 인간 지식의 증가에서 명확한 진보의 단계를 나타낼 뿐만 아니라 그러한 진보가 어떤 선택을 증언하며 이어서 그러한 진보의 초기 변론자들과 그 이후 지지자들의 깊은 지성적·윤리적 헌신을 증언한다는 의미에 따른 것이기 때문이다. 이런 이유로 바디우는 잘 알려진 파스칼의 '믿음의 도약'에서, 곧 "가슴은 이성(reason)이 알지 못하는 이유(reasons)를 가진다"는 혹은 논리란 기독교 신앙이 붙드는 구원의 약속—비록 여기에 합리적이거나 개연론적 측면에서 아무리 근거가 없다 하더라도—에 비하면 하찮은 것이라는 파스칼의 확신에서, 전적으로 예시적인 무언가를 발견한다. 그런 것이 바로 학문이나 논리, 형이상학이나 존재 신학의 사유 양식을 통해 신의 실존을 증명하거나 신의 속성들을 규정하고자 하는 모든 노력의 무익함을 선언하는 파스칼의 동기이다. 그 까닭은 기독교 신앙은 아이러니하게도 파스칼 자신이 선도적으로 기여했던 어떤 새로운 수학적·자연적·과학적 합리성의 잠식에 맞서 오직 믿음을 통해—그리고 무엇보다 합리적 신뢰성을 한계와 그 너머까지 확장했던 어떤 것으로서 기적이 일어남에 대한 믿음을 통해—가능한 것으로 정당화되거나 증언되거나 옹호될 수 있었기 때문이다. 그래서 만일 그의 사유가 오늘날에도 여전히 '당혹스러운' 혹은 '도발적인' 힘을 간직한다면, 이는 다음과 같은 골치 아픈 질문과 관련된다. "이 편견 없는 과학자가, 이 완전히 근대적인 정신이 어떤 이유로 갈릴레오 이후 합리성의 가장 큰 약점으로 여겨질 기적의 교리에 의지하여 기독교를 정당화하려 하는가?"(p. 215) 어떤 '광기'가—곧 자신의 설득의 성공에 반대하는 가능성을 최대화하려는 도착적인 욕망이—파스칼을 이끌어 기적에 대한 믿음을 가공의 대화 상대—스스로 '자유 사상가(libertine)'이자 에피쿠로스(Epicurus)와 루크레티우스(Lucretius)와 가상디 (Gassendi)[205]의 유물론적 제자라 공언하는—를 회심시켜 계시 종교의 진리들을 받아들이게 하려는 그 자신의 노력의 기초로 삼게 할 수 있었던 것일까?

바디우의 대답은 상당히 간명하다. 말하자면, 파스칼에게 있어 '기적'은, 말라르메에게 있어 '우연'이 그런 것처럼, 어떤 기존의 상황이나, 지식의 상태, 개념적 도식, 혹은 수용된 존재론적 작업틀의 규범에 따른 정의를 초월하거나 회피하는 모든 것의 이름이라는 것이다. 이런 의미에서 그것은 "진리의 자원으로서 순수한 사건의 표지", 곧 언제나 "증명에 대한 초과"를 특성으로 삼으며 이에 따라—파스칼의 신앙주의적 사유 방식에 대해—신이 "이신론자(deist)가 스스로 만족하는 순수한 지식의 대상으로 환원될 수 없"음을 보장하는 보증물로 기능하는 이름이다(p. 216). 다시 한번, 바디우의 파스칼 독해가 그 자체로 어떤 신앙주의적이거나 은밀하게 신학적인 저의를 지닌다는 결론이나, 혹은 이러한 파스칼의 주제들—그가 이성과 믿음 사이에 혹은 단순한 '정확함'과 진리 사이에 제시하는 철저한 괴리—에 대한 바디우의 서술이 오로지 스스로 공언한 기독교 신학의 용어들에 입각하여 정당하게 해석될 수 있다는 결론은 잘못된 것이다. 이 부분에서 바디우의 주된 목적은 오히려 파스칼이 공언한 이성을 믿음의 권리에 종속시킨다는 의도가—그 자신의 의도와 달리—그가 살았던 당시에 발견되거나 증명

205　[피에르 가상디(Pierre Gassendi). 데카르트, 파스칼과 동시대 철학자이자 신학자이며, 동시에 천문학자이자 수학자였던 인물. 에피쿠로스의 원자론을 기독교 교리와 절충하는 데 관심을 기울였다.]

되거나, 심지어 추측되었던 것보다 훨씬 더 나갔던 몇몇 수학적 진리들에 대한 때이른 파악에 의해 불확실한 자리에 서게됨을 입증하는 것이다. 만일 파스칼의 무한에 관한 사유가 대부분의 사람들에게 주로 "무한한 우주의 영원한 침묵"을 직면할 때 느끼게 되는 두려움(terror)에 관한 그의 유명한 고백을 통해 알려진다면, 바디우가 염두에 두는 것은 이러한 실존적 두려움의 양상이 아니라 파스칼이 유한을 무한의 특수한 사례나 제한된 심급이며 그 반대는 아니라고 보는 관점을 받아들임으로써 얻게 되는 귀결들이 무엇인지 최초로 탐구했던 사상가라는 점이다. "고대의 경향을 극적으로 뒤집어, 그[파스칼]가 명확히 진술하는 바에 따를 때, 귀결되는 것—곧, 인간이 안심하는 어떤 상상적인 분할—은 바로 유한이며, 현시를 구조짓는 것은 무한이다"(p. 220). 그리고 또한, "파스칼은 그러므로 자연적 무한성을, 유한의 '고정 불가능한' 상대성을, 그리고 무한성의 차원들로 이루어진 다수 위계(multiple-hierarchy)를 동시에 사유한다"(p. 220).

더구나 파스칼이 이를 달성하는 사유 방식은 최상의 형식적·개념적 정확성과 사변적 이성의 이율배반들(이후에 칸트가 엄격한 한정의 규칙 아래 두게 될 인간적 사유의 본질적 경향들)을 추구하는 의지를—사실상, 종교적 동기를 지닌 충동을—조합하여, 그런 것들이 전적으로 새로운 창조적·생산적 힘을 얻게 되는 지점에 이르게 하는 것이다.[206] 말하자면, 수학과 논리의 주제들에 관한 그의 사유의 엄격함이 이성에 대한 신앙의 우위에 대한 주장에 대립된다거나, 이 주장과 양립 불가능하다거나, 혹은 이런 주장에 의해 손상된다고 이해해서는 안 된다. 오히려 그의 사유의 엄격함은 결정적으로 그러한 주장—진리는 언제나

---

206   Immanuel Kant, *Critique of Pure Reason* (trans.) N. Kemp Smith (London: Macmillan, 1964).

현재로서는 최선인 지식이나 증명 또는 확인의 역량들을 초월할 것이라는 생각―에 의지하여, 때때로 그러한 형식적 절차들이 어떤 방식으로 중대한 사유의 발전을 그리고 보다 드물기는 하지만 전면적인 혁명을 생산할 수 있는지 이해할 수 있도록 한다. 이는 결과적으로 바디우가 파스칼의 기획에서 가치론적 차원으로 정의하는 것과, 다시 말해 사건이―그리스도의 탄생과 죽음, 윤리적이거나 정치적인 사유의 혁명, 수학적이거나 과학적인 돌파구, 혹은 심지어 주체적으로 삶을 전환하는 에피소드 중 어느 것을 막론하고―그 이후의 충실성과 거절 사이의 선택을 강요하는 패러다임의 힘을 획득하게 되는 "개입에 관한 형식적 교설"로 정의하는 것과 관련된다. 그러므로 "기독교를 넘어서, 여기에서 관건이 되는 것은 진리의 투사적 장치를, 진리가 해석적 개입에 지탱되며 사건에서 기원한다는 확신을, 그리고 진리의 변증법을 끌어내어 인간들에게 핵심적인 것에 그들이 가진 최상의 것을 바치도록 제안하는 의지이다"(p. 222).

여기에서 다시 한번 강조해야 할 것은―분석철학자들에 의해 제기될 법한 반대에 대한 대응으로서―바디우의 주의주의적(voluntarist) 언어 사용('확신', '의지', '그들이 가진 최상의 것을 바치다')이 그저 '발견의 맥락'과 '정당화의 맥락'의 심대한 혼동일 뿐이라고 볼 수 없다는 점이다.[207] 이는 실제로 동기 심리학(motivational psychology)이라는 주관적 영역과 과학 및 여타의 진리 주장들이 합리적 설명책임(accountability)의 가장 엄격한 기준들에 대해 해명할 책임이 있다고(accountable) 간주되는 규범적 차원 사이의 구별을 전면적으로 거부하는 프로그램을 만드는―현재 구성주의자들, 기술주의 記述主意者들

---

207 이 구별은 한스 라이헨바흐(Hans Reichenbach)가 그의 책 *Experience and Prediction* (Chicago, IL: University of Chicago Press, 1938)에서 처음으로 정식화되었다.

(descriptivists), 문화 상대주의자들 그리고 '강한' 지식 사회학자들 가운데 폭넓게 유포된—오류일 것이다.[208] 오히려 문제는 참됨(truthfulness)과 진리(truth)라는 확연히 구별되지만 긴밀하게 겹쳐진 개념들을 풀어헤치는 일이 얼마나 어려운지, 혹은—후자[진리]가 다양한 종류의 진리들을 추구하는 자들이 늘 그렇게 하듯이 자신의 진리를 밝히고 회의적 공격에 맞서 진리를 옹호하기 위해 의지했던 사유의 과정들에 관한 어떤 재구성적 설명으로부터 분리될 경우—어떤 방식으로 실체적인(진정으로 합리적인) 내용을 결여하게 되는지 인정하는 것이다.[209] 이는 바디우가 필요나 의향이 요구하는 데 따라 분석적/대륙적 구별을 가로질러 두 가지 측면 모두에 직면할 뿐만 아니라, 자기 사유를 정형화된 이원적 구상 너머의 대안적 기반에 위치시키는 몇몇 철학자들 중 한 사람이라고 이야기하는 다른 방식이다. 되풀이해 말하자면, 바로 그런 것이 『존재와 사건』의 중심인 테제이다. 요컨대, 수학에 정통한(다시 말해, 집합론에 기초한) 존재론은 현재 가장 발전된 지식의 상태 내부에서 진리로 가는 가장 가까운 접근로를 제공하는 동시에, 오직 현재 완결되지 않은 과제에 관여된 사상가들이나 '투사들'의 작업을 통해서만 고정될 수 있는 진리 내용을 지닌—혹은 증명될 수 있는 진릿값을 지닌—사변적 주장들의 호소에 언제나 열려 있다는 것이다.

따라서 바디우와 주류 분석철학자들은 진리와 진실성 사이에 필수적인 구분선을 그어야 한다는 신념을 공유한다. 다시 말해, 언표(진술,

---

208 추가적으로 이런 취지의 논변을 보려면, Christopher Norris, *Against Relativism: Philosophy of Science, Deconstrction and Critical Theory* (Oxford: Blackwell, 1997) 그리고 *Philosophy of Language and the Challenge to Scientific Realism* (London: Routledge, 2004) 참고.

209 이 주제에 관해서는 특히 Bernard Williams, *Truth and Truthfulness* (Princeton, NJ: Princeton University Press, 2004)를 볼 것.

statement), 명제(proposition), 정리(theorem), 추측(conjecture) 등의 정확성에 관련된 무엇과 어떤 행위의 동기가 되는 이해 관심, 목적의 강도, 최우선적인 관심사에서 드러나는 깊은 헌신 등에 관련된 무엇 사이에 필수적인 구분선을 그어야 한다는 것이다. 다른 한편으로, 그는 그러한 분석철학자들과 결별하여, 몇몇 결정적인 개입들(명백히 역사의 경로를 바꾼 개입들)이—과학·철학적이거나, 심리·전기적인 혹은 사회·문화·역사적 측면에서—어떤 방식으로 그러한 사유가 시작되는지 그리고 그러한 개입들로부터 남겨진 해결되지 않은 문제들의 유산을 통해 보다 발전된 조사의 작업에 박차를 가하게 되는지 설명할 예시나 패러다임을 제공하는 이전의 사건들에 대한 충실성을 수반했다고 증명될 수 있는 측면에 더 큰 무게를 싣는다. 성찰 22에서 성찰 24까지의 내용은 어떤 의미에서 발견에 앞서 이를 기다리는 것으로서 진리와 변별적이거나 획기적인 사건의 발생을 통해 알게 되는 것으로서 진리 그리고 사건을 원천으로 하는 어떤 역사적으로 구체적인 사유의 기획에 대한 인간적 개입의 산물로서 진리 사이에 놓인 복잡한 관계의 본성을 살피는 고찰들의 시퀀스로 읽을 수 있을 것이다. 이 성찰들은 선택 공리(Axiom of Choice)에 대한 서술로 시작한다(앞에서 제시된 논의 참조). 여기서 바디우는 이 공리를 수학적 추론의 본성에 관한 가장 두드러진 예로 보는데, 이를테면 이 공리가 그저 어떤 하나의 (합리적 선택 이론 [rational-choice theory][210] 같은 것에 수반되는 그런 종류의) 결정을 내리는 절차가 아니라, 누군가의 전체 기획을 여타의 몇몇 공리들—결여될 경우 전체 기획이 무너질 수도 있지만 그 자체로는 적절한 증명이

---

210 [선택 이론이나 합리적 행위 이론이라고도 지칭되며, 경제학이나 사회학을 비롯한 사회 이론 분야에서 개별 인간의 선택 행위에 관한 합리적 설명 모델을 제공하기 위해 발전된 이론.]

없는—과 정리들의 유효성 위에 쌓아 올린다는 급진적인 의미에 따른
결정을 요하는 수학적 추론의 본성을 보여주는 예로 간주한다.[211]

2. 충실성, 선택, '상황의 상태'

그러므로 이러한 전후 관계로부터, "존재론의 내부에서, 선택 공리는
개입의 속성들(predicates)을 정식화한다"는 바디우의 중심적 가설이
나온다(p. 227). 여기에서 우리는 그 공리가 엄격하게 형식적인 요건
—여러 정립된 수학과 논리의 진리들이 그대로 유지되는 데 요구되는
개념적 필요성—이며, 따라서 보다 주체적이고도 윤리적인 의미 또는
실존적인 함의를 담고 있는 '선택'이라는 말의 다른 의미들과 혼동하
지 말아야 한다는 바디우의 주장을 상기해야 한다. 어쨌든, 바디우가
집합론과 여타 형식 과학들의 주제들로부터 특히 정치적인 중요성을
가진 주제들로 옮겨가는 이행을 완수하는 과정에서 이 공리가 맡게 되
는 역할에서 볼 수 있는 것처럼, 그러한 다른 의미들이 완전히 범위를
벗어난다는 판정을 내릴 수는 없을 것이다. 그의 기술에 따를 때,

> 그것[선택 공리]은 어떤 다수들의 다수가 주어질 때 최초의 다수가 그 현
> 시를 보증하는 공백 아닌 각각의 다수들에서 하나씩 뽑아낸 '대표원代表
> 元(representative)'으로 구성된 어떤 한 다수가 실존한다고 정립한다. 달
> 리 말해서, 우리는 어떤 한 다수를 구성하는 각각의 다수들로부터 한 원소
> 를 '선택'할 수 있고, 이렇게 선택된 원소들을 '함께 모아낼' 수 있다. 이
> 렇게 획득된 다수는 일관적(consistent)이며, 다시 말해 그것은 실존한다
> (it exists). (p. 224)

---

211 G. H. Moore, *Zermelo's Axiom of Choice: Its Origins, Development and Influence* (New York: Springer Verlag, 1982).

따라서, 수학자들이 집합론적 기획의 완결성이나 합리성 또는 논리적 정합성을 주장하려 한다면, 선택 공리는 반드시 전제되어야 하며, 그 자체로 '선택'되거나 또는 기본적인 약속으로서 결정되어야 한다. 이런 이상 수학자들에게는 사실상 이 사안에 있어 다른 선택지가 없다고 말할 수 있을 터인데, 왜냐하면 그 공리의 수용에 대한 '결정'을 거부하고 이로써 그 공리에 의존하는 여러 다른 수학적으로 필수 불가결한 공리들과 정리들을 포기한다면 이는 그들 자신의 기획에 불신임 투표를 하는 것과 다름없기 때문이다. 하지만, 바디우의 관점에서, 이는 잘못된 문제 제기 방식으로, 형식적 추론이 가장 큰 정도의 일관성—일관적으로 사유될 수 있는 무엇과 실존한다고 간주될 수 있는 무엇 사이의 최대 정도의 정합성—을 달성하는 곳에서 사유는 어떤 추가적인 선택에 직면하는 까닭이다. 즉, 존재론적 탐구들의 진보의 지금 이 단계에서 멈추는 것과 추가적인 가능성들에 따라 지금까지 인식되지 못한 문제나 딜레마나 장애물들의 발견으로 나아가는 것 사이의 선택에 말이다. 결국, 바디우 사유의 한 가지 우선적인 가르침은 비일관적 다수성이 논리적으로나 수학적으로 혹은 존재론적으로도 일관적 다수성에 우선하며, 후자는 오직 하나로-셈하기와 그 다양한 대리적 함수들을 수단으로 삼아 그 자체의 외견상의 우월성—합리성과 질서의 자명한 원천으로서의 역할—을 주장할 뿐이라는 것이다. 그러니까 선택 공리가 가장 선명하게 드러내는 것은 그러한 모든 질서의 비非합목적성(non-finality)이며, 그리고 사유에는 언제나 현재 수용되는 존재론적 도식이나 관여들의 범위에서 불거져 나오는 어떤 압력의 지점들을 찾아내는 선택지가 있다는 사실이다. 실제로 이러한 압력의 지점들은 이때 어떤 기존의 질서가 하나로-셈하기에 대한 흡수에 저항하며, 이로써 포함과 귀속, 부분과 구성원, 또는 현시와 재현 사이의 괴리를 드러내 보이는 '정원 외적인' 원소들에 우선적으로 직면하게 되는 사건의 자리들의 위치를 표시한다고 간주될 수 있다.

바디우가 생각하는 바로는, 이런 것이 선택 공리가 20세기 초에 수학자들 사이에서 엄청난 논쟁을 일으켰던 주된 이유다. 이 공리가 당시 훌륭한 수학적 실천으로 받아들여지던 견해에 위협이 되도록 했던 것은 이 공리가 그러한 다른 필수불가결한 공리들을 위한 공간을 만들어 내지만 "오직 일자를 위험에 처하게 하[며] … 이로써 자동적으로 개입의 비일자(non-one)를 명명함으로써" 그렇게 한다는 사실이다(p. 228). 우리가 이미 본 그대로, 그는—사건이 어떤 기존의 (존재론적으로 정의된) 정세를 벗어나거나 넘어서거나 초월하는 모든 것과 관련되기에—존재론이 사건과 아무 관련도 있을 수 없다는 것을 하나의 기본적인, 심지어 명확한 진리로 간주한다. 하지만 이것[존재론과 사건의 무관함]은 그러한 다른 전환적인 일어남이나 개입에 관해서는 그럴 수 없는데, 왜냐하면 그러한 일어남이나 개입이 없다면—다시 말해, 인간의 존재론적 파악의 범위에 개입하여 결정적인 발전들을 가져오는 사유의 힘이 없다면—어떠한 변화의 가능성도 있을 수 없기 때문이다. 우리는 다시 한번 바디우가 파르메니데스와 플라톤에 관한 부분들에서 탐색했던 **일자**와 **다수**의 역설들을 대면해야 한다. 요컨대 '개입(intervention)'은 현재로서는 최선인 지식이나 사용할 수 있는 증명 절차의 한계 너머에 이르며 아직 정식화되지 않은 진리조건들과 관련된 진리 가능적인(truth-apt) 정리나 추측들을 공준하는(postulates)[212] 사유의 힘의 등장(entry)을 나타내는 이름이다. 바디우에 따를 때, "이러한 표

---

212 ['정리나 추측들에 대한 공준이 되는'. 여기에서 '공준(postulate)'이란 공리와 같이 증명이 필요 없는 자명한 진리로 간주되며, 이로부터 증명되는 정리들의 토대가 되는 무엇이다.]

시[213]에 의한 것보다 모든 충실성의 열정이 실현되는 식별을—즉, 개입에 의해 상황에 대한 귀속이 결정된 정원 외적인 다수의 효과들에 대한 식별을—더 훌륭하게 나타낼 방식은 없을 것이다"(p. 228). 따라서, 존재론적 탐색은 오로지 이런 방식으로—기존의 상황에 개입하여 파열과 불안정을 야기하며, 이로써 상황을 전환하는 무엇을 통해서—기존의 사유의 한계 내부에서 제시된 별로 중요치 않은 혁신들과 구별되는 것으로서 실질적인 진보를 성취할 수 있다.

여기서 바디우는 내 생각에 형식 과학이나 물리 과학의 개념적 혁명들과 사회·정치적 영역의 혁명들 사이에 있다고 서술할 수 있는 (그저 모호하게 유비적인 비교의 근거들이 아니라) 정확한 구조적 동형성에 관한 가장 강력한 주장들 중 일부를 제시한다. 무엇보다, 관건은 보통 모든 진정으로 혁명적인 이념에 맞서 결집된 힘들에 도전하는 것이며, 즉 사유가 다양한 국지적 조정이나 작은 규모의 수정 또는 그러한 실용주의적 전술의 수용에 의지하여 해결될 수 없는 장애물에 봉착하여 그럼에도 그 도전에 직면하여 훨씬 더 원대한 전환적 과정을 겪도록 요구받게 될 수도 있다는 생각이다. 그러므로 선택 공리는, 모종의 실존적 딜레마보다는 어떤 형식적 필요성의 산물로서의 성격을 간직하지만, 그럼에도 그 자체로 이편이냐 다른 편이냐의 선택—결정적인 관여의 입장—을 요구하는 수학의 담론 내부에서 한 가지 쟁점으로 등장하게 된다. 따라서 "20세기 초 수학자들 사이에 벌어진 충돌은 명확히—보다 넓은 의미에서—하나의 정치적 충돌인데, 왜냐하면 그 관건이 개념의 존재를, 다시 말해 어떠한 알려진 절차나 직관으로도 정당화될 수 없는 무언가를 인정하는 것이었기 때문이다"(p. 228). 실제로 바디우

---

213 [여기에서 '표시(marking, marquage)'라는 말은 선택 공리에 의존하는 정리들과 의존하지 않는 정리들을 구별하는 표시 혹은 기록을 말한다.]

의 반복되는 논점의 요지는 바로 그러한 지속적인 정확성의 보증물들
이—직관적인 것이나 규칙의 지배에 따른 것을 막론하고—언제나 그
리고 그 보증물들의 본성 자체로부터 기존의 (상식적이거나 또는 형식
적으로 규정된) 기준들에 순응하는 것으로 제한된다는 이야기다. 물
론, 이 위기를 제거하기 위해 공리를 문제들—실제로 수학적 추론 과
정의 몇몇 지점들에서 인간적인 판단의 역할에 대한 마땅한 승인에 불
과한 무엇을 수반하는 규칙(precept)에 대한 의지 이상의 손상을 가하
지 않도록 제한될 수 있는 문제들—에 대한 하나의 (위기 회피적이기
에) 실용적인 대응으로 제시하려는 다양한 시도들이 있었다.[214] 하지만
그가 내리는 결론에 따를 때, "이러한 윤리는 선택 함수의 실존에 의해
정식화된 개입(intervention)에 기초한 개입의 돌발성(abruptness)을
감출 수 없다"(p. 229). 다시 그는 "따라서 선택 공리에 의해 전달된 가
장 심오한 교훈은 결정 불가능한 사건과 개입적 결정으로 이루어진 쌍
에 기초하여 시간과 역사적 새로움이 귀결된다는 것"이라고 말한다(p.
229). 말하자면, 결정적인 개입은 결국 어떤 이전의 사건에 뒤이어 예
상되기는 하지만 지금까지 현실화되지 못한 가능성의 영역 안에 남아
있는 어떤 것을 완수하는 자들—그 사건의 귀결을 끝까지 사유할 특권
과 책임을 물려받은 자들—에게 힘을 부여하는 그러한 사건에 대한 충
실성을 통해 일어난다.

  다시 바디우는 초조하게 "충실성"이라는 용어가 이런 맥락에서 "어
떤 역량, 주체적 성질, 혹은 미덕"을 지칭하는 것으로 이해될지도 모르
는 위험을 피하려 한다(p. 233). 충실성을 이런 방식으로 이해하는 것
은 당연히 '발견의 맥락'과 '정당화의 맥락' 사이의 경계를, 혹은 심

---

214   추가적인 논의를 보려면, E. Mendelson, *Introduction to Mathematical Logic*,
4th edn (London: Chapman & Hall, 1997) 참고.

리·전기·역사·문화적 탐구의 종속적 영역에 귀속되는 무엇과 진리나 지식의 다른 (합리적·규범적) 차원에 속하는 무엇 사이의 경계를 단속하는 자들의 손에 놀아나는 일이 될 것이다. 그러므로 그는 선택 공리가 가장 엄격한 논리적·형식적 필연성에 의해 어떤 매우 구체적이며 깊이 뿌리박힌 집합론적 규칙들을 보존할 필요로부터 이어짐을 설명하려—그리고 입증하려— 한다. 어쨌든 이런 면에서 개념적 태만함에 대한 비난을 봉쇄하기 바라는 그의 욕망은 수학과 논리 그리고 형식 과학들에서 선택과 헌신이라는 주제들이 윤리와 정치의 영역들에서 모호하게 암시적인 유사물 이상의 무언가를 발견하는 정도에 관한 어떤 대항적인 (그러나 결코 모순적이지 않은) 강조와 궤를 같이 한다. 만일 그러한 괴리적 영역들 사이에 이러한 구조적 연결 관계를 설정하려는 바디우의 결단의 주된 효과가 우리에게 두 세계에서 최악의 것을 부여하는 것이라는 결론을 내린다면, 다시 말해 수학에 관한 그의 작업에서 형식적이거나 논리적인 엄격함을 침식하는 동시에 사실상 윤리·정치적 헌신에 관한 그의 공언을 단지 추상적이거나 형식적이거나 절차적인 (유사)선택의 수준으로 격하시키는 것이라는 결론을 내린다면, 그것은 잘못된—정확히 앞과 뒤가 바뀐—이해이다.

실제로, 내가 이야기한 것처럼, 이는 바디우가 흐름(flux), 무한화된 차이, 외연적(extensive) 다수성에 반대되는 내포적(intensive) 다수성 등으로 이루어진 불완전한(inchoate) 철학을 향한 들뢰즈의 후퇴로 보는 어떤 것을 두고 바디우와 들뢰즈 사이에 오래토록 지속된 논쟁의 중심에 위치한 주제이다.[215] 바디우에 따르면 이러한 후퇴를 야기하는 원인은, 현재로서는 최선인 지식 또는 형식적 개연성의 범위 너머에 놓인

---

215   Badiou, *Deleuze: The Clamor of Being*.

사변적 사유의 영역들로 과감히 들어가는 모험을 할 때조차, 개념적 엄
격함의 요건들을 존중하는 집합론적 접근법에 의해 사용할 수 있게 된
부담스럽지만 그럼에도 해방적인 통찰들을 포착하지 못한 들뢰즈의 실
패―혹은 유감스러운 거부―이다.[216] 두 가지 배경―수학과 과학―모
두에서 그는 이 둘 사이의 강한 관계에 대한 자기 주장이 난잡한 분과
이동이나 또는 애매하게 유비적인 사유의 결론이라고 말하는 어떠한
주장도 논박하기 위해 형식적·증명적 추론이나 역사·정치적 기록을
충분한 수준 이상으로 제공한다. 그러므로 바디우의 수학과 철학이라
는 형식 과학들(학문들, sciences)과 관련한 작업이 역사나 정치 또는
(결코 그럴 수 없겠지만) 문화 연구 같이 '보다 부드러운' 분과들과의
연계에 의해 손상되거나 혹은 지성적으로 의심스러운 것이 된다는 이
야기는 전혀 사실이 아니다. 오히려 후자[철학]에 있어 관건은 그러한
다른 분과 영역들에서 발전된 종류의 추론에 노출됨으로써 보다 신중
하고 정확하며 적절하게 이론화된 자기 비판적 성찰의 노력으로 향하
도록 하는 자극이다.

바디우가 (p. 234) 우리에게 한편으로 스탈린 대 트로츠키나 혹은
다른 한편으로 수학적 직관주의자들(intuitionists) 대 공리·연역적 집
합론의 실천자들을 통해 경쟁적이거나 충돌하는 '충실성'의 형태들을
생각해 보라고 요청할 때, 그는 지나치게 사변적인 지류로 나아가지 않
는다. 그 주장에 철학적 중요성과 신빙성을 부여하는 것은 바디우가 이
때 이 비교가 검토되고 적용될 수 있는 항들―집합론적 항들―을 명
시하여 어떤 주어진 사건에 대한 다양한 (교조주의적이거나 비판적인,
정통적이거나 이단적인, '국가주의적[상태적, statist]'이거나 반체제적

216　[실제로 들뢰즈의 아상블라주(집합체, assemblage)라는 개념은 내포주의적 입장
을 취하는 조악한 형태의 집합론으로 간주될 수 있다.]

인[dissident], 억압적이거나 해방적인) 충실성의 양식들을 구별한다는 점이다 "어떤 다수 α가 상태(state)에 의해 셈해진다는 것의 의미는 본질적으로 이 다수에 귀속되는 모든 다수 β가 그 자체로 상황 안에 현시되며, 그러한 α가 상황의 한 부분이고 거기에 포함된다는 것이다"(p. 236). 이 같은 상황들은—수학이나 정치를 막론하고—단순하게 귀속과 포함 사이에는 결코 불일치가 있을 수 없다고 판정함으로써 이전의 상태에 대한 모든 도전을 효과적으로 봉쇄하는 상황들인데, 포함되는 것(to be included)이 바로 이러저러한 지배적인 하나로-셈하기에 의해 정해진 항들과 조건들에 따르는 온전한 지위의 구성원이 됨(to be a memeber in good standing)을 의미하기 때문이다.[217] 그러므로 바디우는 언제라도 상황에 의해 현시된 것과 재현된 것 사이에 바로 그러한 불일치의 출현을 위한 분명한 잠재성을 지닌 상황들에서 매우 선명한 대비를 이끌어낸다. 여기에서, 바디우가 '사건'이나 '초일자'라는 항들을 적용하는 철저하게 새롭거나 예상하지 못한 것의 돌발을 발견하게 될 공산이 가장 큰 곳은 그 장소의 극심한 주변성이나 혹은 인정된 (수학적, 과학적, 정치적, 예술적) 가능성의 영역으로부터의 완전한 배제라는 특징으로 드러나는 '사건의 자리'이다. 이 경우에, 그러한 결정적이거나 전환적인 에피소드들에 대한 가장 확실한 충실성의 징후는 그러한 충실성이 진정으로 "어떤 특수한 다수에 현시된 다수들의 연결관계를 식별하는데, 이 특수한 다수란 상황 안에서 그것의 불법적인 이

---

217 [예컨대 어떤 상황에서 온전한 구성원 자격을 인정받는 것은 정상성(상황에 현시[귀속]되면서도 포함[재현]되는)이다. 단독성(상황에 현시[귀속]되지만 재현[포함]되지 않는)은 상황 안에 있기는 하지만 완전한 구성원으로 인정받지 못한다. 그리고 그러한 인정의 기제는 포함 혹은 재현의 셈을 관장하는 상태/국가이다(한 가지 첨언하자면, 상태/국가는 상황에 현시[귀속]되지 않지만 재현[포함]되는 돌출의 성격을 지닌다).]

름을 의해 유통되는 사건이"라고, 그는 설명한다(p. 236). 그 이름[사건의 이름]이 '불법적인' 이유는 사건이 사실상 귀속과 포함 사이의, 곧 현시와 재현 사이의 간극을 메우게 될 (혹은, 보다 정확하게 말해서, 보이지 않게 만들게 될) 지배적인 구성원 자격의 조건들 아래 아무것도 아닌 것으로 간주됨에 의해 합법적인 지위를 박탈당하기 때문이다.[218]

이러한 충실성의 관계를 형식화하기 위해서, 바디우는 이 관계에 연산자(operator)[219] □를 할당하는데, 이 연산자는 대체로 양상 논리(modal logic)—필연성과 가능성이라는 주제들을 다루는 논리의 지류—의 맥락에서 사용되어 '~는 필연적이다(it is necessary that)'나 혹은 '~로부터 필연적으로 이어지는 것은 ~이다(from which it follows necessarily)'를 나타내며, '~는 가능적이다(it is possible that)'나 혹은 '~로부터 가능적으로 이어지는 것은 ~이다(from which it follows possibly)'를 의미하는 연산자 ◇와 구별된다.[220] 분석적 성향을 지닌 양상 논리학자들에게, 이러한 구별의 주된 사용방식은 형이상학과 존재론의 주제들을, 그 중에서도 특히 그것이 반反사실적인(counterfactual) 가능 세계(possible-world)의 시나리오를 구성하고 연산적(operative) 인과 요인들을 확인하는 데 사용되는 어떤 관련된 대조 부류(contrast-class)의 제공이라는 역할을 담당하는 인과적 설명에 관한

---

218 [사건을 단독성으로 본다면 이렇게 말할 수도 있겠지만, 사건의 이름이 불법적인 보다 근본적인 이유는 앞에서 이야기했듯이 사건의 특성인 자기 귀속성이 존재론의 법칙을(보다 정확히 말해서, 자기 귀속 금지를 말하는 토대 공리[혹은 정규성 공리]를) 위반하기 때문이다.]

219 ['작용소'로 번역할 수도 있다.]

220 명쾌한 검토를 보려면, G. Hughes and M. Cressell, *A New Introduction to Modal Logic* (London: Routledge, 1996) 참고.

주제들을 해명하는 것이다.[221] 그 논변은 전형적으로 가정법·조건법적 방식의 질문으로 틀 지어진다. 어떤 특수한 선행 사건(혹은 그러한 사건들의 결합)이 일어나지 않았고 이에 따라 관련된 원인들과 효과들의 시퀀스가 시작되지 않았다 하더라도, 정말로 어떤 특정한 현실 세계의 사건이 일어났다고 할 수 있을 것인가? 과학자나 역사가 및 여러 다양한 분과의 사상가들은 그러한 대안적(즉, 비현실적) 가능 세계들—물리적 법칙이나 여타의 각 영역에 특수한 제약들의 위반 없이 상상될 수 있는 사물의 상태—로 가는 사고 실험적 외도를 수단으로 삼아 모든 주어진 경우에 있어 하나 또는 그 이상의 중요한 인과적 요인들이 그렇게 되어있어야만 할 어떤 것에 관한 명시적인 설명을 시도한다.

예컨대 항들에 대한 형식화된 표현, 양상 논리의 구조와 상징적 장치를 발견하는 그러한 추론의 종류들은 또한 우리의 일상적인 사유와 보다 특수화된 양식의 인과적·설명적 사유에서 두드러진 역할을 담당하는 것들이기도 하다. 바디우의 필연성-연산자 □의 사용이 이러한 분석적으로 표준적인 사용법과 갈라서는 것은 관건이 되는 필연성이 그저 어떤 주어진 언표, 가설, 이론, 추측 등의 객관적 진리나 정당성과 관련되는 데 그치지 않으며, 지지자들이 얼마나 끈기 있게 고집스러운 반대나 명백한 금기(contra-indication)의 가능성에 맞서 진리의 확언이나 증언을 지속하는가와 관련된 맥락들에 이 필연성-연산자를 할당하게 되는 측면에 있다. 이런 종류의 충실성은 그 자체로 무엇이 합법적인 주장으로 간주되는지, 즉 무엇이 귀속과 포함 사이의 존재론적 간

221 Saul Kripke, *Naming and Necessity* (Oxford: Blackwell, 1981); Hilary Putnam, *Mind, Language and Reality* (Cambridge: Cambridge University Press, 1975); Stephen P. Schwartz (ed.), *Naming, Necessity and Natural Kinds* (Ithaca, NY: Cornell University Press, 1975).

극에 대한 최소화(혹은 무효화)를 의도하는지에 관한 지배적인 규범들에 맞선 고집스런 저항의 형식으로 나타나는 경향이 있다. 바디우의 말로 하자면,

> 충실성들의 유형론이 정확하게 그러한 근접성에 부가될 것이다. 그 근접성의 규칙은 다음과 같은 것인데, 이를테면 어떤 충실성이 연산자 □를 통해 존재론적 연결 관계—귀속과 포함, 현시와 재현, ∈과 ⊂—에 가까워질수록, 그것은 보다 상태적이다(statist).[222] 확실히 다수가 오직 그 자체에 귀속될 경우에만 사건에 연결된다고 하는 주장은 상태적 중복의 절정이다. 왜냐하면, 매우 엄격하게 말해서, 사건은 상황 안에서 사건에 귀속되는 유일한 현시된 다수, 즉 $e_x \in e_x$이기 때문이다. 만일 충실성의 연결 관계 □가 귀속 ∈과 동일하다면, 이로부터 이어지는 귀결은 충실성의 유일한 결과가 사건의 단원 집합(singleton)[223] $\{e_x\}$인 그러한 상황의 부분이라는 것이다. (p. 237)

그러므로, 있는 그대로의 사물의 상태만을 맹종적으로 지지하는 윤리적으로나 지성적으로 부담이 덜한 다른 양식의 '충실성'이 있는데, 이것이 취하는 형식은 헤겔의 '합리적인 것은 실재적인 것이'라는 단언, 라이프니츠의 우리는 필연적으로 '모든 가능 세계들 중 최선의 세계'에 산다는 단언, 비트겐슈타인의 '언어게임' 개념이나 정당화의 최종 결과로서 문화적 '삶의 형식' 개념, 또는 진리란 현재 우연한 '믿음의 방식에서 유효한(good)' 것이라는 실용주의적 주장 중 어느 것이든 상관이 없다. 그 관용적 다원주의의 외양에도 불구하고, 이는 "교조적 충

---

222 [프랑스어 원문에서는 'étatique'. '상태와 관련된'의 의미.]
223 [단원 집합(singleton)이란 단 하나의 원소로 이루어진 집합을 말한다.]

실성"이며, "결코 아무것도 분리하지 않으"며 "부정적인 원자들을 인정하지 않"는 충실성이다(p. 237). 그러므로 이 충실성은 형식 과학과 물리 과학에서 이상異常(anomaly)이나 해결되지 않은 문제들의 실존을 나타내거나 혹은 마찬가지로 윤리·정치적 영역에서 불공평, 배제, 계급이나 인종에 기초한 분리, 그리고 여타의 부정의의 원천들을 특징짓는 귀속과 포함 사이의 간극을 언급함으로써 그 자체의 합법적인 지위에 의문을 제기하는 모든 움직임을 막는다. 하지만 언제나 그런 방식으로 야기된 긴장은 철저하게 '상태적인' 정치체(body politic)의 구상에 어떠한 여지도 남기지 않는 어떤 강력하게 저항적인 힘을 일으킬 수 있을 것이다. 그 경우에 충실성은 '대항 상태(counter-state)'에, 즉 "상황 내부에서 다른 포함의 합법성을 조직"하거나 또는 "유한하고도 잠정적인 결과들의 무한한 변전(becoming)에 따라 모종의 다른 상황을 쌓아 올리"는 책무를 계속하는 무엇에 상당한다(p. 238). 이는 전적으로 다른 충성의 양식의 결과일 것이며, 다시 말해 주어진 상황에서 무엇이 셈해질지(혹은 셈해지지 않을지)[224] 정하는 어떤 현행의 지배적 관념에 충실한 것이 아니라, 오히려 개입하여 그러한 수용된 사유 양식에 도전하고 이를 전환하는 어떤 것으로서의 사건에 충실한 헌신일 것이다.

성찰 24('존재론적 충실성의 작용소[연산자, operator]로서의 연역')에서, 바디우는 진리에 대한 주체성의 역할에 관해 비슷한 논지를 제시하지만, 여기서는 이를 위해 연산적 개념들의 기본적 원칙들이나 작업들을 구성하는 그러한 논리적 '규칙들'의 현저하게 제한된 범위와 비교되는 것으로서 수학적 사유의 두드러진 풍부함과 창조성과 범위에

---

224 ['count'라는 말에는 '셈하다', '셈해지다'의 의미가 있지만, 또한 '중요하다', '인정되다'의 의미도 들어있다.]

관해 논한다. 실제로 그는 이 규칙들을 반 페이지짜리 요약문으로 제시하는 방식으로(p. 242), 부정(~), 함축(→) 그리고 보편 양화사(∀) 같은 논리 기호들과 함께 세 가지 가장 기초적인 원칙들인 *modus ponens*[전건 긍정前件肯定](만일 p → q 그리고 p이면, 필연적으로 q이다), *modus tollens*[후건 부정後件否定](만일 p → q 그리고 ~q이면, 필연적으로 ~p이다) 그리고 일반화(만일 A가 변인 α의 어떠한 특수한 예에 관해서도 참이라면, 이는 필연적으로 A가 α의 어떠한 개별 예에 대해서도 참이라는 사실로부터 뒤따르는 귀결이다)를 다룬다.[225] 물론 프레게 이후의 근대 기호논리(symbolic logic)는―콰인(Quine) 같이 '엄숙한 사막의 풍광'을 사랑하는 사람들에 의해―1차 술어 계산 (first-order predicate calculus)의 장치에 제한되기는 하지만, 이보다 훨씬 더 많은 사용 가능한 기호 및 개념의 자원을 갖는다.[226] 하지만 바디우의 요지는 이러한 기본적인 항들이나 구조나 양식의 수준에서 규범적으로 유효한 논리적 논증의 극심한 빈곤(혹은 그렇게 보이는 외양)과 수학이 어떻게든 할 수 있을 역량을 갖추고 있으나 그럼에도 동일한 논리적 체제의 규칙이나 제약들을 존중하는 탁월한 범위나 창조성 사이의 두드러진 대비를 강조하는 것이다. 따라서 "결국, 충실성의 난점은 그 실행이며 그 기준이 아니라는 것은 이 우주의 존재론적 본질과 부합한다"(p. 243, 바디우의 강조). 말하자면, 바디우는 진리가 공동체적으로 정확하다고 승인된 추론―그 외에 다른 규범적 기준들이 있을

---

225   이러한 주제들을 다루는 철저한 논의를 보려면, 특히 Irving M. Copi and Carl Cohen, *Introduction to Logic* (New York: Prentice Hall, 2005) 참고. 또한 보다 간결한 설명을 보려면, W. H. Newton-Smith, *Logic: An Introductory Course* (London: Routledge, 1985).

226   W. V. Quine, *Philosophy of Logic*, 2nd edn (Cambridge, MA: Harvard University Press, 1986).

수 없는 실천에 속하기에 실제로 사전에 정해진 항들과 조건들을 지닌
—의 특정한 기준들로 구성된다는 비트겐슈타인의 (그리고 오늘날 보
다 폭넓게 수용되는 '분석적') 발상을 기각한다.[227] 오히려, 바디우의
설명에 따를 때, 비록 "전술은 경직되고 거의 해골 같"지만, "전체적인
기교는 전반적 배열의, 증명적 전략의 기교다"(p. 243). 이런 이유로
"위대한 수학자들은 흔히 세세한 것들은 건너뛰어, 사건의 예지자들처
럼, 곧바로 전체의 개념적 배치로 향하며, 계산 검증의 부담은 제자들
에게 넘긴다"(p. 243).

앞에서 이야기한 것처럼, 『존재와 사건』의 가장 인상적인 특징들 중
에서도 특히 이 책이 분명하게 제시하는 것은 이 책 자체가 근대 수학
의 성격에 관해 전달하려 하는 어떤 것, 즉 지대한 영향을 가져올 사변
적 사유의 희소한 역량과 형식적이거나 증명적인 추론의 문제들에 대
한 민감한 조심성의 조합이다. 오히려 바디우는 바로 이러한 속성들—
보통 상호 배타적이며 '대륙적'이나 '분석적'이라는 이름표가 붙은 각
각의 철학 영역을 나타내는 것으로 간주되는—의 교차가 사실상 수학
과 여타 형식 과학들에서 있었던 모든 진정으로 획기적인 성취들의 특
징을 구성한다고 간주한다. "귀속이라는 단 하나의 표지에 기초한 엄
격한 존재론의 기술이 단지 어떤 망각적 풍부함을 발전시키는 법칙일
뿐인 것처럼, 논리적 형식주의와 그 두 가지 충실한 연결의 연산자(작
용소, operators)—즉, 전건 긍정(*modus ponens*)과 일반화—는 훨씬
더 방대한 영향력을 지닌 동일시와 추론의 절차들을 급속하게 허용한
다"(p. 244). 수학적 지식이 이러한 급격한 증가를 이룰 수 있었던 주
요 수단이나 가장 풍부한 원천들 중에는 어떤 명제나 정리 또는 가설을

---

227 Ludwig Wittgenstein, *Philosophical Investigations* (trans.) G. E. M. Anscombe
(Oxford: Blackwell, 1953).

취하여 이로부터 완전한 반박을 구성하기에 충분할 정도의 명백한 거
짓(또는 부조리)을 드러내는 논리적 귀결을 도출해내는 방식인 *reduc-
tio ad absurdum*(귀류법)에 따른 추론 방식이 있다.[228] 바디우는 그러한
추론 방식의 절대적인 필수불가결성에 대해 원칙에 따른 강력한 논거
를 제시하며, 우리는 이 논거에 추가적인 관심을 기울일 필요가 있는
데, 그 이유는 바디우의 논거가 최근 분석적 계통의 수리 철학의 한 중
요한 동향에 완전히 반하는 것이기 때문이다. 이는 '기술적인(techni-
cal)' 종류의 反실재론(anti-realism)으로, 마이클 더밋(Michael
Dummett)을 가장 잘 알려진 주창자로 하며, 간단히 말해서, 진리가
증명이나 확인 또는 입증적 근거의 한계를 넘지 못한다고 주장하는데,
왜냐하면 그렇지 않다는 주장은 다시 말해 (전형적으로 실재론적인 방
식으로) 우리가 알지 못하거나 또는 심지어 알 수 없는 진리들이 있음
을 안다는 주장은 명백한 자기모순 또는 완전한 무의미에 빠지는 것이
기 때문이라는 것이다.[229] 이 경우에 우리는, 반실재론자들이 주장하는
그대로, 수학자들과 함께 모든 다른 영역의 탐구자들이 달성하고자 나
섰던 무엇이 바로 (진리가 아니라) 근거에 따른 단언 가능성(warrant-
ed assertibility)임을 받아들여야 한다. 바디우가 이 단계에서 정확하게
그 주제에 관한 논쟁의 맥락에서 그 자신의 가장 중요한 수학적 가르침
들(precepts) 중 일부를 시연할 것이기에, 여기서는 나 또한 그 논의를
따라갈 것이다. 물론 필연적으로 어느 정도 단순화된 요약 형태가 되겠
지만 말이다.

228   유용한 논의를 보려면, Athony Weston, *A Handbook for Arguments* (Indianap-
olis, IN: Hackett, 2001), p. 48 이후 참고.
229   Michael Dummett, *Truth and Other Enigmas* (London: Duckworth, 1978) 그
리고 *Elements of Intuitionism*, 2nd edn (Oxford: Oxford University Press, 2000)을
볼 것.

3. 논리와 진리: 반反실재론에 맞서

이러한 논쟁들에 대해 근본적인 질문은 진릿값들이 객관적(objective)
인지—학술적 용어로, '검증-초월적(verification-transcendent)'인지
—다시 말해 진릿값들이 '인식적으로 제한'되며 따라서 현재로서의 최
선인(혹은 어쩌면 우리가 얻을 수 있을 최선의) 지식의 범위나 한계 너
머에 실존하는 것은 아닌지 묻는 것이다. 만일, 반실재론자들이 믿는
것처럼, 이 질문이 참이라면, 잘 구성되고 외견상 진리 가능적(truth-
apt)이지만 실제로는 결정 불가능한 매우 폭넓은 언표나 명제들이 있
으며, 그러한 언표나 명제들이—증명이나 검증의 범위 너머에 놓이며
그러므로 참도 거짓도 아님(neither-true-nor-false)으로 간주되거나
혹은 참/거짓 이분법이 영향력을 잃게 되는 어떤 세 번째 (불확정적인)
범주에 속하게 되기에—진릿값을 할당받을 수 없게 되는 결과가 수반
된다. 말하자면, 이런 종류의 반실재론은 '제3 항 배제(배중률排中律,
exclued middle)'로 알려지고 때로 라틴어 문구로 *tertium non datur*
로 표현되는, 곧 '참과 거짓이라는 양극 사이에 세 번째 또는 중간 선
택지는 없'음을 말하는 고전 논리 규칙에 대한 기각을 수반한다. 이 원
칙이 폐기되어야 하는 이유는 더 이상 그러한 객관적 진릿값들—실재
론자라면 우리의 현재나 미래에 가능한 최선의 지식 상태와 관련된 것
이 아니라 오히려 우리의 언표들을 인간에게 연동된 인식론적 주제와
관계없이 객관적으로 참되거나 또는 거짓됨을 나타내는 것으로 간주하
는—에 할당될 장소가 없기 때문이다. 하지만, 바디우가 지체 없이 언
급하는 것처럼, 이 포기의 행위에는 다른 매우 큰 대가들이 따르는데,
그 중에서도 특히 이러한 포기는 수학자나 논리학자들 그리고 또한 광
범위한 분과—(고전적이거나 실재론적인 관점에서) 어떤 주어진 언표
가 참이라는 점이 그 언표의 반대가 거짓임을 보임으로써 연역될 수 있

는—에 걸친 사상가들에 의해 실행되어온 한 추론 양식을 침식시킨다. 보통 이 추론 양식이 취하는 형식은 귀류법(reductio ad absurdum), 즉 관련된 거짓의 논리적 함의들 가운데 하나의 참이 있음을 주장할 때 수반되는 추가적 언표들 중에 하나 또는 그 이상의 명백한 부조리가 있음을 보이는 증명 방식이다. 반실재론에는 이러한 자원이 없어야 하는데, 왜냐하면 반실재론의 배중률 기각은 이중부정 소거(double-negative-elimination)의 원칙을, 즉 이중부정이 상쇄되어 하나의 긍정을 구성하게 되는 원칙을 기각해야 한다는 요건에서 오는 추가적인—바디우에 따를 때 논리적으로 재앙적인—귀결이기 때문이다.[230] 실제로 이 원칙[이중부정 소거의 원칙]은 모든 귀류법 유형의 논증들의 기초가되며, 따라서 실재론자의 개념적 무기고에서 하나의 중요한 자원이 되는 원칙이다.

수학자들 사이에서—마찬가지로 더밋 같은 수리 철학자에 의해서—이가적二價的인(bivalent) 참/거짓을 거부하고 이중부정 소거라는 규칙을 기각하는 접근법들에는 보다 통상적으로 '반실재론적'이라는 꼬리표보다는 차라리 '직관주의적'이라는 꼬리표가 붙여진다. 하지만 이둘은 상당히 비슷한 역할을 나타내며 상당히 유사한 유형의 논증 및 반론들을 산출하는 것으로 보일 수 있다. 바디우는 이어서 관련된 주요 주제에 관한 간결한 설명을 제시한다.

만일, 보충적 가설 ~A[A-아님]으로부터, 이미 정립된 다른 명제에 비추어 비정합적인 한 명제를 연역해 낸다면, 이때 A의 부정의 부정은 연역될수 있다. A가 연역 가능하다는 결론을 내리려면, 약간의 보충적인 것—예

---

230   Deleuze: *The Clamor of Being*.

를 들어, ~~A → A라는 함축—이 필요한데, 이는 직관주의자들이 틀림없이 거부할 무엇이다. 그들의 관점에서, 부조리한 것(귀류법적인 것, absurd)을 통한 추론은 ~~A의 참 이상의 결론을 내릴 수 있도록 허용하지 않으며, 이것은 언표 A와 전적으로 다른 상황의 언표이다. 여기에서, 두 가지 충실성의 체제들이 분기하는데, 이는 그 자체로 충실성의 추상적 이론과 양립될 수 있다는 것이며, 즉 사건이 연결의 기준을 규정하도록 보장되지 않는다는 것이다. 고전 논리에 있어, 언표 A는 절대적으로 ~~A라는 언표와 교환 가능하[지만, 직관주의자에게는 그렇지 않다]. (p. 249)

외견상 공평해 보임에도 불구하고, 바디우가 얼마나 강하게 실재론적인 입장에 서는지(그리고, 말하고 싶은 대로 하자면, 그저 반反-반실재론적인[anti-anti-realist] 입장에 그치지 않는지) 이해하기 위해서는, 이 구절을 오직 존재/사건 이분법을 통해 구상된 진리와 지식의 주제들에 대한 바디우의 접근법이라는 맥락 안에 위치시켜야 한다. 요컨대 그는 "A와 ~~A의 엄격한 등가성"이 "수학의 관건이 되는 어떤 것, 즉 존재로서의 존재(being-qua-being)"에 연결된 원칙이지만, 그럼에도 "이 지점에서 존재론이 경험주의적 비판과 사변적 비판에 대해 동시에 취약하"기에 우리의 일상적인 경험뿐만 아니라 보다 전문화된 조사적 사유의 양식들과도 확연히 불화하는 원칙임을 받아들인다(p. 248). 배중률과 그 원칙의 유지에 결부된 다양한 개념적 자원들에 대한 존재론의 의존성으로 인해 존재론은 반실재론적 사상가들의 일차적 표적이 되는데, 이들은—논리의미론적인(더밋) 신조나, 신실용주의적인 신조, 사회구성주의적인 신조, 비트겐슈타인적인 신조, 혹은 그러한 여타의 신조 중 어디에 속하든지—진리가 인식 가능성의 범위를, 즉 형식적 증명이나 인식적 파악의 최상의 한계를 넘어서야 한다는 [존재론의 요구를] 과도한(사실상, 완전히 터무니없는) 것이라고 지적한다. 하지만 이는 존재론적 탐구의 영역에 대한 모든 결정적인 개입은 당연히 상식적·직관적이거나, 정통적이거나, 또는 관습적으로 올바른 신념에 속한 구역으로부터 오는 강력한 저항에 봉착하게 된다는 이야기에 지나지 않는다.

갈릴레오로부터 칸토어나 코언에 이르는 앞선 사상가들은—현행의 이해 가능성을 넘어서는 정리나 가설들을 제시하는 모험을 감행함으로써—"하나의 역설을 하나의 개념으로 전환"하거나, 혹은 장애물들을 창의적이고도 전환적인 사유로 도약하기 위한 발판으로 사용하는 데 성공했다. 마찬가지로 칸토어는 "갈릴레오와 파스칼의 주석들을 긍정적으로 다루는 탁월한 발상을 했는데 … 거기에서 이 저자들은 무한수의 불가능성이라는 결론을 이끌어냈다"(p. 267). 그러므로 결정적인 집합론적 발전은 일자(one)를 모든 수학적 추론의 토대나 전제가 아니라 오히려 하나로-셈하기의 생산물로 사유할 수 있게 했으며, 더구나 (일관적 다수성이 아니라) 비일관적 다수성을 [그러한 셈하기로부터 부과된] 모든 단일화의 질서(unifying order) 저변에 깔려 언제나 그러한 질서를 넘어서거나 붕괴시킬 수 있는 것으로 사유할 수 있게 했다. 요컨대

집합론적 다수의 교설은 다수를 정의하지 않기에 전체(whole)와 부분들(parts)에 대한 직관을 거치지 않아도 된[다]. … 우리는, 눈도 깜짝이지 않고, 무한한 다수들과 관련하여 (정수에 포함된 평방수[squre numbers][231]와 같이) 포함되는 것이 포함하는 것과 같은 정도로 '다수적'일 수 있음을

---

231   ['1, 4, 9, …'와 같이 제곱으로 나타낼 수 있는 수.]

인정할 것이다. … 여기에는 전체/부분들의 쌍에 포섭된, 양量에 관한 오
래된 직관의 전복이 있는데, 이 전복은 사유의 혁신과 직관의 붕괴를 완수
할 것이다. (p. 267)

요컨대 바디우는 매우 확고하게—현재나 과거의 여러 적수들에 맞서
—언어적·상징적 표현이나 또는 직관적 판단의 평결의 범위 및 한계와
관련될 수밖에 없는 어떠한 조건들에도 의지하지 않는 절대적이면서도
원칙에 따른 수학적 사유의 독립성을 주장한다. 수학적 사유의 언어
적·상징적 표현으로부터의 독립성은 바디우를 비트겐슈타인과 불화하
는 위치에 서게 하고, 직관적 판단으로부터의 독립성은 그와 칸트 혹은
선험적 종합에 따른 수학적 진리들이라는 개념 사이의 거리를 드러내
며, 또한 수리 철학의 주제들에 대한 직관주의적(혹은 반실재론적) 접
근법들에 대한 그의 거부를 보여준다.

　이런 이유로 바디우는 이가성(bivalence)[232] 혹은 배제된 중간항(배
중률)이라는 논리적 공리들을 인정하지 않겠다는 직관주의자들의 거
부에 맞서, 즉 어떤 수학적 언표들—형식적으로 증명되지 않은 정리나
가설 또는 추측들에 관한 더밋의 '논쟁적 부류(disputed class)'에 따른
수학적 언표들—에는 이러한 고전적인 공리들이 단순히 적용되지 않
는다는 주장에 맞서는 강경한 노선을 취한다.[233] 이는 진리가 보증된 단
언 가능성의 범위를 초과한다고 간주될 수 없다는 직관주의자들의 규
칙에서 오는 직접적인 귀결인데, 이럴 경우 우리가 감히 확언하는 이런

232　['참'과 '거짓'만이 있음을 말하는.]
233　각주 229 참조. 또한 반대 의견을 보려면 Norris, *Truth Matters: Realism, Anti-
Realism, and Response-Dependence* (Edinburgh: Edinburgh University Press,
2002).

유형의 모든 언표는 사물들이 수학적 실제에서 정립되는 방식에 의해, 그 외에도 우리가 지금 어느 쪽이든 결정하기에 적합한 위치에 서 있는 지—혹은 서 있게 될 것인지—에 관한 문제에 의해 참이나 거짓이 될 수 있다. 요컨대, 자명하게, 또는 그들이 주장하는 바에 따를 때, 진리에 대한 우리의 접근은 언제나 불가피하게 우리의 다양한 지각적, 인식적, 개념적 역량에 의해 제한되며, 현재로서는 최선인 지식의 상태를 초월하거나 벗어날 잠재력을 지닌다고 사유될 수 없다.[234] 앞에서 본 그대로, 또 직관주의자들의 다른 고전적 공리—이중 부정 소거라는 공리—에 대한 거부와 조합될 때, 이는 증명되지 않은 추측들은 우리의 가용한 지식 중 최선의 지식에 비추어 참이나 거짓이 아니라는 반실재론적 평결로 이어진다. 더구나, 이러한 평결과 같은 맥락에서, 직관주의자들은 바로 그 공리로부터 증명력을 끌어내려 하는, 즉 어떤 주어진 가설의 거짓임(또는 부조리함)을 정립함으로써 그 가설의 참을 정립하려 하는 어떠한 논증의 유효성도 부인해야 한다. 반대로, 바디우에게 있어, 그러한 연역적 추론의 원칙들은 수학적 사유의 필수 요건(*sine qua non*)이며, 그 과정에서—편의에 따른 작업적 허구나 골칫거리를 피하는 데 유용한 기법들보다는—수학의 발견적 진리들과 관련된 모든 주장을 부인하지 않을 경우 결코 폐기될 수 없는 무엇이다.

바디우는 분명히 공리가—그리고 이와 함께 귀류법이나 간접 환원법적(apagogic) 유형의 논증들의 힘이—일상의 상식적 사고의 기준에서 볼 때 간단히 가공적이면서도 설득력 없는 것처럼 여겨질 수 있다는 입장이다. 요컨대 이 공리가 그저 흄 같은 경험주의자들에 의해서만이

---

234   추가적인 논의를 보려면, Crispin Wright, *Realism, Meaning and Truth* (Oxford: Blackwell, 1987) 그리고 *Truth and Objectivity* (Cambridge, MA: Harvard University Press, 1992) 참고.

아니라, 어떤 다른 내용을—즉 추상적이거나 단지 형식적이라기 보다
는 오히려 실체적인 내용을—통해, 동어반복(항진명제, tautology), 무
의미함(vacuity), 극심한 퇴행, 순환성 등의 혐의를 씌우는 공격을 극
복하려 했던 헤겔 같은 사변적 사상가에 의해서도 제기되는 종류의 반
대에 활짝 열려 있는 듯 여겨진다는 것이다.[235] 하지만 바디우는 다시
한번 그러한 논변 전체에 맞서는 입장을 개진하여, (고전적 공리들을
지지하지 않는 직관주의적 거부에 맞서) 수학 자체의 진부함(triviali-
ty)을 포기하거나 혹은 (헤겔에 맞서) 현실 세계의 존재론적 사안에 관
여해야 한다는 주장을 포기하지 않는 이상, 수학은 결코 그러한 자원
없이 지속될 수 없다고 주장한다. 실제로, "우리는 수학의 존재론적 소
명에 기초하여 긍정(affirmation)과 이중 부정 사이 등가성의 정당성을
추론할 수 있으며, 그 결과 부조리를 통한 추론의 결정성을 추론할 수
있다"(p. 250). 여기에서 헤겔에 대해—보다 구체적으로 헤겔의 중요
한 변증법적 체계와 모든 확정적 부정의 예들을 포괄하거나 초월한다
는 그러한 체계의 주장에 대해—참조하려면, 독자들은 성찰 15와 이에
관한 나의 간략한 주석으로 돌아가야 한다. 현재의 맥락에서 주로 강조
할 필요가 있는 것은, 현재 가장 발전한 지식의 상태를 넘어서는 발견
들을 추구하는 진정한 탐구와 다른 한편으로 친숙한 유형의 문제에 대
한 손닿는 범위의 해법들을 얻으려는 판에 박힌 추구를 갈라 놓는 무엇
은 바로 사유의 역사 안에 자리한 어떤 특정한 전환적 사건에 의해 시
작된 진리절차를 향한 충실성이라고 보는 바디우의 절대적인 확신이
다. 이에 따라, 수리 철학에서 상당히 현대적인 사유에 반하여, 바디우
는 현재 가용한 어떠한 형식적·입증적 증명의 수단도 넘어서는, 그럼

235   G. W. F. Hegel, *Hegel's Logic* (trans.) William Wallace (Oxford: Clarendon Press, 1975).

에도 결국에는 그러한 증명 방법을 밝히게 될 보다 세련되고 풍부한 자원을 지닌 진리절차들을 고안해 낼 능력을 지닌, 사변적 힘의 범위 내부에 놓인 진리들을 공준하는 이성의 역량을 정당하게 주장한다.

그러한 연역의 가장 유익한 방식들 중에—앞에서 본 것처럼—이중 부정 소거의 원칙을 요구하는 귀류법(*reductio ad absurdum*)의 절차가 있다. 직관주의적이거나 반실재론적인 구상이 수학적 추론에서 이러한 중요한 자원을 박탈하는 이상—수학에서 반대 명제에 관해 입증할 수 있는 허위성으로부터 진리를 유도해 내는 힘을 부인하는 이상—이러한 구상들은 수학이 어떤 방식으로 그러한 인상적인 (그리고 당연히 부정할 수 없는) 발전들을 완수해 냈는지에 관해 모든 간접적인 방식의 적합한 설명을 제공하는 데 실패한다. 이것이 언제나 어떤 규칙으로 지배되는 귀류법 유형의 논증들에 대한 사용법을 통해 배치될 수 있는 결코 실패하지 않을 문제 해결의 기법을 구성하는 것은 아니다. 오히려, 바디우가 선언하는 바에 따를 때, "이처럼 그 [실행의] 목적은 불명확하며, 당신은 오랫동안 맹목적으로 명제 A의 진리가 추론되는 모순을 찾아야 할 수도 있다"(p. 251). 수학을 언제나 발전하는 그러나 결코 해결되지 않은 존재와 사건의 변증법의 전형적(paradigmatic) 사례로 만드는 것은 바로 이러한 발견들의 예상될 수 없거나 형식화될 수 없는 성격이다. 폐쇄의 불가능성은, 바디우가 기술하는 그대로, "[수학의] 이중 부정 사용보다는 그 전략적 성질에 기인한 것인데, 이러한 성질은 한편으로 질서에 내재적인 보증과 신중함으로 그리고 다른 한편으로 무질서를 통한 모험적 편력으로 이루어진다"(p. 251). 그렇지 않았다면 수학적 사유의 역사는 오늘날까지의 발전 전반에 걸쳐 당연히 훨씬 더 꾸준하고 예상 가능하며 (바디우의 말로 하자면) 무無사건적인 축적 과정의 시퀀스를 나타냈을 것이다. 대조적으로, (바디우의 관점과 같이) 수학의 문제들과 난점들에 정통한 관점에서 서술할 때, 수학적 사유의 역사를 점철한다고 여겨지는 것은 어떤 긴급한 진리절차들에 대한 충실한 지지를 나타내는 헌신의 힘과 그 과정에서 나타나는 (아마도 매우 불안스러울) 새로운 도전들에 대한 개방성 사이의 항시적인 교변—보다 정확히 말해서, 그러한 힘과 개방성이 분리 불가능하도록 접합된 사유의 운동—이다.

우리는 이제 『존재와 사건』의 VI부(성찰 26에서 30)로 이동하는데, 여기에서 바디우는 계속해서 순수한 다수로서의 존재에 관한 자신의 설명을 정교화하며, 이와 함께 자신의 가장 중요한 관심사로서 존재와 사건 사이의 관계를 통한(혹은 통해야 하는) 사유의 모든 개별 분과에 큰 영향을 미칠 함의라고 간주하는 어떤 것에 대한 설명을 다듬는다. 보다 구체적으로 말해서, 다음으로 다루게 될 부분에서 우리가 향하게 될 것은 수학자나 논리학자들에게는 본거지가 되겠으나, 문화 연구나 문학 이론 또는 다른 인문·사회 과학 분야와 관련하여 바디우에 대한 관심을 가지게 된 사람들 대부분에게는 미지의 영역(terra incognita)일 집합론적 탐구의 영역이다.

토의 주제

- 바디우의 집합론적 주제들의 전개와 지성적, 정치적, 예술적 노고의 다양한 맥락에 적용된 그의 '충실성' 개념 사이에서 당신은 어떤 연결관계를 보게 되는가?
- 바디우가 수학과 수리 철학에 대한 직관주의적이거나 반실재론적인 접근에 대해 강경한 태도를 취하는 이유는 무엇인가?

VI부. 양과 지식. 식별 가능한 것(혹은 구성 가능한 것): 라이프니츠/괴델

1. 무한의 계산(reckoning): 자연주의의 경계에서

우리가 본 그대로, 바디우는 관련된 몇 가지 집합론적 개념들을 도입하는데, 이 개념들은 모두 형식 과학에 (그리고 또한 자연 과학에) 발전이 어떤 방식으로 초래될 것인지 묻는 문제에 직접적으로 관련된다. 그러한 집합론적 개념들은 어떻게 진리가 어떤 현행적인 지식의 상태에 앞서면서도, 한편으로 인간 이성의 힘과 완전히 절연하지 않고 인식론적 회의주의에 대한 위협을 소환해 내거나 혹은—그러한 회의주의로부터 빠져나올 탈출구로 추정되는 것으로서—다양한 종류의 반실재론적인, 직관주의적인 또는 구성주의적인 교설들로부터 물러날 것을 호소한다. 그러한 집합론적 개념들 중에는 공백(void), 유적인 것(generic), 식별 불가능한 것(indiscernible), 초일자(ultra-one), 사건의 자리(eventual site), 정원 외적인 것(supernumerary) 등이 있는데, 이 개념들은 바디우의 존재론과 존재론적 계산의 힘을 초월하는 무엇에 대한 기초를 놓는다고 간주할 수 있다. 앞의 제목에서 괴델이라는 이름이 분명하게 제시되지만, 나는 독자들이 이상하다고 생각하지 않도록 괴델에 관해서는 다른 중심적 주제들과 보다 쉽게 들어맞을 곳에 이를 때까지 논의를 유보할 작정이다.

그러니까 (요약하자면) 공백(*void*)은 모든 개별 상황 혹은 집합론적 전체(ensemble)[236]에 포함되지만 그럼에도 그 현존이(혹은 그 확정적 부재가) 지배적인 하나로-셈하기에 대한 도전 또는 위협의 순간에만

---

236   [영어의 set(집합)은 이 ensemble이라는 프랑스어에 해당하는 말이기도 하다.]

불안정화의 압력을 행사한다고 감지될 수 있는 무엇이다. 공백은 '일 관적 다수성'의 지배가 '비일관적'(즉, 이례적[anomalous]이며 위기 를 유발하는) 다수성의 돌발에 무너지는 그러한 시기에—형식 과학, 자연 과학, 사회 과학 또는 인문 과학을 막론하고—이전의 상태를 전환 시킬 최대의 충격 또는 영향력을 얻는다. 유적인 것(코언[Cohen]으로 부터 가져온)은 이러저러한 주어진 상황 안에서—다시 말해, 하나로-셈하기에 따른 구성원 자격을 나타내지 않는 상황 안에서—(물론 처음 에는 비식별적[indiscernible]인) 어떤 이례적 원소로부터 유래하지만, 그럼에도 원대한 영향을 미치는 종류의 전환적이거나 패러다임을 바꿀 힘을 가진 것으로 드러난다. 이러한 이례적 원소들이 그러한 [전환의] 힘을 획득하게 하는 것은 그것들이 어떤 상황의 정원 외적인(*supernu-merary*) 부분들로 실존한다는 점이며, 여기서 그 상황의—여러 구성적 부분집합들을 비롯한—상태 전체는 현행적인 구성원 자격의 기준에 의해 상황에 귀속된다고 인정되는 모든 것을 크게 초과하는 것으로 간 주되어야 한다.

여기에서—이상異常, 공백 또는 '정원 외적인' 원소들의 출현과 함 께—상황은 포섭되지만 그럼에도 완전히 수용될 수는 없는 무언가의 압력 아래 놓이거나 혹은 그로부터 오는 아직 식별될 수 없는 도전에 봉착하게 된다. 또한 여기에서, 바디우 저작의 보다 넓은 맥락에서 볼 때, 수학의 담론—이를테면, 그가 이해하는 그대로, 근본적 존재론의 담론—은 지난 30년에 걸친 그의 사유에 자리했던 모든 관심사와 개입 을 모아내는 회합의 지점을 제공한다. 예컨대 하나로-셈하기, 사건, 공 백, 사건의 자리, 유적인 것, 일관적 다수성 대 비일관적 다수성, 상황 대 상황의 상태 등으로 이루어진 개념의 집합(*ensemble*) 전체는 바디우 가 수학의 주제들과 정치 권력, 대표성(agency) 및 재현(representation)이라는 주제들의 사이를 잇는 결정적인 연결고리를 만들 수 있게 한다. 게다가, 이는 그러한 동일한 발견적(heuristic) 개념들을―예술이나 자연 과학의 특정한 양상들을 비롯한―다른 분야들로 확장할 수 있도록 하는데, 이 분야들에서 그는 그러한 개념들이 동등한 중요성과 힘으로 적용될 수 있음을 보인다. 여기에서 관건은 다시 한번, 한편으로, 사실상의 지식의 상태나 이해 또는 최선의 판단을 초월하는 진리 조건들이나 유효성 주장들에 대해 공정하게 평가하고, 다른 한편으로, 헌신된 주체가 관련된 진리에 대한 그 또는 그녀의 책임을 단언하는 그러한 다양한 [진리의] 절차들에 대해 공정하게 평가하는 것이다. 바디우는 그럴 때 '아무것도 유효하지 않다(nothing works)'고 말하는 몇몇 수리 철학 진영의 점유자들이 열렬하게 선전하는 형태의 거짓 딜레마와, 달리 말해서 객관적(objective)이면서도 인식을 초월하는 진리를 얻을 수 있던지 아니면 인간이 획득할 수 있는 지식 중 한쪽을 얻을 수 있겠지만―명백한 자기모순으로 인해―양쪽 모두를 얻을 수는 없다는 의견과 대면하지 않을 수 있다고 역설한다.[237] 그가 생각하기에, 이런 형태의 반실재론은 결코 옹호될 수 없는데, 왜냐하면 언제나 잠재적으로 우리 인식의 최선의 이해 범위를 벗어나거나 초월하게 될 어떤 것에 관한 모종의 확장 중인 지식과 관련된다는 가정이 없는 이상 설명되거나 이해될 수 없는 (무한에 관한 칸토어의 발견과 같은) 그러한 진정한 발견들이 이루어졌다는 많은 증거가 있는 탓이다. 그러므로, 내 생각

---

237   특히 Paul Benacerraf 'What Numbers Could Not Be', in Benacerraf and Hilary Putnam (eds), *The Philosophy of Mathematics: Selected Essays*, 2nd edn (Cambridge: Cambridge University Press, 1983), pp. 272-94; 또한 W. D. Hart (ed), *The Philosophy of Mathematics* (Oxford: Oxford University Press, 1996) 그리고 Hilary Putnam, *Mathematics, Matter and Method* (Cambridge University Press, 1975).

에, 이 분야에서 몇몇 철학자들에 의해 회자되는 종류의 특히 회의주의적인 의심이 (어떤 개입되지 않은 입장에서 그러한 활동의 본성에 관해 성찰하는 사유와 확연히 구별되는 것으로서) 실재적인 수학적 사유 활동에 관여하지 못하는 실패의 산물일 뿐이라는 확신은 『존재와 사건』을 충분히 주의 깊게 읽은 독자라면 누구에게라도 증대될 무엇이다.

　동시대적 조건에서 바디우의 작업을 전적으로 유일무이한 기획으로 만드는 것은 진리를 이러한 다양한 탐구의 영역들을 가로지르는 필수 불가결한 기준으로 고수하는 입장과—그런 입장과 일관적으로—어떤 획기적인 사건의 영향력을 알거나 경험한 주체들에게 새로운 충실성의 요구들을 부과하는 그러한 사건의 돌발적이거나 예상할 수 없는 본성을 강조하는 주장에 있다. 요약하자면, 이러한 사건의 영향력은 (갈릴레오처럼) 어떤 무한한 양(quantity)이 다른 무한한 양보다 더 크거나 많다는 주장을 터무니없다고 여기지만, 그럼에도 무한을 양으로 셈해야 하고, 어떤 유효한 정의에 따르더라도, 그 양들을 양적인 측면에서 (그렇지 않다면 다른 어떤 측면에서?) 비교할 수 있어야 한다는 주장을 고수하는 주체들에게서 유래한다. 그러한 딜레마에 직면하여, 갈릴레오에게는 최소의 저항을 불러올 논리적·개념적 노선을 채택하여 "'더 많은'과 '더 적은'이라는 개념들은 무한과 관련되지 않는다거나, 혹은 무한한 전체는 양이 아니"라고 주장하는 것이 유일하게 "사리에 맞는" 일이었을 것이라고, 바디우는 인정한다(p. 266). 남은 것은—물론 수학이 이 지점에 이르는 데는 3세기라는 시간이 소요되기는 했지만—칸토어가 (오늘날에 와서야 그렇다고 여겨지는 것처럼) 이 언명을 뒤집어 엎고 "하나의 역설을 하나의 개념으로 전환"하는 불가피한 발걸음을 내딛어, 모든 직관적 판단의 명증성과 반대로 "**포함되는 것**이 **포함하는 것**과 같은 정도로 '다수적'일 수 있"다고 주장했던 것뿐이다

(p. 267). 이 이상의 추가적인 발걸음을 내딛지 않겠다는 갈릴레오의 결정—기이하고 지식을 위협하는 사유의 바다로 나아가기보다는 매우 강력하면서도 (그 당시에는) 과학의 측면에서 생산적인 직관들에 충실하게 남겠다는 그의 선택—은 오늘날 칸토어에게 선행하는 전통 전체와의 결정적인 단절을 촉발했던 것으로 간주될 수 있다. 그 단절이 완수되도록 했던 것은 전적으로 모든 정수 n과 그것의 평방수 n^2 사이에 일대일 대응이 있으며, 이에 따라 모든 포함의 관계나 비율들로 인해 사유가 상식적·직관적 기준에서 자명하게 여겨졌던 것과 극적으로 반대될 수밖에 없음을 예상할 수 있는 (다시 한번 오늘날에 와서야 그렇다고 여겨지는) 칸토어의 인식이었다.

그래서 수학을 존재론적 탐구의 열쇠로 보며, 존재론을 어떻게 진리가 (직관주의자나 반실재론자들의 주장과 반대로) 현재로서는 최선인 지식의 범위를 넘어설 잠재성을 지니는지 정합적으로 사유할 수 있을지 분별해 낼 수단으로 보는 바디우의 구상을 위한 기반이 마련되었다. "이러한 하나의—무한한—다수와 다른 한 다수 사이에 항 대 항의 '대응'이라는 개념이 어떤 비교 절차를 위한 열쇠를 제공한다. 이로써, 두 다수는 그러한 대응이 실존할(exist) 경우 서로 같은 정도로 수적으로 많다고[numerous](혹은, 칸토어의 규정에 따라, 서로 같은 멱冪[same power]을 지닌다고) 말해질 것이다"(p. 268). 무엇보다 '실존한다(exist)'라는 말에 붙여진 이탤릭체는 여기 이 '대응(correspondence)'의 언급에서 관건이 되는 것이 바로 반실재론자들이 잘못 형성되었다거나 혹은 적합한 대답을 제시할 어떠한 희망도 넘어선다고 간주하는 문제임을 말하는 단언의 실재론적인 힘을 명확히 전달하도록 의도된 것이다. 문제는 우리가 어떻게 하면 한편으로 수학적 개체, 구조, 정리, 언표 또는 가설들과 다른 한편으로 이것들이—적어도 실재론자에 의해―관련되거나 적용된다고 간주되는 무엇 사이의 관계를 가장 잘 구상해낼 수 있는지에 관한 것이다. 이에 따라 바디우는 "양 (quantity) 개념은 그러므로 실존 개념으로 귀착될 수 있는데, 이는 집합론의 존재론적 소명에 부합하는 것"이라고 분명하게 언급한다(p. 268). 이 경우에 제기되는 문제는 존재론적 탐구의 어느 양식이나 차원 또는 영역들이 관련될 것인지에, 혹은 여기에서 바디우가 어떤 의미에서 모든 방식의 논리·의미론적 혼동이나 혹은 서로 어긋나는 논변에 보태어질 것이 뻔한 '실존(existence)'이란 용어를 불러내는지에 관한 것이다. 따라서 그 문제로 인해 우리는 철학자들을 소크라테스 이전 사상가들로부터 구분했던 주제에, 말하자면 객관적이거나, 무시간적인, 절대적인, 혹은 검증 초월적인 진리에 대한 주장과 (비록 진리를 향한 것이라 하더라도) 시간에 한정되고 특수한 문화에 제한된 탐색의 과정으로서 인간 지식에 대한 주장 사이에 강조점을 놓는 주제에 직면하게 된다. 달리 말해서, 바디우가 『존재와 사건』에 수록된 매우 다양한 철학적 관점들로부터 취한 그 주제는 사실상 그 책에 제목과 단 하나의 가장 중요한 주제를 제공한다.

성찰 26('양의 개념과 존재론의 난관')에서 바디우는 칸토어의 발견의 함의에 수학적 기초를 두고 탄탄하게 추론하는 일련의 고찰들을 시작하는데, 이에 따를 때 무한의 크기들이 본질적으로 유한하거나 서수에 기초한 성격의 계산과 관련된 계산치를 초월하는 규모에 있기는 하지만―혹은 바로 그런 이유 때문에―무한에는 다양한 '크기들'(기수성들[cardinalities])이 실존하며 이러한 무한의 크기들은 정렬되고 비교되며 다양한 방식으로 계산될 수 있다. 서수(ordinal)는 그 안에 포함된 원소들이 모두 추이적(transitive)이며 따라서 일관성을 보이는 집합, 즉 단절적이거나 이례적이거나 셈해지지 않거나 또는 마찬가지로

무질서를 야기하는 원소들의 개입이 없어야 한다고—또는 허용되지
않는다고—간주되는 정렬성(well-orderedness)이라는 속성을, 곧 귀
속과 포함의 완벽한 일치라는 속성을 보이는 집합이다. 말하자면—그
리고 여기에서 우리는 이 절에서 바디우의 관심사의 중심에 이르게 되
는데—서수는 또한 모든 자연적 다수들을 포괄하는 도식으로 규정될
수 있으며, 여기서 '자연적'이라는 말은 역사와 시간 그리고 변화의 추
이(vicissitude)와 상관없는 완전한 존재의 영역에 실존한다고(또는 존
속한다고) 간주되는 어떤 것을 나타낸다. 만일 거기에 "자연은 존재를
측정한다(nature measures being)"는 의미가 있다면(p. 271), 이는 단
적으로 모든 존재(혹은 실존)의 차원이 마지막 하나까지 자연적 대상
이나 과정 또는 인과들(causes and effects)의 영역에 관련된 무엇에 관
한 결산(*compte rendu*)에 의해 철저하게 검토되기(exhausted)—혹은
검토될 것이기—때문이다. 앞에서 본 것처럼, 그런 것이 바로 바디우
가 치열하게 부인하려 하는 스피노자 사유의 강력하게 결정론적인 측
면인데, 이는 '부정적'이며 반동적인 감정들에 반하는 '긍정적'이며
단언적인 감정들의 증진에 관한 스피노자의 강조—그가 지지하려 하
는—와 선명하게 대비되는 측면이다.

그래서 바디우는 이 단계에서 분명하게 "모든 현시가 자연적인 것은
아니"며 "역사적 다수들이 실존"하지만, 그럼에도 "모든 다수는 바로
그것의 수(number)나 양(quantity)에 관하여 자연적 현시로 귀착될 수
있다"고 언급한다(pp. 269~70). 하지만, 그는 곧 이것이—"존재론의
결정적 언표들 중 하나"인—"모든 다수는 적어도 하나의 서수와 같은
멱冪(power)을 지닌다"는 정리의 직접적인 귀결에 지나지 않는다고 말
한다. 이로부터 두 가지 귀결이 따라나오는데, 이 두 가지 귀결이란
"동일한 양을 지닌 그러한 다수들로부터 형성된 '부류(class)'는 언제

나 적어도 하나의 서수를 내포한다"는 것과 "자연적 다수들 중에서 예를 찾을 수 없는 그러한 '크기'는 없다"라는 것이다(p. 270). 하지만, 이는 분석철학자들이 흔히 말하는 '노골적인 자연주의(bald naturalism)'에 대한 인정을, 즉 '무엇이 실존하는가?'라는 질문이—현재 그리고 어쩌면 영구적으로 인간의 증명적 범위 너머에 있다 하더라도—언제나 의미나 의도 또는 적절한 대답의 범위에 대한 최소한의 변화도 없이 '무엇이 자연적이거나 물리적인 사실로 실존하는가?'로 다시 말해질 수 있다는 것이 자명하다고 간주하는 그런 종류의 사유에 대한 인정을 수반한다고 받아들여져서는 안 된다.[238] 실제로, 모든 다양한 종류의 관념론적인, 준準유심론적(quasi-spiritualist)인 또는—리처드 할랜드(Richard Harland)의 용어를 빌려 쓰자면— '초구조주의적(super-structuralist)'인 사유에 맞서는 것으로서 물리 과학과 사회 과학에 대한 유물론적 존재론을 확고하게 고수하는 명시적인 입장에도 불구하고, 바디우는 모든 그러한 강경한 자연주의적 신조에 적합한 합리적 자원들에 규범적으로 만성적인 결핍이 있다고 진단하는 분석철학자들의 의견에 동의한다.[239] 그 이상으로(그리고 여기서 바디우는 사르트르와 함께 칸토어의 전례에 대한 충실성을 유지하는), 그러한 자연주의적 신조는 주체—즉, 앎이나 생각, 의지나 욕망 또는 행동의 주체—가 언제나 이전(또는 현재) 실존의 상태와 잠재적으로 단절할 수 있는 위치에 자리하게 되는 모든 가능적 초월의 양식을 폐제한다. 요컨대 그런 종류의 자연주의는 인간이 벌인 모든 의미있는 사업의 역사를 특징지

---

238 '노골적인 자연주의(bald naturalism)'에 관해 더 많은 논의를 보려면, John McDowell, *Mind and World* (Cambridge, MA: Harvard University Press, 1994) 참고.

239 Richard Harland, *Superstructuralism: The Philosophy of Structuralism and Post-structuralism* (London: Methuen, 1987).

으며 그래서, 바디우 자신의 기획처럼, 그 역사를 이해할 수 있게 만들고자 하는 모든 기획의 핵심적인 부분을 형성하는 인식적이거나, 지성적인, 추론적인, 윤리적인, 창조적인, 또는 사회·정치적인 힘의 행사를 위한 공간을 찾지 못한다.

이는 부분적으로, 말하자면, 기존의 지식의 상태 또는 우세한 정세 외부—보통 '단독성(singularity)'이 처음으로 그 모습을 드러내며, 그러한 단독성을 지배적인 하나로-셈하기로부터 배제하는 주변적 위치에 존재하는 어떤 '사건의 자리(evental site)'—로부터 도래하며 그 이후에는 이전의 사유 양식들과 단절한 자들의 충실성을 필연적으로 주장하는 사건들에 관한 것이다. 하지만 또한 바디우가 수학에서—그리고 마찬가지로 시초적 도전에 대해 충실하지만 비판적인 속행을 요구하는 모든 탐구의 기획이나 행동주의적 관여에서—작용함을 발견하는 자기 심문과 내재적 비판을 통한 동일한 내부 변증법 혹은 발전의 과정에 관한 것이기도 하다. 이러한 다른 초월의 양식은 그 모델을 수학적 사유가 유한한 측면에서, 즉 완벽하게 일관적이거나 공약 가능한(commensurable) 측면에서 생각할 수 있는 모든 것을 넘어서는 영역으로 가는 전이의 임계점(critical point)을 표시하는 그런 특별한 종류의 서수를 우연히 발견해냈던 과정에서 발견한다. 바디우가 상기하는 것처럼, 그러한 서수에 관해서는 "그 서수와 그 서수보다 작은 서수 사이에 일대일 대응이 실존"할 수 없는데, 왜냐하면 그 서수가 "고유한 크기의 새로운 차원(order)이 시작되는 경계를 표시"할 것이기 때문이다(p. 270). 그럼에도 이는 전혀 가보지 않았거나 알 수 없는 모종의 영역을 향한 애매한 몸짓이 아닌데, 그 이유는 (칸토어가 처음으로 증명한 것처럼) 그 새로운 차원이 정상적이거나 평범한 범위의 서수들에 관해서만큼이나—물론 그러한 정상적인 서수들과는 다르며 보다 포착해 내기 어려운 정확성의 기준에 따른 것이기는 하지만—"고유한 크기"에 대한 정확한 형식적 처리와 그에 따른 계산(reckoning)을 수행할 수 있기 때문이다. 결국, "이 서수는 완벽하게 정의될 수 있다. 즉 이 서수는 그것에 선행하는 서수들 중 어느 것과도 일대일 대응을 용인하지 않는 속성을 지"니는데, 이런 이유로 "멱(power)의 경계로서, 그것은 기수(cardinal)로 지칭될 것이다"(p. 270). 이 속성(기수가 되는 속성)은 그 자체로 다음과 같이 형식화될 수 있다. "$Card(\alpha) \leftrightarrow$ 'α는 하나의 서수이며 α와 서수 β($\beta \in \alpha$를 만족하는) 사이에는 어떠한 일대일 대응도 없다'". 존재론적 측면에서 이 진술은 무한한 양들에 관한 하나의 중요한 집합론적 가르침에 상당하는데, 말하자면 이 진술은 무한한 양들의 상대적인 '크기(size)'나 기수성(cardinality) 사이의 비교를 위한 척도—일종의 극한점(limit-point) 지표—를 제공한다는 것이다. 칸토어의 중요한 진전은 바로 그러한 다른 크기를 지닌 무한한 양들의 실존을, 그리고 무엇보다 "비어 있는 다수(무無를 계수하는)로부터 한정 없이 이어지는 무한 기수들의 수열—양적으로 구별되는 무한한 다수들을 계수하는—에 이르기까지" 모든 지점에서 일관적으로 적용되는 척도에 따라 무한한 양들이 실존한다는 사실을 정립한 것이었다(p. 273).

그래서 칸토어의 정리라는 이름이 붙게 된 정리는 이런 것인데, 이를테면 어떤 주어진 집합의 기수성은 그 집합의 여러 다양한 부분집합 혹은 구성적 부분들의 기수성에 의해 초과된다는 것이다. 또한 칸토어는 '대각선화(diagonalization)'[240]로 알려진 형식적 절차를 개발하게 되는데, 이것은 전술한 정리[어떤 집합의 크기가 그 집합의 부분들의 총합의 크기보다 작음을 밝힌 정리]를 논리적으로 증명하기 위해, 어떤 주

---

240 [혹은 '대각선 논법(diagonal argument)'.]

어진 서수 집합 α와 이 집합의 모든 부분들 혹은 부분집합들을 모아낸 집합[멱집합] p(α) 사이에 일대일 대응이 있을 수 없음을 입증하는 기법으로, 이를 통한 논리적 증명의 목적은—일대일 대응의 (가정된 그러나 실제로는 불가능한) 조건을 [어떤 함수] f로 정의할 때—집합 α가 f(β)에 귀속되지 않는 적어도 하나의 원소 β를 포함하게 됨을 보이는 [간접적인] 방식으로 완수된다. 실제로—집합과 부분집합들 간의 직접적으로 '수직적인(vertical)' 짝짓기에 반대되는 것으로서—'대각선적(diagonal)' 기법의 적용으로부터 오는 결과는 거기에 f에 내부적이지도 외부적이지도 않은 어떤 원소 δ 또한 실존한다는 증명이다. 그러나 만일 그러한 원소가 실존함이 증명될 수 있다면, 이 결과는 당연히 f의 비실존을, 즉 어떤 집합과 그 부분집합(subsets) 혹은 부분들(parts) 사이에 추정되는 그러한 일대일 상호관계를 정립하는 것이 엄격하게 불가능하다는 결론을 수반한다. 이 경우에도, 그 논증은 명백히 성립된다. 이를테면, 원소 β는 마찬가지로 상위의 하나로-셈하기 아래 들어가는 그러한 모든 원소, 다수, 부분집합들 등을 포함한다고 가정되는 원래의 집합에 포함되지 않게 될 것이라는 말이다. 바디우는 형식적 증명으로서 한 쌍의 귀류법적 유형의 논변을 제시하여, 먼저 δ가 f-내부적이라는 단언의 모순적 결과를 증명한 다음 δ가 f-외부적이라는 모순적 결과를 증명한다.

이로부터 따라나오는 귀결은, 되풀이하자면, β가 언제나 이런 면에서 결정 불가능하게 위치하게 되거나, 혹은 지배적인 셈하기 방식에 의해 실행된 계산 또는 '합법적' 포함의 가장 큰 힘을 넘어서는 그 외부에 실존한다고 증명되는 그러한 이례적이거나 셈해지지 않은 원소라고 밝혀지리라는 것이다. 이런 방식으로 칸토어에 의해 발명된 '대각선적' 추론 방식은 "철저하다고 가정되는 절차의 '잉여' (혹은 잔여)를 밝히고, 이로써 그러한 절차의 헛된 주장을 무너뜨리"는 것이다(p. 274). 더구나, 반대의 전제를 받아들일 때 생산되는 논리적 모순들을 이끌어 내는 이러한 증명 방식은 그 자체로 "존재론에서, 정확히 초과의 문제에, '그러한-일자의-심급에-따른-존재-아님(not-being-according-to-such-an-instance-of-the-one)'의 문제에 관련된 모든 것에 대해 전형적"인 것이다(p. 274). 달리 말해서, 그것은 어떤 형식적 논변에 기초하여 진정한 발견을 달성하거나 또는 지식을 확장하면서도 논리적으로 유효한 결론에 이르는 사유의 힘에 크게 의지하지만, 그럼에도 순수하게 형식적인 영역 너머에 이르는 결정적인 영향을 미칠 그러한 추론 형식이다. 그러므로 우리는 바디우가 어떤 이유로 성찰 24('존재론적 충실성의 작용소[연산자]로서의 연역')에서 수학적 진리의 영역이 수학적 지식이나 개연성의 영역과 공외연적(co-extensive)이라고 보는 구성주의나 직관주의 또는 반실재론의 의견을 애써 논박하는지 알 수 있다. 실제로, 앞에서 본 그대로, 이러한 의견은 통상 귀류법(reductio)에 의한 증명이 작동할 수 없다는 주장과 궤를 같이 하는데, 왜냐하면 귀류법에 따른 증명은 결과적으로 잘 형성되거나(well-formed) 혹은 진리-가능적인 모든 언표들이 참 또는 거짓이라고 말하는 이가성(biva-lence)의 원칙에 의지하는 한 고전적인 논리 규칙—이중부정 소거의 규칙—의 유효성을 요구하기 때문이다.

그 경우에 어떤 주어진 집합에 대한 그 집합의 부분 또는 부분집합들의 초과를 이야기하는, 앞에서 요약된 바디우의 논변은 근거 없는 것으로 간주되는데, 그 논변이 [구성주의나 직관주의 또는 반실재론에 속하는] 사상가들에 의해 우리의 이성이나 인식의 힘에 대한 과도한 확장으로 기각되는 무엇의 실행을 의도하는 탓이다. 요컨대 그 논변은 *via negativa*(부정의 길)을 통해 중요한 결과를 산출해 낸다고 주장할 것인

데, 이 부정의 길에는 구성주의적이거나 직관주의적인 방식으로 용인
될 수 있는 어떠한 방법에 의해서도 증명되거나 확인될 수 없기에 진릿
값을 결여한다고 간주되는 특정한 언표들―더밋의 '논쟁적 부류(dis-
puted class)'에 속하는 언표들―의 객관적인 진릿값의 실존이 수반된
다. 실제로 바디우는 이 단계에서 잠시 멈춰서서 그러한 결과들이 어느
정도까지 중요하거나 또는 잠재적으로 큰 영향을 미칠 것인지에 관해
살핀다. 그러한 결과들이 보이는 것은 단지 부분들을 내포하거나 포괄
하거나 또는 철저하게 셈한다고 가정되는 어떤 것[부분들을 포함하는
원래의 집합]에 대한 부분들의 초과에만 그치지 않으며, 또한 어떤 주
어진 '상황(situation)'이 '상황의 상태(state of the situation)'에 의해
수치상(numerically) 초과되는 정도마저, 즉 집합론적 방식의 2차 분
석을 거칠 때 상황 안에 실존하는 다수들의 [상황 자체보다] 더 큰 다
수성의 정도마저 드러나게 된다. 더욱이 상황과 상황의 상태 사이를 벌
려놓는 그러한 괴리와 유사한 크기로 무한하게 늘어날 것으로 예상되
는 무한한 양들 또한 그럴 것이다. 그러므로 "어떤 상황에 대한 양적
지식이 아무리 정확하다 해도, 우리는 어떤 임의적 결정에 의해서가 아
니라면 [상황의] 상태가 그 상황 자체를 '얼마나 많이' 초과하는지 평
가할 수 없다"(p. 278). 오히려 인정해야 할 것은 그러한 정황에서 행
동은 운명보다는 도박에 붙들린 인질이라는 사실이며―어쨌든 결코
순수한 계산에만 붙들린 인질은 아니라는 것이며―"이 도박에 관해 알
려진 것은 … 그것이 오로지 과대평가와 과소평가 사이에서 동요할 수
있을 뿐이라는 점"이다(p. 278).

　따라서 바디우는 오직 단호하고도 예상될 수 없는 개입에 의해서만
이 그 [상태의 상황에 대한] 초과가 일시적으로 점검되고, [그 둘 사이
의] 불일치가 무효화되거나 혹은 적어도 전면적으로 드러나게 되는 귀

결을 억제할 수 있다는 결론을 내린다. 하지만 이전의 상태를 유지하려
는 이해 관심이—습관적으로 무시되거나 은폐되는 무엇에 대한 보다
날카로운 지각을 통해 일반적으로 수용되는 견해들을 인정하지 않는—
반체제적이거나 이단적거나 또는 비판적인 정신을 지닌 자들과 충돌하
게 되는 곳이라면 어디에서든, 이 억압된 이상異常(anomaly)—다시 말
해, '상황'과 '상황의 상태' 간의 구조적 불균형 혹은 공약수(common
measure)의 결핍—은 어떤 잠재적인 불안정화의 힘으로 실존할 것이
다. 바디우는 그러한 이상異常을 정신 상태에서 찾거나, 혹은 그러한
충돌이 이전의 상태 유지를 바라는 이해 관심과 이에 반하는 동기를 가
진 주체들의 불화가 있을 경우에만 실존한다고 간주될 수 있을 이데올
로기적 긴장 관계의 산물이라고 주장하지 않는다. 그렇다고 해서, 바디
우는 오직 개연성이나 인식적 근거 또는 인간이 얻을 수 있는 지식의
범위나 한계와 등가화되도록 진리를 재규정하는 조건 외에는 수학의
담론에서 진리의 가능적 공간을 보지 않는 그러한 구성주의자들, 직관
주의자들, 반실재론자들의 입장에 동의하지도 않는다.[241] 오히려, 바디
우는, 이러한 상태의 상황에 대한 초과에 관한 주장을 제시할 때, 관건
은 사물들이 현재로서 최상의—또는 미래에 가능한 최상의 것이 될—
지식 상태에 따라 밝혀진다고 생각하거나 믿게 되는 방식이 아니며, 오
히려 사물들이 실제로 정립되는 방식과 관련된 객관적 진리와 관련된
사안이라는 점에 대해 독자에게 어떠한 의심의 여지도 남기지 않는다.
하지만 그는 또한 매우 분명하게 그러한 이상異常들은 오직 이를 발견
한 시초적 사상가들에 의한 최상의 헌신과 결단력을 요하는 실천을 통

241 각주 237 참조. 또한 Michael Dummett, *Elements of Intuitionism*, 2nd edn
(Oxford: Clarendon Press, 2000) 그리고 *Truth and Other Enigmas* (London:
Duckworh, 1978)를 볼 것.

해서만이 해명될 수 있을 뿐이라는 입장을 취한다. 무엇보다, 그러한
실천은 그 추가적인 함의들이 지속적으로 검토될 것이라는 유일한 보
증이 될 충실성을 지닌, 그러한 이후에 등장할 '진리의 투사들'과 비견
될 수 있을 정도의 헌신을 요구한다. 심지어—혹은 특히—그러한 함의
들이 한계와 그 너머에 이르도록 실천의 자원들을 요청하는 장애물들
에 봉착하는 결과를 수반하게 된다 하더라도 말이다.

바디우에게, 이는 지식 획득의 과정에서 주체와 대상의 변증법적 상
호 관여(inter-involvement)를 주장하는 기본적으로 마르크스주의적
인 이해의 타당성을 나타내며, 이에 따라 이 둘[주체와 대상]은 두 가
지 확연히 구별되는 존재론적 영역으로 취급하는 모든 접근법의 부적
합성을 보이는 교훈적 사례(object-lesson)가 된다.[242] 실제로 이러한
이해의 무대 위에 객관적 진리와 획득 가능한 지식 사이의 분명하고도
움직일 수 없는 구분이 등장하게 되는데, 이로써 그 주제[주체와 대상
의 변증법적 상호 관여]는 하나의 완전한 딜레마가 되고 [객관적] 진리
의 포기는 두 가지 결핍[243] 중 더 작은 문제가 된다.[244] 바디우는 초과점
정리(the theorem of the point of excess)—수학자 W. B. 이스턴
(Easton)의 이름을 딴 '이스턴 정리(Easton's Theorem)'—에 관한 논
변을 제시함에 있어, 수학과 논리를 비롯한 형식 과학들의 담론에서 모
습을 드러내는 추상적 개체들과 바디우 자신이 이 정리가 적용될 수 있
다고 간주하는 다른 주제 영역들 양자 모두에 관해 강력하게 실재론적

242   특히 바디우의 수집된 글들을 보려면, 'Ontology is Mathematics', *Theoretical
Writings*의 첫 번째 부분, pp. 3-93을 볼 것.
243   [객관적(혹은 초월적) 진리의 결핍과 획득 가능한 지식의 결핍. 이 문장은 만일
객관적 진리와 획득 가능한 지식 둘 중 하나를 포기해야 한다면 진리의 포기가 더 작
은 문제를 일으킬 것이라는 뜻.]
244   각주 237와 각주 241 참조.

인(진리에 기초한) 성격을 강조하는 방식을 취한다. 이런 이유로 하나로-셈하기가—그리고, 그러한 셈하기가 지배적 계산 양식에 따라 인정되는 이상, '상황'이—계산의 힘이나 혹은 미리 보장된 개념적 파악의 힘을 능가하는 무엇에 봉착하게 되는 범위와 그러한 지점들의 정확한 위치파악에 관한 지식에는 언제라도 결핍이나 부족이 있을 것이다. 따라서 (어쩌면 집합론과 그 존재론적 의미에 관해 바디우를 읽음으로써) 어떤 상황에도 그러한 초과점이 있을 수밖에 없으며 또한 그 효과들이 사건으로 발발할 개연성이 크지만 그 사건이 언제 어디서 일어날지 예측할 수 없는 사건의 자리가 있을 수밖에 없음을 분명하게 알 수 있을 것이다.

이런 이상, "행동은 존재론으로부터 어떤 경고를, 곧 행동이 상황의 자원들을 배치하는 상황의 상태를 정확하게 계산하려는 그 자체의 노력이 헛되다는 경고를 받는다"(p. 278). 이것은 어떤 특정한 행동의 경로에 따른 행위나 이에 관한 결정이 언제나 모든 준칙이나, 원칙, 이유, 또는 정당화의 근거를 넘어설 수밖에 없는 문제일 수밖에 없다거나, 혹은 올바른 행위에 대한 주장을 그러한 규칙에 기초한 추론 양식을 넘어서는 이상 엄격하게 비윤리적인 성격을 띄는 믿음의 도약—곧 윤리적 관여의 입장—에 걸어야 하는 문제일 수밖에 없다는 이야기가 아니다 (그리고 그런 이야기와는 거리가 멀다). 그것은 바디우 주해자라면 누구에게도 까다로운 논점인데, 왜냐하면 그가 결국 수학 및 여타 분과들의 중요한 발전들이 일반적으로 인정되는 사유 양식들과의 결정적인 단절을 수반할 수밖에 없는 측면에 큰 중요성을 부과하기 때문이다. 그러한 단절은 오로지 아직 증명되지 않은 추측에 대한 확신을 통해서라야 일어날 수 있으며, 이 확신은 그 이후—충분한 토대가 마련된 다양한 정리들에 대해 증명되거나 인정되기까지—지속적인 정립을 위해 그 자체의 진리와 지금까지 탐구되지 않은 사유의 영역들을 향한 추구를 비슷한 의미에서 강렬한 개인적 헌신의 문제로 받아들이는 자들의 '투사적'인 곧 충실한 관여에 의지한다. 하지만, 이제는 분명히 해명되어야 할 것처럼, 바디우의 충실성을 지성적이면서도 윤리적인 역량(미덕, virtue)으로 보는 구상과 진정으로 윤리적인 선택이나 헌신을 합리적 사유나 논증된 정당화의 경계 너머에 위치시킬 그런 종류의 결정론적 접근법 사이에는 한 가지 중요한 차이가 있다. 그 차이는, 바디우가 보인 그대로, 존재론의 한계—존재론이 잠재적으로 모든 인정되거나 정립된 존재론적 추론의 양식들을 뒤집어 놓을 무엇으로서 사건의 인식에 굴복하는 지점—란 오직 그러한 엄격한 공리·연역적 절차를 통해서라야 이를 수 있는 지점이라는 점에 있다.

바디우가 시사하는 바에 따를 때, 이 한계에서 형식적이거나 논리적이거나 또는 과학적인 '정당화의 맥락'에 관련된 무엇과 '발견의 맥락'에 관련된 무엇 사이에는, 즉 관련한 증명 절차들을 끝까지 찾아내겠다는 주체적 헌신이나 의지의 영역과 추가로 파생된 가설들에 대한 시험 사이에는 모순이나 충돌이 없다기 보다는 오히려 매우 생산적인 긴장 관계가 형성된다. 대상/주체 구분의 준準 헤겔적 극복에 맞서서, 그리고 마찬가지로 '몰적(molar)' 대립들을 '분자적(molecular)'이거나 '탈영토화된(deterritorialized)' 에너지 흐름들로 용해시키고자 하는 들뢰즈 류의 급진적인 차이의 사유에 맞서서, 바디우가 주장하고자 하는 것은 사유가 어떤 방식으로 그러한 이원론이 진리와 인간의 지식 획득의 다양한 과정들 사이의 관계를 구조짓는지에 관한 가장 선명하고도 결정적이며 엄격한 인식을 보존해야 할 절대적인 필요성이다.[245]

---

245 Gilles Deleuze, *Difference and Repetition* (trans.) Paul Patton (London: Continuum, 2004); Deleuze and Félix Guattari, *The Anti-Oedipus: Capitalism and*

그렇지 않다면, 분명히 우리는 전체에 대한 부분들의 초과, 집합에 대한 부분집합들의 초과, 귀속에 대한 포함의 초과, 혹은 상황에 대한 상황의 상태의 초과가 가장 세심한 정도의 분석적 정확성을 요구하는 그러한 특수한 예들에 관해 어떠한 개념적이거나 비판적인 발판도 얻지 못할 것이다. 그러므로—되풀이하자면—정확히 정의된 용어, 구조, 논리적 관계 및 다양한 연산적 개념들을 통한 바디우의 집합론 지지는 그러한 (들뢰즈가 주장할 것처럼) 엄격하게 규율에 따르며 그래서 본질적으로 강압적이거나 구속적인, 다시 말해 '재영토화하는(re-territori-alizing)' 사유 양식들에 저항한다고 간주될—미분 계산법과 같은—수학적 사유의 영역들에 대한 들뢰즈의 명시적인 선호와 대립적이라고 할 수 있겠다.[246]

2. 정향들: 수학, 존재론 그리고 초과적 다수(multiple-excess)

성찰 27과 성찰 28—'사유의 정향의 존재론적 운명(Ontological Destiny of Orientation in Thought)'과 '구성주의적 사유와 존재의 지식 (Constructivist Thought and the Knowledge of Being)'—은 이러한 전체에 대한 부분들의 초과가 수학에, 그리고 수학을 어떤 특권적 통찰이나 개념적 발전의 원천으로 정립하는 다른 모든 탐구의 영역들에 영향을 미치는 함의들의 탐색으로 나아간다. 이 성찰들이 해명하는 주된 주제는 "존재에는 이러한 개념에 대한 도발이, 즉 이러한 현시와 재현

Schizophrenia, Vol. 1 (trans.) Brian Massumi (Minneapolis: University of Minnesota Press, 1987); Badiou, *Deleuze: The Clamor of Being*; 또한 Todd May, 'Badiou and Deleuze on the One and the Many', in Peter Hallward (ed.), *Think Again: Alain Badiou and the Future of Philosophy* (London: Contiuum, 2004), pp. 67-76.

246 Deleuze and Guattari, *Anti-Oedipus* (op. cit.).

사이의 비관계(un-relation)가 영구적으로 열려 있다"는 것이다(p.
281). 그 주장은 수학과 논리로부터 윤리, 사회·정치 및 예술 영역의
주제들에 이르는 다양한 탐색의 층위와 맥락에서 계속된다. 이러한 후
자의 영역들은 그리스인들에게서 시작되었으나 여전히 유효한 형식 과
학들로부터 마찬가지로 그리스인들에게서 시작되었으나 오늘날에도
여전히 정치와 사회 윤리에 반향되며 심지어 직접적인 구조적 동형물
(analogue)을 찾을 수 있는 고전적 비극의 주제들로 이어지는 통로에
관해 고찰하는 바디우의 집합론적 탐구과 밀접하게 매여 있다. 관건이
되는 이 통로에 관해서는 충분한 지면을 들여 인용할 필요가 있는데,
왜냐하면 이 인용 구절이 바디우가 몰두하는 여러 관심사들을 간결하
고 명쾌한 방식으로 묶어 내고 있기 때문이다.

불만, 다시 말해 존재에 관해 더 이상 정확하게 말할 수 없는 지점에 원인
이 있는 이 사유의 법칙은 이러한 초과를, 곧 그리스 비극 작가들이 정당
한 이유로 인간이라는 피조물에게 닥치는 어떤 것의 주된 결정요인으로
삼았던 이 ὕβρις[247]를 제거하기 위한 세 가지 중요한 시도에서 공통적으로
일어난다. ... 아이스킬로스는 정치에 직접적으로 의지하여 어떤 새로운
정의의 상징계로 향하는 주체의 통로를 제시한다. 왜냐하면, 사유로서의
욕망에서, 문제가 되는 것은 분명히 국가(State)의 셀 수 없이 많은 부정의
(injustice)이며, 무엇보다 정치에 의지하여 존재의 도전에 대답해야 할 것
은 여전히 우리를 지배하는 그리스의 통찰이기 때문이다. 말하자면, 수학
과 국가의 '해방적 형식'에 대한 공통의 발명은, 이 놀라운 민족에게서,
'존재가-아닌-것(that-which-is-not-being)'의 필요 또한 고려하는 무

---

247 [휘브리스. '오만', '자만' 등으로 번역되는 이 단어는 자신감의 '과잉'을 의미
하며, 그리스 신화에서 보통 신이 인간에게 재앙을 내리는 원인으로 지목된다.]

엇에 관해 도시 국가(City)의 공무와 역사의 사건들로부터 [의미를] 직접적으로 끌어 오지 않는다면, 존재에 관해 말하기에는 거의 아무런 의미도 없으리라는 사실을 확인하기 때문이다. (p. 282)

강조해야 할 것은 바디우가 그 자신에 의해 철학이 그 일차적인 소명을, 즉 그러한 조건들에 대한 존재론의 범위와 한계를 탐험할 수 있게 하는 실천적 관여의 영역을 구성한다고 간주되는 네 가지 '조건들(conditions)' (과학, 정치, 예술, 사랑) 사이에서 단순히 암시적인 유비를 끌어내는 정도에 그치지 않는다는 점이다. 오히려 이 구절은, '사유로서의 욕망(desire that is thought)' [248]에 대한 언급을 통해, 『존재와 사건』에서 처음으로 네 번째 요소[사랑]가 어떤 방식으로 지금까지 훨씬 더 많은 관심을 받았던 다른 세 가지 요소들과의 관계에 들어설 것인지에 관해 분명하게 지시한다. 그러므로 이 문구('합리적·담론적 사유의 형식을 취하는 특수한 종류의 욕망' 혹은 '사유에 종속되며 그래서 더 큰 자기 지식을 달성했던 욕망' 으로 달리 표현할 수 있는)의 분명한 문법적 모호성은 플라톤의 『향연(Symposium)』으로부터 프로이트와 라캉의 정신분석에 이르는 사랑—eros나 agape 중 어느 쪽을 막론한—과 철학적 고찰 사이의 밀접한 관계에 관한 바디우의 주장을 강화하는 것으로 간주될 수 있을 것이다.

　앞에서 인용된 구절에서 언급된 '세 가지 중요한 시도' 는 모두 수학, 존재론, 정치 윤리 그리고—특히 고대 그리스적 형태에 따른—비극의 담론들에 출몰하는 부조화, 괴리, 균형의 결여 또는 결코 예상할 수 없는('방황적[errent]') 초과에 관한 시초적 인지에서 비롯된다. 바디우

[248] [영어판만 보면 '사유된 욕망' 으로 해석할 수도 있겠지만, 프랑스어판의 원래 문구는 'le désir qu' est la pensée' 이다.]

에 따를 때, 그 이후로[고대 그리스의 철학 이후로] 어떤 교설을 최초로 제시했던 사상가들은 (식별 불가능자 동일성의 원칙을 제시한 라이프니츠 같이) 모든 차이는 뚜렷하게 특징지어지고(marked), 그러한 특징(mark)을 통해 구별될 수 없는 것은 사실상(ipso facto) 다른 것일 수 없으며, 따라서 언어를—혹은 모든 알려진 요건이나 가용한 식별의 수단을 표현하는 담론을—존재론에 관해 문자 그대로 결정적인 것이라고 정함으로써 어떠한 초과의 출현도 억제하거나 막으려 했다. 수학에서 이 교설은, 끝까지 일관적으로 유지될 경우, 사유가 일반적으로 인정되는 추론 양식들에 의해 정해진 한계 안에 남아 있도록 하는 요건에 상당할 것이며, 결과적으로 바디우에 의해 (획기적인 것이기에) 결코 예상할 수 없는 것으로 지목되는 종류의 발전들을 막는 금지에 상당할 것이다. 정치에서도 마찬가지로 그것은 궁극적으로 기존의 가치와 신념들로 이루어진 담론에서 표현되었던 가능성을, 혹은 또—비트겐슈타인주의자들과 그런 류의 현대판 '소피스트들'이 가질 법한—어떤 공동체적으로(communally) 인가된 언어게임(language-game)이나 문화적 '삶의 형식'에서 표현되었던 가능성을 넘어설 가능성의 구상에 대한 실패나 또는 이에 대한 거부를 나타낼 것이다. 이러한 사상가들에게 있어, "언어는 그것이 구별할 수 없는 것을 동일한 것으로 간주한다는 점에서 존재의 법칙을 자임한다"(p. 283). 이는 결과적으로, 건전한 수학적 추론의 본성이나, 범위, 현재 지배적인 과학적 방법의 패러다임, 혹은 정치 활동의 온전한(합법적이거나 사회적으로 인가된) 양식과 관련하여, 기존의 현상태現狀態(status quo)를 전복할 위협을 띠는 모든 것의 인정(recognition)을 막는 역할을 하게 된다. "이런 방식으로 오로지 일반적으로 명명 가능한 부분들에 대한 셈하기로 환원되어, 상태는 다시 상황에 적합하게 될 것이라고 기대된다"(p. 283).

두 번째 '중요한 시도'는 그들 자신에 의해 추상적이거나 논리적인 사유나 혹은 마찬가지로 규칙에 따른 사유가 행사하는 개념의 전횡과 생명을 부정하는 힘으로 간주되는 무엇에 맞서 반론을 제기해왔던—헤라클레이토스로부터 들뢰즈에 이르는—흐름(flux)의 사상가들에게서 목소리를 찾는다고 여겨진다. 예상할 수 있는 것처럼, 바디우는 이 방향에 진보의 희망이 적다고 보는데, 이런 견해는 수학 및 자연 과학이나(여기서 그러한 시도는 누릴 가치가 있는 자유를 만들어 낼 모든 합리적이고도 목적이 분명한 사유의 기준들로부터의 전면적인 '해방'에 대한 그저 관념적인 전망만을 제공한다), 혹은 정치, 윤리 및 예술 영역(여기서 그러한 시도는 마찬가지로 인간의 창조력, 대응력, 적응력에 대한 도전을 구성하는 모든 것과의—전적으로 무차별적이기에—그저 몸짓에 지나지 않은 단절일 뿐이다)을 막론하고 적용된다. 이러한 사유의 정향에 있어, "상태의 초과란 그저 생각할 수 없는 것일 뿐인데, 왜냐하면 부분들의 식별이 요구되기 때문이다"(p. 283). 항시적으로 체로 거르고, 정리하고, 분류해야 하며, 언제나 선명하게 범주적인 (그러나 또한 세부적으로 상세한) 구별을 끌어내야 한다는 강압적이고도 단호한 요구에 직면할 때, 단 하나의 적절한 대응은—이러한 사상가들이 주장하는 바에 따를 때—그 요구에 따르기를 거부하고 오히려 끝없이 증식하는 차이와 강도 그리고 '탈영토화'하는 흐름들의 작용을 공표하는 편을 선택하는 것이다. 이때, 식별 불가능한 것들의 교설을 통해, 제시되는 것은 "식별 불가능한 것들이 상태가 작용하는 장의 핵심을 구성한다는 점에 대한, 그리고 모든 진정한 사유가 우선적으로 어떤 평범한 것의, 다수적으로 유사한 것(multiply-similar)의, 미未분화된 것(indifferentiated)의 전유 수단을 벼려내야 한다는 점에 대한 증명이다"(p. 283). 그러한 사유는 충분히 그 자체로 재현의 형식과 구조를 분석하고 묘사하며 심지어 "심문"하는 책무를 떠맡겠지만, 오직 "그것이 결코 재현을 경계 없는 부분들과, 불확실한 집적체들(conglomerates)과 구별하지 않고 셈하는 어떤 것의 편에서" 그럴 뿐이다.

간략히 말해서, 우리는 여기서 들뢰즈에 대한 바디우 자신의 반론의 요지를 보게 되는데, 그의—다양한 양식의 차이의 사유라는 유행에 반하는—주장의 근거는 모든 진정으로 급진적이거나 전환적인 사유의 기획에 어떤 주어진 상황의 세부 사항이나 양상 또는 특징들에 관해 최대한의 식별의 힘을 행사한다는 전제 조건이 따르며 그렇지 않을 경우(그래서 정상적으로) 그런 것들이 인지를 벗어나거나 지배적인 하나로-셈하기에 따라 등재되지 못하리라는 것이다. 바디우는 이에 따라 주로 "식별 불가능한 것의 수학소—언어의 근시안으로 보기에, 결코 그 자체와 절대적으로 동일한 것들의 무리와의 분리를 통해 명명될 수 없는 그러한 셀 수 없이 많은 부분들을 사유에 도래하게 하는—를 처분하"기 위해 노력하는 어떠한 접근법에도 정면으로 반대한다(p. 283). 그러한 사유의 결과는 단지 관념적일 뿐인 무한의 지점에 이르도록 차이들을 증식하는 것이며, 이 무한히 증식된 차이들은 그러한 무한의 지점에서 모든 소가 검은 색으로 보이는 잘 알려진 헤겔의 밤과 같은 것으로, 다시 말해 절대적이고 끝이 없으며 구별되지 않는—그리고 어떠한 종류의 개념적 파악도 제공하지 않으며, 이에 따른 합리적 평가와 비판의 과정을 통해 가시화되는 어떠한 변화의 가능성도 제공하지 않는—차이의 영역으로 빠져든다. 오히려 그 결과는 단지 수학적·과학적 지식에 관하여 오류와 허위의 원천을, 혹은 사회적·정치적 영역에 관하여 억압, 부정의, 불평등 및 배제의 원천을 가리는 기능을 할 따름이다. "이러한 정향에서, 초과의 신비는 축소되는 것이 아니라 복구될 것"이라고, 바디우는 언급한다(p. 283). 이러한 정향과 바디우 자신의

집합론에 기초한 접근법 사이의 결정적인 차이가 놓이는 곳은 분석의
정확함과 개념의 명료함이라는—윤리·사회·정치적이면서도 또한 논
리·수학·과학적인—가치들을 확고하게 고수하는 입장에 있으며, 이는
결국 바디우의 접근법이 피해야 한다고 주장하며 그러기 위해 노력하
는 종류의 사유로 무너져 내리는 차이의 수사학의 강력하지만 거짓된
매력에 대항하는 것이다.

세 번째 '중요한 시도'는 기본적으로 수학적 사유가 한계 서수들
(limit-ordinals)에서 큰 기수들(large cardinals)에 이르며, 그래서 그
저 관념적인 무한 구상에 그치지 않고 하나의 실효적인(operative)[249]무
한 구상에 이르는 통로를 만드는 단계에 대한 바디우의 서술에서 가장
선명하게 예시화되는 것을 확인했던 무엇이다. 이것에 주로 관련된 것
은 "그 자체에 선행하는 모든 것을 조직하며, 이에 따라 그것의 자리에
재현적 다수를, 상황에 묶인 상태를 배치하는 그러한 외연(extension)
을 지닌 다수의 사유에 의해 공백에 정지점을 고정하"는 것이다(p.
283). 즉, 그 절차는 여기에서 사유가 너무나도 '거대한' 무한을 상정
하는 형식을 취하게 되며, 그렇지 않으면 개념적 파악의 최상의 노력을
피하게 될 그러한 모든 '방황하는(errant)' 양을 초월하여 이로써 (가
정되는 바) 그러한 양을 내포할 수 있게 된다. 세 번째 시도는 첫 번째
시도처럼 "규칙의 강화와 식별 불가능한 것의 금지"를 통해서가 아니
라, 극한점 개념으로 기능할 수 있는 "선험적 다수성들"의 실존을 단언
함을 통해 "위로부터 직접적으로" "초과적 다수(multiple-excess)의 법
칙 자체를 드러내"며 이에 따라 (충분히 역설적으로) "사유에 대한 아
찔한(vertiginous) 폐쇄"의 전망을 제시한다(p. 284). 이러한 구상은

---

249 ['실효적인'으로 옮기기는 했지만, 수학에서 실효적이라는 말은 결국 연산 가능
함을 의미한다.]

모든 일반적으로 인정받는(과학적으로 혹은 사회·정치적으로 지배적인) 존재의 양식들을 점철하는 그러한 다양한 '비측정(unmeasure)'[250]의 종류와 정도에 충분히 주의를 기울이며, 동시에 사유가 기존의 합리적이거나 절차적이거나 또는 계산적인 평가의 능력에 의해 정의상 그것[그러한 비측정]에 할당할 수 있는 모든 한계를 넘어설 어떤 것을 착상함으로써 그러한 폐쇄를 달성할 수 있게 될 지속적인 가능성을 주장한다. 말하자면, "큰 기수들(grand cardinals)은 신학들에 의해 요구되는 잠재적인 존재를 모방"하거나, 혹은—칸토어와 같이—명시적으로든 은밀하게든 오직 부정에 의해서만 존재를 규정할 수 있는 신을 대신할 모종의 대체물을 소환하는 추론 방식을 통해 큰 기수들이 없을 경우 진정으로 '아찔하게' 펼쳐질 무한한 양들의 확산에 어떤 한계를 정하려는 시도에서 일정한 역할을 담당한다.

내가 명확히 해야 할 것은 바디우의 이러한 세 가지 시도(혹은 '정향')에 대한 설명이 이 시도들을 적합성, 복잡성, 분석적 정확성이 점차 더해지거나 또는 개념적으로 강력한 자원들의 순서에 따라 표현하는 방식으로 존재론적 주제들에 관한 명확성을 얻기 위한 목적으로 설계된 것은 아니라는 점이다. 오히려, 그는 각각의 시도가 존재론의 특정한 양상이나 차원에 해당함을 역설하는데, 그 각각이 "특정한 존재의 유형이 이해될 수 있음을 함의"하기 때문이다(p. 284). 더구나 이 시도들 중 어느 것도 집합론 영역에서 어떤 과거나 현재 또는 미래의 발전과의 대면을 통해 무효가 될 수 없는데, 왜냐하면 수학이 담당하는 역할은 다양한 개념적 요건들 각각의 진리 주장에 대한 심판자 역할이 아니라 공급자 역할이기 때문이다. 따라서 "수학적 존재론은 그 자체로

---

250 [이 말에는 측정할 수 없을 정도로 커서 측정되지 않았다는 의미가 담겨 있다.]

어떠한 사유의 정향도 구성하지 않으며, 오히려 그 정향들 모두와 양립할 수 있어야 한다. 즉, 그것은 그 정향들이 필요로 하는 다수 존재를 제시하고 식별해야 한다"(p. 284). 분명히 바디우는 존재론적 파악의 관점에서 어떠한 순위도 제시하지 않으며, 두 번째 정향에—내가 여기서 이야기했던 확연한 들뢰즈적 성격에도 불구하고—또한 가장 주목할 만한 발전들 가운데 코언의 유적인 것(generic)이라는 개념이, 곧 바디우 자신의 노력의 모든 양상에 절대적으로 중요한 발전이 포함된다고 간주한다. 여전히 이 세 가지 사유 양식들은 전적으로 그가 개념적·존재론적 발전의 과정—집합론이 이제부터 지금까지 가장 중요한 전환 단계들의 위치를 지정할 수 있을 가능성을 만들어 내는—에서 임계점(threshold point)이라고 고려하는 어떤 것을 나타낸다. 그리고 만일 이런 이야기가 오히려 절대지(Absolute Knowledge)의 관점에서 기술하는 헤겔의 이야기처럼 들린다면, 이러한 비판은 바디우가 의심의 여지 없이 이런 방식으로 획득된 관점의 진리-내용에 대한 상당히 큰 주장으로 들어간다는 점에서 보자면 일견 타당하지만, 그가 그 내용을 어떤 엄격하게 형식적인 작용[연산]들(operations)이 예측 불가능하게 모든 형식의 변증법적 포섭이나 현상학적 흡수에 저항하는 종류의 단절적이고도 잠재적으로 전환적인 사건에 종속되는 영역에 위치시킨다는 점에서 보자면 거짓이다. 여기서 바디우가 보이려 하는 것은 결코 완전히 내포될 수 없는 초과의 원소인데, 이것은 차이를 동일성에 따른 사유의 영역으로 다시 흡수함으로써 무화되거나 혹은 순수하게 관념적인 '무한'의 지점까지 확장될 수 있는 순조롭게 기능하는 경제 내부에 사유를 억제하려는 모든 노력에 출몰하는, 사실상 부정신학의 신을 대체하는 항에 지나지 않는다.

그러므로 네 번째이자 마지막 '정향'이 필요한데, 이 정향은 사유를 그 [억제의] 지점 너머에 이르게 하며 지금까지 가장 멀리까지 나간 이성의 파악력을 벗어났던 어떤 것에 관한—(그 논거의 본성에서) 완전히 적합한 개념은 아니더라도—어떤 유효한 발상을 제공할 수 있다. 바디우에 따를 때, 이러한 탐구의 경로는 "마르크스 이후로 계속 식별될 수 있"었으며 "프로이트의 다른 관점에서도 파악"되었다(p. 284). 네 번째 정향은 "다른 세 가지 정향들을 횡단하는" 것으로 이해될 수 있는데, 그 이유는 이 네 번째 정향이 어느 정도는 칸토어에 의해 발명된 대각선화(diagonalization)라는 집합론적 기법과 같이 특정한 형식적 절차들이 어떤 방식으로 이전의 (통상 직관적이거나 또는 상식적으로 '자명한') 가정과 일치하지 않는 결과들을 만들어 내는지 보임으로써 사유가 어떤 결정적인 진보를 달성하도록 하며, 이로써 그러한 가정과 함께 지금까지 볼 수 없던 가능성들의 포착에 대해 철저하게 재사유하도록 강제하기 때문이다. 이에 따라 네 번째 정향은 "존재론적 난관의 진리"를 존재론의 영역 자체 너머에 그리고—여기서 특히 러셀을 염두에 두게 될 것인데—모든 '메타 존재론적'인(즉, 순수하게 분석적이거나 형식화된) 접근법 너머에 위치시키는 무엇이며, 이로써 언어, 메타 언어(meta-language), 메타-메타 언어(meta-meta-language) 등의 영역들 사이의 철저한 분리를 명령함으로써 집합론의 논리적 일관성을 유지하고자 하는(그리고 어떠한 역설의 출현도 확고하게 억제하고자 하는) 무엇이다. 물론 바디우의 주된 주장은 사실상, (파르메니데스의 존재론이나, 적어도 한 가지 해석에 있어, 스피노자의 존재론처럼) 어떠한 변화의 가능성도 배제하는 방식에 따른 폐쇄되고 움직일 수 없는 존재론의 생산이라는 대가를 치르지 않는 이상, 그러한 일관성을 얻을 수 없다는 것이다. 그러므로 이 정향을 다른 세 가지 정향들과 갈라 놓는—그리고 어떤 결정적인 측면들에서 불화하게 하는—것은 일원론적 존재론의 극단적인 형태들에 대한 도전일 뿐만 아니라, 그러한 존재론의 기획이 언제나 그 본성에 있어 무엇이든 (가정상) 일관적이고도 모든 것을 포괄하는 장악력 너머에 놓인 어떤 것의 파괴적인 영향력에 어떠한 여지도 남기지 않을 존재 구상을 향하는 이상, 또한 존재론 자체에 대한 도전이기도 하다.

여기서—다시 말해, 이러한 '네 번째 길'에 대한 설명에서—바디우는 존재론의 필요를, 곧 다양한 방식으로 수학에 기초하여 실행되는 존재 탐색의 필요를 밝히는 가장 명료한 진술들 중 하나를 제시하지만, 또한 존재론이 그 자체의 정의상 그 개념적 범위를 넘어서는 어떤 것을 인식해야 할 필요가 있음을 제시한다. 요컨대 "그것[네 번째 길]의 가설은 오로지 사건과 개입의 관점에서만이 부정의를 올바르게 평가할 (render justice) 수 있다고 말하는 데 있"으며, 이 경우 "존재의 풀려남 (un-binding)을 두려워할 필요가 없는데, 왜냐하면 정원 외적인 비존재(non-being)의 결정 불가능한 발생에서 모든 진리 절차가 비롯"하기 때문이다(p. 284). 여기에서 바디우는 근래에 나온 한 책에서 어떤 면에서는 바디우 자신과 비슷한 경로를 보이는 데일 자케트(Dale Jac-quette)를 비롯하여 전반적인 존재론의 주제에 관해 저술한 다른 저술가들과 결정적으로 갈라서게 된다.[251] 그들 양자 모두에게 하이데거는 훌륭한 독창성과 통찰을 지닌 사상가로 우뚝 선 인물이며, 근대의 존재론적 탐구의 운명을 되살려 그 발전을 형성하는 데 크게 기여한 철학자로 평가되지만, 그의 현상학을 출발점으로 삼는 선택은—비록 (가정하기로) 포스트인본주의적(post-humanist)이거나 비非의인화된(non-anthrophomorphic) 용어로 재규정되기는 하지만—잘못된 전기이자

---

251 Dale Jacquette, *Ontology* (Montreal: McGill-Queen's University Press, 2002).

사실상 그러한 묘사에 근거가 되는 모든 것에 대한 포기였다.[252] '존재
론'이라는 용어가 어떤 고유하거나 확연히 구별되는 의미를 가지려면,
이 용어는—하이데거가 그랬을 것처럼—인간의 지각과 경험과 (다른
무엇보다) 시간 인식의 양상들에서 그 구조들의 궁극적으로 비非객관
적인 원천을 밝히려 하기보다는 오히려 (물리적이거나 추상적임에 관
계없이) 객관적이면서도 정신에서 독립된 실재(reality)의 구조들에 대
한 해명을 목적으로 하는 조사 양식을 의미해야 한다. 자케트가 분명하
게 말하는 것처럼, "만일 현상학이 존재론의 유일한 방법이라는 전제
에 은밀하게 숨어들지 않았다면, 하이데거가 발견하는 존재로서의 존
재에 관한 그렇게나 많은 정보가 어디에서 올 수 있다는 말인가?"[253] 마
찬가지로 바디우와 자케트는 일반적 존재론(실재의 구조들 뿐만 아니
라 모든 특정한 영역의 구별들을 그리고자 하는 어떤 것)과 그것들 자
체의 진리 또는 객관성의 특수한 기준들과 연락을 잃지 않으려면 그러
한 구별들을 존중해야 할 국지적 존재론들 사이에 선명한 구별을 지켜
야 한다는 데 동의한다.

　하지만 그들은 바디우의 기획을 존재론적 탐구의 목적과 범위로부터
결정적으로 절연한다고 보일 수도 있을 두 가지 주된 사안에서 서로 불
화한다. 하나는 바디우가 자케트와 달리 집합론의 문제들에 내포주의
적(intensionalist) 접근법보다는 엄격하게 외연주의적(extensionalist)
접근법을, 다시 말해 연산적 항이나 개념 및 함수들을 순수하게 수적이
거나 양적인 방식으로—그것들 사이에 어떠한 종류의 질적인 구별도
없이 적용된 개체들로서—정의하며, 그래서 프로그램에 따라 미리 구

252　Martin Heidegger, *Being and Time* (trans.) J. Mcquarrie and E. Robinson
(Oxford: Blackwell, 1962).

253　Jacquette, *Ontology* (op. cit.), p. 29.

상된 평가적 판단이나 우선순위의 도입을 피하는 접근법을 선택한다는 점이다. 이러한 선택은 상대적으로 기술적인 곧 형식적인 수학 혹은 논리의 본성에 대한 고려에 동기를 둘 뿐만이 아니라, 또한—앞에서 본 그대로—선택이 정치적, 사회적, 성적, 민족적 평등의 주제들에 중요한 영향을 미친다는 바디우의 확신에 기인한다. 바디우의 사유가 자케트의 사유와 서로 갈라서는 다른 주된 분기점은 일반적 존재론이 현실 세계(actual world)를 구성하는 대상들과 속성들과 특징들의 최대로 일관적인 조합과 관련되거나 그래야만 한다는 후자[자케트]에게 지침이 되는 가정에 관한 것인데, 여기에서 현실 세계란 어느 정도 일관성을 나타내겠지만 어떤 결정적인 면에서 일관성이 부족한 다른 가능 세계들(possible worlds)과 구별되는 것이다. 그러한 가능 세계들의 비현실성은 당연히 그래야만 할 것처럼 현실 세계에 대한 정합성을 보이는 (cohere) 데—참되고 유효하며 논리적으로 일관적인 진술들의 철저한 범위를 생산하는 데—실패함을 나타내는 작용인데, 왜냐하면 결국 그 세계는 그 자체로 사물들이 유지되고 더욱이 그러한 진술들의 진릿값을 고정하는 모든 것을 내포하는 방식에 대한 하나의 전체 집합으로서 정합성을 보인다고 간주되어야 하기 때문이다. 이에 따라 자케트가 시사하는 바에 따를 때, "'세계'라는 말은 현실 세계와 관련하여 유일한 최대로 일관적인 명제 집합에 제한[되어야]" 하는 데 반해, "최대에 미치지 못하는 수준에서(submaximally) 일관적인 집합들"과 관련하여 우리는 "가까운 세계들" 또는 "세계와 유사한(world-like) 구조들"에 대해 말하는 편이 낫다.[254] 그러한 사용법은—그가 믿기로—실재[reality](즉, 과거나 현재 혹은 미래에 관계없이, 어떤 상상할 수 있는 우주

---

254   같은 책에서, p. 79.

에 대립되는 것으로서 이 우주 전체에 걸쳐 산재하는 추상적이거나 물리적인 대상들, 사건들 및 속성들)과 최대에 미치지 못하는 수준에서 일관적이며 그래서—가설에 따라(*ex hepothesi*)—현실성의 지점에서 불완전한 것으로 드러나며 가깝거나 멀리 위치한 다양한 준(quasi)-'세계들' 사이의 확고한 존재론적 노선의 유지라는 전적으로 이로운 효과를 가질 것이다.

이는 집합(set) 보다는 오히려 '조합(combination)'이 가장 훌륭한 언어적·개념적 통용물이라는 테제에 대한 자케트의 프로그램에 따른 수용에 들어맞는다(이로 인해 그는 또다시 바디우와 불화한다). 왜냐하면 조합은 내용이나 주제와 관련하여 엄격하게 중립적이고 이에 따라 일반적 존재론의 목적에 적합하다고 할 수 있으며, 이때 일반적 존재론으로부터 보다 특수화된 국지적 탐구들을 위한 기초와 출발점이 제공되기 때문이다. 이런 점에서, "조합이라는 개념은 논리적으로 가능한 속성들에 대한, 혹은 속성들과 조합된 속성들을 통해 정의된 대상들에 대한 어떤 논리적으로 가능한 선택의 지시에 있어 도식적이다".[255] 반면, 바디우의 관점에서, 그러한 주제 중립성 또는 존재적 세부 사항(ontic specification)의 결여를 권하는 것은 없으며, 외연주의적 존재론이 아니라 내포주의적 존재론을 선택할 때 그러한 선택은 대체로 형식 과학이나 물리 과학 및 사회 과학의 중요한 주제들로부터 주의를 돌리는 구실로 기능한다고 추정할 충분한 이유가 있다. 그러한 의심은 분명히 자케트가 내포주의적 존재론의 선택을 '조합들'의 담론으로 집합론적 담론을 대체해야 할 추가적인 이유로 간주한다는 사실에 의해 강화될 것인데, 말하자면 자케트의 근거는 전자[조합들의 담론]가 오직

---

255   같은 책에서, p. 42.

개체들만으로—즉, (자연적이거나 추상적인 것을 막론하고) 실존하는 대상들과 속성들만으로—담론을 구성하며, 집합론이 공간을 찾아줄 뿐만 아니라 (체계를 토대 짓거나 조직을 지탱한다는 면에서) 특권적인 장소를 마련해 주는 그러한 종류의 비非개체(non-entity)와 개체들(entities)을 짜집기하지 않는다는 것이다. 요컨대, 자케트의 말로 하자면, "집합들이 아무 구성원도 담고 있지 않은 공집합(null set)의 가능성을 포함하는 것과 달리, [조합들에는] 어떠한 빈 조합(null combinations)도 있을 수 없다".[256] 자케트에게 있어 이러한 가능성의 배제는 집합론적 접근법보다는 조합에 기초한 접근법을 강하게 지지함을 말하는 데 반해, 바디우에게 있어 그러한 배제는 사유가 후자[조합적 접근법]보다는 전자[집합론적 접근법]를 수용함으로써 얻게 되는 전환적 잠재성—예상할 수 없는 사건들 또는 계산적 범위를 회피하는 어떤 것과의 마주침에 대한 개방성—으로부터의 회피를 드러낼 것이다. 자기 확신적 평가의 한계들—곧, 때로 공백의 위기를 유발하는 돌발들을 수용하지 못함으로써 나타났던 한계들—과의 그러한 파괴적인 마주침들의 귀결에 따라, 수학은 주기적으로 새롭고도 매우 생산적인 사유의 경로들로 뛰어들어 왔다.

3. 라이프니츠: 논리, 언어 그리고 존재의 충만함

성찰 30에서, 라이프니츠는 이러한 억제(containment)와 초과(excess)의, 혹은 보존하는 무엇과 주기적으로 기존의 정해진 진리 구상들을 불안정화하고 무너뜨리는 무엇의 영구적인 변증법에서 어떤 특정하며 뚜렷하게 드러나는 중요한 단계를 예시화하는 그러한 강력한 선구자들

---

256   같은 책에서, p. 45.

중 한 사람으로서 등장한다. 여기서 출현하는 것은 존재/사건의 이분
법의 구상에 관해, 즉 우발성이 어떻게 그리고 어떤 이유로 인과적이거
나 형이상학적이거나 논리적인 법칙에 의해 지배되는 필연성의 예외없
는 질서에 자리해야 하는지에 관해 묻는—그들 각자의 기획에 중심적
인—질문과 관련하여, 바디우와 라이프니츠 사이에서 나타나는 방식
의 차이다.[257] 바디우에게 이는—라이프니츠에게 그런 것과 달리—우
선적으로 연결된 원인과 결과의 연쇄 전체에 대면한 인간의 무지와 관
련된 문제이거나, 혹은 가설적으로(*ex hypothesi*) 모든 것이 사물의 질
서에서 미리 예정된 장소를 점유할 것이기에 우연적인 것은 아무것도
없다고 여길 전지자全知者(모든 것을 아는 자, omniscient know)의 이
해에 비교되는 우리 이성의 한정된 이해의 산물이 아니다. 오히려, 그
것은 정확히 예비되지 않음이나 혹은 결코 그러한 섭리의 도식으로 보
장되지 않는 출현과 관련한 비범한 본성을 지닌 어떤 사건들—어떤 획
기적인 변화나 발견들—의 결과로서 존재하게 되는 필연성들의 문제
이다. 결국, 바디우의 기획 전체는 근본적인 존재론으로서의(그리고
따라서 그러한 사안들에서 철학의 일차적인 지도의 원천으로서의) 수
학과 그러한 다양한 종류의 역사적으로 위치지어진 사유 사이의 구별
에, 철학적 사유를 가능케 하는 본질적인 '조건들'을 제공하는 지식과
경험 사이의 구별에 의지한다. 그러한 조건들을 접하게 되는 방식은 라
이프니츠적인 신의 눈으로 보는 관점(God's-eye perspective)을 통한
것이 아닌데, 그러한 관점에서 지식과 경험의 구별은 사라지고 우연적

---

257 G. W. Leibniz, *New Essays on Human Understanding* (trans. and ed.) Peter.
Remnant and Jonathan Bennett (Cambridge: Cambridge University Press, 1996):
The Monadology and Other Philosophical Writings (trans.) Robert Latta (Oxford:
Oxford University Press, 1925): *Philosophical Essays* (trans.) Roger Ariew and
Daniel Garber (Indianapolis, IN: Hackett, 1989).

인 사실들(matters of fact)이라는 개념은―필연적인 이성의 진리들에 반대되는 것으로서―결국 우리의 시간에 얽매인 지각이나 인지나 인식 또는 다른 그러한 피조물의 한계의 산물로 드러나게 된다. 바디우에 따를 때, 철학은 오히려 [수학과 역사적 사유나 혹은 지식과 경험이라는] 두 차원 사이에서 영구적으로 펼쳐지며(unfolding), 엄격하게 끝이 열린 변증법을 통해 그 자체의 창조적이면서도 엄격한 규율에 따른 탐구 양식으로서의 참된 소명을 발견한다.

그럼에도, 바디우가 라이프니츠에게 끌리는 가장 중요한 이유는―스피노자에게 끌리는 이유와 마찬가지로―바디우 자신이 확고하게 거부하는 어떤 체계적 교설과 그가 같은 정신을 공유하며 그렇지 않았다면 달성할 수 없었을 것이라 여기는 여러 통찰들을 생산해낸 사변적 탁월성이 함께하는 흥미로운 조합이다. 당연히 그 교설은 바디우에게, 사건들의 명백한 우연성이 그것들의 인과적 선행자들에 관한 우리의 무지로부터 귀결되거나 정세에 관한 전반적으로 합리적인 도식에 위치하는 경우가 아니라면, 영원함의 관점에서 볼 때(sub specie aeternitatis) 사건들에 어떠한 여지도 남기지 않는 철저한 형이상학적 결정론의 신조를 확고하게 지지하는 입장 때문에 결코 수용할 수 없을 무엇으로 각인된다. 하지만, 바디우가 곧 주장하게 될 것처럼, 그러한 사변적 탁월성은 탐구되지 않은 사유의 영역들로 들어가 프로그램에 따른 체계의 괄할권 훨씬 너머에 이르는 발상과 이미지와 은유들의 놀랍고도 거의 바로크적으로 다채로운 풍성함을 수반한다. 그러므로 바디우의 주된 테제는 이런 것인데, 말하자면 "라이프니츠는 가장 확실하고도 제어된 존재론적 토대를―즉 세부적인 것에 이르기까지 구성주의적 정향을 완전하게 달성하는 토대를―보장했을 때, 가장 강렬한 창의적 자유를 드러낼 수 있게 된다"(p. 315). '구성주의적(constructivist)' 이라는 말의 의미는 라이프니츠의 네 가지 가장 잘 알려진 합리주의적 원칙들—
무모순율(non-contradiction), 충족 이유율(sufficient reason), 식별
불가능자 동일성(identity of indiscernibles), 동일자 식별 불가능성
(indiscernibility of identicals)—이, 만일 모든 것이 완벽하게 계획대
로 될 경우, 그것들 사이에서 일원론적(monist) 존재론의 논리적·형이
상학적 작업틀을 구성하게 되며, 이러한 작업틀이 사실상 구조나 인과
성 및 논리적 귀결의 내재적 법칙들로부터 가능한 어떠한 이탈도 배제
하는 효과를 얻게 된다는 것이다.[258]

이러한 내재적 법칙들이 라이프니츠의 형이상학에서 너무나도 밀접
하게 뒤얽히거나 융합되어 있다는 점은 그의 체계가 그 자체의 개념적
힘을 초월할 모든 것을 배제하고자 하는—다시 말해, 완전히 사유할
수 없게 만들기 바라는—욕구를 드러낸다는 점에서 구성주의적 사유
의 완벽한 예를 제시하는 한 가지 주된 이유이다. 두 번째 주된 이유는,
라이프니츠의 두 가지 동일성 법칙이 모든 관련된 식별들(즉, 어떤 진
정한, 대상적으로 실존하는, 진정으로 식별 가능한 개체들 간의 차이를
붙잡는 모든 식별들)이 언어에서 적합한 표현을 찾을 것이라고 추정되
는 존재론적이면서도 동시에 언어적·재현적인 테제에 의지한다고 여
겨질 수 있는 이상, 이 체계가 명명(nomination)의 문제로 귀착된다는
점이다. 의심의 여지 없이 이러한 주장은 오직 형식 언어의 경우에만,
즉 모호함, 의미의 부정확성, 은유의 방종(licence), 문법의 불명확성
및 자연적 언어에서 (자연히) 나타나는 경향이 있는 그러한 다른 문제
들에 여지를 남기지 않을—라이프니츠가 (마찬가지로 프레게와 그 이
후의 다른 사상가들이) 구성하기 바랬던 것과 같은—논리적, 상징적

---

258   각주 257.

(symbolic), 산술적 언어의 경우에만 충족될 수 있을 것이다.[259] 어쨌든 바디우는 그 자신의 형식적인(수학에 기초한) 존재론에 전념하는 입장과 상당 부분 비트겐슈타인, 해석학, 포스트구조주의, 신新실용주의 등의 다양한 양식을 취하는 '언어적 전회'에 대한 원칙에 따른 거부를 상당히 공유하는 관념—"라이프니츠가 20세부터 공을 들였던 이상적이면서도 투명한 언어"라는 관념—에 반대하는 쪽으로 기울지는 않는다. 하지만, 바디우의 구상을 결정적으로 라이프니츠의 형식주의적 구상으로부터 구별하는 것은 라이프니츠가 존재론의 영역을 좌우하는, 결과적으로 논리적·합리적·인과적 필연성을 연결하는 중요한 연쇄에 적절하게 할당할 수 있는 자리를 지닌 모든 것을 좌우하는, 논리의 명령에 그리고 존재론의 규칙에 어떤 절대적 지배권을 보장하는 방식으로 이러한 접근법을 채용한다는 사실이다. 요컨대 "만일 우연이라는 말이 그 의미에 판돈을 걸어야 할(wagered)[260] 사건을 의미한다면 […] 라이프니츠가 절대적으로 거부하는 것은 우연이다"(p. 316). 우리는 여기에서 바디우가 파스칼의 신학적이거나 실존주의적-신앙주의적인 신념들을 전혀 공유하지 않음에도 파스칼에게 끌리며, 라이프니츠의 합리주의적 형이상학과 수학과 논리를 궁극적인 실체의 구조들을 그려내는 것으로 보는 발상에 대해 (표면적으로) 훨씬 더 깊은 수준의 지성적 유대감을 가짐에도 근본적으로 라이프니츠와 불화하는 이유를 볼 수 있다. 왜냐하면, 라이프니츠의 이해에 따를 때, "[하나의] 다수와 그 다수를 구성하는 다수들의 다수적 무한성은 다수들의 존재를 구성하는 절

---

259   Gottlob Frege, *Conceptual Notation and Related Articles* (trans. and ed.) T.W. Bynum (Oxford: Clarendon Press, 1972)

260   [프랑스어 원문에서 쓴 단어는 parier인데, 이 말은 '도박하다', '내기를 걸다', '단언하다', '확신하다' 등의 의미가 있다. 이런 의미를 사용하자면 '그 의미가 단언되어야 할', '그 의미가 확신되어야 할' 등으로 옮길 수도 있다.]

대적인 합법성 안에 한정되며 그 안에서 사유될 수 있"기 때문이다(p. 316).

이는 라이프니츠의 중요한 가르침에서 직접적으로 따라나오는데, 이에 따르면 가능적 존재자들(beings) 혹은 잠재적 실존자들(existents)의 영역은 전적으로 앞에서 언급한 논리의 네 가지 기본 원칙들에 의해, 그 중에서도 특히 무모순율에 의해 결정된다. 만일 현실이 실제로 어떤 논리적 모순을 암시하지 않는 그러한 대상, 속성, 결합, 인과 관계 등만을 내포할 뿐이라면—그러한 모순이 이런 것들 중 가장 큰 영향을 미치는 것이자 우리에게 알려지지 않은 함의들에서 완전히 벗어난 것이라 하더라도—"가능적 존재(being-possible)는 순수한 논리에 종속된다". 이 경우에, 라이프니츠가 주장하는 바에 따를 때, 오직 인간적 지식과 이해의 분명하게 제한된 본성을 통해서, 우리는 어떤 진리들(즉, 수학이나 논리와 같은 진리들)을 필연성과 다른 것들(즉, 역사적이거나 정세적인 성격를 지닌 그런 것들)에 따라 유효한 것으로 간주하며, 마찬가지로 우연적이거나 혹은 그렇지 않다면 사실적인 기록의 영역에 속하는 것으로 간주한다. 게다가, 이러한 확신은 이 세계가 '모든 가능적 세계들 중 가장 훌륭한 것'임을 보증하는 라이프니츠적 형이상학과 존재론의 신에게서 궁극적인 기반을 얻는데, 왜냐하면 신은 무수히 많은 세계들 중 유일무이하며 특수한 세계를 만들었으며, 이 세계는 달성할 수 있는 가장 완벽한 속성들 또는 특징들의 가장 큰 충만함을 드러낸다고 추정되기 때문이다.[261] 더구나, 바로 그 자신의 구성주의적 접근법—이러한 궁극적인, 논리적으로 표명된 존재의 구조가 마찬가지로 (맞춤으로 구축되기에) 완벽한 언어로 표현될 수 있다는 가

---

261   Leibniz, *Monadology* (op. cit.).

정―으로 인해, 라이프니츠는 그 자신의 형이상학적 세계관 전체와 신정론神正論(theodicy)[262]을 그리고 또 바깥으로 향하는 창이 없는(다시 말해, 서로에 대한 직접적인 소통이 결여된) 무수히 많은 단자들(monads)이 신의 예정에 의해 완벽한 조화의 상태에 있도록 만들어진 현실에 관한 교설을 제시할 수 있었다.

우리는 바디우가 라이프니츠를 주된 적대자들 중 하나로 간주할 수밖에 없는 이유를 충분히 알 수 있으며, 어떤 면에서 그 자신과 매우 가까운 라이프니츠의 사유 방식이 더욱더 도발적이면서도, 이 성찰(Meditation)에서 드러나는 것처럼, 지성적으로 생산적인 분기들을 만들어 낸다는 점을 알 수 있다. 근본적으로 바디우와 라이프니츠 두 사람을 갈라 세우는 것은 라이프니츠가 모든 것이 지정된 장소를 가지며―모든 개별 대상, 속성 또는 사건이 빠짐없이 충족 이유율에, 즉 그런 것들이 단순한 우발성이나 우연으로 귀착될 수 없다는 합리주의적 요구를 만족시키기 위해 그래야만 할 필연성에 종속되기에―지정된 장소를 갖지 않는 것은 아무것도 가능하지 않은 전적으로 통합된 세계관을 옹호한다는 점이다. 이에 따라 많은 것이 다른 두 원칙―식별 불가능자 동일성과 동일자 식별 불가능성―에 의존하는데, 왜냐하면 그러한 두 원칙은 라이프니츠가 바디우의 사유에서 너무나도 중심적인 역할을 하는 연속성을 파괴하는 사건들의 돌발 가능성을 배제하는 충만론적(plenist) 존재론 또는 형이상학적 도식을 주장하게 되는 근거를 나타내기 때문이다. 이 원칙들이 유효하다면, 공백의 국지화된 출현을 위한, 곧 인과적이고도 논리적인 필연성을 지닌 매끄러운 연속체를 의도하는 어떤 것에 대한 간극―지배적인 하나로-셈하기에 따른 식별 불

---

262 ['신의론 神義論'이나 '변신론 辯神論' 등으로도 지칭되며, 세계 내에 존재하는 고통이나 악의 문제와 관련하여 신의 정의로움을 옹호하는 신학 이론.]

가능한 원소—의 난입을 위한 어떠한 여지도 남지 않는다. 두 개의 식별 불가능한 그러나 어떤 의미로도 분리되어 있거나 수적으로(numerically) 동일하지 않은(non-identical) 존재들이 실존한다 해도, 이것은 언어—심지어 (혹은 특히) 라이프니츠의 꿈을 완성하는 형식 언어—가 그것들에 다른 이름을 붙일 수 없으며, 이에 따라 사유가 결코 그것들을 갈라 놓을 수 없다는 의미가 된다. 이 경우에, "이 순수한 '둘'은 존재에 무無(nothingness)를 도입한다. … 그것은 공리들에 비추어 정원 외적인 것이며, 결과적 우발성이며, 사르트르의 『구토(Nausea)』에서 사용된 의미로 '불필요한(superfluous)' 것이다"(p. 318). 신도 자연도 (그것들이 확연히 구별되는 이상) 그러한 의미 없는 불합리한 중복을 허용할 수 없는데, 왜냐하면 합리적 정당화를 결여하는 차이는—엄격한 식별 불가능성을 고려할 때—어떤 면에서 두 개체가 다르게 취급되어야 한다고 요구하기 때문이다.

따라서 라이프니츠가 공백이나 단독성 또는 초일자의 파열적인 힘을 수반하며 이러한 이상적인 인과적·논리적 공간의 충만함에 대한 가장 큰 위협으로 인지되는 모든 것의 진입 지점을 폐쇄하려 하는 논리·형이상학적 도식의 구성에 많은 지성적 에너지와 창의성을 쏟아 붙는 이유는 명확하다. 또한 이로부터 이야기할 수 있는 것은 이러한 충만함이 사전에 어떠한 사건도 그 공간 안에서 일어날 수 없도록 고안된다는 것이다. 적어도 바디우가 지금 상당한 지면을 들여 수학적인 (그리고 또한 보다 개략적으로 사회·정치적이며 윤리적인) 용어로 정의하는 특수한 혹은 양적인 의미에 따른 어떠한 '사건'도 일어날 수 없도록 말이다. 그러한 존재의 절대적인 충만이 아니라면, 언제나 사물의 질서에 일어나는 어떤 '균열(hiatus)'이, 원인과 결과의 연결 혹은 어디에나 있는 논리적 상호연관의 연쇄에 어떤 단절이 일어날 가능성이 있을 것

이다. 라이프니츠가 경고하는 바에 따를 때, 그 귀결은 "중요한 충족
이유율을 전복하고, […] 우리에게 현상들의 설명에서 기적이나 순수
한 우연에 의지하도록 강요"하는 것이다(라이프니츠, 바디우에 의한
인용, p. 319). 공백의 실존(혹은 '비실존')이 밝혀지고, 이로써 형식
언어가 불가피하게 식별 불가능한 것을 식별할 수 없음이 드러나며, 따
라서 명석판명한 명명(nomination)이라는 형식 언어의 고유한 과제에
부적합한 것으로 드러난다면, 그런 것은 사유에 이중의 파국이 될 것이
다. 라이프니츠는 그러한 재앙의 발생이라는 위험을 떠안기보다는 차
라리 현상들의 예외 없는 그리고 분리할 수 없는 단일성을 보장함으로
써 그러한 재앙을 막을 존재론적, 형이상학적, 개념적·언어적 자원들
을 만들어내는 작업에 착수한다. 그는 수학을 통해 이 작업을 실행하지
만, 그가 이를 실행하는 방식은 이산적離散的(discrete)이거나 분명하
게 규정되거나 또는 명확히 양화된(quantified) 것이라기보다는 점진
적이거나 연속적이거나 또는 매끄럽게 미분적인(differential) 것에 특
권을 부여하는 그러한 수학 분과의[263] 강조를 통한 것이다.

앞에서 본 것처럼, 바디우는 일차적으로 비슷한 이유를 들어 들뢰즈
가 흐름(fluxes), 강도(intensities), '욕망하는 생산(desiring-produc-
tion)', '탈영토화된(deterritorialized)' 에너지 흐름 등으로 이루어진
그 자신의 존재론에 특권을 부여하는—미분 계산 같은—수학 분과들
에 호소하는 점을 문제 삼는다.[264] 오히려, 바디우에게, 근대 수학적 사
유에서 첨단의 발전으로 간주되는 집합론의 가장 훌륭한 미덕은, 양들
(quantities)을 구별하고 이에 따라 '역설이 개념으로 전환'되며 새로

263 [미분학을 지칭한다. 라이프니츠는 뉴튼과 동시에 미분계산의 독자적인 창안자
로 인정된다.]
264 각주 244 참조.

운 탐구와 발견의 영역들 전체가 열리는 그러한 지점들—칸토어와 이후 사상가들에 의해 달성된—의 정확한 위치를 지정함에 있어, 집합론이 아니라면 달성할 수 없을 정도의 개념적 정확성을 허용한다는 점이다. 더구나, 바디우의 주장에 따를 때, 라이프니츠의 저술에 대한 비非신앙주의적인(non-fideist) 독해를, 즉 저항적이거나 비판적·징후적 독해를 시도한다면, 그 자체의 명시적 내용이나 교조적 신조와 뚜렷하게 불화하는 숨은 의미(sub-text)가 부각된다. 이러한 독해 방식은 예정된 조화를 이루지만(pre-harmonized) 서로 소통하지 않는(non-inter-communicating) 단자들의 존재론을 구성하는 라이프니츠 기획의 방향을 가로지르는데, 이 기획에서 단자들 각각은 그 자체 내부에 전체 체계를 내포하거나 반영하며 이로 인해 최대로 합리적이고 일관적이며 자기 충족적인 신의 창조 질서를 완벽하게 예시화한다. 라이프니츠의 단자론(monadology)에서 내부의 긴장을 가장 강력한 효과로 끌어내는 것은 항상 암시되어 있지만 그럼에도 은폐되는 어떤 역할이, 그 기획을 그 자체의 것으로 자임하는 행위를 통해 존재로 소환되는 주체—즉, 진리의 담지자로 추정되는 주체—의 역할이 현존한다는 점이다. 이런 이상 라이프니츠의 체계 역시 다른 [누구의] 체계만큼이나 그들의 창조적이거나 독창적인 능력을 통해 어떤 기획을 시작하거나 혹은 헌신과 충실성을 통해 그 기획을 이끌어가는 자들에 대한 의존성에서 면제될 수 없다. 하지만, 이 역할은 여기서 무엇보다 중요한 논리적 일관성과 (비록 대체로 개념적인 것이기는 하지만) 모든 것을 포괄하는 인과적·설명적 범위라는 요건들이 주체를 기계 속의 유령에 지나지 않는 것으로 만들게 될 그러한 체계를 구축하고자 하는 라이프니츠의 욕망에 의해 절대적인 최소치로—분명히, 거의 완전한 수동성으로—축소된다.

바디우는 이런 경향이 "라이프니츠의 정치적인 그리고 윤리적인 결론들에서 [나타나는] 우유부단하고 타협적인 측면"에, 그리고 심지어 동일한 경향을 드러낸다고 여겨질 그의 개인적인 삶과 공적인 경력(외교가)의 양상들에 연결하기를 망설이지 않는다. 그럼에도—다른 곳에서 파스칼, 스피노자, 헤겔 및 하이데거 같은 다른 사상가들의 경우에, 작업과 삶을 연결지을 때 그랬던 것처럼—이러한 연결은 그저 진정한 비판적 관여를 대신할 일화적 이야깃거리에 의지하는 것이 아니다. 오히려 이러한 연결은 그러한 성격 특징들 또는 동기가 되는 이해 관심들이 전기적·문화적·역사적·정치적 '발견의 맥락'에서 모종의 역할을 담당하지만 지성적·과학적·철학적 '정당화의 맥락'에서는 합법적인 장소를 갖지 못하는 측면에 대한 명민한 인식에서 귀결된다. 라이프니츠에게서, 사라지는 지점에 대한 주체의 역할을 최소화하려는 바로 그 시도는 이데올로기적으로 추동된 그의 기획의 본성과—그 기획이 잔여를 남기지 않고 완수될 수 없기에—그러한 모든 시도가, 비록 (여기서 그런 것처럼) 축소되거나 약화된 형태이기는 하지만, 어느 지점에서 주체의 재출현에 토대를 두게 될 것이라는 사실을 폭로한다. "이것에서 우리가 봐야만 할 무엇은 구성주의적 사유가 넘어설 수 없는 한계를 갖는 그러한 주체의 심급이다. … [이를테면] 사건의 부재에 의해, 개입의 불가능성에 의해 요구되는 주체인 것이다"(p. 323). 그런 것이 바디우가 이해하는 바에 따른 라이프니츠 존재론과 형이상학의 형식적 난관이며, 그런 것이—함축에 의해—(그럴 법하지는 않지만) 라이프니츠의 교설들로부터 교훈을 얻거나 또는 어쩌면 (보다 타당하게) 유사한 결론에 이르는 그 자체의 이데올로기적 이해관계나 확연한 입장을 가진 모든 정치가 직면하게 될 난관이다. 요컨대 "단원 집합(single-ton)을—예컨대—진정한 주체 없이 의회 선거에서 소환되는 그러한

단원 집합을 인식하지 않기는 어렵다. 이 단원 집합에 대해 우리는 그
것이 현시된 다수가 아니라 국가에 의한 재현임을 안다"(p. 323).[265]

바디우의 의견에 의하면, 그런 것이 바로 라이프니츠가 자기 사유의
사회·정치적인 그리고 또한 '순수하게' 철학적인 차원에 관해 범한 오
류의 평가에서 사용되어야 할 기준이다. 그러므로 라이프니츠의 '수학
적인 그리고 사변적인 지성의 과감함과 선견지명'에 감탄하는 동시에,
일반적으로 헌신하는 주체들의 능동적 개입으로 초래될 급진적인 변화
의 잠재성을 극명하게 약화시키는 의미에 공헌할 수밖에 없는 양상을
무시할 수는 없다. 라이프니츠가 이러한 [주체의] 가능성을 인정하지
못하도록 막았던 것은 의심의 여지 없이 충만론적(plenist) 형이상학
을, 최대주의적 존재론을 그리고 신의 눈에 따른 (모든 것을 아는) 관
점에서 볼 때 사물들이 서로 정합적으로 통합되는 방식에 대한 전적으
로 일관적인 합리주의 또는 논리주의의 설명을 유효하게 만들어야 할
여러 유인에 따른 욕구였다. 요컨대 "구성 가능한 질서의 형상을 펼쳐
냄에서 어떠한 천성(genius)이 나타난다 하더라도, 그리고 이 질서가
존재 자체의 질서라 하더라도, 결국 그가 개념을 제시한 주체는 진리를
단언할 수 있는—회피적이며 분열적인—주체가 아니다"(p. 323). 여
기서 우리는 다시 한번 바디우의 파스칼에 관한 비평과 진리는 정확하
게 그 목적에 헌신하는 '투사적' 주체들의 관여 없이 발견되거나 전개
되거나 보존될 수 없다는 주장의 명확한 반향에 주목하게 된다. 비록
바디우가—모든 순수하게 신앙주의적인 또는 진정으로 파스칼적인 해

---

265   [이 인용구에서 바디우는 국가와 선거 제도에 대한 의심을 직접적으로 표출한
다. 이 인용구는 상태/국가는 언제나 상황의 구성원들을 그 자체 하나하나가 아닌 부
분으로 대하며, 특히 민의의 대의를 표방하는 그 선거 제도가 사실상 구성원 각각을
한 표의 수로 처리하며, 이를 통해 사건이나 이로부터 유래하는 진리와 주체의 출현을
막는 수단이 됨을 지적한다.]

석과 대조적으로—주체들의 헌신이 아무리 강렬하거나 한결같다 하더
라도, 진리는 언제나 원칙적으로 모든 주체의 능력을 능가하거나 초월
할 것이라고 주장하기는 하지만, 그럼에도 [주체의 관여가 진리의 필수
적인 지지대라는] 주장은 언제나 유효하다.

그러므로, 바디우에 따를 때, 라이프니츠의 텍스트들에는 판독되어
야 할 어떤 진리가 있다. 바디우 자신의 명시적인 논증적 고안에 직접
적으로 반대되는 방향으로 흐르며 따라서 그러한 주제적, 개념적, 논리
적 긴장들의 출현을 허용하는 그러한 종류의 징후적 독해를 통해서만
읽어낼 수 있는 그런 진리가 말이다. 이제는 명확하겠지만, 그 진리는
라이프니츠가 식별 불가능한 것이라는 어떤 특정한 개념에 의지할 필
요에 대해 강력하게 부인하거나 인정하지 않으면서도 식별 불가능한
것의 비실존을 또는 합리적 사유 불가능성을 확언하려 애쓴다는 데 있
다. "라이프니츠의 중요한 강점들 중 하나는 그의 구성주의적 정향을
사실상 모든 사유의 정향의 기원이 되는 어떤 것에, 즉 연속체(contin-
uum)의 문제에 고정시켰다는 점"이라고, 바디우는 기술한다(p. 320).
말하자면, 라이프니츠는 그의 독창적인 혹은 예상을 앞질러가는 창조
성의 사유라는 비범한 재능에 의해 두 세기 이후에 칸토어를 괴롭혔던
것과 동일한 집합론적 존재론의 중심 문제를 붙잡게 되는 지점에 이르
렀으나, 자신의 체계와 그 모든 것을 포괄하는 형이상학적 권리주장에
대한 어떠한 위협이라도 피하기 위한 필수적 수단을 제공하는 것으로
서의 언어 개념—적절하게 형식화되고 명확화된 언어—에 의지함으로
써 그 문제의 완전한 (그리고 또한 그 자신에게 매우 큰 골칫거리를 안
기는) 함의들을 회피했던 것이다. 『존재와 사건』의 이 단계—라이프니
츠를 그러한 주제들에 관해 자기 시대에 앞선 가장 놀라운 사상가의 예
로 들었던—에서, 바디우는 칸토어의 시초적 발견에 뒤이은 [집합론

의] 발전상으로 관심을 돌린다.

토의 주제

- 바디우가 사용하는 '상황의 상태(state of the situation)' 라는 말의
  정확한 의미는 무엇인가? 그 용어는 한편으로 그의 집합론 개념들
  의 사용에, 다른 한편으로 그의 활동가로서 정치적 관심사에 어떻게
  관계되는가?
- 바디우가 주된 형이상학적, 존재론적, 정치적 입장들에 있어 때로
  그 자신과 심대하게 의견을 달리하는 라이프니츠를 위시한 철학자
  들에게 매우 면밀한 분석적 관심을 기울이는 이유는 무엇인가?
- "행동은 존재론으로부터 어떤 경고를 받는다. 행동이 상황의 자원들
  이 배치하는 상황의 상태를 정확하게 계산하려는 그 자체의 노력이
  헛되다는 경고를 말이다." 이 주장이 『존재와 사건』에서 바디우의 철
  학적·정치적 기획과 맺는 관계는 어떤 것인가?

VII부. 유적인 것: 식별 불가능한 것과 진리—사건: P. J. 코언

1. 강제, 유적인 것 그리고 감산적 존재론

우리는 지금까지, 라이프니츠의 사유를 비롯하여, 시대에 훨씬 앞서 명
확한 정식화(formulation)를 회피하는 문제들에 마주치면서도 충분히
그 시대에 따라 그러한 문제들의 현존을 인정하는 데 저항하는 사유의
몇 가지 예를 살폈다. VII부에서 바디우의 주된 관심사는 왜 이런 일이
있을 수 밖에 없는지, 보다 분명한 말로 하자면, 어떤 이유로 이러한 예
들이 이후에 이어질 새로운 통찰과 중요한 발전에 있어 가장 생산적인

것으로 증명되는지 살피는 문제이다. 이 문제를 예비적으로 다룸으로써, 그는 『존재와 사건』의 나머지 부분 전반에 걸쳐 펼쳐지는 진리와 지식 사이의 구별을 해명한다. 바디우에 따르면, "진리/지식 쌍에 대한 사유에서 모든 것이 관건이 되기에", 이 주제에 관해 향후의 추가적인 해설을 위한 전주곡으로 바디우의 서술을 인용할 필요가 있을 것이다. 바디우가 서술하는 바 그대로,

> 이는 실제로, 한편으로 후後사건적 충실성과 다른 한편으로 지식에 의해 고정된 상태 혹은 내가 앞으로 상황의 백과사전이라 명명할 어떤 것 사이의 관계—혹은 차라리 비관계—를 사유하는 것과 같다. 그 문제의 열쇠는 충실성의 절차가, 사건의 이름이라는 정원 외적인 지점으로부터, 기존의 지식을 가로지르는 양식이다. (p. 327)

충실하게 실행된 진리절차가 지식의 몸—혹은 어느 주어진 시점에 지식으로 통하는 어떤 것—을 '가로지른다(traversing)'는 이 발상은 부분적으로 집합론의 추측들에 적용된 칸토어의 '대각선적(diagonal)' 증명 기법으로부터 유래한 것으로 여겨진다. 하지만 이 발상은 또한 수학과 형식 과학들에 따른 발견이라는 명확하게 규정되지는 않지만 그럼에도 결정적 성격을 띠는 실재론적 개념에 무언가를 빚지고 있다고 여겨지는데, 여기에는 탐구자들의 도래에 앞서 실존했으며 그 자체의 존재나 이를 찾아냄(location)에 있어 결코 탐구자들과의 마주침에 의존하지 않는 미지의 개념적 영역의 탐구와 획기적 사건(landmark)의 발견이 수반된다.[266] 이 두 가지 유비는 모두 이러저러한 수용된 수학적

---

[266] 특히 Jerrold J. Katz, *Realistic Rationalism* (Cambridge, MA: M.I.T. Press, 1998) 참고.

지식의 상태의 수단과 (대체로) 실체를 구성하는 그러한 방법, 기법, 증명절차 등에 의해 창조되었기 때문에 또한 이것들과 공외연적인(co-extensive) 수학적 '진리'에 대한 구성주의적/반실재론적 이해에 위배된다.[267] 이러한 발상이 신뢰를 잃게 되는 곳은, 진리를 현재 있는 그대로 셈해지는 어떤 것과 언제나 잠재적으로 구별된다고 이해할 수 있는 사유의 역량이 아니라면, 지식의 발전이 어떻게 일어날 수 있는지 설명하지 못한다는 데 있다고, 실재론자는 주장할 것이다. 하지만 그럴 때 구성주의자는 돌아와서, 어떻게 우리가 최상의 인식, 지각, 합리적-증명적 파악의 범위를 넘어선다고 추정되는 진리들의 실존을 알거나 혹은 그러한 실존을 확언하기에 적합한 근거가 있다고 주장할 수 있는지 질문할 것이다.[268]

그래서 바디우는 근래 집합론의 발전들에 의지하여 현재로서는 최선인 지식의 상태에 의해 야기된 문제들이 때로 어떻게 주목받지 못하고 지나갈 수 있는지, 그리고 그럼에도 이후에 수학적 사유의 힘을 통해 어떤 의미 있는 발전을 일으킬 유인이 되는 긴장을 야기한다고 이해될 수 있는지에 관한 설명을 제공한다. 항시적으로 수학은 불일치, 배제, 이상異常 또는 지배적인 하나로-셈하기에 따라 '셈해지지' 않는 모든

---

267   Michael Dummett, *Truth and Other Enigma* (London: Duckworh, 1978) 참고. 또한 어느 정도 인정받는 여러 반실재론적 입장들에 관해서는 Crispin Wright, *Truth and Objectivity* (Cambridge, MA: Harvard University Press, 1992); Paul Benacerraf, 'What Numbers Could Not Be', in Benacrraf and Hilary Putnam (eds), *The Philosophy of Mathematics: Selected Essays*, 2nd edn (Cambridge: Cambridge University Press, 1983), pp. 272-94; Neil Tennant, *The Taming of the True* (Oxford: Clarendon Press, 2002)를 볼 것.

268   예를 들어 Michael Devitt, *Realism and Truth*, 2nd edn (Oxford: Blackwell, 1986); Norris, *Truth Matters: Ralism, Anti-realism and Response-dependence* (Edinburgh: Edinburgh University Press, 2002); Stathis Psillos, *Scientific Realism: How Science Tracks Truth* (London: Routledge, 1999).

것에 맞서는 과정을 통해—이런 면에서는 정치와 마찬가지로—대개 이전에는 인정되지 않던 문제를 인정하고 이에 따라 지금까지 결코 상상할 수 없던 어떤 새로운 발전을 인정하도록 강제된다. 바로 이곳에서 바디우는 어떤 미리 정해진 한계 안에 머무르며 따라서 그 자체의 구성에 내재하는 그러한 문제의 실존을 억압하거나 무시하는 사유와 그 정확한 본성이나 구조나 개념적 함의를 아직 알 수 없는 모종의 새로운 기획에 대한 충실성을 통해 그러한 한계 너머로 과감히 나아가는 사유 사이의 생산적 긴장을 발견한다. 한편으로 "상황의 언어"가, 다시 말해 그 언어를 통해 완벽하게 적합한 표현을 찾게 되는 지식의 상태가 있으며, 이는 "이러저러한 속성을 갖는 상황 내부의 다수들을 식별할 수 있는 역량"에 상당한다(p. 328). 주로 그러한 사유의 특징이 되는 것은 "지식의 지배"와 "정확한 명명 기준"의 완벽한 일치다. 이러한 명명 기준은 누군가가 (그 자체에 비추어) 오류 없는 '식별'의 힘을 행사할 수 있도록 하여, 어떤 다수들이 "명명 가능한 특징"을 공유하고 따라서 "언어와 현시된 실체 혹은 현시할 수 있는 실체 사이의 연결 관계"를 드러내보인다고 간주되어야 하는지 결정하는 그러한 속성들—그러한 (그 자체에 비추어) 가장 뚜렷하며 중요한 속성들—을 선택할 수 있게 하는 것으로 이해된다(p. 328). 간략히 말해서, 그것은 진리를 지식에 그리고 다시 지식을 완전하게, 포괄적으로 그리고 (완벽하게 논리적인 언어의 설계자들에 의해 가정된 것처럼) 투명하게 재현될 수 있는 어떤 것에 동화시키는 '백과사전적(encycolpaedic)' 구상이다. 다른 한편으로, 본질적으로 그러한 분류를 회피하거나 빠져나가는 무엇이 있는데, 왜냐하면 그것이 현행적으로 각각의 영역의 진리를 표명한다고 간주되는 수학적 담론, 과학적 담론, 정치적 담론, 윤리적 담론 및 다양한 여타의 담론들 내부에서 자리를 얻지 못하는 그러한 단독적 사건들

과 관련되기 때문이다. 실제로 바로 이러한 비非귀속(non-belonging)
의 사실이—[그리고] 그것이 아직까지 인정되지 않은 상황을 넘어서며
(잠재적으로) 상황을 전환한다는 사실이—그러한 [사건의] 일어남을
진부하거나 관습적인 '사건들'의 추이로부터 또는 그 용어의 의미를
(바디우의 생각에 따를 때) 잘못된 방식으로 무너뜨리는 단순화로부터
떼어 놓는다.

   이런 이유로 그는 『존재와 사건』에서 가장 복잡한 논증이 전개되는
절들 중 일부를 들어, 사유가 어떻게 현재로서는 최상의 증명이나 지식
또는 입증적 추론의 역량들을 능가하여, 미래의 발전이 일어날 때까지,
적합한 개념적 형식으로 제시될 수 없는 혹은 그러한 개념적 형식을 완
전히 표명할 수 없는 문제를 제기하는지에 관해 다룬다. 여기서 가장
중요한 것은 강제(*forcing*), 유적인 것(*generic*) 그리고 식별 불가능성(*in-
discernibility*)이라는 매우 밀접하게 관련된 개념들인데, 이 개념들은
모두 폴 코언(Paul Cohen)의 작업에서 유래한 것으로 그것들 각각은
책의 이 부분에서 매우 세심하고 정확한 방식으로 설명된다.[269] 더구나,
바디우가 강조하는 것처럼, 이 개념들은 상호 간에 정의될 수 있을 정
도로, 즉 거의 동의어에 가까울 정도로 밀접하게 관련되어 있다. "'유
적인' 이라는 용어는 식별되지(discerned) 않는 어떤 것이 실제로 모든
도래할 지식의 토대로 간주되는 어떤 상황의 일반적인 진리임을, 곧 그
것의 고유한 존재의 진리임을 확실하게 지시한다"(p. 327). 바로 이 식
별 불가능한 원소가—다시 말해, 어떤 주어진 상황에서 하나로-셈하
기를 벗어나는 무엇이—나타내는 것은 언제나 지식이 한계에 마주치
며 사유가 결정적으로 그 한계 너머로 나아갈 가능성에 직면하는 결정

---

269 Paul J. Cohen, *Set Theory and the Contiuum Hypothesis* (New York: W. A.
Benjamin, 1966).

적인 지점일 것이다. 이런 이유로 바디우는 부정적이거나 혹은 소극적인 용어를 사용하여, 진보가 어떻게 베이컨이 말하는 지속적인 지식 축적을 통해서 혹은 (쿤에 따를 때) 급격하지만 합리적으로 볼 때 충분한 유인이 없는 충성의 전환을 통해서 달성되는지가 아니라, 상황에 부재하거나 결여된 것이 무엇인지 파악하고 이로써 그 자체의 미래 기획의 방향을 정하며 이에 동기를 제공하는 사유의 비범한(singular) 역량을 통해서 달성되는지 기술한다. 요컨대 그는 '감산적' 존재론을 오직 그것만이 진정한 사건의 일어남을 위한 여지를 만드는 무엇으로 설명하며, 그러한 사건들이 전형적으로 어떤 주어진 상황의 완전성 또는 일관성을 '비非식별하는[indiscern]' (즉, 결여되거나 비실존하는 것으로 인지하는) 사유의 힘으로부터 귀결된다고 주장한다.[270] "'비식별적인(indisernible)'이라는 말은 부정을 함의하지만, 어쨌든 이러한 본질적인 지점을, 즉 하나의 진리는 언제나 지식에 구멍을 내는 무엇이라는 함의를 간직한다"(p. 327). 이러한 감산적인 힘의 행사를 통해, 사유는 현재 우세한 지식의 상태에서 아직 해결되지 않은 문제 혹은 아포리아에 대한 뚜렷해진 감각에 열리게 되며, 이에 따라 현재의 이해를 벗어나지만 그럼에도 현행의 방법, 기술, 절차 등에 전환적 압력을 가하는 무엇의 '강제하는(forcing)' 효과에 영향을 받게 된다.

여기서 바디우는 코언에게서 유래한 '유類적인 것(generic)'이란 개념을 도입하는데, 이 개념은 진정한 사건과 가짜 사건들(pseudo-events)을, 혹은 수학적인, 과학적인, 정치적인 또는 창조적·예술적인 사유의 자원들에서 어떤 진정한 발전을 수반하는 사건들과 오직 단기적이거나 편협하거나 또는 이데올로기에 사로잡힌 관점에서 볼 때 그

---

270 Badiou, 'The Subtraction of Truth', in *Theoretical Writings*, pp. 97-160.

러한 획기적인 양상을 얻는 가짜 사건들을 구별하는 것이다. 그러므로
'유적인 것'이라는 개념은 어떤 개념적으로 다루기 어렵지만 그럼에도
궁극적으로 진리에 이바지하는 정리나 추측들에 적용되며, 그 효과는
―다른 대안적(즉, 구성주의적, 직관주의적, 도구주의적) 철학들에 따
를 때―수학이나 다른 종류의 엄격하게 규칙 잡힌 사유에서 결코 어떠
한 장소도 차지하지 못할 탐구를 자극하거나 혹은 사유의 경로를 여는
것이다. 이런 기초 위에서, 바디우는 몇 가지 중요한 구별을 전개하는
데, 여기에는 진실된 것(veridical)[271]과 참된 것(true)의 구별 그리고―
앞에서 언급된―식별 가능한 것(discernible)과 식별 불가능한 것(indis-
cernible)의 구별이 포함된다. 예컨대 "식별 가능한 것은 진실되다. 오
직 식별 불가능한 것만이 참되다. 유적인 것과 분리된 진리는 없는데,
왜냐하면 오직 충실한 유적 절차만이 상황의 존재의 일자를 대상으로
하기 때문이다"(p. 339). 말하자면, '진실된' 것을 '참된' 것으로부터
분리하는 것은 또한 어떤 주어진 상황에서 아직 식별 불가능한 진리의
원소들을 보다 발전된 계산(평가, reckoning)에 따를 때 무지, 오류 또
는 현재 얻을 수 있는 지식의 한계로 지정될 수 있을 모든 것으로부터
구별하는 무엇이다. 이런 이유로 바디우는 진리를 인식적으로 제한된
것으로, 다시 말해 불가피하게 인간적인, 너무나 인간적인 인지적 한계
에 종속된 것으로 간주하는 반실재론적 관념을 지지하는, 수학에 대한
―혹은 이와 관련하여 자연 과학, 정치, 심리학 혹은 다른 모든 분과의
사유에 대한―어떠한 접근법에 대해서도 강하게 반대하는 입장을 취
한다. 또한 이런 이유로 그는 다양한 형태의 '언어적 전회'들 중에―프
레게와 러셀 같은 사상가들로부터 내려오는 분석적 노선에서 그렇듯

271 ['사실에 맞는', '실험이나 경험에 의해 확인된'의 의미. 어원적으로 이 말은 '참
된 말' 혹은 '참을 말하다'에서 온 것이다[veri(verus) + dical(dicere)].]

—언어가 (비트겐슈타인 및 여타 '언어 우선적' 접근법의 주창자들과 달리) 일상적인 [언어의] 사용이 때로 교정적 분석이나 해명을 필요로 한다는 주장을 수반하게 될 논리적 일관성과 진리의 기준들을 책임질 수 있어야 한다는 입장을 고수하는 형태를 제외한, 다른 모든 형태의 언어적 전회에 대해 확고하게 반대하는 입장을 밝히기도 한다.[272]

요컨대 바디우는 반실재론이나 구성주의적 신조를 가진 철학자들이 진리를 획득 가능한 지식의 범위 및 한계와 공외연적인(co-extensive) 것으로 이해함으로써 시작하여—비트겐슈타인의 가호 아래—지식 자체를 언어적 재현의 범위 및 한계와 공외연적인 것으로 이해하기에 이르는 논변을 조목조목 뒤집는다.[273] 이런 이유로 그는 언어적이거나 공동체적인 혹은 인식적인 본성에 종속된 것으로서의 어떠한 진리 개념에도 단호하게 반대하는데, 그러한 진리 개념은 어떻게 진리가 그러한 제약을 초월하면서도 논리적 구상 가능성(conceivability)의 경계 내부에 놓이는지 설명하지 못한다. 이로 인해 바디우는 진리의 감산적(subtractive)[274] 차원을, 혹은 존재의 충만과 합리적 사유의 이상적 일관성에 그리고 인식자(knower)와 인식된 것(known)의 궁극적인(하지만 점근적인) 수렴이라는 관념에 근거하여 [진리의] 실증적(positive) 성격에 대한 거짓된 권리를 주장하는 그러한 관습적으로 수용되거나 인가된 지식의 항목들로부터 벗어남(taking away)이라는 진리의 특유한 속성을 주장한다. 바디우의 서술에 따를 때, 이것은 "세계가 충만한 이유"이며 또 "그것[세계]이 언제나 정당하게 언어적으로 익숙한(fa-

---

272   예를 들어 Richard Rorty (ed.), *The Linguistic Turn: Essays in Contemporary Philosophical Method* (Chicago: University of Chicago Press, 1967).

273   각주 267 참조. 또한 Dummett, *The Logical Basis of Metaphysics* (London: Duckworth, 1991) and *The Seas of Language* (Oxford: Clarendon Press, 1993).

274   ['빠져나감의', '벗어남의'.]

miliar) 것으로 간주될 수 있"는, 말하자면 "현시된 다수들의 유한 집합이 언제나 낱낱이 세어질 수 있"으며 이 경우에 "이러한 식별들로 이루어진 전체가 하나의 백과사전적 결정자(dertminant)를 구성할 수 있"는 이유다(p. 331). 수학, 자연 과학, 정치 및 예술에 있어, 진정한 사건을 확연히 구별하는 것은 현재 정립된 증거적 기반이나 증명적 기반 너머를 지시할 수 있는 사건의 역량이며, 이러한 사건의 역량은 진리를 앞선 시기에는 그 진릿값을 알 수 없던 특정한 진리 가능적 정리, 추측 및 가설들에—이후 더 발전된 이해의 단계에는—충분한 근거를 제공하는 무엇으로 나타낼 수 있다. 그래서 바디우는 어떻게 아직 알려지지 않은(심지어 현재로서는 알 수 없는) 진리들이 그럼에도 그러한 현행의 인식 발전의 단계에 비추어 그것들의 간극을 표시함으로써 어떤 기존의 지식의 상태에서 결정적으로 전환적인 역할을 담당하는지 설명할 수단으로서 코언의 '강제' 개념을 도입한다.

바디우에게 이러한 진리는 멱집합 공리(power-set axiom)에서 그 고전적인 예증을 찾을 수 있는데, 되풀이해 설명하자면, 결정적으로 이 공리에 의해서, 어떤 주어진 집합의 부분집합들은 언제나 원래의 집합 자체의 기수성(cardinality)[275]을 넘어서게 되며, 또한 그 불균형(disproportion)이 무한 집합이나 혹은 초한 집합(transfinite set)과 관련한 모든 계산 가능한 한계를 넘어서게 된다는 점이 증명된다. 바디우의 논의에 따를 때, 이런 이유로 "참된 것(true)은 오직 그것이 무한할 때에만 진실된 것(veridical)과 구별될 기회를 얻"게 되며, 다시 말해서, "진리는 (만일 그런 것이 실존한다면) 상황의 무한한 부분일 수밖에 없는데, 왜냐하면 모든 유한한 부분에 대해 언제나 그것이 이미 지식에

---

275   [집합의 멱집합의 크기, 다시 말해 어떤 주어진 집합에 포함된 부분집합들의 개수를 센 수의 절대값.]

의해 식별되어 분류되었다고 말할 수 있기 때문이다"(p. 333). 그러므로, 바디우가 이해하는 바 그대로, '강제'라는 개념은 모든 집합론적 탐구의 가장 기초적인 조건들 중 일부로부터 기원한다. 여기에는 삼중의 전제—(앞에서 본 것처럼) 고대 그리스의 수학적 사유만큼이나 근대의 수학적 사유에서 유래한—가 수반되는데, 말하자면 **일자**(One)는 개념적 부과의 산물이고, 존재론적으로 우선하는 것은 다수이며, 어떠한 하나로-셈하기의 산물도 언제나 잠재적으로 그것의 수數적 내포 또는 함축의 힘에 대한 이런 종류의 내부적이며 자기 산출적인 도전에 봉착하게 된다는 것이다. 참된 것(true)을 (단지) 진실된 것(veridical)과 구별하는 것은 바로 그 도전에 직면하여 그것을 그 자체의 현재적 한계를 넘어설 수단으로 전환하고자 하는 사유의 절차로부터, 즉—집합론적 탐구의 역사에서 흔히 그런 것처럼—한때 그 자체로 해결될 수 없는 딜레마나 역설로 현시되는 어떤 것을 그 이후로 완전하게 유효한(operative) 개념으로 전환될 수 있게 하는 기법으로부터 귀결된다는 점이다.

　하지만 그 전환은 진실된(veridical) 지식에 관해 인정된(즉, 승인되거나 또는 '백과사전적'인) 관념들과 단절하겠다는 의지를 발전의 전제 조건으로 삼는 그러한 헌신하는 주체들의 개입과 동떨어져 어떤 방식으로든 그 자체로 기능하는 순수하게 형식적이거나 준準수학적이거나 또는 알고리듬에 따른 절차에 의해 달성될 수 없다. 이는 어떤 의미로도 모종의 억제되지 않은 주관주의적(subjectivist)이거나, 심리학주의적(psychologistic)인, 혹은—그 중에서도 특히—직관주의적/구성주의적인 접근법으로 간주되어서는 안 된다. 바디우가 강조하는 요지에 따를 때, 그러한 사안들에서 '충실성(fidelity)'을 구성하는 것은, 혹은 어느 때라도 어떤 충실한 절차를 여러 다른 대안들로부터 떼어놓는 것은 그러한 충실성의 절차가 하나 또는 그 이상의 진리 가능적 추측이나 가설을 수반하는 기획에, 혹은 무엇보다 어떤 유효한(즉, 진리를 추적하는) 절차에 부합하는 것으로 밝혀지는 기획에 개입한다는 사실이다. 그러므로 그런 충실한 절차는, 늘 그렇듯, 진리가 어떤 의미에서 언어, 논리, 합리적 추론, 현재로서는 최선인 지식이나 사용 가능한 증명절차들 중 어느 것이든 그에 따른 한계들에 의해 인식적으로 제한될 수밖에 없다는 모든 구성주의적이거나 반실재론적인 사유의 유파들의 주장에 강력하게 대립된다.[276] 특히 그러한 절차는 진실된 것(*veridical*)과 구별되어야 하는데, 그것은 후자—어원학적으로, '참되게 말하는(true-to-say)'의 의미를 가진—가 바디우에 따른 그 용어의 이단적인(비非사실적인[non-factive]) 의미에서 지식의 영역에, 인정받거나 당연하다고 여겨지는 믿음의 영역에 속하는 까닭이다. "우리가 구하는 것은 참된 것과 진실된 것 사이의, 즉 진리와 지식 사이의 존재론적 구별이다. [⋯] 그러므로 그 요건은 어떤 진리의 다수적 일자(one-multiple)—참된 판단의 결과—가 백과사전에 대해 식별 불가능하며 분류 불가능해야 한다는 점이 될 것이다. 이 조건이 존재에 있어 참된 것과 진실된 것의 차이를 토대 짓는다"(p. 333). 이 경우에, 그것은 최초에 칸토어에 의해 명시되고 그 이후로 코언을 필두로 하여 바디우가 검토하며 거쳐 간 여러 집합론자들에 의해 형식의 힘과 정확성과 정교화의 수준이 꾸준히 더 높아지는 방식으로 발전된 의미에 따른 무한한 진리일 것이라고, 바디우는 연역한다. 달리 말해서, 우리가 구하는 것에는, 무한 집합을 이 집합의 구성원들이 그 자체의 부분집합들 중 하나의 구성원들과 일대일 대응이 이루어질 수 있는 집합으로 정의했을 때, 칸토어가 달성

---

276   각주 267과 각주 273 참조.

했던 그러한 종류의 급진적인 전환—전형적으로 역설을 개념으로, 혹은 어떤 지속되는 난관(impasse)을 어떤 놀랍고도 새로운 진전의 원천으로 바꿔놓는 사유의 도약—이 수반될 것이다.

여러 면에서—칸토어 이후로 이어지는 이 분야의 발전상의 설명에 관해서—바디우는 관련된 수학 내부의 주제들에 관한 정통적인, 심지어 교과서적인 설명 방식을 취한다. 그가 대다수의 수학자들의 대열을 이탈하는 곳에는—철학적 사유의 주요한 흐름에서 이탈하는 것과 마찬가지로—두 가지 주된 측면이 있는데, 하나는 기본적으로 형식적인 또는 절차적인 (하지만 더 넓은 범위의 함의를 가진) 측면이며, 다른 하나는 기본적으로 '응용된' 또는 실천적인 (하지만 그 동일한 형식적 헌신에 직접적으로 의지하는) 측면이다. 첫 번째 측면은 바디우의 단호하게 '감산적인' 존재론과 관련된 것이며, 말하자면 '백과사전적' 지식의 상태에 의해 설정된 구성원 자격 기준을 충족하지 못하는 이유로 현재 배제되거나 인정되지 못하거나 또는 부정되는 어떤 것의 잠재적인 진입의 지점을(혹은 개연적인 틈입의 장소를) 나타내는 어떤 주어진 지식의 상태, 상황 또는 지배적인 하나로-셈하기에 관한 것이라면 무엇이든 '비식별하는(indiscern)' 사유의 역량에 관한 강조와 관련된 측면이다. 두 번째 측면—첫 번째와 밀접하게 연관된—은 어떻게 그러한 겉보기에 '추상적인' 관심사가, 자연 과학만이 아니라 바디우가 이러한 방식의 서술을 마찬가지로 용인한다고 보는 다른 사건의 차원들(즉, 사회적 차원, 정치적 차원, 역사적 차원 그리고 심지어 예술적 차원)과 관련하여, 어떤 형태로든 현실 세계를 묘사하거나 설명하는 힘을 주장할 수 있는지 묻는 질문에 관해 그가 내놓는 상당히 다른 의견과 관련된다. 여기서도 관건은 집합론에 기초한 존재론의 범위와 한계를 파악하는 것으로, 말하자면 사유가 어떤 방식으로 새로운 개념의 영역에 대한 탐색에 착수하는지 파악할 뿐만 아니라 회고적인 혹은 (글자 그대로) 사건 이후의 시각이라는 유일한 합리적 이점을 통해서라야 새로운 개념의 발견을 설명할 수 있는 무엇으로 제한된 그 영역의 본성에 대한 탐색에 착수하는지 알아볼 수단이 되는 집합론적 존재론의 필수불가결한 성격을 파악하는 것이다. 다시 말해, 사유는 새로운 개념의 발견이 있기까지는 최고로 정통한 지식을 갖춘 전문가들에 의해서도 예상될 수 없었던 진정으로 사건적이거나 획기적인 진전들의 편에 속하기 보다, 승인된 지식의 편—알려진 사항, 익숙해진 방법, 증명된 정리, 검증된(또는 반증된) 추측 등의 목록에 이미 들어있는 무엇의 편에—에 속한다.

그러나, 바디우가 구상하는 그대로, 존재론적 영역과 사건적 영역 사이의 이러한 극단적인 구별에도 불구하고, 결코 사건이 논리와 이성조차 발걸음을 내딛기 두려워하는 궁극적인 신비의 영역으로 빠져들 여지는 없다. 오히려, 그는 어떻게 사건이—수학적이거나, 자연 과학적이거나, 역사·정치적이거나 혹은 문화·예술적인 것 중 어떤 것이든—전형적으로 어떤 주어진 시기에 [이미] 정립된 진리들의 몸통에 비추어 주변적일 뿐인 공간을 차지하는 '사건의 자리(evental site)'에서 일어나게 되는지에 관해 자세한 설명을 제공한다. 정확히 그러한 경계적 영역에 위치한 사건의 자리는 특히 분명하고 긴급한 이상들의 국지화된 현존에 의해, 혹은 보다 엄밀하게 말해서, 그러한 이상들을 사실에 반하는 것으로 해소할 특정한 결과나 방법 또는 증명 절차들의 부재에 의해 결정된다. 여기서 코언의 '유적인' 것이라는 개념이 어떻게 이런 것이 일어날 수 있을지 보일 설명의 수단으로 도입된다. 간략히 말해서, 유적인 것은 하나로-셈하기 가운데 어디에서도 모습을 드러내지 않으며, 현행의 '백과사전'에서 자리를 찾지 못하는 무엇으로, 어떠한 주어진 상황의 언어에 의해서도 명명되거나 '식별' 되는 데 저항하며, 따라서 "지식으로부터 감산"되거나(subtracted) 오직 "상황의 식별 불가능한 것"으로 현존할 뿐이다(p. 338). 더구나—그리고 결정적으로— 식별 불가능한 것은 "모든 부분이 가지는 '속성들' 만을 소유한다"는 사실에 의해서 다른 부분들(혹은 다수들)과 구별된다. 말하자면 어떤 방식으로든 그것을 구별할 그 자체의 확연한 속성들을 지니는 것이 아니라 필연적으로 모든 개별 상황의 모든 개별 부분과 관련된 하나의 유적인 속성만을, 곧 존재라는 속성만을 지닌다는 사실에 의해 다른 부분들과 구별되는 것이다. 바디우가 언급하는 바에 따를 때, "그것은[277] 당연히 유적인 것으로 선언되는데, 왜냐하면 만일 그것을 규정하려 한다면 우리는 오직 그것의 원소들이 존재한다고 말할 수 있을 뿐이기 때문이다"(p. 339).

하지만 바디우의 주요 논점은—그리고 정치적인 면에서 뿐만 아니라 수학적인 면에서 유적인 부분의 결정적인 역할을 이야기하는 그의 논변의 요지는— '단순한' 존재라는 최소 속성이 법적인 구성원 자격이나 완전한 귀속이라는 수용된 관념들 너머에 이르기를 추구할 모든 사유의 기획에 기본적인 방향을 제시하는 무엇이기에, 이것[유적인 부분]이 보편적으로 공유된다는 것이다. 바로 그런 것이 그가 집합론적 의미론과 존재론에 대해 내포적인 접근법보다는 엄격하게 외연적인 접근법을 채용하는 주된 이유임을 상기해야 한다. 이를테면 외연적 접근법은 관련된 다양한 부분들과 다수들에 대한 구별적 내용의 할당과 아무 관계도 없는 순수하게 수학적인 측면과 논리적인 측면에 집중할 수 있게 한다는 것이다. 실제로 이 후자의 (내포적) 접근법은 집합론적 추

---

277 [영어판 『존재와 사건』의 해당 부분에서 이 '그것' 이라는 지시 대명사는 '식별 불가능한 부분(indiscernible part)' 을 받는다.]

론의 절차들을 형식적-절차적 영역 외부로부터 수입된 온갖 종류의 지식의 '백과사전적' 의미, 가치, 조합 또는 원소들의 영향에 노출시킬 것이다. 다른 한편으로 "그 절차가 유적인 것이라는 사실은 이 부분과 어떤 백과사전적 결정자(determinant)에 의해 분류된 무엇의 불일치를 수반한다"(p. 338). 즉, 집합론적 항목들에 대한 그의 엄격하게 외연적인 취급 방식과 일치하는 그 절차의 유적인 성격에 대한 명시는 바디우가 어떠한 외래적인 고려 사항들도—혹은 그 동일한 백과사전으로부터 유래한 이미 가버린 이전의 (추정상의) 지식의 원소들도—관련된 진리절차를 제약하거나 왜곡하는 영향을 행사할 수 없도록 하기 위한 수단이다. 어떤 독자들은 바디우가 형식적 엄격함과 개념적 정확성이라는 미덕들과 강력하게 결합된 교설을 위한 모종의 사회적·역사적·정치적 관련성을 주장한다는 점이 (믿을 수 없다고는 아니더라도) 놀랍다고 생각할 것이다. 하지만 그런 면은 롤랑 바르트(Roland Barthes)의 "약간의 형식주의는 누군가를 역사로부터 돌아서게 하지만, 많은 양의 형식주의는 그를 다시 역사로 돌아서게 한다"는 겉보기에 도착적으로 보일 정도로 역설적인 주장을 상기시킬 수도 있을 것이다.[278] 그런 것은 또한 『존재와 사건』에서 바디우 기획의 가장 중심적인 도박이기도 하다. 말하자면, 그 추측은—가능한 한 가장 넓은 범위의 주제 및 선행 텍스트들에 대한 전면적으로 유효한 정당성의 입증을 제공하는 그의 관여에 판돈을 걸고—집합론의 형식적 자원들이 형식 과학에서 발전의 가능성만이 아니라 또한 사회·정치적 영역에서 어떤 진보의 전망을 설명하는 데 있어 가장 훌륭하면서도 사실상 단 하나뿐인 적합한 수단이라고 보는 도박이다.

---

278 Roland Barthes, *Mythologies* (trans.) Annette Lavers (London: Jonathan Cape, 1972), p. 112.

2. 주체, 상황 그리고 후사건적 진리

이에 상반되는 것은 충분한 헌신과 개념적 엄격함을 동원하여 그러한
시초적 통찰이나 발견을 추구하지 않고 진보의 전망에 대한 오류나, 왜
곡, 변형, 혹은 (바디우가 말하기에 주저하지 않을 것처럼) 철저한 배
신을 야기했던 어떤 것에 대한 바디우 자신의 분석에서 명확히 볼 수
있다. '속류' 마르크스주의나 '속류' 프로이트주의의 사유의 경우, 이
들의 오류는 조급한 동일시 또는 물화된(reified) 준거의 오류, 다시 말
해 이들 자체의 용어 사전에서 특권화된 특정한 항목들과 어떤 전제된
집단, 계급, 사회적 부분, 확연한 심리학적 특징 등을 잘못 등가화하는
오류이다. '속류' 마르크스주의는 (충분히 타당하게) "진리가 혁명적
사건들에 기초하여 노동 계급에 의해 역사적으로 펼쳐졌"다고 주장했
지만, (잘못된 판단으로) '노동 계급'을 '노동자들의 계급'으로 간주했
는데, 여기서 후자는 사회학이나 경제 결정론의 양식으로 환원된 것이
다. 바디우의—집합론에서 유래한 개념들에 대해 그런 만큼이나 철저
하게 평등주의적 정치에 대해 정통한—사유 방식에 대해, "'노동자들'
은, 순수한 다수들의 측면에서, 하나의 무한한 계급을 형성했"으며, 따
라서 "관건은 경험적인 노동자들의 총합이 아니었다"(p. 334). 요컨대
마르크스주의는—정치적인, 역사적인 그리고 전략적인 면에서뿐만 아
니라 '순수하게' 철학적인 면에서—언제라도 그러한 항목[노동 계급]
의 의미로 밝혀질 '무한한 계급'에 관한 결정적인 지점을 파악하는 데
실패함으로써, 혹은 (결국 같은 이야기가 될 터인데) 그 계급에 귀속된
다고 간주될 자들에 관해 정당화될 수 없는 제한적인 한도를 정하지 않
는 이상 그러한 계급에 어떠한 확정적인 '경험적' 내용도 할당할 수 없
게 되는 불가능성을 파악하는 데 실패함으로써 오류에 봉착한다. 그 결
과, 마르크스주의는, 시련(test)—바디우의 관점에서, 매서운 시련으로

간주되는 1968년 5월―에 봉착하여 그 제한된 시각이 그러한 특수한
사건적 정세를 파악하지 못하는 실패를 드러냈을 때, 이를 타개할 자원
을 결여하게 되었던 것이다.

정신분석의 경우에도 마찬가지로 심지어 창시자의 사변적 예상의 힘
을 훨씬 넘어서는 다양한 해방적 통찰들을 여는 정신분석의 역량을 막
았던 것은 프로이트의 시초적 기획을 어떻게 사용할지에 대한 사회 순
응주의적 학파―미국의 자아 심리학(ego-psychology)―의 선택이었
다. 요컨대, 만일 "오늘날 이러한 프로이트주의가 상태의 시체같이 보"
인다면, 그 결과는 직접적으로 그리고 주로 그 운동의 "심리학적 지식
의 일부를 형성한다는 주장"과 관련되며, 이에 따라 "진리를 어떤 안정
된 부류(계급, classe)에 연결된 모든 것에, 곧 '성인의 성적 콤플렉스'
에 할당"하는 것과 관련된다(p. 334). 이 지점에서―예시적인 대조를
통해―바디우는 라캉의 정신분석을 프로이트의 발견에 대한 [자아 심
리학의 이해와] 철저하게 다른 그리고 (그가 해석하는 바에 따를 때)
보다 확실한 이해로, 즉 프로이트의 발견이 지닌 중요성에 대한 도착적
왜곡에 반대하여 그 한계를 드러내는 이해로 소환한다. 이후에―마지
막 장인 성찰 37에서―바디우는 프로이트 텍스트 독해에 대해서만이
아니라 '대화 치료(talking cure)' 자체―분석가(analyst)와 분석 대상
자(analysand) 사이의 상호 작용에서 기표(signifier)의 잡히지 않는 이
동과 우회―에 훨씬 더 큰 정확성을 가져올 것이라 추정되는 수단으로
알려진 라캉의 언어적 전회(언어에 대한 소쉬르적인 혹은 구조주의적
인 구상)에 대해 의혹을 드러낼 것이다.[279] 하지만 그럼에도 바디우가
라캉에게 지성적으로 큰 빚을 지고 있다는 점은 확실하며, 더구나 라캉

279   Jacques Lacan, *Écrits: A Selection* (trans.) Alan Sheridan-Smith (London:
Tavistock, 1977).

사유의 유산에 깊고도 강렬한 충성으로—하지만 때로 비판적으로—관
여하고 있다는 점은 분명하다. 실제로 이러한 면모는 '진리절차'가 최
초에 어떤 결정적인 개입 또는 사건으로부터 일어나고, 그런 다음 그
유산을 물려받은 충실한 자들의 편에서 유지·정련되며, 다양한 추가적
개입(때로 강력하게 반대하거나 이단적인)으로 발전·확장되어 이러한
개입에 영향을 받게 되는 측면에 대한 특히 놀라운 예증을 제공한다.

　　무엇보다 바디우가 (비록 균질하게 나타나지는 않더라도) 프로이트-
라캉의 정신분석 이론과 실천에서 나타남을 발견하는 것은 글자 그대
로 어떤 시초적 사건을 통해 주체의 존재를 야기하는 과정이며, 이로써
주체는 바디우 자신이 모든 진정한 사유와 실천의 혁명을 토대 짓는 특
징(distinction)으로 간주하는 무언가를 식별할 수 있게 된다. 이는—
되풀이해서 말하자면—지식과 진리 사이의 이분법 사이의, 혹은 현재
수용된 지식의 '백과사전'에 속한 어떤 것과 무엇이든 지식의 상태를
벗어나거나 넘어서는 것을 증언하는 그러한 간극, 아포리아, 모순, 오
류 추리(non-sequitur), 인식되지 않은 딜레마, 억압된 전제, 논리적
모호함 등의 위치를 찾아내는 비판적·분석적이거나 '징후적인' 개입
의 양식을 통해서만 알아볼 수 있는 어떤 것 사이의 이분법이다. 하지
만 이런 문제가 남아 있다. 진리들이 가설에 의해(*ex hypothesi*) 현재의
인식 가능성의 최대 한도를 넘어선다면, 어떻게 이러한 진리들에 관한
최소 정도의 직관적인, 경험적인, 개념적인, 인식적인, 합리적인, 혹은
여타의 그러한 이해를 얻을 수 있겠는가? 바디우는 VII부의 나머지에
서, 엄격하게 수학적인 영역 내부와 그 너머에서 그가 진정으로 획기적
이라고 간주하는 코언의 발견들에 할애된, 면밀하지만 때로 매우 까다
롭게 전개되는 논증이 연속적으로 제시되는 절들을 통해, 바로 이 질문
에 대한 답에 착수한다. 여기서 결정적인 것은 "진리가 사건에 긍정적

으로(positively) 연결된 상황의 모든 항들을 함께 모아낸다"는 가설이며, 거기서 그러한 긍정적 연결의 사실은 x(+)로 기호화되는(symbol-ized) 반면, 그 반대—그러한 연결의 결여 혹은 유지 실패—는 자연히 x(-)로 나타내진다. 후자에 관해서, 우리는 이것이 "전前사건적(pre-evental) 상황의 반복에 지나지 않"고, "사건의 이름과 어떠한 관계도 없"으며, 따라서 "결코 그 사건에 '관련되지' 않는"다고 말할 수 있다(p. 335). 더구나, 우리는 또한 바디우의 사유에서, 또 마찬가지로 어떻게 수학적 발전이 유적인 것(generic)과 식별 불가능한 것(indiscern-ible) 그리고 '강제(forcing)'를 수반하는 진리절차를 통해 일어나는지에 관한 코언의 구상에서도, 중심적인 역할을 담당하는 전미래 시제[future-anterior]²⁸⁰(혹은 '그렇게 되어 있을 것이다[will-have-been]')를 제시하고 이를 사용할 수 있다. 간략히 말해서, 이 시제의 사용은, 만일 이러저러한 언표나 정리 또는 추측이 마침내 증명되거나 유효한 것으로 간주된다면, 필연적으로 **충족되거나**(*will be satisfied*) 혹은 **충족되어 있을**(*would have been satisfied*) 그러한 실효적인 진리조건들의 파악을 통해, 현재 얻을 수 있는 지식 또는 증명의 한계를 넘어서게 될 사유의 역량을 수반한다. 예컨대, x(-) 항의 경우에, "그 항은 후後사건적 진리라는 새로운 다수에 들어갈 것인데, 왜냐하면 그 항이 충실성에 관해서 정원 외적인 이름과 어떠한 연결도 없는 것으로 드러나기 때문이다"(p. 335). x(+) 항에 있어서는, 반대로, 그러한 충실성을 유지했다는 사실은—비판적이거나 반대하는 방식이더라도—정확하게 그러한 이전의 발전들의 연속으로부터 귀결되었다고 증명될 수 있는

---

280   [정확히 말하면 전미래 시제는 프랑스어 문법에서 사용되는 용어이며, 영어에서 이와 같은 것은 미래완료 시제. 이는 미래 어느 시점에 현재나 과거를 되돌아볼 때를 상정하고 가정법적으로 사용할 수 있는 시제다.]

어떤 미래의 진전이나 발견 또는 돌파와의 연결고리를 확실히 한다. "x(-) 항들이 [사건에] 무관하게 남으며, 오로지 상황의 전前사건적 질서의 반복을 나타"내는 데 반해, x(+) 항들은 명확히 어떤 진정한(진리에 이바지하거나 혹은 진리로 이어지는) 사건의 발발로부터 시작된 하나의 유효한 절차에 속하는 것으로 간주되어야 하며, 또한 결정적인 형식적 증명이나, 그 절차의 범위 내에서의 중대한 진전, 혹은 (흔히) 어떤 보다 복잡하고 까다로운 도전을 제기하는 효과를 지닌 추가적인 사건의 차원에 속한 무엇이 될 종료점으로 간주되어야 한다.

이 모든 것에 관해 이해하기 너무나 어려운 것은, 반실재론자들이 즐겨 지적하는 것처럼, 진리가 주어진 상황이나 지식의 상태 내부에 잠재하지만 그럼에도 어떤 가용한 증명 절차나 조사 방법의 최상의 능력을 능가하는 것으로 (무모순적으로) 구상될 수 있다는 의견이다. 그리고 또, 어떤 주어진 가설이나 추측 또는 예상의 증명적 결말은 어떻게 그것에 대한 최초의 (어쩌면 매우 잠정적인) 정식화(formulation)만이 아니라 완전하게 적합한 증명을 발견하거나 고안해내고자 했던 자들의 이어지는 노고를 확인하는(validate) 것으로 밝혀질 수 있는가? 바디우에게, 이는 가장 중요한 진리와 지식 사이의 구별이 어떻게 그러한 유력한 반대에 직면하게 됨에도 불구하고 유지될 수 있는지에 관한 질문이 된다. 요컨대 "우리의 문제는 결국 다음과 같다. 어떤 조건에서 우리는 사건에 긍정적으로 연결된 상황의 항들의 집합이 결코 상황의 백과사전 내부에서 이미 분류되어 있지 않다고 확신할 수 있는가?"(p. 336). 이는 반실재론자들이 의례적으로 실재론자들에게 강력하게 제기하는 동일한 문제를 반대로 제시하는 언표에, 다시 말해 객관적인 (따라서 인식을 초월하기에 결코 알 수 없는) 진리들의 실존을 제시하는 것이 무의미하다고 간주하는 논변에 상당한다. 바디우가 확연히 판돈을 높이는 곳은 실재론자와 함께 그러한 진리들이 실존함을 주장하며, 더욱이 만일 진리들이 실존하지 않는다면 수학적 지식이나 발견 또는 진보에 대한 이해가 불가능함을 주장하는 부분인데, 여기서 그는 뿐만 아니라—이것은 『존재와 사건』의 특징을 가장 잘 나타내는 단 하나의 테제인데—진리들이 이제는 이미 충실하거나 혹은 진리를 향하는 탐구 양식을 구성하고 있다고 여겨질 수 있는 어떤 것에 관해 결정적으로 반동적인 개입의 힘을 보유함을 주장하기도 한다. 여기서 다시 한번 바디우의 주장은 결정적으로 코언의 집합론적 진전에, 그리고 바디우 자신이 (이런 면에서 코언이나 대다수의 수학자들이 취하는 보다 조심스럽거나 제한된 접근법과 결별하고) 사변적 존재론의 영역에 대한 그러한 집합론적 진전의 전적으로 정당화된 외삽(extrapolation)이라고 간주하는 무엇에 의존한다.

예컨대 코언의 테제에 대한 어떠한 해설도 전미래 시제로 그리고 또한 조건법이나 가정법으로 표현되어야 하는데, 왜냐하면 그 테제가 아직 형식적으로 증명되거나 확인될 수 없지만, 그럼에도 가장 엄격한 필연성에 따라, 만일 참이라면, 관련된 주어진 가설이나 정리에 결정적인 지지대를 제공하는 것으로 인식될 다른 특정한 명제들로부터 귀결되는 것이기 때문이다. 더구나 어떤 주어진 지식의 상태에 내재한 모든 간극이나 비일관성 또는 모순들은 새로운 작업 가설의 (어느 정도는 구식이지만 창조적인 고안 뿐만 아니라 발견을 뜻하는 이 말의 적절하게 모호한 의미에 따라) 개입(intervention)을 강제할 것이다. 이후에 이러한 새로운 가설은, 그 가설의 유효성이—확인되었을 때—추측을 동반하는 (그럼에도 엄격하게 충실한) 진리절차들을 통해 그러한 가설의 개입에 이르게 된 모든 것을 사후적으로 보증하게 될 단계가 될 때까지, 추가적인 시험과 정련과 세공에 종속된다. 그러므로 코언의 테제는 바디우에게 존재와 사건의 구별을 더욱 날카롭게 다듬거나, 혹은 개념적 특정(specification)의 한계를 넘어서는 사건들이 수학적 지식의 상태에 결정적인 변화를 가져오는지 설명할 수단을 제공한다. 무엇보다 바디우가 그 딜레마(혹은, 그가 생각하게 된 그대로, 유사 딜레마[pseudo-dilemma])를 거치고 그 너머에 이르는 길을 사유할 수 있게 되는 데 있어 필수 불가결한 역할을 담당했던 것은 흔히 인식을 초월하는 진리들의 실존을 단언함으로부터 귀결된다고 가정되는 '강제(forc-ing)'라는 개념이다. 이 단계에서, 우리는 앞으로 나아가 성찰 36 ─ "강제: 식별 불가능한 것으로부터 결정 불가능한 것으로" ─ 의 일부 관련 구절들을 가져와야 할 것인데, 왜냐하면 바디우가 이 논의를 책의 뒷부분까지 연기하기는 하지만 이 '강제'라는 개념이, 내가 이야기한 것처럼, 코언에게서 유래한 '유적인 것'과 '식별 불가능한 것'이라는 개념들과 함께 이해할 때 가장 쉽게 이해되는 개념이기 때문이다. 요컨대, "존재론으로부터 폐제廢除된(foreclosed) 이상, 사건은 결정 불가능한 것이 오로지 식별 불가능한 것의 관점에서 진실성(veracity)을 강제함으로써만이 결정될 수 있는 방식으로 거기에[존재론에] 되돌아온다"(p. 429). 바로 여기에서 주체가 등장하는데, 이는 바디우의 설명에 의지할 때 주체가 "어떤 식별 불가능한 것의 관점에서 결정 불가능한 것을 결정하는 것[으로] … 혹은 어떤 진리의 유예(suspense)에 따라 진실성을 강제하는 것"으로 가장 적절하게 정의될 수 있는 까닭이다(p. 407). 즉, 주체는 여기에서 어떤 관여(commitments), 애착, 우선성, 가설, 연구 의제나 기획 등의 장소로, (어떤 특정하고 명확하게 규정된 맥락에서) 그런 것들의 동일성(정체성, identity)이나 실존 양식을 구성한다고 할 수 있는 누군가로 이해된다.

바디우가 그런 주장을 자기모순 없이 ─ 혹은 역설을 신뢰성의 가장 먼 확장 범위 너머로 밀어붙이지 않더라도―정식화할 수 있는 것은 대체로 그 자신의 이단적인(비정통적인, heterodox) 주체 구상과 또한 유적인 것과 식별 불가능한 것 그리고 '강제' 같은 집합론적 위상들(topoi)의 마찬가지로 특이한(singular) 배치에 기인한다. 이러한 항들의 결합이 가능케 하는 것은 주체성(subjectivity)을, 그 단어 자체의 어원학적 기원에 충실하게, 어떤 방식으로든 모든 인간 사유와 지식과 경험을 위한 가능 조건의 밑바탕에 놓여 이것들을 지탱하고 유지하며―선험적으로 말하자면―이것들을 형성하는 무엇과 등치로 놓는 이전의 모든 사유 양식(예를 들어, 데카르트, 칸트, 헤겔 또는 훗설의 사유 양식)과 갈라서는 철저한 단절이다. 그러한 종래의 주체성을 대신하여, 바디우는 그 자리에 자신만의 주체의 이론을 제시하는데, 여기서 주체(subject)는―되풀이해서 말해야 하겠지만―어떤 가주어(place-holder) 역할이나 주어진 후사건적 진리절차의 단순한 부산물로서가 아니라, 이미 그 시초적인(가설적이거나 잠정적인) 언표가 수용되었지만 아직 최종적인 증명이나 형식적 입증의 단계에 이르지 못한 그 진리에 대한 헌신에 의해 소환되고 고무되며 유지되는 자이다. 이와 같이, 바디우에게 있어, 주체는 언제나 특정한 탐구의 기획에 관계된 자로, 혹은 동일한 규정적 기획을 통해 주체의 목적과 소명과 사실상 그 동일성(정체성, identity)의 의미 자체를 발견하는 자로 정의된다. 더욱이―여기에서 바디우의 사유는 실재론/반실재론 논쟁에 매우 심대한 영향을 미치게 되는데―그러한 기획에 연루된 자들은 관련된 진리에 관한 지식이나 혹은 그 지식을 확인할 수단을―언젠가는 진리를 밝혀낼 조사의 과정을 진척시킴에 있어 그러한 수단의 의미심장한, 어쩌면 필수불가결한 역할에도 불구하고―보유하지 않을 것이다(혹은 사실상 대체로 보유하지 못할 것이다). 이는 바디우가 코언의 수학적 연구들 중

'가장 중요한 결과'라고 말하는 것이며, 이와 함께 그 연구들에 대한 그 자신의 보다 사변적인(존재론적으로 정향된) 이해가 제시된다. 말하자면, "어떤 한 상황의 거주자가 결코 식별 불가능한 것을 인식하지 못하며, 따라서 그 연장을 인식하지 못한다 하더라도, 그는 그러한 조건의 어떤 유적인 기술에 대한 귀속이 그 연장 내부에서 그러한 언표의 진실성과 동등함을 사유할 수 있다"(p. 411). 달리 말해서, 진리는 분명히 그러한 인식론적 문제들을 창조하는 순수하게 객관주의적인(플라톤주의적인) 의미에서만이 아니라—그러한 의미가 반실재론자들이 습관처럼 활용하는 외견상 건널 수 없는 심연을 열기 때문에—또한 진리 지식의 간극이 그 자체로 현재의 이해 상태에서 징후로 나타나는 부재 또는 확정적인 결여로 기입되는 이상, 이미 성취되었거나 현재 성취될 수 있는 지식을 능가할 것이다.

의심의 여지 없이 이러한 진리의 지식에 대한 능가에 필요한 요건은 주체—어떤 특정한 범위의 동기, 이해관계, 형식적 영향, 지성적 유인 등을 가지고 생각하는 자—가 의식의 어느 수준에 그 결여를 등재하며, 그럼으로써 진리로 가는 경로에서 추가적이고도 보다 발전된 단계에 이를 길을 사유할 능력을 얻어야 한다는 것이다. 하지만, 바디우가 경고하는 것처럼, 우리는 여기서 수학의 맥락에 따라 소환된 '주체'가 대다수의(즉, 비非라캉주의적인) 심리학을 위시한 인문 과학 및 사회 과학들의 담론들에서 의례적으로 나타나는 것과 동일한 '주체'라고 가정하는 우를 범하지 말아야 한다. 예컨대 앞에서 인용된 구절에서 '상황의 거주자(inhabitant)' 같은 문구는 액면 그대로 받아들여서는 안 되며, 오히려 '하나의 은유'로, 다시 말해 "어떠한 수학적 개념과도 대응하지 않"으며 또한 "존재론은 주체의 법을 사유하며, 주체 자체를 사유하지 않"기에 사실상 존재론적 입장에서 어떠한 개념과도 대응하지 않는 그러한 은유로 받아들여져야 한다(p. 411). 즉, 주체는, 바디우에 의해 상황과 '상황의 상태' 사이의, 귀속과 포함 사이의, 혹은—마찬 가지로—(멱집합 공리에서 그렇듯) 지배적인 하나로-셈하기와 그러한 셈의 장악력을 넘어서거나 본질적으로 벗어나는 그러한 다수들 사이의 불일치로 규정되는 무엇을 등재하는 한에 있어, 어떤 상황에 '거주한 다(inhabit)'. 이로부터 이어지는 귀결은 '진리의 주체'는, 일반적으로 주체라는 용어가 수용되는 의미와 구별되는 의미를 지닌 것으로서, 언 제나 가장 강력하게 주체의 '투사적' 소명을 규정하는 그러한 기획 혹 은 탐구의 진척에서 담당하는 역할에 따라 사유되어야 한다는 것이다. 다른 한편으로, 이러한 다소간 희소화된(rarefied) 주체 구상은 주체를 단순히 이름뿐인 개체로, 혹은 어떤 주어진 진리절차의 단계들 전반에 걸쳐 사전에 계획된 것 이상의 능동적 개입의 힘이 부여되지 않은 순수 하게 형식적인 정의의 산물로, 만드는 이상으로 나아가지 않는다. "존 재론은 진리 개념을 지탱할 수 없으며(사건의 결여로 인해), 마찬가지 로 주체 개념을 형식화할 수 없다"(p. 410). 그렇지만 진리는 그 자체 의 개념적 자원들의 범위를 조사할 수 있으며, 그 과정에서, 존재론이 그 자체의 이해의 힘에 대한 절대적인 한계로서 사건과 주체에 마주치 게 되는 그러한 지점들을 나타낼 수 있다.

그러므로 바디우의 설명에서는 진리의 생산이나 발견 또는 혁신적인 출현에 수반되는 주체를 위한 공간—사실상 절대로 필수 불가결한 역 할—이 마련되는데, 여기서 말하는 진리는 진리와 형식 과학의 방법론 을 구성하는 그러한 절차들을 분리하거나 혹은 대립시키는 의미에 따른 것은 아니다. 그런 것이 바디우가 코언의 공으로 돌리는 '중요한' 철학 적 돌파구다. 물론—바디우가 완전히 인정하는 것처럼—코언은 그의 발견이 지니는 완전한 함의를 파악하거나 인정하려 하지 않았지만 말이다. 코언의 작업이 보여주는 것은 "주체의 실존은 존재론과 양립 가능하"며, 따라서 그 효과에 있어 "주체의 편에서 그 자체가 존재의 체제 전반에 '모순적'이라는 어떠한 주장도 무너뜨린다"는 점이다(p. 410). 다른 한편으로 코언의 작업은 또한 '감산적' 존재론이 수학적 사유의 시야와 범위를 제대로 평가하고, 기존의 (한정된) 지식의 상태에 잠재하는 미래 발전의 가능성을 측정하며, 그리고—반실재론자들의 주장과 반대로—어떻게 진리가 그러한 한계를 초월하거나 넘어서는 것으로 이해될 수 있고 그래야만 하는지 가늠할 수 있는 유일한 길임을 보여준다. 요컨대 주체는 진리가 실존하며 그 이해의 능력을 행사하는 조건들을 규정하는 존재론과(혹은 우세한 '존재의 체제'와) 모순되기를 의도할 수 없지만, 그럼에도 주체는 존재론과 그 장악력을 넘어서는 어떤 것 사이의 마주침을 신호하는 그러한 간극, 균열, 압력의 지점, 아포리아, 공백의 틈입, 또는 비일관적 다수성의 돌발을 식별할(discern) 수 있다(혹은 보다 정확히 말해서, '비식별할[indiscern]' 수 있다).

바로 여기에서 코언의 '강제' 개념이, 수학이나 자연 과학의 인식론과 철학에서 그리고 뿐만 아니라 최근에 진리의 장소나 원천 또는 보증자로서 인간 주체들의 호소에 대해 깊은 의심을 발전시켰던 사회 과학과 인문학과들에서, 몇 가지 결정적인 문제들의 해결에 있어 가장 큰 성공을 보인다. 바디우가 제시하는 것은 (표면적으로) "준準완결적인(quasi-complete) 근본 상황에서, 어떤 조건들 아래 이러저러한 언표가 상황의 식별 불가능한 부분의 부가에 의해 획득된 유적인 확장(extension)에서 진실하다고(veridical) 결정할 수 있"는지 진술하는 순수하게 형식적이며 절차적인 언표이다(p. 410). 하지만 바디우의 요지는—그리고 '비식별하다(indiscern)'라는 이상하지만 그럼에도 매우 적절한 부정형 동사를 고안해 내는 이유는—바로 현행의 '백과사전적'

지식의 몸통에서 그러한 간극이나 결여 또는 문제적 장소들을 기록할 수 있으며, 무엇보다 이런 것들을 그 단계를 넘어 지속적인 진리 탐구로 나아가기 위한 수단으로 활용할 수 있기 위한 추론의 힘 혹은 유효한 지성적 개입의 양식이 더해져야 한다는 것이다. 그래서, 바디우의 이해에서, 주체는 진리절차를 토대 짓거나 또는 진리절차에 소집된다고 말해질 수 있으며, 이러한 주체가 토대 짓거나 소집되는 진리절차는 그 자체로 이전에 어떤 중요한 사건으로부터 시작되었고 따라서 그 또는 그녀가 새로운 발견의 길에서 달성할 수 있게 될 모든 것의 조건을 정하는 무엇이다. 이는 또한 바디우의 두 가지 주요 개념인 '주체'와 '사건'이, 주제나 의미론과 관련된 측면에서만이 아니라 또한 그의 논증에 어떤 힘이 실리기 위해 반드시 갖춰야 할 논리적 필연성과 관련하여, 너무나도 긴밀하게 묶여 있기 때문이기도 하다. 그 두 개념의 관계는 집합론을 존재론으로 안내하는 길잡이로 논하며, 또한 존재론을 추상적이거나 물리적인 현실의 구조와 그 구조를 드러내는 조사 방식과 자원이나 절차들 양자 모두를 그려내는 사유의 분과라고 주장하는 바디우의 논변에 절대적으로 중심적인 것이다. 사건이 본질적으로 "존재론으로부터 폐제"되어 있는 이상, 사건의 발발은 "결정 불가능한 것이 오직 그 안에서 식별 불가능한 것의 관점에서 진실성을 강제함으로써만이 결정될 수 있을 방식으로" 사유되어야 한다(p. 429). 그러나 이 강제라는 개념은 그 자체로 현재로서는 오직 잠정적이거나 추측에 따른 혹은 완전히 가설적인 형식으로 명시될 수 있는 무엇의 진리에 대한 최대한의 헌신을 통해—예컨대, 일반적으로 통용되는 모든 사회적이거나 심리학적이거나 개인적인 주체성의 외양과는 완전히 별개로—현행하는 기존 지식의 상태 너머에 이르도록 밀고 나아가야 할 책무를 지닌 주체의 관여를 요구하는 것으로 이해되어야 한다. 요컨대 **"주체에**

의해 그것[사건]의 존재가 되는 모든 것은—그러나 어떤 한 **주체**가 그것[사건]의 존재는 아닌데—식별 불가능한 것과 결정 불가능한 것의 결합에 따른 그 궤적(trace)에서, 곧 의심의 여지 없이 수학자들이 강제의 이름에 이끌려 맹목적으로 긋게 된 그 궤적에서 탐지할 수 있다"(p. 429).

이는 겉보기와는 달리 칸토어나 코언 같은 수학자들에 대한 칭찬을 가장한 비방이 아니다. 오히려, 이는 바디우의 앞서 언급된 신념과 완벽하게 일치하는 논평으로, 수학 연구의 첨단에 위치한 이들과 같은 사상가들이 존재론과 여타 수학 외적인 탐구 분과들에 결정적인 영향을 미칠 어떤 절차에 개입되지만, 어쨌든 그들이 공공연하게 체계적이거나 개념적으로 명시된 방식으로 그러한 함의를 끌어낸다고 기대할 수 없다는—혹은 기대해서는 안 된다는—것이다. 차라리 그러한 [함의를 이끌어내는] 과제는 철학자에게 맡겨지는데, 왜냐하면 철학자는—그러한 전문적인 분야 너머의 지식과 경험의 분과들 혹은 영역들에 대한 보다 폭넓은 관여로 인해—정확히 존재와 사건 사이에, 그리고 이 두 가지 배타적인 차원이 교차될 수 있는 하나의 자리로서 주체 사이에 놓인 관계의 질서에 대한 명확한 설명을 소명으로 삼는 자이기 때문이다. 우리는 강제와 사건 그리고 식별 불가능한 것에 관련하여 진리의 역할을 정의하기에 앞서, 잠시 멈춰 서서 앞에서 인용된 구절에서 제시한 삽입구 "어떤 한 **주체**가 그것[사건]의 존재는 아닌데"에 관해 살펴야 한다. 그 의미는 바디우가 더 나아가 "**주체**는, 비록 '존재-로서의-존재가-아닌-것'에 속하는 사건에 의존하지만, 존재할 수 있어야 한다"고 언급할 때 어느 정도 해명된다(p. 429). 나는 이 문구의 의미를 주체는, 사건과 같이, 어떠한 잔여도 남기지 않고 어떤 완성된 존재론에 혹은 심지어 잠정적으로나마 안정화된 존재론에 동화될 수 없다는 것으

로 받아들이는데, 왜냐하면 존재론은 그러한 (자체적으로) 무작위적이
거나, 설명할 수 없거나, 완전히 우연에 따른 일어남에 남겨질 어떠한
여지도 부정하는 무엇이기 때문이다. 또한, 존재가 아리스토텔레스, 라
이프니츠 그리고 스피노자에 의해 각각 다른 방식으로 시도된 모든 것
을 포괄하여 묘사 설명하는 종류의 논의에 최대한 일관적이거나 적합
한 것으로 간주되어야 한다는 전제에 입각한 고전적 존재론의 기획과
관련하여, 주체와 사건은 주변화된다. 더구나, 주체와 사건이 존재론적
규정의 범위 너머에 놓인 이 주변적 구역에 놓이기에, 이들 각각은 인
정받는 '백과사전적' 양식의 지식에서 출현하는 압력의 지점들에 힘을
행사하여 그러한 일반적인 합의에서 결여된―혹은 그러한 합의에 의
해 가려진―무언가를 노출시킬 수 있다.

　잠시 『존재와 사건』의 뒷부분을 앞서 살펴보았으니, 이제 우리는 '강
제: 진리와 주체'에 밀접하게 관련된 바디우의 사유를 미리 접하게 된
이점을 가지고 VII부('유적인 것: 식별 불가능한 것과 진리')로 되돌
아갈 수 있을 것이다. 이 앞선 부분에서 주로 설명하는 것은 어떻게 순
수하게 형식적인 진리절차가 어떤 주어진 분과나 또는 탐구의 맥락에
서 현재로서는 가장 발전된 지식의 상태를 초월하는 것으로 간주될 수
있느냐는 문제이다. VIII부의 초점이 그러한 획기적인 돌파를 달성하
는 작인作因(행위자, agent)으로서 주체―물론 일반적으로 사용되는
방식과 거리가 먼 다소간 형식적이거나 약화된 의미의 '주체'―에 맞
춰진다면, 바디우에 따를 때, VII부가 이 주제에 접근하는 방향은 주체
에 오직 그 자체의 일차적인 소명을 구성하는 진리와의 내밀한 관계에
들어갈 가능성만을 제공하는 그러한 엄격하게 형식적인 절차들을 표명
하는 측면에 맞춰진다. 여기서 다시 한번 바디우는 칸토어에게서 사유
가 그러한 사안들로 나아가게 되는 방식에 관한 한 모범적인 예시를 구

한다. 두 가지 주장 모두 그 신뢰성은 전적으로 어떻게 '주체'가, 그 용어의 철학적으로 설명될 수 있는 의미에 따라, 언제나 사유, 탐구, 예술적 창조성 또는 정치적 동기에 따른 행동의 특수한 기획에 직접적으로 관련되며 심지어 그런 기획에 의해 야기되는지에 관한 바디우의 설득력 있는 논증에 달려있다. 수학으로부터 단초를 얻은 존재론이 존재에 대한 '감산적(subtractive)' 구상을 필요로 하는 것처럼, 만일 상식적 · 직관적 '지식'의 순수한 자명성 너머에 이르는 진보를 달성하려 한다면, "사랑, 예술, 과학 그리고 정치는 상황들에 관한 진리들을, 곧 상태에 의해 그저 상황들의 존재의 익명성으로 셈해지는, 지식으로부터 감산된(빼내어진, subtracted) 진리들을—무한하게—산출"해야 한다(p. 340). 이 네 가지 절차들이 철학을, 혹은 적어도 철학적으로 그 절차들 자체의 진행들에 정통한 시각을 요한다는 점은 (바디우가 강조하는 것처럼) 철학이 인간의 탐구적 실천들의 모든 범위에 걸쳐 진리의 보급자나 혹은 지식의 판정자라는 어떤 특권화된 위치에 서게 됨을 나타내는 표시가 아니다. 오히려 그것은 수학이나 혹은 여느 수학적 기초를 갖춘 존재론적 탐구의 기획에 대해 엄격하게 보조적인 역할을—혹은 기껏해야 이런 보조적인 역할에 대한 자발적인 인정을—나타내는 표지이며, 또한 진리의 관심사와 관련하여 그 자체의 방향을 정하고자 하는 여타의 분과에 준거점을 제공하는 철학의 역할에 대한 필요를 나타내는 표지이다. 요컨대 거기에서 관건은 [철학이] 얻는 것과 잃는 것 사이에서, 혹은 심지어—다소간 냉소적으로 들릴지도 모르겠지만—진리가 직접적인 관건이 될 때 수학에 의한 철학의 강등과 수학적 진리가 존재론의 측면이나 또 정치, 과학, 예술의 측면에서 적합한 표현을 얻기 위해 철학의 매개적 권한을 요구하게 될 경우라면 언제라도 실행될 철학의 더 높은 지위의 담론으로의 승격 사이에서 일어날 협상이다. 실제로 바디우가 여기에서 그리고 다른 곳에서 언급하는 바에 따를 때, 심지어 가장 뛰어난 재능으로 획기적인 발견을 해낸 수학자들조차 흔히 (칸토어처럼) 자신의 작업으로부터 전혀 근거 없는 신학적이거나 준準신비적인 함의를 끌어내거나, 혹은 그렇지 않으면 (코언처럼) 자신의 발견이 보다 폭넓게 존재론이나 수학 외적인 의미를 가진다는 발상에 대해 매우 저항적인 태도를 보이는 경향이 있다.

이에 따라 "진리의 존재에 관한 문제는 법적인(de jure) 층위에서는 상당히 근래에 들어서야(코언의 발견에 의해, 1963년에) 해결되었"으며, 어쨌든 그 중요한 진전의 달성은 "수학자들이—그 활용의 기술적 필요성으로 인해 그들의 분과의 운명에 대한 망각에 흡수됨에 따라— 거기서 일어난 어떤 것을 어떻게 명명할지 알지 못"한 채로 진행되었다(p. 341). 그리고 만일 철학이 수학과의 이런 양면적 관계를 수용해야 한다면, 철학은 그 자체를 가능케 하는 실존의 '조건들'을 구성하는 그러한 다른 분과들이나 주제영역들과 관련하여 비슷한 자리에 위치지어져야 한다. 말하자면, 철학이 떠맡아야 할 책무는 그러한 분과들의 과학적이거나, 정치적인, 예술적인 또는 윤리적인 자율성에 대한 정당한 존중과 그러한 분과들의 존재 자체를 정의하면서도 철학의 도움이 없을 경우 개념적·이론적 표명을 완수할 어떠한 적합한 수단도 찾을 수 없는 그러한 진리의 종류들을 말할 수 있는 철학 자체의 역량에 대한 정당한 지각을 조합하는 일이다. 이는 『존재와 사건』에서 그 작업의 철학적 의의에 관한 극도의 확신(혹자는 오만하다고 생각할지도 모를)과 수학자들의 성취나—물론 약간은 덜 분명하기는 하지만—다른 분야의 사상가나 실천가, 창작자나 활동가들의 성취에 관해 겸손함을 보이며 심지어 자기를 지우기조차 하는 태도의 곤혹스런 결합을 설명하는 데 도움이 된다. 이러한 다양한 기획들을 함께 끌어들이는 것은 그 기획들이 유적 절차(generic procedure)의 특정한 유형들에, 즉 그 용어에 대해 바디우의 조심스럽게 정의된 의미에 따라 '무한한' 진리에 관한 시야를 정하는 충실성의 표지를 위한 공간을 만드는 유적 절차들에 참여할 역량을 공유한다는 점이다. 이는 어떤 특정하게 주어진 상황을 한계 짓는 측면에 제한되지 않을 진리이지만, 진리의 탐지자들을 촉발하여 사유가 지금까지 찾아왔고 잠재적으로 획기적인 변화를 일으킬 추가적인 발전의 힘을 정확히 어디에서 얻을 수 있을지 지시하는 징후적 지점들인 갈등, 초과, 이상異常, 아포리아 또는 (지금으로서는) 해결할 수 없는 긴장의 위치를 찾아내도록 할 것이다.

대체로 이런 결과를 가져오는 것은 '비식별(indiscernment)'의 행위 혹은 과정인데, 이에 의해 사유는—반실재론자들과 직관주의자들에게는 미안한 이야기지만—현재로서는 최상의 지식이나 형식적-입증적 증명의 역량을 넘어설 수 있게 되며, 무엇보다 지금까지 그러한 발전의 길을 막아왔던 특정한 간극이나 결핍, 결여나 개념적 부족 또는 장애에 대한 파악을 통해 그러한 넘어섬을 실행할 수 있게 된다. 그리고 이는 이러한 효과를 관찰할 수 있는 수학과 논리 및 형식 과학들에만 그치는 것이 아니라(이 분과들에서 몇 가지 가장 인상적인 예를 얻을 수 있기는 하지만), 바디우의 기획에 또한 중심적인 지점으로 드러나는 엄격하게 자율적인 지성적, 창조적, 정치 활동적 노력의 영역들에서도 마찬가지이다. 요컨대 "예술, 과학 그리고 정치는 그것들이 식별하는(discern) 무엇에 의해서가 아니라, 그 안에서 비식별하는(indiscern) 무엇에 의해 세계를 변화시킨다"(p. 343). 이런 이상 이 분야들은 수학적 사유의 본질적으로 감산적인 성격을, "어떤 충실한 유적 절차가 식별 불가능한 것을 내재화"하는 방식을, 혹은 가장 의미심장한 발전들과 중대한 발견들이 어떤 주어진 상황에서 결여되거나 또는 논리나 개념상의 긴장의 다양한 징후들에 의해 부재를 드러내는 무언가에 대해 갑작스럽게 민감해진 지각 능력으로부터 귀결되는 그러한 과정을 공유한다. 시, 음악, 시각적 예술의 경우에, 이는 바디우의 관점에서 말라르메와 쇤베르크(Schoenberg) 그리고 말레비치(Malevich)의 작품들에서 특징적으로 나타나는 형식이나 표현상의 긴장—기존의 언어, 양식, 기법, 장르 또는 재현 방식 물려받은 한계에 봉착하여 그러한 한계를 넘어서고자 노력하는—에서 가까운 등가물을 발견한다. 하지만, 무엇보다 사회·정치적 영역에서 그는 이러한 감산적 진리 구상을 받아들이고 그것을 언제나 작인作因(힘, agency)과 구조, 혹은—마르크스의 문구를 사용하여—인간 존재자들이 스스로의 역사로부터 만들어낸 무엇과 그들이 그 과제에 직면하여 '그들 스스로 선택한 것이 아닌' 조건들 사이에 놓인 문제적 관계를 진정으로 재구상할 프로그램을 구성하는 일련의 친족적 개념들—특히 사건, 식별 불가능한 것, 유적 절차 그리고 무한으로의 통과라는 개념들—을 위한 기초로 배치하게 될 사유 양식의 함의들을 탐색한다.

3. 루소의 사회 계약론: 주체, 시민, 일반 의지

이러한 주제들을 염두에 두고서, 바디우는 이제 장 자크 루소(Jean-Jacques Rousseau)에게로 논의의 방향을 돌리는데, 루소의 저술에서 그는 이러한 주제들이 놀랍게도 이미 선취되었고 더구나 현저한 긴급성과 설득력을 지닌 고도로 정련된 이론으로 논해졌음을 발견한다. 이런 면에서 루소의 『사회 계약론(Social Contract)』이 두드러진 위치를 점하게 하며, 바디우의 집중적인 주해를 위해 선택된 플라톤, 아리스토텔레스, 스피노자, 라이프니츠, 헤겔, 마르크스 및 여타의 사상가들의 저술과 함께 자리할 자격을 얻게 하는 것은 루소가 정치에 관해 이러저러한 관점(철학적, 윤리적, 사법적, 헌정적 등등의 관점)으로부터 사유할 뿐만 아니라 인간적인 세계-내-존재(being-in-the-wolrd)의 다양한 가능적 양식들과 구조들에 있어 기본이 되는 존재론적 입장에 관련된 사안으로서 정치의 본성 자체를 사유하고자 한다는 사실이다.[281] 만일 이러한 기술로 인해 바디우가 여기서 보다 하이데거적인 사고 방식으로 미끄러져 들어간다는 인상을 받았다면, 그러한 인상은 잘못된 것이라 말할 수 있는데, 왜냐하면 이러한 질문들을 제기하는 루소의 방식—때로 그의 주해자들에게 깊은 의심 뿐만 아니라 매혹과 당혹을 촉발했던 방식—이 정신과 세계, 주체와 대상, 혹은 존재사유(thought-of-being)와 존재 그 자체가 소크라테스로부터 내려오는 서구 형이상학의 역사에 의해 거칠게 분리되는 시기를 향한 하이데거의 매우 보수적인 회귀와는 완전히 동떨어져 있다는 것이 바디우의 요지이기 때문이다.[282] 반대로, 루소가 사회 계약의 잠정적 기원에 관한 중심적인 문제—최초에 인민(people)이 그들의 개인적 욕구와 욕망과 이해관심을 일반 의지(General will)에 넘기고, 이후 일반 의지가 즉시 그런 것들을 포함하고 초월하게 되는 과정은 어떻게 이루어지는가?—를 제기할 때, 이 문제가 제기되는 방식은 그 가설의 역사적(사실적) 진실에 치우치기보다는 오히려 그 가설에 대한 경험적이거나 여타의 증거가 없음에도 이것이 맞다고 생각할 필요성을 보이는 어떤 사고 실험 혹은, 바디우가 이해하는 바에 따를 때, 어떤 절차에 따른 것이다. 요컨대 "[루소의] 방법은 모든 사실을 한편에 치워놓고 이로써 사유의 작용을 위한

---

281 Jean-Jacques Rousseau, *The Social Contract* (trans.) J. H. Tozer (London: Wordsworth Classics, 1998).

282 Martin Heidegger, *Being and Time* (trans.) John Mcquarrie and Edward Robinson (Oxford: Blackwell, 1962).

토대를 정립한다"(p. 344). 그리고 또한, "사회적 협약은 역사적으로
증명할 수 있는 사실이 아니며, 루소의 그리스나 로마에 대한 참조는
단지 그러한 현세적 부재를 나타내는 고전적 장식일 뿐이다"(p. 345).

물론 동일한 논지의 비판이 홉스, 스피노자 그리고 존 롤스(John
Rawls)나 토마스 스캔론(Thomas Scanlon) 같은 현대 이론가들에게까
지 내려오는 사회·정치적 정의의 문제들에 대한 계약주의적(contrac-
tualist) 접근의 옹호자들에 대해서도 흔히—비판이나 직접적인 거부
반응의 형태로—제기되곤 한다.[283] 하지만, 바디우의 주장에 따를 때,
루소는 이러한 추론 양식을 훨씬 더 멀리까지 밀고 나가서, 실제로 (완
전히 그렇게 이야기하지는 않지만) 그 추론을 후보로 제시된 정리의
진리를 밝히도록 고안된 어떤 형식적 증명 내지는 공리·연역적 절차에
보다 가까운 무엇이 되는 지점에 이르게 한다는 것이다. 여기서 독자는
바디우가 이런 이유로 루소에 대해 보이는 존경과 모든 지식의 항목을
마지막 하나까지 자만으로 가득한 형이상학적·합리주의적 관할 안에
수용한다고 여겨지는 사유 체계를 구성했다는 점을 들어 바디우가—
라이프니츠나 스피노자를 위시한—다른 사상가들에 대해 취하는 반대
입장 사이에 심각한 비일관성이 드러난다고 생각할지도 모르겠다. 하
지만 루소에게는 그러한 사유의 길과 거리를 두는 한 가지 결정적인 측
면이 있는데, 말하자면 새로운 정치 질서의 시작을 가져오며, 이와 함
께—적어도 원칙적으로—개별적 이해 관심을 이후에 만들어질 주권적
공동체의 이해 관심에 기꺼이 양보할 용의에 따라 연합된 인민의 집합
적 염원을 구현하는 것으로서 일반 의지를 초래하는 무언가에서 엿보
이는 사건적 성격(즉, 엄격하게 우연적이며, 따라서 예상이나 연역이

---

283   추가적인 논의를 보려면, David Boucher and Paul Kelly (eds), *The Social Con-
tract from Hobbes to Rawls* (London: Routledge, 1994)를 볼 것.

불가능한 성격)을 강조하는 측면이다. 루소의 사유에서 이러한 양상은 그의 주해자들에게 가장 심각한 당혹감을 야기했는데, 왜냐하면 이러한 양상이 주해자들 중 일부에게는 국가적(national)[284] 운명이 오직 그들에게만 특권적으로 맡겨진 수탁자로서의 '인민(people)' 개념—즉, 문화적·언어적 요건에 따라 규정된 어떤 특정한 인민 개념—에 기초한 정치 구상에 위험할 정도로 가깝게 다가간다는 인상을 주었기 때문이다.

"루소의 목적은 정치의 개념적 요건들을 검토하는 것, 즉 정치의 존재를 사유하는 것"이며, "그 존재의 진리는 '인민이 인민이 되는 행위'에 있다"고 서술할 때, 바디우는 그러한 오해를 줄이려 하지 않는다(p. 344). 어쨌든 우리는—이것이 철저하게 거짓된 인상을 만들어내지 않는 이상—바로 앞의 두 인용구에 반향되는 불길한, 심지어 하이데거적인 메아리가 여기에서 어떤 방식으로 그가 '정치의 개념적 요건들'을 검토하는 루소의 기획에 관해서 하는 이야기에 의해 현저하게 상쇄되는지 상기해야 한다. 사실상 이는 루소가 잠재적으로 전체주의에 이를 수도 있는 그러한 강력한 국가주의적(nationalist) 사유 방식에 빠질 위험으로부터 그를 구해내는 비판적 경계 또는 개념적·분석적 사유의 힘을 행사했음을 명확히 밝힌다. 그런 이유로 바디우는 루소가 어떤 특정한, 지리적으로나 역사적으로 위치 지정된 삶의 형식, 문화, 언어에 대한, 또는—필시 국민 국가(nation-state)나 그에 상당하는(물론 국가적인) 개체의 형태를 취하게 될—세계-내-존재의 식별 양식에 대한 '자연적(본성적, natural)' 표현으로부터 가능한 멀리 떨어진 위치에 있다고 강변하는 것이다. 다른 어느 곳보다 여기에서 우리는 존재와 사건이

284 [원래 nation이라는 말은 '국민', '민족' 등을 나타내는 말이며, national은 '국민적', '민족적'의 의미를 지닌다.]

라는 바디우의 대립되는 주제들이 어떤 방식으로, 유기체적인 성장과
발전과 몰락이라는 자연적 과정으로부터 (어떤 은유적 확장을 통해)
차용함으로써 정치와 역사를 구상하는 경향—하이데거의 단호한 국가
사회주의(National Socialism) 지지에서 가장 명확하고 재앙적인 귀결
을 목도하게 되는—에 대한 영속적 비판을 수반하는 것으로서, 그의
정치 이론의 재사유에 관계되는지 이해할 수 있다. 그래서, 아리스토텔
레스의 주장과 달리, "인간은 정치적 동물이 아니다. 정치의 우연은 초
자연적인 사건인 까닭이다"(p. 345). 사건이 '초자연적'이라는 말은 당
연히 신적인 것이나 초월적인 것의 개입에 호소한다는 의미가 아니라,
그 귀결이 결코 사전에 어떤 준準자연적(quasi-natural) 전개에서 미리
정해진 종착점의 도래에 따라 보장되지 않는 그러한 진리절차에 대한
충실한 지지에 모든 것을 거는 선택이나 도박 또는 의지로부터 비롯된
다는 의미에 따른 것이다. "만일 루소가 정치의 근대적 개념을 영구히
정립한다면, 그것은 그가 가장 급진적인 방식으로 정치는 어떤 사건에
서 비롯되는 것이며 존재 내부에서 지탱되는 어떤 구조에서 비롯된 것
이 아니라고 주장하기 때문이다"(p. 345). 즉, 사회 계약론은 루소의
다른 저작에서 두드러지게 나타나는 주제들과 그를 사로잡은 생각들
— '문명화된(civilized)' 사회적 삶의 온갖 부정한 도구에 의해 아직 훼
손되지 않은 이상화된 원시적(혹은 '자연적') 공동체라는 관념을 위시
한—의 결합에 좌우되는 궁극적인 의미와 논리를 갖기에는 지나치게
지적이고도 자기 비판적인 텍스트이다.[285]

이러한 사고의 예민함은, 바디우의 주장에 따를 때, 여기에서 "루소

---

285 특정한 측면에서 비교할 수 있는 루소 독해를 보려면, Jacques Derrida, *Of
Grammatology* (trans.) G. C. Spivak (Baltimore, MD: Johns Hopkins University
Press, 1976).

가 분명히, 모든 참된 정치에 있어, 집합적인 몸에 속한 어떤 유적인 (식별 불가능한) 부분집합과 연결되어야 할 필요성을 나타낸다"는 사실로 설명된다(p. 346). 그 효과는 낙관적으로 보더라도 부정의하며 분열과 배타적 성향이 드러나는 사회 질서를 구성하게 될, 그리고 최악의 경우에 인종주의나 민족적 유인에 의해 추동되는 폭력 운동을 관념적으로 정당화하게 될 [술어 또는 속성에 따른] 귀속이나 구성원 자격의 조건을 나타낼, 어떤 특권화된 표시자에 관한 정치체(body politic)의 모든 가능적 폐제를 방지하는 것이다. 오히려, 루소가 상상하는 것은 개인(person) 혹은 (소위) "개별자(individual)" 내부의 "분열"이며, 이로써 그들은 각자 "신민(subject)"[286]과 "시민(citizen)"으로서 이중의 역할을 맡게 될 것인데, 전자는 우선적으로 "국가의 법률에 대한 그 또는 그녀의 종속(subjection)"을 통해 규정되는 데 반해 후자는 "일반 의지의 지상권(sovereignty)에 대한 그 또는 그녀의 분유分有(participation)"를 의미한다(p. 346). 이로써 확실해지는 것은 언제까지고, 한편으로, 어떤 주어진 추정상 (공동체적으로 인가된) 합법적인 법률 구조, 사회 제도 및 정치 절차들에 의해 재현된 것으로서 정치체와, 다른 한편으로, 귀속되지 않는 것을 포함하거나 혹은—다시 한번 이러한 집합론적 가르침의 정치적 의의를 설명하자면—하나로-셈하기에 의해 배제되기에 합법적 구성원 자격을 갖추지 못한 부분들을 포함하는 것으로서 정치체 사이의 차이 혹은 불일치가 있으리라는 점이다. 그러므로 (이런 이상 '유적인 것[generic]'과 거의 동의어인) 일반 의지는 본질

---

286 [일반적으로 '주체'로 옮겨지는 subject는 일차적으로 '종속되다'의 의미를 지니며, 이 논의 맥락에서는 '주체'보다는 '신민'의 의미로 보는 편이 옳다. 일반적으로 문법적 의미의 '주체'는 어떤 행위 밑에 깔려 그 기반이 되는 무엇을 의미하는 라틴어 subjectum에서 온 것이다.]

적으로 "식별 불가능한 것에 매여있"는 것으로 간주되어야 한다. 이는 일반 의지가 명백히 현재 우세한 상황 내부에서 식별되거나 정당하게 인정될 수 없지만, 그럼에도 자격 부여와 관련한(qualifying) 어떠한 속성이나 술어와도 상관없이 그 자체의 인정—정당한 구성원으로서의 수용—을 주장하는 무언가의 실존에 여지를 남기기 때문이다.

우리는 이것이 바로 바디우가 집합론적 담론의 내포주의적(inten-sionalist) 이해보다는 외연주의적(extensionalist) 이해를 받아들이는 이유라는 점을 상기해야 한다. 즉, 외연주의적 이해가 다른 의미나 가치들의 할당과 이에 따른 엄격한 평등의 원칙에 대한 유적인 요구의 금지에 반대되는 관련된 다양한 형식적 연산들 내부에서 모든 개별 항의 평등을 보장하게 된다는 점을 말이다. 마찬가지로 "일반 의지는 결코 어떤 개인이나 특정한 행동을 고려하지 않을 것이다. … 이는 명백히 일반 의지가 본질적으로 평등주의적이라는 귀결로 이어지는데, 왜냐하면 그것이 개인이나 재화를 차별할 수 없기 때문이다"(p. 347). 더구나 이러한 평등주의적 우선성에 이끌려, 바디우는 루소의 사유가—그 추정상 '전체주의적(totalitarian)' 성격에도 불구하고—모든 앞선 구성주의적 형태의 이론(예를 들어, 홉스나 로크의 이론)과의 결정적인 단절을 나타낼 뿐만 아니라 본질적으로 구성주의적 이론의 장악력을 벗어나는 어떤 것에, 말하자면 존재론적 세부 사항을 넘어서는 초과적이거나 이례적인 것의 영역에 거주하는 것에, 곧 '초일자'로서의 사건에 개방된 사회적 존재론을 향한 마찬가지로 결정적인 전회를 나타낸다고 묘사한다.[287] 그러므로, 바디우의 주장에 따를 때, 루소는 여기서 불완전하기는 하지만 지금까지 달성된 그 무엇보다 급진적인 평등주의적

---

287 각주 283 참조. 또한 Gerald F. Gaus, *Jutificatory Liberalism: An Essay on Epistemology and Political Theory* (New York: Oxford University Press, 1996).

민주주의에 대한 발상과 함께 사회 과학이나 인문 과학보다는 형식 과학에서 그 자체의 발전 모델을 발견하게 될 그러한 정치 구상의 종합을 달성한다.

이런 이유로—『사회 계약론』에 대해 찬탄하거나 혹은 비판하는 대부분의 해석들과 전혀 다르게—바디우는 루소가 집합론의 자원들로부터 (모두는 아니지만) 상당수의 개념적 장치를 유도해 내는 방식의 진술이 가능할 정도로 정치 이론의 담론을 '형식화'해냈던 사상가로 칭송받기에 합당하다고 여긴다. 원칙적으로—명백히 어떠한 존재론의 범위도 넘어서거나 벗어나는 어떤 것의 영역에 속하기에—그런 방식으로 유도될 수 없는 것은 또한 (우리가 본 그대로) 이미 성취된 수학적 지식의 한계를 구성하는 동시에 그 한계 너머 현재로서는 아직 알려지지 않았거나 알려질 수 없는 영역들을 지시하는, 이를테면 지식이 그 자체의 현행적 발전 상태 안에 있는 간극이나 빈틈과 마주치게 하는 영역들을 지시하는 무엇이다. 요컨대,

> 『사회 계약론』에 관해 가장 주목할 만한 무엇은 그 저술이 사건적 토대와 식별 불가능한 것의 절차에 접합된 방식에 의지하여 정치와 질質(quality) 사이의 내밀한 연결 관계를 밝힌다는 점이다. 일반 의지가 대상을 비식별하고 그것을 지식의 백과사전으로부터 제외시키기에, 일반 의지는 평등을 향하도록 정해진다. 그리고 이 식별 불가능한 것은 이어서 정치적 창조의 사건적 성격으로 귀착된다. (p. 347)

자기 사유의 이러한 측면—(바디우가 단언하는 바 그대로) 대부분의 루소 주해자들에 의해 무시되거나 가려지거나 부지불식간에 간과된—으로 인해, 루소는 진정으로 혁명적인 사상가로 서게 된다. 물론 그의

텍스트들이 좌우파 양쪽 모두에게 심각하게 오독되어 관습적으로 (정당-정치적으로[party-politically]) 이해되기는 했지만 말이다. 바디우는 오히려 성마르게, "문제는 어떤 한 언표가 좋은 정치로부터 유래하는지 아니면 나쁜 정치로부터 유래하는지, 좌파로부터 유래하는지 아니면 우파로부터 유래하는지 아는 것이 아니라, 그것이 정치적인지 아닌지 아는 것"이라고 언급한다(p. 349). 바디우의 관점에서, 정치는— 유효하거나 중요한 그 단어의 어떤 의미에서도—전형적으로 현재 정립된 조건들 아래 '정치'로 가장하는 모든 담론들, 재현들, '민주주의적' 절차들, 지식 체계들, 혹은 이데올로기적 속박의 양식들의 정상적 기능에 단절을 가함으로써 일어나는 것이다. 어떻게 정치가 그러한 조건들에도 불구하고 도래할 수 있는지 파악하기 위해, 우리는 그러한 조건들에 훨씬 더 높은 정도의 개념적 명확성과 엄정함을 가져오는 방식으로(특히 유적인 것과 식별 불가능한 것을 통해) 형식적으로 재언명(re-statement) 되는, 루소의 논변에서 지금까지 무시되어온 차원에 유의하며 『사회 계약론』을 읽어야 한다.

어쨌든 바디우에게는 루소에 대한 '전체주의적' 독해에 대한 반대를 강조할 필요가 있다. 좌파나 혹은 우파 중 어느 쪽에서의 유래를 막론하고, 루소가 일반 의지라는 개념을 동원하여 집단의 전횡(tyranny)을 이론화하며—그리고 더 나아가 권장하며—개인의 권리와 이해 관심을 초월한다고 가정되는 공동체의 이익(communal good)이라는 이름으로 '의지하는(willing)' 각각의 주체(subject) 모두를 예속시킬 개념적 도구로 만들었다는 혐의를 씌우게 될 그러한 독해에 대한 반대를 말이다. 이러한 독해는 사상실 『사회 계약론』에 대한 적확한 독해가 아니라는 것이 바디우가 매우 단호하게 논변하는 주장이며, 여기에는 정치적으로나 철학적으로 그 자신의 가장 중요한 개념들과 개입들 중 일부가 수반된다. 전적인 차이를 만드는 것은—심지어 공통적인 찬성에 의해서나 혹은 대중적 동일시를 통한—권력의 표현이나 이행 履行(implementation)이 아니라 어디서나 펼쳐지는 권력의 작용을 벗어나 그에 저항하는 것으로 그려지는 루소의 의지(will) 개념이다. 의지가 이러한 결과를 불러올 수 있게 되는 것은 그것이 하나로-셈하기 혹은 지배적인 재현의 체계로부터 유래한다고 간주될 수 있는 것과 다른 그리고 그 이상의 무언가를 위해 영속적으로 개방하게 되는 공간을 통해서이다. "[루소의] 권력(전이될 수 있는)과 의지(재현될 수 없는) 사이의 구별은 매우 심대하다. 그 구별은 정치를 국가로부터 해방한다. 사건-계약(event-contract)에 충실한 절차로서, 정치는 대표(delegation) 혹은 재현(representation)을 용인할 수 없다. 정치는 전적으로 그 시민-투사들(citizen-militants)의 '집합적 존재'에 있다"(p. 347). 이는 바디우가, 루소의 정치적 급진주의(radicalism)를 지금까지 그 자신이—의심의 여지 없이 정치적이며 사회·과학적이면서도 또한 집합론적인 사후적 시각의 이점을 가지고—형식적인(혹은 적어도 준準형식적이며 개념적으로 엄격한) 측면에서 다뤄질 수 있는 이러한 주제들의 냉철한 논술을 향해 밀어붙여 왔던 방식과 같은 것으로 놓을 때, 염두에 두는 무엇이다. 그것은 또한 바디우가 사회적 존재론의 범위와 한계를, 곧 사유가 합법적으로 그러한 형식적 탐구의 기획에 수반될 수 있는 최대의 범위를 표시한다고 여기는 무엇이다. 실제로, 이런 맥락에서, 마찬가지로 수학과 자연 과학에서, 때때로 지식이 진보의 장애물에 또는 그 개념적 파악의 힘에 대한 점검에 봉착하게 되는 지점이 오게 된다. 그러한 점검은 어떤 결정적이거나 획기적인 사건이 목전에 닥쳤을 때 기원적인 '발견의 맥락'에 처한 자들 뿐만이 아니라, 사건을 '후사건적' 위치로부터 회고하며 어떤 적절하거나 합리적으로 이해 가능한 방식으로 사건 발생에 대한 설명을 구하는 자들 또한 마주치게 된다.

따라서, 언제나 잠재적인 '난관(impasse)'의 단계—정지, 비결정, 아포리아, 딜레마, 해결되지 않은 역설 또는 형식적 결정 불가능성의 순간—가 주어지는 것은 사유에 가능한 유일한 결과가 (윌리엄 제임스 [William James]의 기준을 차용하자면) '당면한 것(live)', '강제된 것 (forced)' 그리고 '중대한 것(momentous)'으로 제시되는 선택지들 중 하나에 대한 헌신일 때이다.[288] 바디우의 루소 독해에 따를 때, 바로 그 단계에서 어떤 주어진 시간에 지배적인 권력 구조들('대중적' 권력을 비롯하여)과 일반 의지 사이의 틈새가 벌어지며, 그런 이상 일반 의지 는 그러한 구조들과 충돌하는 집단적 이해를 표현하거나 구현한다. 관 건이 되는 괴리는 언제나 모든 사회 안에 어느 정도 있지만, 때로 정상 적인 이데올로기적 속박 양식들의 붕괴를 구성하는 어떤 극단적인 형 태를 가정한다. 이 괴리는 바디우가 집합론적 방식으로 정리하는 현재 의 정치적 정세의 다양한 구성요소들(귀속과 포함, 집합과 부분집합, 구성원과 부분, 상황과 상황의 상태, 하나로-셈하기와 셈해지지 않은 것의 초과) 사이에서 더 이상 협상할 수 없는 불화가 터져나올 때 임계 점에 이르게 되지만, 이는 언제나—선택 공리(axiom of choice)에 의 해 고지되는 필요의 명령을 통해[289]—그러한 순수하게 형식적인 평가 너머를 가리킨다. 이는 루소 비판자들이 『사회 계약론』을 존 스튜어트 밀(John Stuart Mill)이 이후에 말하는 '다수의 전횡(tyranny of the

---

288 William James, *The Will to Believe and Other Essays in Popular Philosophy* (New York: Dover, 1956).

289 [선택 공리에 따른 연산이나 함수는 임의적이지만(다시 말해, 수학적으로 정의 될 수 없지만), 그럼에도 집합론에서 중요한 여러 정리들의 증명에 필수적이다. 그런 의미에서 선택 공리는 체계 구성과 관련한 필요에 따라 내려진 순수한 결정의 차원에 속한다.]

majority)'의 극도로 위험한 형태라고 주장할 때, 루소를 오해한 것이라고 말할 수 있는 이유다.[290] 그러한 비판이 놓치는 것은 임의적인 칙령(decree)과 정당화될 수 있는 법률(law) 사이의, 혹은 어떤 '특수한' 의지에 의해 주어진 힘과 합법적인(강압적이지 않은) 권위를 난폭한 권력의 명령을 초월하는 것에 대한 암시적 관계로부터 이끌어내는 일반 의지의 입법 사이의 결정적인 구별―바디우가 집합론적 방식으로 보다 정확하게 포착할 수 있다고 주장하는 구별―이다. 바디우 비판자들도 마찬가지로, 그가 수학적(혹은 준準수학적) 사유 양식을 그러한 유비들이 기껏해야 오해로 이어지며 최악의 경우 '전체주의적' 사유의 구실이나 근거를 제공하는 경향을 보이는 영역에, 즉 정치 혹은 정치 이론의 영역에 도입한다고 주장할 때, 유사한 오류를 범한다. 그러한 비판자들은 그야말로 셈해지는 무엇과 관건이 되는 가정상의 전체를 구성하는 한 부분으로 셈해질 수 있거나 셈해져야만 하는 무엇 사이에―다른 시간 보다는 어떤 특정한 시간에, 그러나 어느 정도는 언제나―존재하는 간극을 역설하는 그의 주장을 무시한 것이다.

정치 이론이 수학에서 칸토어의 혁명으로 일어났던 진보에 긴밀하게 유비적인 무언가를 완성할 수 있게 하는 것은 바로 어떤 다른 사유의 영역―이전의 정렬성(well-orderedness) 개념에 의해 기각된 다수성이나 또는 포함의 양식들에 대한 개방성을 나타내는 영역―으로 옮겨가는 이러한 결정적인 전이다. 이런 이유로 바디우는 '정치'라는 용어를 대체로 어떤 구별이나 자격과 관련한(qualitative) 의미로 사용하여, 정치를 그저 '정부와 관련(governmental)' 되거나 혹은 국가에 의해 인가되고 법적으로 관리되는 권위의 경로를 통한 권력의 행사와 관련될

---

290   John Stuart Mill, *On Liberty* (ed.) Gertrude Himmelfarb (Harmondsworth: Penguin, 1985).

뿐인 어떤 것으로부터 분리한다. 그러한 유사 정치적 절차들에 전적으로 결여된 무엇은 언제나 일반 의지가 사회적·제도적 현상태와 충돌할 때 모습을 드러내는 그러한 난관의 [출현] 가능성이다. 바디우가 기술하는 바에 따르면, "다른 한편으로, 그 난관이 완전하게 존속하는 것은 정치가 관건일 때, 즉 인민(people)을 정치 자체에 관계 지으며, 그 절차의 유적 성질을 끌어들이는 결정이, 모든 백과사전적 결정자로부터 그 절차의 감산(빠져나감, subtraction)이 관건일 때이다"(p. 352). 이런 의미에서, 일반 의지는 "식별 불가능성에 의해 규정"되는데, 왜냐하면 일반 의지의 진리는 그 의지가 멀리 사유의 지평에서 변화의 잠재성으로서 처음 나타났을 때 얻을 수 있는 지식의 상태 너머에 놓이며, 오직 관건이 되는 진리 사건에 대한 충실성을 통해 달성될 사후적 관점으로부터만이 알 수 있을 것이기 때문이다. "만일 어떤 명시적인 상황의 언표에 의해 결정된다면, 정치는 규범적 형식을 가지게 될 것이다"(p. 353). 수학이나 자연 과학에서도 마찬가지로, 만일 진리가—반실재론자들과 직관주의자들이 주장할 것처럼—알 수 있는 결과, 증명될 수 있는 정리, 검증 가능한(혹은 반증 가능한) 추측 등의 명확히 한정된 범위에 제한된다면, 단적으로 어떠한 진보의 가능성도 없을 것이다. [그들의 주장에 따를 때,] 사유가 언제나처럼 현재로서는 최선인 지식과 객관적 진리 사이에 존재함이 밝혀질 간극으로 인해 발전했고 여전히 더 발전하게 되리라는 주장은 기본적으로 말이 되지 않기 때문이다.

그 간극은—바디우에 따를 때—거기서 가장 결정적인, 즉 과학적 중요성이나 정치적 전환의 에피소드들이 일어났다고 볼 수 있는 공간이며, 그러한 변화의 이유는 진보의 관념이 먼저 자리 잡아 어떤 것을 (그저 무작위적이거나 합리적 동기가 없는 데 그치지 않는) 진정한 변화로 간주해야 할 것인지 규정하게 된 까닭이다. 하지만 발견의 맥락과 관련하여, 그의 주된 주장은 논리적 사유의 방법 및 절차들이 그저 지금에 있어서만 그럴 수 있었다는 것인데, 왜냐하면 그 한계 너머에서 지금은 합리적으로 이해될 수 있다고 간주되는 어떤 진보의 예시가 그것이 시작될 당시에는 완전히 가설적이거나 사변적인 양상을 띤 여러 테제들에 대한 많은 양의 충실성의 투여를 필요로 했기 때문이다. 요컨대 "사건에 달린 유적인 진리는 기존의 정립된 언어로부터 감산된 상황의 부분이며 그 형식은 도박적(aleatoric)인데, 왜냐하면 그것은 오직 실존의 지표(index)일 뿐이며 학식 있는 명명이 아니기 때문이다"(p. 353). 하지만 '도박적'이라는 용어가 여기서 순수하게 우연적인 일어남의 영역을 언급한다거나 혹은 발견의 맥락과 정당화의 맥락 사이의 나머지의 모든 표준적인 분석적 구별을 무너뜨리는 것으로 받아들여져야 한다고 가정한다면, 그것은 완전히 잘못된 생각이다. 분명히, 유적인 진리절차는 "오로지 시민 투사들의 열의에 의해 지탱될 뿐이며, 그들의 충실성은 어떠한—헌정적이거나 조직적인—형식으로도 적합하게 표현할 수 없는 무한한 진리를 산출한다"(p. 353). 하지만 바디우는 이것이 그러한 기획을 완수하기 위해 결코 약해지지 않을 헌신을 보이는 자들에게 동기가 되는 에너지나 열정과 관련되며, 그러한 기획이 한참 후에 올바른 방향이었음이 드러날지 아닐지를 결정하는 진리조건들과 관련된 것이 아님을 분명히 한다. 달리 말하자면—되풀이해서—그는 결코 '두 가지 맥락' 원칙을 기각하지 않는다. 발견의 맥락이 합리적 이론 선택의 과소 결정(under-determination)에 대한, 혹은 마찬가지로 정치적 결정과 참여가 완전히 적합한 정당화의 기반이 부재하는 가운데 실행되는 한도에 대한, 바디우의 강조를 통해 보다 중요한 역할을 얻는다 하더라도 말이다.

주로 이런 점에서 바디우는 루소를 "유적 절차로서 정치의 본성을 추상적으로 규정하는" 기이한 "천재성"을 지닌 사상가로 여긴다(p. 353). 루소는 권력(power)과 권리(right), 칙령(decree)과 법(law), 일반 의지(general will)와 특수 의지(particular will) 사이의 결정적인 구별을, 혹은 다시 말해—바디우의 용어로 하자면—권위가 부여된 하나로-셈하기에 따라 귀속되거나 되지 않는 것을 결정하는 권력을(그리고 사실상의 권리를) 지닌 국가(state)와 현재의 '상황의 상태'에서 비식별적으로(하지만 그럼에도 결정적으로) 포함과 귀속의 불일치를 나타내는 어떤 것 사이의 구별을 존중해야 할 형식적일 뿐만 아니라 긴급하게 정치적인 필요성을 파악하는 현명함을 보인다. 이러한 주목할 만한 발전에 어떤 한계를 설정하는 것은—바디우가 인정하는 그대로—루소가 주권(지상권, sovereignty)의 문제를 하나의 중심적인 주제로 받아들이고 이로써 가장 엄격한 논리적 필연성이 뒤따르는(혹은 뒤따른다고 보이는) 급진적인 함의를 더 멀리까지 밀고 나가지 못하도록 사유를 폐제하는 '고전적 접근법'에 지속적으로 관여했다는 점이다. 그래서 루소는 "—역설적인 조심스러움을 보이며—다수결(majority of suffrages)이 궁극적으로 이러한 합법성의 경험적 형식이라고 고려하는" 태도로 후퇴했던 것이다(p 353). 그럼으로써 그는 결과적으로, 의회 군주정(king-in-parliament)[291]부터 여러 현행적인 '사회 민주적(social-democratic)' 사유 양식에 이르기까지, 모든 범위의 다소간 제한을 남기는 [정치의] 타협적 구성에 여지를 주었으며, 이는 언제나 그랬듯 인민의 의지의 어떤 진정한—곧 완전히 포함적인(inclusive)—행사에 확고한 한계를 정해왔다. 이에 따라, 바디우의 이해에 따를 때, 루

291　[crown-in-parliament 혹은 군주의 성별이 여성일 경우 queen-in-parliament 로 표기하기도 한다. 왕 또는 여왕과 의회가 함께 최고 입법 권력을 구성하는 제도이며, 대표적인 예는 영국과 영연방 국가들.]

소가 근대적 사유에 남긴 유산은 이런 질문이다. "상황의 현시 가능한 표면 위에서, 정치적 절차를 구별해 내는 것은 무엇인가?"(p. 353).

이 성찰(Meditation)[292]은 이 질문에 대한 개략적인 답을 제시하며 마무리된다. 말하자면 "정치는 그 자체의 고유한 목적이며, 참된 언표에 관해—비록 그것이 무엇인지 언제까지고 알려지지 않겠지만—집합적 의지가 참된 언표로 생산할 수 있는 어떤 것의 형태를 띤다"(p. 354). 그러나 그의 대답은 사유가 그 한계를 초월하여 루소의 『사회 계약론』의 급진주의를 향하리라 기대할 수 있게 하는 수단과 이것이 수학이나 논리를 위시한 형식 과학들에서 실행되는 절차들과 비슷한(심지어 동일한) 어떤 한 절차를 통해 완수될 것이라는—바디우의 전체 기획의 중심이 되는—주장 양자 모두에 관해 추가적인 문제들을 제기한다. 이 주장을 유효하게 만드는 일은 VII부에서 남은 두 성찰 '식별 불가능한 것의 수학소: P. J. 코언의 전략'과 '식별 불가능한 것의 실존: 이름들의 힘'에서 전개될 바디우의 기획이 될 것이다. 여기서 그의 주된 목적은 어떻게 진리가 지식의 한계를 넘어서는 일이 가능한지, 혹은—거의 동일한(물론 완전히 동일하지는 않은) 질문이 되겠지만—어떻게 사유가 의식의 한계를 넘어서는 일이 가능한지(사실상 가능할 수밖에 없는지)에 대해 형식적인 방식으로, 그러나 또한 실천적 측면과 관련하여 설명하는 것이다. 이는 다음으로 어떻게 식별 불가능한 것이 어떤 주어진 상황 안에 실존하여, 충분히 열린 정신을 가지거나 수용적인 성향을 보이는 사람들에게 특히 강력한 인상을 남기며 사유를 촉발하는 힘을 행사하는지 입증할 필요로 이어진다. 물론 우세한 인식적 근거의 규범들에 대해 남아 있는 그들의 애착이 그러한 지각에 의식적이거

292　[『존재와 사건』에서 장(chapter)을 지칭하는 단어.]

나 분명한 파악과 관련하여 적절한 표현이 주어지지 않도록 방해하겠지만 말이다. 요컨대 이 두 성찰의 과제는 지금까지 그의 주요한 관심의 초점이었던 수학 및 정치 관련 주제들을 종합하여, 이 주제들에 보다 이론적으로 정확하거나 혹은 엄격하게 형식화된 논의를 제공하는 것이다.

4. 지식 너머의 진리: 식별 불가능성, 유적 확장

나는 이 지점까지의 내 주해에 기초하여, 독자가 이 형식적 절차에 수반되는 것이 무엇인지 어느 정도 알고 있을 것이라고 믿는다. 간략히 말해서, 그것은 현행적인 '상황의 상태'에서 이미 암시되거나, 잠재하거나 혹은 예상되는 어떤 미래의 발전을 통해 지금 알려지거나 인정되지 않았지만, 그럼에도 실재적이며 잠재적 발견에 열려 있는, 특정한 이례적 사항들—간극, 부재, 개념적 결점, 빈틈, 재현의 실패, 자기준거의 역설 및 이와 유사한 것들—로 점철된 어떤 '준準완결적 상황들'이 실존한다는 주장의 논리적 증명이다. 즉, 우리는 여기에서 다시 한번 '감산적' 존재론과 함께할 것인데, 이는 실체적이거나 전면적인 존재의 영역의 경계를 정하고 엄격하게 사건적인(따라서 존재론적으로 일시적인) 진리의 성격을 강조하는 존재론이다. 바디우가 『존재와 사건』의 이 부분들에서 정식화하고자 하는 것은 "유적이면서도 식별 불가능한 다수가 상황 안에 존재하며, [이러한 다수는] 비록 지식으로부터 감산되기는 하지만 [상황 안에] 현시된다"는 정확한 의미이다(p. 355). 바디우의 선언에 따를 때, 코언의 집합론적 발전이 이를 가능하게 만드는데, 왜냐하면 그 발전의 효과는, "사건이 그 자체가 기입된 상황 안에서 식별 불가능함에도 불구하고, 사건에 걸려 있는 유적 절차의 결과적 다수(result-multiple)의 실존을 인가한다"는 것이다. 그는 이제 매우 긴 지면을 들여—30페이지에 걸친 밀도 높은 논변으로 제시되는 매우 까다로운 설명에서—어떻게 사유가 유적인 것과 식별 불가능한 것이라는 개념들을 통해 진리들의 출현을 위한 공간을 마련할 수 있는지 설명하는데, 여기서 진리들은 아직 달성된(혹은 달성할 수 있는) 지식의 범위 너머에 놓여 있으나 그럼에도 현재 우리 이해의 상태의 결함들로부터 지도적 역량을 이끌어내는 방향설정의 힘을 행사한다고 느껴질 수 있는 무엇이다. 바디우가 기술하는 바에 따를 때, 이러한 진리들의 출현을 가져오기 위해, 우리는 "어떤 완전히 고정된 다수 안에, 즉 속성들에 있어 매우 풍부하지만(존재론 전반의 큰 부분을 '반영한다'는 점에서) 그럼에도 양에 있어 매우 빈곤한(가산적이라는[셀 수 있다는, denumerable] 점에서) 다수 안에 자리해야 한다"(p. 356). 달리 말해서, 이 선택은 사고 실험의 장소로 나아가는 그러한 사변적 모험의 내용 혹은 존재론적 범위와 파악력을 최대화하는 동시에 관련된 속성들의 탐색에 요구되는 최소한으로 다수성의 층위(order)[293]를 제한함으로써 그 모험을 개념적으로 관리할 수 있는 경계 안에 두기 위한 것이다.

"이러한 근본 상황(fundamental situation) 안에서, 어떤 가정상 식별 불가능한 다수에 가까운 것(approximation)에 대한 절차를 정의할 것"인데, 그 절차는 이 단계에서 본질적으로 명명이나 특정(specification)을 벗어나며(당연히 그 속성들이 알려지지 않았기 때문에) 따라서 아직 어떠한 할당 가능한 지시 대상(referent)도 없는 '보충적 문자'

---

293 [이 말은 '등급', '위계', '차원' 등의 의미로 고쳐 읽어도 좋다. 집합론에서 다수라는 것은 집합이면서 동시에 원소이기도 하다. 다시 말해, 어떤 다수에는 그 다수의 하위 다수들이 원소로 귀속되며, 반대 방향으로도 같은 구조가 반복되며, 다수성이란 다수의 다수로 달리 이야기되기도 한다. 이 'order'라는 말은 그런 관계를 염두에 두고 읽어야 한다.]

로 명명되어야(baptised) 한다. 표준적이며 코언에게서 유래한 표기법에서, 이 다수는 ('유적인[generic]'을 나타내는) G로 표기되지만, 바디우가 선택한 기호 사용법에서—"내가 독자에게 그 기원을 독자에게 결정하도록 남기는 선택으로 인해"—그것은 여성 기호 우로 나타내진다. 그의 논지는 이러한 '추가적 기표'(signifier)가 알려지지 않거나 혹은 알 수 없는 모든 것—현행적 상황에서 현시되지 않은 모든 것—을 대신한다는 것이다. 비록 그 부재가 그저 소극적이거나 부정적인 양식으로 실존하기보다는 오히려 그것이 유발하는 혼란과 긴장 그리고 아포리아를 통해 등재된다 하더라도 말이다. 말하자면, 그 기표는 "사건의 정원 외적인 명명에 대한 존재론적 전사傳寫(transcription)"[294]이거나, 혹은—라캉의 문구를 차용하여 VIII부의 '진리와 주체(Truth and the Subject)'에 관한 성찰들을 미리 내다보자면—어떠한 앞서 정립되거나 실존하는 존재론의 인지적 범위도 넘어서는 어떤 것의 무어라 규정하기 힘든 첫 번째 징후가—물론 매우 드물게—모습을 드러내는 '존재에 뚫린 구멍'이다. 그래서 이 기획은 글자 그대로 그 자체의 작업을 앞당겨 부각시킨다. 이를테면, 그 절차에 아직 알려지지 않은 근거나 정당화를 제공한다고 간주되는 다수의 유적인(식별 불가능한) 지위를 고려할 때, 필연적으로 관건이 되는 진리절차에 대한 사례가 되어 있어야 할[295] 어떤 것을 탐색하는 작업을 말이다. 그럴 때 모습을 드러내는 것은 이러한 사변적 모험이 시작되는 곳으로서의 다수("속성들에 있어 매우 풍부하지만" 그럼에도 "양에 있어 매우 빈곤한")가 그 자체로 "식별 불가능한 것의 질료-다수(substance-multiple)"를 이루는 원

---

294   [다시 말해, 글로 '옮겨 적기'.]

295   [강조체로 표기한 부분은 'will necessarily have been'을 옮긴 것이며, 이 부분의 시제는 미래 완료 시제 혹은 앞선 역자주에서 언급한 바 있는 전미래 시제이다.]

소들을 공급하게 되리라는 점인데, 왜냐하면 후자의 다수가 전자의 다수의 한 부분을 구성하게 되는, 즉 현재 우리가 사용할 수 있는 어떠한 증명 절차나 혹은 앎의 양식에 의해서도 전자의 다수에 귀속됨(*belonging to*)을 검증할 수는 없지만 실제로 그 안에 **포함되는**(*included within*) 하나의 구성 요소가 되는 까닭이다.

바디우는 이런 논변이 많은 독자들—특히 반실재론적이거나 직관주의적 신조를 가진 사람들—에게 완전한 도착倒錯(perversity)으로 보일 정도로 타당하지 않다는 인상을 주리라는 점을 잘 알고 있다. 결국 그들은 이렇게 말할 것이다. 어떻게 우리가 현재의 지식이나 형식적 개연성의 가장 넓은 경계를 유적으로(generically) 초월하는 진리들의 실존을 확언할 위치에 설 수 있겠는가? 혹은 이 반대자들은 그러한 진리들이 어떤 방식으로든 우리의 현재적인 이해의 상태에서 지식과 무지 사이의 관계를 구조짓는 간극들 자체에 잠재하거나 내포되어 있다는 그의 주장에 대해 그리 큰 인상을 받지 않을지도 모른다. 그 주장이 결과적으로 형식 과학들에서 나타나는 특정한 진리들의 인식·초월적 성격에 의지할 뿐만이 아니라, 현재 지식의 담론에 불안을 초래하거나 이상異常을 유발하는 효과를 통해 그러한 진리들을, 말하자면, 부재 가운데(*in absentia*) 등재하는 사유의 역량에 관한 바디우의 중심적 테제—명백히 반실재론적 방향에 반하는 테제—에 의지하는 탓이다. 여기서 두 번째로 제시된 논거는 심지어 통상적인 정의에 따를 때 스스로 실재론자를 자처할 주류 분석철학자들의 공동체에 속한 사람들, 다시 말해 첫 번째로 제시된 논거(객관주의적이거나 혹은, 특정한 논쟁의 맥락에서, 명백히 플라톤주의적인 논변)에 가담하는 사람들에게도 당혹스러울 것이다. 하지만 바디우의 주장은 한쪽의 논변 없이 다른 한쪽의 논변도 있을 수 없다는 것인데, 왜냐하면 간단히 말해서 그 자체로 탐험적-조사적 사유의 힘에서 그러한 확장을 요하는 진리들의 가능성을 파악함에 있어 현존하는 인식의 한계를 넘어서는 정신의 역량을 위한 여지를 발견하지 못하는 어떤 형태의 플라톤주의적·객관주의적 논변도 타당하지 않기 때문이다. 결국, 반실재론적 논변의 중추는 객관주의적 실재론이, 진리를 정의상(*per definiens*) 우리 인간들이 사용할 수 있는 어떤 인식이나 지각의 경로를 통해 결코 접근할 수 없는 절대적 객관성(objectivity)의 이상적 영역에 위치시키는 한, 순수한 플라톤주의 형이상학의 온갖 문제들을 물려받을 수밖에 없다는 것이다. 이에 따라 바디우가—엄격하지만 부분적으로 사변적 성격을 지닌 논증의 과정을 통해—설명하고자 하는 것은 어떻게 이러한 진리와 지식 사이의 간극이 변증법적 긴장의 원천으로, 그리고 이에 따라 수학 및 여타 분과들에서 그 간극을 활용하지 않는다면 달성할 수 없는 발전들을 위한 수단으로, 간주될 수 있는지에 관한 문제이다.

그러므로, 이 지점에서, 바디우는 괴델(Gödel)의 유명한 불완전성 정리(incompleteness theorem)를 소환하는데, 이 정리는 (소위) 기초적 산술(elementary arithmetic) 혹은 1차 술어 논리 계산(first-order predicate calculus in logic)의 공리들을 산출해내기에 충분할 정도로 풍부한 형식 체계라면 어떤 것이라도 필연적으로 그 체계 자체를 통해 증명될 수 없는 적어도 하나 이상의 공리를 포함하게 되는 효과에 이른다.[296] 괴델 자신은 이를 수학적 플라톤주의의 강력한 정당성의 근거로 받아들였는데, 왜냐하면—그의 주장에 따를 때—달리 어떤 방법으로 그 정리의 증명을 추적하는 정신의 역량을 설명할 수 있을 것인지(즉, 그 정리의 진리 혹은 증명적 근거를 파악할 수 있을 것인지) 알 수 없

---

296   Kurt Gödel, *On Formally Undecidable Propositions of* Principia Mathematica *and Related Systems* (trans.) B. Meltzer (New York: Basic Books, 1962).

기 때문이다. 다시 말해, 만일 그 정리의 취지가 정확히 어떠한 형식적 증명이라도 부정하게 되는 것이라면, 정신의 역량은 어떻게 결정적으로 증명적 효과에 이를 수 있을 것인가?[297] 오직 그러한 추론의 일반적인 한계를 초월할 수 있는 능력(faculty)의 실존을 가정함으로써, 사유는—괴델의 정리 같은 역설적인 진리들을 비롯하여—형식적이거나 혹은 순수하게 공리·연역적인 추론에 사용할 수 있는 어떠한 수단도 제공하지 않는 진리들을 파악한다고 주장할 수 있을 것이다.[298] 요컨대 수학적 사유의 진리를 추적하는 힘(즉, 형식적 불완전성을 나타내는 그러한 징후적 간극이나 아포리아들의 파악을 통해 현재로서는 최선인 지식의 범위를 넘어서는 역량)에 대한 바디우의 강력한 주장은 수학적 플라톤주의에 대한 괴델의 주장과 밀접한 유사성을 갖는다고 간주될 수 있다. 어쨌든 이러한 유비를 과도하게 밀어붙여 바디우의 수리 '철학' ['philosophy' of mathematics](마찬가지로 그가 강력하게 회피하는 문구)을 괴델이나 순수한 플라톤주의의 측면에서 파악해야 한다고 가정한다면, 이는 크나큰 오해가 될 것이다. 실제로 그러한 독해 방식은 심지어 (외견상) 가장 난해하거나 추상적인 수학 연구들의 세계 내적인 성격에 관한 바디우의 주장을 무시할 뿐만 아니라 수학적 발견이나 발전과 진보적 지식 획득의 단계들을 설명하는 그의 개입을 무시하는 것이다. 그러한 수학적 발전과 진보적 지식 획득의 단계들의 기원 혹은 역사적으로 특수한 출현 조건들과 그런 것들의 구조 양자 모두를 본질적으로 어떠한 특수한 한정도 초월하는 것으로 중시하는 방식으로

297   특히 Kurt Gödel, 'What Is Cantor's Continuum Problem?', in Benacerraf and Putnam (eds), *Philosophy of Mathemtics* (op. cit.), pp. 470-85; 또한 Jerrold J. Katz, *Realistic Rationalism* (op. cit.).

298   또한 Roger Penrose, *The Emperor's New Mind* (Oxford: Oxford University Press, 1990).

말이다. 무엇보다, 그런 독해 방식은 칸토어에서 코언에 이르는 집합론자들의 작업에서 예시화된 발전들이 오로지 그 당시까지 최상의 탐구노력들을 회피해 왔던 여러 진리들이 오랜 시간이 지난 이후에야 획득 가능한 지식 또는 형식적 증명의 범위 안에 들어오게 되었던 특정한 사유의 과정들에 대한 파악을 통해서만 설명될 수 있다는, 바디우가 되풀이하는 논점을 간과하는 방식이 될 것이다.

이는 결과적으로, 그러한 사상가들이 아직 '역설을 개념으로 전환할' 적절한 처리는 고사하고 적절한 형식적 표명의 수단을 결여하는 특정한 문제들이나 이상들을 최초로 인식하게 되었을 때, 일반적으로 어떻게 반응했는지에 관한 적극적인 이해를, 즉 수학에 연루된 이해를 요구한다. 이런 범위에서 바디우는 어쨌든 비트겐슈타인의 도발적인 동시에 큰 오해를 일으키는 '규칙 준수'에 관한 언급의 결과로 이어지는 이 주제와 관련하여 수많은 논의의 특징이 되었던 준準행동주의적(quasi-behaviourist) 방식으로 설명될 수 있을 어떤 것이 아닌 다른 무엇—곧, 개념적·분석적 측면과 창조적-탐색적 측면이 결합된 훨씬 더 깊은 관여를 요구하는 무엇—이 수반될 수학적 지식을 받아들이는 그러한 철학자들의 의견에 동의한다.[299] 다른 한편으로, 내가 이야기한 것처럼, 바디우는 현상학적인(곧, 훗설의[Husserlian]) 관점을 차용하는 수리 철학 내부의 모든 사유 노선에 확고하게 반대하는 입장을 취하는데, 그러한 관점에 따를 때 수학적 진리들은 궁극적으로—그러한 진리들의 발견과 전달 그리고 이어서 되풀이되는 '재활성화'에 있어—

---

299   많은 작업이 되어 있는 이 주제에 관해서 보려면, Ludwig Wittgenstein, *Philosophical Investigations* (trans.) G. E. M. Anscombe (Oxford: Blackwell, 1953), Sections 201–92 *passim*; Saul Kripke, *Wittgenstein on Rules and Private Language: An Elementary Exposition* (Oxford: Blackwell, 1982); Alexander Miller and Crispin Wright (eds), *Rule-following and Meaning* (Chesham: Acumen, 2002) 참고.

그것들 자체에만 접근을 허용하는 그러한 인간적인(하지만 선험적인 [transcendental]) 사유의 구조들에 의지하는 '절대적으로 이상적인 객관적 실체들'로 이해된다.[300] 더구나 그는 훗설이 자신에게 던져진 프레게의 잘못된 비판의 결과라고 부인하려 했던, 어떤 형태의 심리학주의적인 혹은 주관주의적인(subjectivist) 접근에도 동의하지 않는다.[301] 바디우의 접근법에서 가장 독특한 것은 모든 유효한 개별 진리절차에 능동적이며 필수 불가결한 방식으로 관여하는 자로서 주체를 위한 충분한 여지를 찾아내는 동시에, 모든 형태의—개념적으로 다듬어지거나 현상학적으로 정교화된—주관주의(subjectivism)를 회피하려 한다는 점이다. 그리고 바디우가 자신의 사유를 어느 편의 지지자들도 밟은 일이 없는 지반 위에 직접적으로 위치시킬 수 있게 하는 무엇은 주체를 재정의하는 방식인데, 이에 따를 때 주체 자체의 실존 조건—주체가 조사나 발견 혹은 창조적 탐험으로 이루어진 그 자체의 특유한(sui generis) 기획들에 착수하게 되는 조건들—은 정확히 그러한 다양한 분과적 맥락에서 유도되는 방식으로 특정될 수 있다.

말하자면, 우리는 여기에서 주체에 관한 철저하게 이단적인 구상을 다루게 되는데, 이러한 구상은 합리성, 독창성, 행위성, 의사결정 그리고 윤리적 책임이라는 능력들을 보존하지만 그럼에도 그 능력들을 이러저러한 특수한 일에 대한 약속의 속성들로 취급하며, 그 결과로 주체는 그 또는 그녀의 목적이 분명한 자기 동일성을 얻게 된다. 그래서 '주체에게 남겨지는 것은 무엇인가?'라는 질문은—이 주제에 관한 포

300   특히 Edmund Husserl, *Logical Investigations*, 2 vols (trans.) J. N. Finlay (New York: Humanities Press, 1970).
301   Gottlob Frege, 'Review of Dr. E. Husserl's *Philosophy of Arithmetic*', (trans.) E. W. Kluge, *Mind*, Vol. 81 (July 1972), pp. 321-37.

스트근대론적이거나 포스트구조주의적인 여러 논쟁에서 그런 것과 달리—중요한 관건이 아니며, 오히려 관건은 정확하게 틀지어진 방식으로 사유가 어떤 역설이나 난관의 한계점을 넘어 보다 발전된 단계로 옮겨가게 하여, 거기서 그러한 장애물들을 마침내 무너뜨리고 지금까지 예견되지 않은 관점들과 함께 이전에 없었던 도전들을 추가로 개방하는 주체의 역할이다. 바디우는 성찰 34에서 자세하고도 엄밀한 방식으로 어떻게 그러한 지식의 발전이—혹은 지식과 진리 사이 간극의 단축이—일어났는지 가장 잘 이해할 수 있는 설명을 제공한다. 그 설명에 수반되는 무엇은 "우을[즉, 식별 불가능한 원소를] 근본 상황 S에 더"하는 사고 실험적 기법이며, 그 귀결에 따라 "우리는 우이 귀속되는 한 새로운 상황을 얻게 될 것이다"(p. 375). 이 새로운 상황은 그럴 때 'S의 유적 확장'[S(우)으로 표기되는]으로 지칭될 수 있는 상황인데, 왜냐하면 어떤 의미에서 그 새로운 상황이 이전의 덜 발전된 상황에 내포되어 있는 것으로 간주되며, 이에 따라—완전하게 성취된(즉, 의식적인) 지각의 범위를 넘어선다 하더라도—잠재적으로 그 새로운 상황의 거주자들에게 이해될 수 있는 것으로 간주되기 때문이다. 물론 그러한 주장, 즉 상황의 유적 확장이 상황 자체의 현재로서는 가장 발전된 지식의 상태의 범위를 초월하거나 능가하는 사유의 역량을 상정한다는 주장에는 무언가 심대한 문제가 있다. 요컨대 "그 문제의 극단적인 난점은 이 '부가(addition)'가 S의 자원들로 이루어져야 하며, 그렇지 않다면 S의 거주자에 의해 이해될 수 없다는 점이다". 평범한 인식론뿐만 아니라 형이상학이나 심지어 직접적인 논리의 측면에서도, 많은 것이 자명하게 드러날 것이다. 하지만, 바디우의 어어지는 논의를 옮기자면, 그는 "~(우 ∈ S)[즉, 식별 불가능한 것으로서 우은 다수 S에 귀속되지 않는다]"고 평가하는데, 그럴 경우에 "S에 포함된 식별 불가능한 것의 명백한 귀속의 유발에 따른 이러한 S의 확장을 어떻게 이해할 것인가?"(p. 375).

요컨대, 여기서 바디우의 주된 관심사는 지난 수세기와 그 이상의 기간 동안 너무나 많은 철학의 분과들을—특히 수리 철학과 과학 철학을—난처하게 했던 객관적 진리 대 인간이 획득할 수 있는 지식이라는 딜레마를 관통하여 그 너머에 이르는 길을 사유해내는 것이다. "그 해법은 상황 자체가 아니라 그것의 언어를 변경하고 풍부하게 하여, S 안에서 식별 불가능한 것에 의한 S 자체의 확장에 속한 가설적 원소들을 명명할 수 있게 되고, 이에 따라—실존에 대한 전제 없이—그 확장의 속성들을 선취하는 데 있다"고, 그는 기술한다(p. 375). 이런 이야기를 쉽게 돌려 말하자면, S 안에 위치하기에 그저 그 동일한 상황 내부에서 활용할 수 있는 자원들만을 가진 한 추론자가 있을 때, 그는 그럼에도 충분한 근거를 가지고, "만일 유적 확장이 실존한다면, 이 이름은 S 안에 실존하며 그 안에 있는 그러한 사물을 지칭한다"고 단언할 수 있다는 발상이다(p. 375). 왜냐하면 그 추론자의 관점에서 유적 확장은 순수한 '공백(void)', 즉 아직 어떤 명확한 내용도 할당받지 못한 진리절차에 색인된 것이기 때문이다. 이러한 논변은 앞에서 예시된 유형의 자기모순의 수반을, 다시 말해 우리가 어떤 방식으로든 최선의 지식의 범위를 넘어서는 진리들을 알게 될 수 있다는 (즉각 반실재론자들의 공격을 유발하게 될) 주장을 야기하지 않는다. 이 추론자가, 비록 최대로 추상적이거나 혹은 내용에 특수하지 않은(non-content-specific) 형식이기는 하지만, 유적 성질(genericity)이라는 개념을 보유한다는 점은 그녀가 원칙에 따른 그러한 진리들의 가능성을 파악하게 되리라고 보증하기에 충분하며, 그 뿐만 아니라—이것이 바디우가 여기서 입증하고자 하는 바인데—또 그러한 진리들이 식별 불가능하지만 그럼에도 현재의 인식 가능성의 범위 안에 떨어지는 다양한 이상, 딜레마, 역설적 함의 등의 유력한 원천으로서 상황 S 내부에 실존함을 파악하게 되리라고 보증하기에 충분하다. 그러므로 그 논변은 (더욱 자세하고, 명시적이며, 형식적으로 전개되기에) 친숙한 실재론적(realist) 논지에 대한 강화된 형태를 제공한다. 즉, 오직 객관적이며 검증을 초월하는 진리들의 실존을 가정함으로써만이, 우리는 지식의 발전을 설명하고 어떠한 탐구의 영역에 관해서도 뚜렷한 진보의 개념을 생산할 수 있다.

하지만 이러한 가설적인(즉, 오로지 사후에만 검증될 수 있을 뿐인) 주장의 범위에는 한계가 있는데, 그 주장이 진리에 대한 접근을 지배하는—하지만 그저 간접적이거나 순전히 추측적인 수준에 그치는—자의 인식에 제한된 관점에서 제시되기 때문이다. 이러한 부족분은, 바디우가 제시하는 주장에 따를 때, 두 번째 관점 곧 보다 발전된 지식의 상태의 견지로부터 상황 S를 되돌아본다고 간주되는 '존재론자'의 관점을 도입함으로써 벌충되는데, 거기[발전된 지식의 상태]에서 볼 때 지금까지 식별 불가능했던 진리들은, 과거 한때 획득할 수 있는 지식의 경계 너머에 놓였던 어떤 것을 간접적인(oblique) 방식으로 증언했던 다양한 징후적 압력과 긴장들을 생산하는 진리들의 역할과 함께, 명확히 시야에 들어와 있을 것이다(will have been). 바디우가 말하는 바에 따를 때,

바깥으로부터, 존재론자는 그 가설을 실현할 것인데, 그가 유적 집합 (generic set)이 실존함을 알기 때문이다. 그에게 있어, S의 한 거주자에게는 그저 믿음의 항목들에 지나지 않는 이름들의 지시 대상들은 실재적 항들이 될 것이다. 그 발전의 논리는 S에 거주하는 자나 우리 양자 모두에게 동일하겠지만, 이러한 추론들의 존재론적 지위는 완전히 다른 것이 될 터

인데, 말하자면 한쪽에게는 (우이 '세계의 바깥'이기에) 초월에 대한 믿음이, 다른 한쪽에게는 존재의 위치가 될 것이다.(pp. 375~6)

이러한 회고적 시야의 이점을 얻은 '존재론자'에 관한 허구는(보다 정확히 말하자면, 이 사고 실험 혹은 탐색적 가설은) 독자에게 다소간 공상적이거나 설득력이 떨어진다는 인상을 남길 법하다. 하지만 이 이야기는 (예를 들어) 인식론과 언어 철학에서 다양한 주제들에 접근함으로써 '전지적 해석자'라는 개념을 사용하는 류의 분석적 사상가들에 비해 사변적 경계 바깥으로 더 나가지 않는다.[302] 바디우가 어떤 다른 (그러나 긴밀하게 관계된) 절차에 따라 보인다고 주장하는 것은, 수학 및 여타 영역들에서, 진보가 어떻게 현재 사용할 수 있는 증명이나 입증 방식을 회피하는 어떤 것에 대해 예상하는(따라서 추측에 지나지 않는) 파악을 통해 일어난다고 간주될 수 있을지에 관한 문제이다. 더구나, 이 식별 불가능한 원소는 여전히 주어진 상황에 결정적인 영향을 미치게 될 방식으로 상황 S에(혹은 조사의 현재적 맥락에) 그 자체의 흔적을 남길 수 있다. 비록, 그 방식이 시사한다고 여겨질 수 있는 전망—바로 목전에 있거나 혹은 보다 멀리 있음에 상관없는—에 따른 발전이 일어나기까지는, 그 방식의 진정한 중요성이 명확해지지 않겠지만 말이다. 이 지점에서 우리는 『존재와 사건』의 마지막 부분으로 나아가며, 거기서 지식과 진리라는 주제들과 관련하여 주체의 문제를 다루는 바디우의 가장 일관되며 집중된 개입을 대하게 될 것이다.

302 예를 들어 Donald Davidson, 'The Method of Truth in Metaphysics', in *Inquiries into Truth and Interpretation* (Oxford: Clarendon Press, 1984), pp. 199-214 참고.

토의 주제

- 당신은 바디우가 주체를 "식별 불가능한 것의 입장으로부터 결정 불
가능한 것을 결정하는 어떤 것"이라 말하는 (소위) 이단적인 정의로
의미하는 바가 무엇이라고 생각하는가?

- 진리는 언제나 현재로서는 최선의 지식의 범위를 넘어설 뿐만 아니
라—역설적으로—우리의 진리 파악이 때때로 의식적이거나 반영적
인 이해의 한계를 초과할 수 있다는 입장을 고수하는 바디우의 주된
이유들은 무엇인가? 당신은 그 이유들이 설득력 있다고 생각하는
가?

VIII부. 강제: 진리와 주체. 라캉 너머

1. 진리, 비식별 그리고 존재의 난관

이 마지막에 가까운 단계에서, 존재론을 그 고유한 한계를 드러내는 지
점까지 밀어붙힌 이후, 바디우는 이제 그를 줄곧 인도한 실마리이자 동
기가 되는 관심사였던 주제에, 다시 말해 어떻게 사유가 때로 그러한
한계를 능가하고 재정의할 수 있는지 이해할 유일한 수단을 제공하는
'주체의 이론'에 관심을 집중한다. 그 요지는—다시 한번 괴델의 결과
를, 그리고 또한 바디우가 집합론의 고질적으로 역설을 일으키는 경향
으로 기울면서도 또한 역설에 의해 추동되는 발전상에 관해 보였던 모
든 것을 고려할 때—심지어 수학과 논리 그리고 형식 과학들조차, 오
늘날에 이르기까지 그러한 분과들 자체의 발전의 역사를 그리고—보
다 구체적으로 말해서—이 역사가 구조와 기원 사이의 복잡한 변증법
적 관계에 관해 드러내는 무엇을 설명하고자 한다면, 그러한 이론을 필

3장 본문 읽기 419

요로 한다는 주장이다. 성찰 34를 통해 우리는 집합론적으로 유발된
(그리고 괴델에 의해 강화된) 추가적인 아포리아에 봉착했는데, 이에
따를 때 "존재론의 정합성—그 연역적 충실성의 미덕—은 존재론에 의
해 증명될 수 있는 것에 대한 초과에 있다"(p. 360). 하지만, 당면한 기
획에 대한 흔들리지 않는 충실성을 특징적인 표지로 삼는 진리절차들
을 통해, 사유는 조사를 정통적인 것으로 인정되거나 혹은 준準토대적
인[quasi-foundational] (존재론적으로 확실한) 이해 양식들에 대한
안정된 지지의 전망 너머로 이끄는 어떤 것을 인정함으로써 이러한 결
손을 이점으로 전환할 수 있다. 이것은 또한 "여기서 관건은 주체를 구
성하는 비틀림(torsion)이라는 것을, 즉 충실성의 법은 충실하게 식별
가능하지 않다는 것"을 말한다(p. 360). 진리는 언제나 어떤 주어진 지
식의 상태의 한계를 넘어서는 것으로 이해되어야 하기에, 마찬가지로
주체에게는—진리의 탐구자, 발견자, 전달자 혹은 충실한 '투사(mili-
tant)'로서—언제나 지식이 현재 식별할 수 있는 모든 것의 한계에 부
딪히는 과정에서 중심적인 역할이 부여되어야 하며, 따라서 그 인식적
범위 너머에 놓인 진리들의 실존을 상상하고자 하는 욕구가 부여되어
야 한다.

그래서 바디우는 단도직입적인 진술로 VIII부의 논의에 착수한다.
"내가 주체라 명명하는 것은 진리가 지탱되는 어떤 유적인 절차의 모든
국지적 윤곽이다"(p. 391). 이제 명확해져야 할 것은 바디우의 용법에
따른 '주체'가 합리주의자, 경험주의자, 현상학자, 깊이를 추구하는 존
재론자(depth-onologits), 해석학 지지자 혹은 심지어 그러한 망상적
인 인본주의적 개념들 너머에 이르는 길을 이론화하고자 했던 사상가
들(푸코주의자 및 포스트구조주의자들)을 막론한 철학의 주요 계보에
속한 사상가들에 의해 전해지는 주체라는 용어의 이해와 거의 관계가

없다는 점이다.[303] 주체는 실체가 아니며("만일 실체[substance]라는 말
이 어떤 의미를 가진다면, 이 말은 상황 안에서 하나로 셈해진 다수를
지시"하며, 바디우가 "유적 절차의 참된 재수집[true-assemblage] 상
황의 부분이 상황의 셈의 법칙 아래 떨어지지 않"음을 밝혔다고 주장
하기에), 공백의 지점도 아니다("존재의 고유한 이름 곧 공백은 비인간
적[inhuman]이며, 그래서 무無주체적[a-subjective]이"기에)(p.
391). 오히려 주체는—그리고 바디우는 적어도 이런 면에서 단호한 유
명론자인데—그 자체를 감각적 경험의 전달이나 주체성의 선험적 자
명성과 같은 것으로 놓거나, 혹은 현상학적 성찰의 절차들에 의해 소환
되는 마찬가지로 자명하지만 그럼에도 보다 현세적인(즉, 보다 지각적
으로나 물리적으로 뿌리내린) 주체와 같은 것으로 놓는 그러한 주체성
구상 너머를 향하는 어떤 것의 이름이다. 무엇보다 바디우의 관심사는
자기 사유를 폭넓게 칸트적인 측면에서 다양한 감각적 경험과 (어떤
방식으로든 완전히 둘로 갈린 직관과 개념을 잇는) 정신의 종합 능력
사이에서 이루어지는 결합의 자리로 정의된 어떠한 주체 개념으로부터
도 분리시키는 것이다. 실제로 "만일 '경험'이 어떤 의미를 가진다면,
그것은 있는 그대로의 현시를 지칭하는 의미"인데 반해—바디우의 설
명에 따를 때—"정원 외적인 이름에 의해 규정된 사건적 초일자로부터
유래하는 유적 절차는 어떤 면에서도 현시와 일치하지 않는다"(p.
391).

따라서 바디우의 '주체'라는 말의 사용법은 그 개념을 어떠한 철학

303   예를 들어 Anthony J. Cascardi, *The Subject of Modernity* (Cambridge: Cambridge University Press, 1992); E. Cadava, P. Connor and J.-L. Nancy (eds), *What Comes After the Subject?* (London: Routledge, 1991); Paul Smith, *Discerning the Subject* (Minneapolis: University of Minnesota Press, 1988) 참고.

적 외양으로라도 유지하려 했던 사상가들만이 아니라, 또한 그 개념이
실상 이데올로기적 앞가리개(fig-leaf)나 알리바이에 지나지 않는 무엇
임을 폭로하고자 했던, 현재 큰 무리를 이룬 회의주의자들과 떨어져 있
는 바디우의 거리를 보여준다.[304] 이러한 후자의 [회의주의적] 사유 노
선은 바디우에게 사회 과학, 인문 과학, 그리고 심지어 자연 과학의 몇
몇 특정한 분과에 걸쳐 나타나는 동일한 '언어적 전회'의 또 다른 변이
형이라는 인상을 남길 뿐이며, 이에 대해 그는 (은밀하지만) 강력한 이
데올로기적 편향과 또한 이러한 사유의 대부분에 함축된 언어적 결정
론의 유형이라는 이유로 확고하게 반대하는 입장을 유지해왔다. 바디
우의 관점에서, 그러한 발상들은—구조주의나 포스트구조주의, 비트
겐슈타인이나 푸코, 혹은 하이데거의 깊이 추구의 해석학 중 어디에서
유래하는 것이든—자기 반박(self-refutation)의 지점이 결핍되어 있
다. 그러한 발상들은 어떻게 사유가 불완전한 성격으로 특징지어지는,
다시 말해 (지식을 초월하기에) 아직 식별될 수 없는 하나 또는 그 이
상의 진리들의 실존 혹은 잠재성을 인식하지 못하는 결함으로 특징지
어지는 지식의 상태로부터 그러한 진리들이 완전하게 성취되거나 유효
한 개념들의 영역에 들어갈 수 있게 되는 보다 발전된 지식의 상태로
가는 통로를 완성하는지 설명할 수 없다. 만일 언어가—어떤 특정한
형태의 테제에 따라—주체성의 기반, 작업틀, 지평 혹은 토대로 간주
된다면, 그럴 때 언어는 지식의 발전이 일어난 이후의 형식적 특정에
주어지는 그러한 진리절차들에 어떠한 여지도 남기지 않지만, 어쨌든
이 진리절차들에는 그러한 엄격하게 사후적인(*ex post facto*) 평가에 의

---

304   각주 303 참조. 또한 이 주제에 관한 왕성한 문학 이론적 개입을 보려면 Sean
Burke, *The Death and Return of the Author* (Edinburgh: Edinburgh University
Press, 1992).

해서보다는 원래의 '발견의 맥락'에서 포착될 수 있는 어떤 것이 수반된다. 요컨대 "주체화(subjectivization)는 그것을 통해 진리가 가능해지는 무엇인데, [왜냐하면] 그것은 사건을 돌려세워 이 사건이 하나의 사건이 되는 상황의 진리로 향하게" 하기 때문이다(p. 393). 이러한 진리의 돌이킬 수 없을 정도로 주체적인 차원— '~에 대한 참됨(truth-fulness)'이라는 윤리적 개념에 보다 정향된 차원—은 바디우가 지식의 증가에 관한 우리의 지식을 말하는 데 적합한 설명에서 하나의 핵심적인 역할을 담당한다고 간주하는 것이다. 이러한 차원은, 바디우의 개념적 혁신의 다른 주요 항목들과 연결될 때, 식별 불가능한 것이 최초에 사건의 (인식되지 않은) 일어남을 거치고 마침내 증명되거나 공인된 지식이라는 지위를 획득하는 어떤 것으로 전환되는 그러한 과정을 통해, 진리들이 출현하게 되는 방식을 사유할 수 있는 창의적 가능성의 공간을 연다.

이는 스피노자가—고전적인 합리주의적 양식으로— '적합한 관념들(adequate ideas)'로, 즉 그것들이 지시하는 (물리적이거나 추상적인) 대상의 완벽한 파악을 보이는 개념들로 정의했던 어떤 것을 획득하는 방식으로 진리에 대한 앎이나 이해 또는 접근로를 얻을 수 있다는 말이 아니다.[305] 실제로, 바디우에 따를 때, 주체와 진리 사이, 혹은 주체가 그 또는 그녀의 특수하며 상황 지어진(situated) 입장으로부터 알 수 있는 어떤 것과 그들이 (사실에 반하여) 진리/지식의 구별이 소거될 신의 눈으로 보는 신비한 관점으로부터 알게 되는 어떤 것 사이에는 언제나 차이가, 즉 일치(adequation)의 결여가 있다. "주체는 그 절차의 한 국

---

305   Baruch Spinoza, *Ethics* (trans.) Edwin Curley (London: Penguin, 1996); 또한 Christopher Norris, *Spinoza and the Origins of Modern Critical Theory* (Oxford: Blackwell, 1991)를 볼 것.

지적(local) 윤곽이기에, 진리가 '그에게' 식별 불가능하다는 것은 명확하다. 진리는 전체적(global)이기 때문이다"(p. 396). 그리고 또 "주체는 진리를 실현하지만 그럼에도 진리와 공약 불가능한데(incommensurable)[306] 왜냐하면 주체는 유한하고 진리는 무한하기 때문이다". 지금 여기서 바디우가 무한이라는 어떤 말할 수 없는(ineffable) 개념을 느슨하게 말하거나 혹은 이를 향해 몸짓하고 있다는 착각 아래 있어서는 안 된다. 오히려 그가 무한이라는 용어를 사용하는 방식은 그 용어가 칸토어의 집합론적 혁명을 통해 처음으로 획득했으며 그 이후로 수학과 논리 및 여타 분야들에서 일어난 강렬한 생산적 발전들을 입증했던 정확한 의미와 (역설적으로 정신을 확장하는) 특수한 개념적 자원들의 범위에 따른 것이다. 확실히 이런 점에서—무한과 연루될 때 기존의 한계에 직면하여 이를 넘어서도록 강제하는 아포리아들에 반복적으로 부딪히게 되는 이러한 사유의 경향을 통해—바디우는 진리의 지식 초월적 성격에 관한 주장을, 그리고 이로써 우리의 주체 관념을 이러한 원칙에 따라 재정식화할 필요를 가장 훌륭하게 표명할 수 있다.

요컨대 "주체는, 상황에 내부적인 이상, 오직 그 상황 안에서 현시되는(하나로 셈해지는) 항들 혹은 다수들만을 알 수 있거나, 더 정확히 말해서 마주칠 수 있을 뿐"이지만, "진리는 상황의 현시되지 않은 부분이다"(p. 396). 이럴 경우, 진리가 지식으로 포착되지 않는 잔여(surplus), 주체의 사유 역량이 현재 알려진 어떤 것을 넘어서는 초과, 그리고 칸토어로부터 코언까지 집합론의 무한 개념의 구상이 극도로 역설적이거나 정신을 확장하는 효과에 이르도록 작용하는 그러한 사유 역량을 보였던 측면 사이에는 명확한 구조적 상동성이 있다. 이는 또한,

---

306 ['상응하지 않는'의 의미.]

424   바디우의 『존재와 사건』 입문

어떻게 그러한 발전들이 일어날 수 있었는지에 관한 적합한 설명을, 다시 말해 철학적 설득력을 갖추고 역사적으로 정통하며 정확히 형식화된 설명을 제공하는 것이 관건일 때, 언어의—혹은 사유에 대한 언어의 우선성을 주장하고자 하는 모든 교설의—심각한 불충분함을 말하는 바디우의 주장을 강화한다. 왜냐하면, 바디우가 단언하는 것처럼, 만일 진리가 분명히 "상황의 현시되지 않은(un-presented) 부분이라면", 그럴 때 "주체는 오로지 사건의 정원 외적인 이름과 상황의 언어 사이의 조합으로 언어를 만들어 낼 수 있을 뿐이"며, 그러므로 "이 언어가 […] 상황의 언어의 자원들만으로 식별 불가능한 […] 진리를 식별해 내는 데 충분할 것인지 결코 확실치 않"기 때문이다(p. 396). 이는 사실상 앞에서 인용된 다양한 언어적·구성주의적 교설들에 대해서만이 아니라, 진리를 간단히 인식적 근거와 등가화하는 반실재론적/직관주의적 노선을 취하거나 또는 검증·초월적인 진리 관념을 획득 가능한 지식의 관점에서 완전히 잃어버린 세계로 간주하는, 형식 과학들에 대한 모든 철학적 접근법에 제기되는 한 가지 형식적 논박에 상당한다. 바디우는 이 두 가지 오류를 모든 실제적인(인간적으로 중요한) 목적들을 위한 진리의 심판자로서 언어가 인간의 지식에 더 많은 신빙성 또는 타당성을 제공하는 역할을 맡는다는 과대평가와 밀접한 관계를 맺고 있으며, 심지어 분리할 수 없을 정도로 함께 묶여 있다고 본다.

다른 한편으로, 바디우는 대체로 1960년대와 70년대에 소쉬르의 기호언어학(semio-linguistics)의 '재발견'으로부터 기원하여 프랑스에서 전개된 철학, 정치 이론, 심리학, 여타 사회 과학 및 인문 과학의 분과들 전반의 발전상을 결코 묵살하지 않는다.[307] 우리가 본 것처럼, 그

---

307   설득력있는 개괄을 보려면, François Dosse, *History of Structuralism*, 2 vols (trans.) Deborah Glassman (Minneapolis: University of Minnesota Press, 1997) 참고.

의 작업은 그러한 명목상 '구조주의적인' 두 사람의 사상가—마르크
스주의 이론가 루이 알튀세르와 정신분석가 자크 라캉—로부터 받은
깊은 각인을 간직하는데, 이들 두 사상가는 언어를 (혹은 어떤 이론적
으로 세공된 언어 모델을) 그들 각자의 기획의 중심에 위치시키며, 사
유가 궁극적으로 깊이 자리한 어떤 언어나 담론의 재현 구조들에—그
저 매개된다기보다는 오히려—궁극적으로 종속된다는 주장을 전파하
는 데 힘썼다.[308] 예컨대 라캉이 무의식을 글자 그대로 '언어와 같이'
구조화된 것으로 보는 기본적인 위상학적 설명을 위해 소쉬르의 개념
과 용어를 끌어오는 데 반해, 알튀세르는 소쉬르에 기초하여—그리고
소쉬르에 대한 라캉의 정신분석적 개작에 기초하여—주체에 관한 자
신의 설명을 끌어내어, 어떻게 주체가 지배적 이데올로기에 의해 '호
명되고(interpellated)' 이에 따라 사회적 담론 안에서 주체에게 언어적
으로 정해진 고유한 역할을 할당한다는 구조적 논리를 통해 이데올로
기의 기능에 동원되는지 해명한다. 하지만, 언어 혹은 담론을 탐구의
기본으로 놓는 보다 넓은 범위의 [언어적] 전회와 이 기획들을 결정적
으로 떼어놓는 것은, 알튀세르나 라캉 두 사람 모두에게, 상상적인 것
혹은 이데올로기적 오인의 구조에 완고하게 저항하거나, 그 구조로부
터 벗어나거나, 또는 그 구조를 넘어서는 무언가의 실존이 있으며, 또
이로 인해 주체가 언제까지고 손에 잡히지 않으며 결코 완전하게 이해
할 수 없는 실재(reality)와 그/그녀의 관계를 실현한다고 보는 입장을
고수한다는 점이다. 의심의 여지 없이—여러 주석자들이 증언할 것처
럼—그 자체로 매우 파악하기 어려운 라캉의 '실재(real)' 개념에 어떤

---

308   특히 Jacques Lacan, *Ecrits* (trans.) Alan Sheridan (London: Tavistock, 1977)
그리고 Louis Althusser, *For Marx* (trans.) Ben Brewster (Harmondsworth: Pen-
guin, 1969).

명확한 위치나 개념적 의미를 할당하는 것은 어려운 일이며, 마찬가지
로 알튀세르의 엄청나게 복잡한(혹자의 말로는 학문적으로 과잉 세공
된[over-wrought]) '유물론적' 이론은 개념적·언어적 관념론이라는
흔히 되풀이되는 혐의를 벗어난다고 말하기 어렵다.[309] 그러나 결정적
인 지점이 남는다. 바로 라캉과 알튀세르 두 사람 모두 주체적 재현의
영역 너머 그 바깥에 놓인 것으로 간주되어야 할 실재의 존재론적 영역
—물론 각각의 경우 서로 다른 방식으로 정의되기는 하지만—을 명시
적으로(사실상 단호하게) 허용한다는 점이다.

그러므로 바디우가, 원칙적으로 언어 우선의 교설에 대한 전적인 기
각에도 불구하고, 구조주의적 사유—보다 구체적으로 말해서, 이데올
로기와 지식 그리고 진리라는 주제들과 관련된 구조주의의 주체 이론
—의 특정한 요소들에 의지하는 측면은 결코 비일관적인 것이 아니다.
그는 그러한 요소들을 완전하게 이해할 수 있는데, 왜냐하면, 알튀세르
나 라캉과 마찬가지로, 그에게 있어서도 진리나 실재가 어떤 방식으로
든 앎(지식, knowledge)의 주체의 이해나 혹은 인식적 파악에 의존한
다는 가정은 오류이기(그리고 다양한 탐구의 분야에서 많은 혼란을 야
기하는 원천이기) 때문이다. 요컨대 "진리의 국지적 계기인 이상, 주체
는 후자[진리]의 전체적인 부가를 지탱하지 못한다"(pp. 396~7). 더
구나, 그리고 특히(하지만 배타적이지는 않은 방식으로) 형식 과학들
과 관련하여, "모든 진리는 주체에 대해 초월적인데, 후자[주체]의 존
재가 전적으로 진리의 실현을 지탱하는 데 있는 까닭이다. ⋯ 주체는
참된 것에 관한 의식(consciousness)도 무의식(unconsciousness)도 아
니다". 이러한 두 가지 부정으로, 바디우는 자신의 사유를 때로 격렬한

---

309   특히 E. P. Thompson, *The Poverty of Theory*, 2nd edn (London: Merlin,
2004).

논쟁을 일으키는 철학과 정신분석 사이의 기반에, 특히 프로이트와 라캉이 그들 자신의 영토권을 주장하는 데 노심초사했던 기반에 위치시킨다고 볼 수 있다.[310] 주체에게 진리를 의식하는 앎[지식]이 있을 수 있음을 부정함에 있어, 바디우는 라캉의 작업에서 너무나 특징적으로 나타나는 반철학적(보다 구체적으로는 반反데카르트적) 사유의 계통과 같은 편에 서는 것처럼 여겨질 것이다. 하지만, 이어서 주체에게 참된 것에 대한 '무의식적인(unconscious)' 앎이 있다는 주장에 대한 부정으로, 바디우는 정신분석을 몇 가지 필수 불가결한 측면에서 중요하며 유용한 것의 자리에 놓지만 결과적으로—명확히 라캉이 주장하는—유일하게 특권화된 담론의 지위에 두지는 않는다. 실제로 진리가 언제라도 의식적으로 접근할 수 있거나 혹은 자기 의식적인 앎의 범위를 벗어나는 잠재성을 지닌 것으로 이해되어야 하지만, 또한 어떠한 무의식적인(혹은 심지어 선先의식적인[preconscious]) 과정의 층위에 위치할 수 없는, 유효하면서도 매우 집중적인 사유의 활동을 요구하는 것으로 이해되어야 한다는 점은 바디우의 기획에서 결정적인 사안이다. 오히려 그 기획은 오늘날 주체 개념을 깎아내리는 다양한 폄훼자들에 반대하여 비판적 이성의 탁월성을 보존하지만 그럼에도 주체를 데카르트 이래 만성적인 약점으로 지목되었던 투명한 1인칭 시점의 인식적 접근이라는 관념으로부터 떼어놓는—지난 세기, 여러 프랑스 사상가들이 규정하려 노력했던 것과 같은—포스트데카르트적(post-Cartesian) 주체 개념에 연루된다.[311] 비록 라캉이—"내가 생각하는 곳, '내가 생각하

---

310 Michel Henry, *The Genealogy of Psychoanalysis* (trans.) Douglas Brick (Stanford, CA: Stanford University Press, 1993) 그리고 David Macey, *Lacan in Contexts* (London: Verso, 1988).

311 전반적인 개요를 보여주는 훌륭한 논의를 보려면, Peter Sedgwick, *Descartes to Derrida: An Introduction to European Philosophy* (Oxford: Blackwelll, 2001); 또한

428 바디우의 「존재와 사건」 입문

기에 존재' 하는 곳, 그곳은 바로 내가 있지 않은 곳이다"라는 그의 잘
알려진 수수께끼 같은 코기토(*cogito*)의 재정식화에서 그렇듯—특히
충격적인 방식으로 주체 개념의 문제들에 대한 관심을 이끌어 내기는 했
지만, 어쨌든 바디우는 주체를 지나치게 완결적이거나 교조적이거나 또
는 환원적인 방식으로, 만일 끝까지 밀어붙인다면, 합리적 사유 혹은 동
기를 지닌 작인作因(행위성, agency)에 어떠한 여지도 남기지 않을 프로
이트의 무의식 개념에 동화시키는 이론에 반대하는 입장을 천명한다.[312]

바디우는 이 단계에서 밀접하게 서로 연결된 '강제(forcing)' 와 '유
적인 것(generic)' 그리고 '식별 불가능한 것(indiscernable)' 이라는 개
념들을 통해 코언이 이루었던 집합론적 담론의 발전에 대한 가장 자세
한 주석에 착수하는데—바디우의 진술에 따를 때—이 발전은 그러한
개념들을 동원하여 수학 분야만이 아니라 또한 (그 분야로부터 분리될
수 없을 정도로) 우리의 주체에 관한 사유에도 주목할 만한 발전을 성
취한다. 성찰 36('강제: 식별 불가능한 것으로부터 결정 불가능한 것으
로')의 논의는 존재와 사건의 중심적인 테제로부터 시작되며, 바디우
는 이 테제가 이 단계에서 충분히 밝혀졌다고 본다. "존재론은 진리 개
념을 지탱할 수 없으며(사건의 결여로 인해), 또한 주체 개념을 형식화
할 수 없다"(p. 410). 인정된 사유 양식들에 대해, 주체를 '형식화' 하는
—다시 말해, 이러저러한 특수한 진리절차에 대한 개입 방식을 정확히
설명할 이론을 만들어 내는—이 개념에 관해 이상한 것이 있다 해도,
어쨌든 우리는 그것을 바디우의 철저하게 이질적인 개념의 영역에 들

Gary Gutting, *French Philosophy in the Twentieth Century* (Cambridge: Cambridge
University Press, 2001) 참고.
312 Lacan, 'The Insistence of the Letter in the Unconscious', (trans.) Jacques
Ehrmann, *Yale French Studies*, Nos. 36/7 (1966), pp. 112-47.

어갈 수단으로 활용하지 않을 수 없다. 실제로 코언에 관한 바디우의 논점은 강제 개념이 인간적 이해 혹은 인식적 파악에서 완전히 독립적으로 획득되는 것으로서 진리와 어떤 역사적으로 기록된 사건을 통해 일어나며 그래서 오직 인간적으로 정립된 어떤 탐구의 실천 결과가 되는 조건에서 인정되는 것으로서 진리 사이를 잇는 역설적인 연결(juncture)을 정확하게 포착해낸다는 것이다. 바디우에 따를 때, 코언은 "주체의 실존이 존재론과 양립할 수 있다"는 것을 입증하며, 따라서 "주체가 존재의 체제 전반에 '모순적'이라고 선언하는 어떠한 주장도 무너뜨린다"(p. 410). 하지만 이는 명확히 주체가 존재론적 영역 안에 실존하여, 주체의 다양한 사유나, 행동, 헌신, 진리절차, 조사의 기획 등이 필연적으로 기존의 존재론적 영역의 범위와 한계에 순응한다는 암시가 아니다. 그런 암시는 존재와 사건 사이의 철저한 분리를 역설하는 바디우의 주장과 너무나 거리가 먼 이야기이며, 또 마찬가지로 사건은 (여기서 관건이 되는 그 [강제라는] 용어의 의미에 따라서) 오로지 그러한 한계를 통해 그리고 그 너머를 사유하는 주체의 역량을 통해 그 당시에는 결코 예상될 수 없으며 따라서 계시적인 힘으로 여겨질 어떤 것과 함께 일어난다는 그의 테제—책의 이 마지막 부분에서 개진되는 주된 주장—와도 아무런 관계도 없는 이야기이다. 이에 따라 주체는 분명히 "존재의 체제 전반"과 "양립할 수 있"으며, 다시 말해 이 체제에 대해 "모순적"이지 않지만, 그럼에도—만일 바디우의 중심적인 주장이 무언가 의미를 가진다면—그 체제에 관련된 잠재적 불화나 긴장의 상태로 실존한다고 간주되어야 한다. 결국, 『존재와 사건』에서 그의 주된 목적은 정확하게 이러한 본질적인 괴리가 때때로 수학적 사유, 과학적 사유, 정치적 사유 또는 예술적·창조적 사유의 역사에서 어떤 획기적인 사건을 일으키게 되는 과정을 설명하는 것이다(혹은, 그가 이야기할 것처럼, 그 과정을 가능한 한 '정식화' 하는 것이다).

이러한 설명을 가능케 하는 것은 내가 VII부에 관한 주석에서 기술했던 조력자 역할(facilitating role)을 맡은 외부의 존재론자라는 우리의 상상적 친구에게 알려진 특정한 타당성(validity) 조건들의 실존이다. 그러한 조건들은 그것들이 아직 입증되어야 할(yet-to-be-validated) 다양한 정리나 가설 또는 진리의 후보들로 셈하는 무엇을 '통제한다' 고 간주되는 이전의 상황과 그것들이 유적 확장에 귀속되는 절차들에 의해 밝혀진 진리에 관련된 정리나 가설들을 셈하는—비록 사전에 그 외부의 존재론자를 제외한 누구에게도 알려질 수 없겠지만—이후의 상황 사이를 잇는 연결고리—어떤 중요한 사건의 발발에 의해서만 인정될 수 있는—를 형성한다. (거듭 말하자면, 이러한 모종의 초지성적[super-knowledgeable] 인물 또는 '전지적 해석자' 를 요청하는 장치는 일부 철학자들에게 의심스러운 눈초리를 받지만 어쨌든 도날드 데이빗슨[Donald Davidson]을 비롯한 다른 철학자들에게는 유용하게 사용된다.)[313] 그러한 추론은 코언의 책 『집합론과 연속체 가설(*Set Theory and the Continuum Hypothesis*)』에서 가장 명확하게 예시화되는데, 거기에서 그는 이 추론을 말년의 칸토어를 괴롭혔던 그러한 해결되지 않은 중요한 문제들 중 하나를 다루는 작업에 적용한다.[314] 이 문제는—간략히 말해서—정수 곧 셈하는 수(counting numers)의 무한성과 직관적으로 수치상의 값이나 혹은 이산적인(discrete) 위계에 있어 확연히 구별되는 다음 범위를 나타내는 '더 큰' 실수의 무한성 사이

313 Donald Davidson, 'The Method of Truth in Metaphysics', in *Inquiries into Truth and Interpretation* (Oxford: Clarendon Press, 1984), pp. 199-214.
314 Paul Cohen, *Set Theory and the Contiuum Hypothesis* (New York: W. A. Benjamin, 1966).

의 기수성[cardinality]을(혹은 '크기[size]'를) 가진 무한 집합이 실존
하는지 묻는 것이다. 칸토어가 가설로 제시했으나 증명할 수 없었던
것은 결코 그러한 중간적 집합이 있을 수 없다는 것이었고, 이후 괴델
은 칸토어의 가설이 수용되더라도 현행적으로 인정되는 집합론의 (체
르멜로-프랭켈[Zermelo-Fraenkel]) 공리계 안에서 어떠한 모순도 일
으키지 않을 수 있다는 형식적 증명을 추가했다.[315] 표준적인 표기법에
따라, 만일 $\aleph_0$(알렙 영)이 무한의 '가장 작은' 위계를 곧 정수의 무한
을 나타내며, c가 실수(real number)의 연속체를 나타낸다면, 이때 칸
토어의 가설에 따를 때 $\aleph_1$ = c이다(즉, '정수의 무한과 실수의 무한
사이에는 아무것도 없다'). 코언의 공헌—우리가 본 그대로, 바디우가
자기 사유의 기획에서 절대적인 중심으로 삼는—은 연속체 가설은 감
당할 수 없거나 또는 논리적으로 받아들일 수 없는 어떠한 결과도 일
으키지 않고 기각될 수 있다는 형식적 증명을 제시한 것이었다.

그러므로 괴델의 증명과 코언의 증명에서 공통적인 요지는 칸토어의
[연속체] 가설의 타당성이 어떠한 자기 충족적이거나 형식적으로 적합
한 증명 절차에 의해서도 결정될 수 없으며, 결정적으로 어떠한 주어진
사례에서 활용된 공리계(예를 들어, 체르멜로-프랭켈 공리계)에도 의
존하지 않음을 보인 것이었다. 어쨌든, 괴델이 그랬던 것처럼, 수학자
들은 대부분 그 가설이 거짓이며, 정수의 위계와 실수의 위계 사이에
하나 또는 그 이상의 무한수의 계급(classes)이 있을 것으로 확신했
다.[316] 그래서 바디우가 수학과 논리 그리고—적어도—형식화된 존재

315   Kurt Gödel, *The Consistency of the Contiuum-Hypothesis* (Princeton, NJ:
Princeton University Press, 1940).
316   추가적인 논의를 보려면, J. Ferreiros, 'The Notion of Cardinality and the
Continuum Hypothesis', in *Labyrinth of Thought: The History of Set Theory and
its Role in Modern Mathematics* (Basel: Birkhäuser, 1999), pp. 171-214 참고.

론의 범위와 한계에 관한 자신의 작업에 있어 '절대적으로 중요한' 결과라고 지칭하는 코언의 발견은, 여러 주제 영역들 전반에 걸쳐, 존재와 사건이라는 두 영역 사이에서 본질적인 분리의 관계를, 또는 어떠한 궁극적 공약수(common measure)도 없음을 드러낸다. 그 발견의 의의는 주로 어떻게 형식적(공리·연역적) 진리절차가 긴 과정을 거친 후 마침내 증명적 근거를 제공하는 것으로 밝혀질 그러한 추가적이지만 알 수 없는 귀결들의 충실한 실행을 특징 짓는 결정적 요소로서 선택의 여지를 만드는지 보여주는 입증과 관련된다. 바디우의 논점은, 코언의 결과가 칸토어의 논증이나 괴델의 논증 및 코언 이후의 개입들—연속체 가설을 객관적 진릿값(참 또는 거짓)을 보유한다고 알려질 수 있는 가설로 간직했던—과 함께 종합될 때, 그러한 예시적인 힘을 가진다고 간주될 수 있다는 것이다. 비록 [연속체 가설과 관련한] 그 주제가 형식적으로 적합한 결정적인 증명이나 반증을 결여하기에, 증명이나 반증 중 어느 쪽의 해답도 얻을 수 없지만 말이다.[317] 이런 까닭에 코언의 결과는 통상 선택 공리(Axiom of Choice)와 함께 연계하여 논의된다 (잠깐 상기하자면, 선택 공리는 "어떤 집합이 주어질 때, 최초의 집합의 [공백이 아닌] 원소들 각각을 대표하는 원소로 구성된 집합이 실존" 함을 말한다; p. 499). 앞에서 본 것처럼 이 공리는, 비록 많은 양의 형식적 정교화를 조건으로 (전부는 아니더라도) 대부분의 현대 수학자 및 철학자들에 의해 온전한 공리로 간주되기는 하지만, 그 유효성이 완전히 증명되지 않은—혹은 그 진릿값이 엄격하게 알려지지 않은—집합론의 다른 주된 구성요소이다. 바디우에게 있어, 선택 공리는 연속체

317   J. R. Lucas, *The Conceptual Roots of Mathematics* (London: Routledge, 2000) 그리고 Penelope Maddy, 'Believing the Axioms, I', *Journal of Symbolic Logic*, Vol. 53, No. 2 (1988), pp. 481–511.

가설과 함께 사유가 현재로서는 최선이거나 또는 심지어 획득할 수 있
는 최상의 의식적 이해를 벗어나는 특정한 진리들을 지향함을 통해 새
롭고도 생산적인 탐구 영역들로 이끌리게 되는 방식을 보여주는 전범
적 사례로 그려진다.

　여기서 언급해야 할 것은 선택 공리에 관해서 집합론자들이 취하는
세 가지 주된 선택지—부적격한 수용, 부득이한(*faute de mieux*) 수용,
전면적인 기각—가운데, 반실재론자나 구성주의자 혹은 직관주의자들
이 통상 세 번째 선택지를 선택한다는 점인데, 그 이유는 이들의 관점
에서 공리가 증명에 필수적인 수단을 보유하지 못하더라도 객관적인
참 또는 거짓의 값을 가질 수 있다는 견해가 배제되기 때문이다.[318] 반
대로, 실재론적인(혹은 플라톤적인) 사유 방식에 있어, 공리는 정립된
집합론적 지식의 몸을 통해 구성되기에 그 몸과 일관되며, 그런 면에서
우리 지식의 한계와 상관 없이 그 자체로 객관적인 진리 또는 거짓의
값을 얻기에 적합한 후보가 된다. 다시 한번, 그리고 그 논점에 관한 명
시적인 유보에도 불구하고, 바디우는 수학적 창조성과 독창성 그리고
진보를 유발하는 주된 원동력을 정확히 지식과 진리 사이의 간극이 상
존할 가능성에 위치시키는 이상 충분히 실재론적 진영에 동조한다고
간주될 수 있다. 예컨대 『존재와 사건』의 다음 부분(pp. 412~16)은 주
체—다시 한번 이 용어에 대한 바디우의 매우 특유한 의미에 따른—
가, 이전에는 식별 불가능했지만 이제는 개념적 가능성의 경계 안에 있
는(그리고 이를 넘어서 잠재적인 증명의 경계 안에 있는) 진리의 도래
를 통해, 글자 그대로 존재하게 하는 조건들에 관해 자세하면서도 형식
화된 방식으로 설명하는 데 바쳐진다. 그러한 순간에, 주체는 진리 사

318　추가적인 논의를 보려면, Thomas J. Jech, *The Axiom of Choice* (New York:
Dover, 1973).

건에 대한 충실성의 요구에 사로잡히며, 그 이후로 진리 사건의 추가적 탐구나 진보적 발전을 자신이 추구해야 할 과제로 삼는다. 여기에 수반되는 것은 이전의 상황에서 진리 사건의 '비식별된(indicerned)' (즉, 그 인식되지 않았으나 어떤 방식으로든 잠재적이고 부지불식간에 표시되는) 실존의 단계로부터 시작되며, 그런 다음 유적 확장을 통해 형식적 유효성을—또는 추측의 영역으로부터 진실한(veridical) 언표의 영역으로 옮겨갔다는 주장을—정립하는 지점으로 이끄는 절차들이다. "**주체**(Subject)만이 비식별의 힘을 갖는"데, 왜냐하면 진리 사건은 오직 이 대문자화된 **주체**가 불러오는 '존재의 난관'을 통해 일어날 수 있으며, 이 **주체**가 담당하는 역할은 결정적으로 어떤 중요한 교차점에 개입하고, 지금까지 지각되지 않은 개념적 압력의 징후를 드러내며, 이로써 강제된 그러나—합리적 동기를 갖는다는 점에서—주체적 의지에 따른 전환의 행위자가 되는 것이기 때문이다.

말하자면—바디우에 따를 때—진리 주장의 대상[객관]적 차원과 주체[주관]적 차원 사이에, 혹은 한편으로 순수하게 형식적이거나 경험적인 방식으로 특정될 수 있는 조건을 지닌 차원과 다른 한편으로 다소간 지식에 기여하는 특수한 맥락에서 어떤 특수한 인식자(knower)에 대한 돌이킬 수 없는 준거를 수반하는 차원 사이에 단정적인 구별선을 긋는 뿌리 깊은 이항대립의 체계에는 어떠한 타당성도 없다. 바디우는 결코, 리차드 로티같이, 절망적일 정도로 시대에 뒤쳐지고 진저리나는 그러한 모든 구별들의 전면적인 붕괴 또는 폐기가 철학이나 또 보다 폭넓은 문화의 측면에서 가장 좋은 일이라고 보는 사상가가 상상하는 모종의 탈脫분과적(post-disciplinary) 유토피아를 권장하지 않는다.[319]

---

319   특히 Richard Rorty, *Objectivity, Relativism, and Truth* (Cambridge: Cambridge University Press, 1991) 참고.

오히려, 이 지점까지 『존재와 사건』을 읽어온 독자라면 누구라도 명확히 이해할 것처럼, 바디우는 (수학이나 형식 과학 혹은 도전을 요하는 시적 텍스트 해석 중 어느 것을 막론하고) 전문 지식이 요구되는 그러한 분야들에서 진정으로 전문가적 역량의 가장 엄격하고도 까다로운 기준을 진정으로 옹호하는 사상가다. 또, 앞에서 본 것처럼, 그는 어떤 방식으로든 현재 널리 유포된 언어 구성주의나, 깊이 추구의 해석학, 또는 강한 기술주의(strong-descriptivist) 계통의 사유에 끌리지 않으며, 그러한 개념들을 고루하고 학문적으로 완고한 사유 습관으로의 퇴행이라고 간주할 것이다. 바디우에게 있어, 이러한 논쟁은 전반적으로 (기껏해야) 형식 또는 인식의 엄격함에 대한 요구와 주체적 충실성 또는 해석학적 요령에 대한 요구가 어디에서 시작된다고 간주되어야 하는지에 관한 유사한 오해에서 비롯된 두 가지 관념들 사이에서 탁구 경기처럼 주고 받는 대결이다. 따라서 그는 정신 과학(*Geisteswissenschaften*)과 자연 과학(*Naturwissenschaften*) 혹은 인문 과학과 자연 과학 사이의 영역권 주장에 대한 19세기의 구분 이래 전형적으로 이 문제의 제기에 있어 사용되어온 바로 그 용어들을 기각한다. 하지만 그가 그 용어들을 기각하는 목적은 로티나 여타 전면적인 해석학적 전회의 주창자들과 같이 전자[인문 과학]에 의해 배치된 용어들에 기초하여 후자[자연 과학]를 다루기 위해서가 아니라—완전히 반대로—개념적 엄격함이 관념적 구획의 양편 모두에 필수적으로 자리함 주장하기 위한 것이다.

2. 데카르트와 라캉: 주체라는 관건

수리 철학과 논리의 주제들에 대한 바디우의 접근이 이러한 자기 부과된 요구에 부합한다는 것이 지금까지 제시된 주해에서 충분히 명확히 드러났기를, 나는 바란다. 그러나 나는 또한 그러한 바람이, 비록 보다 논쟁적이기는 하지만, 『존재와 사건』에서 바디우가 이러한 형식과 관련한 관심을 그에게 최상의 개념적 정확성으로 다뤄져야 한다고 간주되는 탐구의 영역들로 확장하는 그러한 절들에 의해 증명된다고 주장하고 싶다. 첫 두 범주(정치와 예술)는 여기에서 바디우가 아리스토텔레스, 헤겔, 하이데거, 횔덜린, 말라르메, 마르크스(절의 주제로 지명되지는 않지만 상시적인 준거점이 되는), 루소 같은 사상가들과 시인들 —그가 분명히 기각하게 될 구별—에 관해 제시하는 논의에 관한 내 설명을 통해 상당한 분량으로 상세하게 논의된다. 세 번째인 사랑은 주로 정신분석을 그리고, 보다 구체적으로 말하자면, 라캉이 사랑이나 성애에 그리고 수학이나 해석학에 관련된 구조적·언어적 주제들을 다루는 때로 수수께끼 같이 난해한 숙고들을 통해 수면 위로 떠오르는 사안이다.[320] 독자들이—아마도 앞에서 모종의 짧게 지나가는 언급 이후에—알아차렸을 것처럼, 정신분석은 지금까지 그저 지엽적으로 나타났을 뿐이지만, 이 놀라운 저작을 관통하는 우리의 (모든 의미에서) 사건적인 오디세이(odyssey)가 종결되는 성찰 37 '데카르트/라캉'에서는 본격적으로 모습을 드러낸다.

바디우가 라캉에 관해 흔히 있는 오류를 바로 잡으려 하는 사안이 한 가지 있는데, 그것은 라캉의 철저한 데카르트 논박으로, 말하자면 *cogito*(1인칭 단수의 사유하는 주체)가 고유하게 진리절차를 구성하는 어

---

320   각주 308과 각주 312 참조. 또한 Lacan, *The Language of the Self: The Function of Language in Psychoanalysis* (trans.) Anthony Wilden (Baltimore, MD: Johns Hopkins Press, Baltimore, 1968); The Seminar XI, *The Four Fundmental Concepts of Psychoanalysis* (ed.) Jacques-Alain Miller, (trans.) Alan Sheridan (New York: W. W. Norton, 1977); *The Seminar XX, Encore: On Feminine Sexuality, the Limits of Love and Knowledge* (ed.) Miller, (trans.) Bruce Fink (New York: Noron, 1998) 참고.

떤 것에 대한 우리의 이해에서 어떤 망상적인 것이 아닌 실질적인 역할
을 하게 될 것이라는 생각에 대한 추정상의 기각이다. 확실히, 라캉이
미궁 같은 복잡함과 암호 같은 은폐 사이를 오가는 상시적 전환을—또
한 프로이트의 특정한 구절들에 강도 높게(심지어 집착적으로) 집중하
는 독해를—담아 써 내려간 산문의 함의는 통상, 덤불처럼 뒤얽힌 사
선적(oblique)이거나 구불구불한(devious) 의미작용을 만들어 내어,
데카르트에 의해 상상되었던 합리적이면서도 자율적인 자기의식의 주
체가 완전히 퇴장당했음을 암시하는 것이다. 또한 이 모든 것이 그저
위장일뿐이며, 라캉이—그러한 주장에 대한 대응으로—명석판명한 관
념들로 이루어진 학계의 담론이 행사하는 '전횡'에 대해 말할 때, 그가
쉽게 속는(잘 믿는, credulous) 독자들에게 의심의 혜택을 주기 위해
사기꾼의 과장된 외양을 뒤집어쓴다고 확신하는 상대자들은 결코 부족
하지 않았다. 반대로, 라캉의 제자들의 관점에서, 라캉은 실제로 주체
가(최소한 데카르트나 칸트 또는 훗설이 구상한 주체가) 프로이트의
중요한 발견에 이어서 철저한 '탈중심화(decentering)' 또는 전치轉置
(displacement)를 거쳤고 그래서 합리적으로 관리되며 의식적으로 명
확한 그 자신의 집에서 더 이상 주인으로 간주될 수 없음을 보였다. 그
들이 보기에, 프로이트의 "wo es war, soll ich werden"("그것이/이드
[id]가 있었던 곳에, 나/자아[ego]는 있을 것이다")라는 언급을 의식이
한때 무의식이 차지했던 영역을 주장해야 한다는 명령이 아니라, 언제
나 의식이 자기 기만적으로 그 자체의 규칙을 부과한다고 생각하는 그
러한 영역에 분명한 무의식의 지배가 있을 것이라는 진술로 보는 라캉
의 해석이 옳다는 점은 의심의 여지가 없다.[321] 이와 같이 라캉은 심지

---

321 Lacan, 'The Insistence of the Letter' (op. cit.).

어 분쟁으로 점철된 정신분석 '공동체'의 기준으로 보더라도 흔치 않을 정도로 격렬한 찬반의 반응을 자아낸다. 실제로 그의 주장은 정신분석 공동체 내부에서 그리고 이 공동체에 종종 일종의 수사적 사기 행각에 지나지 않는다는 비난을 해왔던 (철학을 비롯한) 다른 분과학들의 대표자들 사이에서 격렬한 논쟁을 일으켜 왔다.[322]

지금까지 했던 내 이야기로부터 명확해질 것은 바디우가, 라캉을 결정적으로 오늘날의 인문 과학들에 이 상황을 완전하게 이해될 수 있도록 하는 깊고도 큰 영향을 미치는 표식을 남겼던 사상가들 중 한 사람이라 믿는 그 자신의 확신을 강력하게 단언함으로써, [라캉에게 씌워지는] 그러한 혐의를 반박할 것이라는 점이다. 어쨌든 바디우가 분명히 하는 것은 라캉의 사유에 대한 자신의 충실하지만 그럼에도 비판적인 접근법과 포스트구조주의자들 및 여타의 학자들 사이에서 있었던 라캉주의 정신분석의 수용 방식을 특징짓는 종류의 의심없는 교의적 지지 —기이하게도 극단적인 상대주의적 입장, 구성주의적 입장 또는 반실재론적 입장과 결합된—사이에 큰 거리가 있다는 점인데, 이러한 수용 방식을 취하는 사람들에게 라캉의 사유는 흔히 이성의 특권에 대한 공세를 취할 유용한 수단으로 기능해왔다.[323] 이런 방식으로 그는 다음과 같은 날카롭게 상기하는 발언으로 이 장[성찰 37]을 연다. "프로이트를 향한 회귀라는 라캉의 모토는 처음부터 이중화된다. 그는 […] '데카르트를 향한 회귀라는 모토는 불필요한 것이 아니다'라고 말한다"(p.

---

322   예를 들어 Raymond Tallis, *Not Saussure: A Critique of Post-Saussurean Literary Theory* (Basingstoke: Macmillan, 1988).

323   포스트구조주의와 그 상대주의적 과잉/구조주의적 과잉/반실재론적 과잉에 관해서는 Christopher Norris, *Uncritical Theory: Postmodernism, Intellectuals and The Gulf War* (London: Lawrence and Wishart, 1992) 그리고 *Reclaiming Truth: Contribution to a Critique of Cultural Relativism* (Lawrence and Wishart, 1996) 참고.

431). 그 이유는, 라캉이 데카르트 이후의 인식론과 정신 철학에 그렇게나 많은 문제를 유발했던 자율적이고 투명하며 스스로 아는 주체라는 데카르트의 관념과의 단절을 권고했다고(사실상 명령했다고) 독해한다 해도, 라캉의 정신분석과 그것이 논박하기 위해 애쓰는 어떤 것 사이에 얼마나 깊은 유사성(kinship)—비록 난처하고 적대적인 유사성이기는 하지만—이 있는지는 분명히 해명되어야 하기 때문이다. 바디우가 서술하는 바에 따를 때, "주체를 국지화하는(localize)[324] 것은 프로이트가 오직 데카르트적 몸짓의 유산 안에서 이해될 수 있게 하며, 동시에 탈국지화(dé-localisation)를 통해 데카르트적 몸짓과 자기(self)의 순전한 일치를, 그 반영적(reflexive) 투명성을 전복하는 지점이다"(p. 431).

이는 단지 어떤 생각이 상반되는 생각에 봉착하게 됨으로부터 혜택을 입는다거나, 혹은 진보가—헤겔의 방식으로—대립되는 개념들이나 신념들 또는 이데올로기들의 항시적으로 발전하는 자기 전환적 변증법을 통해 초래된다는 이야기가 아니다. 오히려 그 이야기는 이성이, 즉 합리적 사유의 행사가, 심지어 라캉과 같이 무의식의 '일차적인 과정'의 얼마나 많은 부분이 의식적으로 접근/표현 가능한 외양으로 바뀌는 재작업의 과정에서 상실되거나 훼손되는지 드러낼 것을 목표로 하는 사람들에게도, 선택이 아닌 불가피한 필요성이라는 보다 실질적인 주장을 하는 것이다. 실제로, 이 후자의 논지에, 다시 말해 언어나 표현 또는 재현이라는 주제들에 주어진 우선성에 기초하여, 바디우는 흔히 라캉의 포스트구조주의적 추종자들에 의해 채용되는 노선을 문제삼을 뿐만 아니라, 라캉 자신의 작업에서 두드러지게 나타나는 몇 가지 양상

---

324 ['국지화하다'라는 말은 무언가의 위치를 한정하여 그 위치를 찾는다는 의미이기도 하다.]

도 문제 삼는다. 결국, 바디우는 라캉의 주된 세 가지 논지―(1) 이성
은 무의식의 무력한 '장난감'에 지나지 않는다, (2) 무의식은 언어와
같이 구조화된다, 그리고 (3) 이 언어는 소쉬르 이후 '실증적인 항이
없는' 차이들의 체계 혹은 순수하게 대조적인 관계들의 체계로 가장
정확하게 이해될 수 있다―에 거의 만족할 수 없을 것이다. 이 논지들
을 종합하면, 사유가 어떻게 (언어적으로나 문화적으로 고착된) 기존
의 사유 양식과의 결정적인 단절을 요구하는 그러한 종류의 독창적이
고 창조적이면서도 또한 형식적이거나 개념적인 발전을 달성할 수 있
는지 설명하는 것이 관건일 때, 사유의 언어에 대한 우위에 관해, 혹은
―보다 정확히 말해서―모든 '언어 우선의' 접근법의 부족함에 관해,
바디우가 단호하게 주장하는 모든 것과 정면으로 부딪힌다. 이 주장은
가장 주목할 만한 성취들 중 어떤 것들은 언어적이거나 준準언어적인
추론의 결과와 동떨어진 과정들을 통해 초래되었다는 폭넓게 받아들여
지는―그리고 전문적 증언의 다양한 항목들에 의해 증명되는―견해
와 부합하는 [결과를 보이는] 수학이나 논리를 비롯한 형식 과학들의
영역에 적용될 때, 동의를 얻을 공산이 크다. 따라서 그 주장은 또한 바
디우의 그런 방향으로의 강한 편향과 그가 그런 종류의 시범 사례로서
집합론의 발전에 두는 관심의 초점과 충분히 자연스럽게 일치한다. 물
론 이러한 경향이 반실재론자, 구조주의자, 일부 직관주의자들, 그리고
포스트구조주의나 비트겐슈타인의 형식 중 어느 것을 막론하고 언어적
전회에 동조했던 모든 사람들로부터 맹렬한 반론을 받기는 하지만 말
이다.

그러므로 바디우의 데카르트 독해는 '명석판명한 관념들'로 이루어
진 데카르트의 체제와 함께 그 주체 중심의 인식론에, 또한 언어와 공
동체와 문화의 우선권 주장을 인정하지 않는 그 입장에 종언을 고했던

'분석적' / '대륙적' 분열의 양측 진영에 속한 사람들의 다소 경솔한 선언들에 저항할 수밖에 없으며, 이는 상당히 이해할 만한 일이다. 여기서 한 가지 강조해야만 할 논점이 하나 있는데, 바로 바디우가 그러한 적대자들로부터 방어하고자 하는—혹은 적어도 부분적으로나마 정당성을 입증하고자 하는—데카르트는 고독하고 자기-근거적인 **코기토**[*cogito*](바디우도 그의 적대자들처럼 무의미하다고 할 정도로 문제가 있다고 생각하는)의 데카르트가 아니라, 논리학자이자 수학자, 과학자이자 작가—더 많이 알려진 『성찰(*Meditations*)』[325]보다는 『방법서설(*Discourse on Method*)』과 『정신 지도를 위한 규칙들(*Rules for the Direction of the Mind*)』의 작가—로서 데카르트라는 점이다.[326] 이러한 데카르트는 1인칭의 특권화된 인식론에 깊이 연루되어 있음에도 불구하고, 바디우에게 중요한 의식(consciousness)과 사유(thought)의 구별에 여지를 만드는 사상가이다. 즉, 데카르트 자신이 회의적 의심에 맞서는 마지막 보루로서 코기토에 대한 망상적 호소를 기각하고, **코기토**를 앎의 주체 혹은 자기 의식적 주체에 의한 인정이나 수락 또는 승인에서 완전히 독립적인 타당성의 조건들을 지니기에 그러한 망상적 호소를 수반하지 않는 공리적 진리절차들로 교체하기 위한 근거를 제공한다는 것이다.

그래서 우리는 바디우가 어떤 이유로 이 마지막 숙고에서 상당한 지면을 들여, 한편으로 데카르트를 의식과 사유의 결정적인 구별을 무시

---

325 [축약되지 않은 형태의 제목은 『제1 철학에 관한 성찰(*Meditations on the First Philosophy*)』(라틴어 원제: Meditationem de Prima Philosophia). 바디우는 『존재와 사건』의 각 장을 데카르트를 따라서 Meditation으로 지칭한다.]

326 René Descartes, 'Rules for the Direction of the Mind' in *Descartes: Philosophical Writings* (trans.) Peter Geach and G. E. M. Anscombe (London: Thomas Nelson, 1954), pp. 153-80.

하는 자들에 의해 쌓여올려진 오명으로부터 구해내고, 다른 한편으로 라캉을 데카르트의 '안다고-가정되는-주체(subject-presumed-to-know)'에 대한 그의 비판에 찬동해마지 않지만 그럼에도 그를 철저하게 몽매주의적이고도 무익한 주장을 했던 자로 간주하는 자들로부터 구해내기 위한 일종의 이중의 구출 작전을 시작하는지 알 수 있다. 확실히, 이 작전은 결코 간단한 것이 아닌데, 라캉의 텍스트가 이 논점에 있어 명석판명하다고 하기 어렵고, 반대의(즉, 완전히 반反데카르트적인) 해석을 지지한다고 여겨질 구절은 거의 없기 때문이다. 바디우는 이를 특별히 신중하게 서술한다. 이를 옮기자면 "우리는 거기서 데카르트와의 완전한 단절을 읽어서는 안" 되는데, 왜냐하면 "라캉은 실존의 의식적 확실성이 코기토의 중심에서 내재적이지 않으며 오히려 초월적(transcendent)임을 '오인하지 않는다(does not misrecognize)'는 점을 보여"주기 때문이다(p. 432). 우리가 데카르트를 옳게 읽는다면, 이것이 시사하는 바는, 데카르트가 추정적으로 주관[주체]성(subjectivity)의 선험적 차원과 경험적 차원을 혼동함으로써, 이미 칸트의 잘 알려진 비판들—첫 번째 『비판(Critique)』에 수록된 '순수 이성의 오류추리(Paralogisms of Pure Reason)'라는 절에 나오는—을 선취했다는 것이다.[327] 요컨대 데카르트는 실체적이면서도 심리학적으로 구체화된 주체 구상을 사실상 선험적으로 연역된 주체성(subject-hood)의 가능 조건들에 대한 추상적인(그래서 경험적으로 공허한) 설명에 지나지 않는 어떤 것으로부터 이끌어낸다는 공격을 미연에 방지하고 결과적으로 이를 모면하게 된다.

---

327 Immanuel Kant, *Critique of Pure Reason* (trans.) N. Kemp Smith (London: Macmillan, 1964). Chapter I, Book II, Division II of Part II, 'Transcendental Doctrine of Elements'를 볼 것.

바디우가 특징적으로 칸트의 입장을 뛰어넘는다고 주장하는 것은
'초월적(transcendent)'이라는 용어에 보다 급진적인, 사실상 확연한
사르트르적 실존주의의 의미를 부여하며, 그 용어를 '내재적(imma-
nent)'이라는 용어에 직접적으로 반대되는 의미로 정의하고, 거기에
"주체는 이러한[즉, 코기토에 기초하거나 현상학적인 혹은 의식에 색인
된] 확실성에 의해 그 자체에 제시된 동일시의 선분과 일치할 수 없다"
는 귀결이 수반되도록 한다(p. 432).[328] 요컨대, 『존재와 사건』의 이 마
지막 단계에서 바디우에게 중요한 것은 데카르트와 맞선 그의 입장이
나, 의식과 사유 사이의 비일치 혹은 균열을 해명하는 것 뿐만이 아니
라, 또한 그가―긴밀하게 관계된 방식으로―철학과 심리학 사이에서
그러한 논쟁적인(라캉의 도발적인 개입 이후로 어느 때보다 더 그러
한) 영역에 거주하는 최선이자 가장 생산적인 방식이라 여기는 무엇을
해명하는 것이다. "데카르트와 라캉 그리고 내가 여기서 제시하는 것
에 공통적인 것으로 추론될 수 있는 어떤 것―궁극적으로 지식에 뚫린
유적인 구멍으로서 진리의 지위에 관련된―을 통한 지름길을 택하여,
나는 그 논쟁이 공백의 국지화(위치 지정, localization)에 걸린다고 말
할 것이다"(p. 432). 데카르트 독해에 있어, 우리는 전통적으로 가정되
는 1인칭의 인식적 접근이라는 신화에 대한 의존을 줄이고, 그러한 접
근에 어떤 특권을 부여하는 중요한 수단으로서 코기토에 관한 문제들
을 제기하는―수학이나 정신분석적 이론의 특정한(특히 라캉의) 담론
들을 막론한―사유 양식들에 보다 가까운 그러한 정신의 구상을 다루
어야 한다. 여기서 바디우가 주장하는 것은 데카르트의 통찰에 의지하
여, 의식적으로(그리고 또한 자기 의식적으로) 사유하는 주체 안에서

328 특히 Jean-Paul Sartre, *The Trancendence of the Ego* (trans.) Forrest Williams
and Robert Kirkpatrick (New York: Noonday Press, 1948).

의심할 수 없는 확실성의 근거를 찾아냄으로써 어떻게든 회의적 의심
이라는 악마를 우회하는 것과 관련된 앎(knowledge)의 문제에 초점이
맞춰졌던 인식론 논쟁으로부터 벗어나는 급진적 전환이다.

그 전환의 결과는 철학자들이 데카르트의 인식론적 기획에서 끝없이
흥미롭고도 문제적인 것으로 발견했던 무엇으로부터 탐구에 관한 그의
논리적, 절차적, 과학 지향적 방법들 사이의—마찬가지로 여러 면에서
문제적이지만 해결할 희망이 없을 정도로 문제적이지는 않은—관계로
관심의 방향을 돌리는 것이다. 이런 방식으로 그 결과는 인식이나 인지
또는 정당화의 근거를 필요로 하는 포스트데카르트적(post-Cartesian)
관념에서 서글픈 망상이나 지적 에너지의 낭비 이상의 무엇을 발견하
지 못하는 로티 같은 사람들이 선포하는 난관에 대한 보다 긍정적인 결
과를 제공할 것이다. 로티는 우리에게 그러한 잘못 잉태된 기획 전체를
내려놓고, 이후로 철학을 현재 진행되는 문화적 대화에서 결코 어떠한
특권도 없는 또 하나의 목소리로 보는 관점을 지향하는 언어적 전회를
받아들이도록 종용한다.[329] 이와 달리 바디우는 보다 원칙에 따른(prin-
cipled) 경로의 변화를 제안하는데, 이 또한 어떤 특정한 철학하기의
방법—인식론적 관심사의 중심에 위치한 의식적인 앎의 주체를 통한
철학하기의 방법—에 가정되는 쇠퇴로부터 논의를 시작하지만, 이로
부터 그러한 관심사를 완전히 포기할 구실을 찾기보다는 그러한 관심
사를 검토하여 다시 표명해야 할 근거를 찾는다. 이것이 바로 바디우가
언어나 언어 철학이 아닌 수학에 사유의 분과[철학]를 혁신할 원천이
있다고 주장하는 이유이며, 그 혁신은 바디우가 그리스적 기원으로부
터 현재에 이르기까지 추적하는 진리탐구의 기획을 지탱하지만 그럼에

---

329   Rorty, *Philosophy and the Mirror of Nature* (Oxford: Blackwell, 1980).

도 철학에 제기된 여러 반대들을 인정하고 그러한 반대에 정면으로 대응하는 대안적 접근법을 제공할 것이다.

이 마지막 성찰—어떤 의미에서 『존재와 사건』에서 펼쳐진 모든 논쟁의 주요 노선들을 종합하는 장—에서 바디우의 목적은, 만일 데카르트가 우선적으로 수학적 방식으로(사실상 원형적 집합론의 방식이라고 지칭될 수 있을 법한 방식으로) 사유하며 모든 불필요한 형이상학적 인습을 담은 코기토를 통한 사유란 단지 부차적인 것에 그칠 뿐임을 이해하는 데 실패한다면, 그러한 독해는 데카르트의 오독이라고 주장하기 위한 것이다. "라캉을 여전히 … 데카르트적 과학의 시대에 결부시키는 것은, 진리를 보전하기 바란다면, 주체를 순수한 그 감산의 공백에 붙잡아둬야 한다는 사유이다. 오로지 그러한 주체만이 논리적이면서도 전적으로 전달 가능한 과학의 형식에 봉합된다"(p. 432). 라캉이 구조 언어적(즉, 소쉬르적) 모델로부터 개념적 지주를 얻는 데 반해, 바디우는 수학으로부터 그러한 지주를 얻으며, 이로부터 오는 결정적인 차이는 바디우가 보다 까다롭고 엄격한 증명적 논증의 과정을 거치기에, 포스트구조주의자들 및 여타의 학자들이 쉽게 범하는 종류의 라캉에 대한 오해를 피한다는 점이다. 이것이 의미하는 바는 바디우가, 주체성이라는 개념을 (혹자는 기만적 허구라고 말할) 그저 언어나 담론의 생산물로 받아들이는 자들의 주체 구상보다, 훨씬 더 강력하고 보다 적확한 주체 구상—탐구하거나, 의지하거나, 자기 헌신하는, 혹은 '충실한' 주체의 구상—을 보유할 수 있다는 것이다. 이에 따라 그는 실체적인 혹은 명목적인 것 이상의(more-than-nominal) 주체 개념을 위한 공간을 남길 뿐만 아니라, 수학이나 과학의 진리 발견에서, 진정으로 독창적이거나 창조적·탐색적 예술 작품의 생산에서, 그리고 현행의 합의적인 곧 자유민주주의적인 규범들에 의해 인정되는 어떤 것 너머에 이르는 급진적 진보나 전환이라는 정치적 목표의 추구에서, 주체 개념에 엄격하게 필수 불가결한 근본적인 역할을 부여한다. 바디우의 비판의 결과로 명료하게 시야에 들어오는 것은 언어적 전회와 현재 우세한 타당한 기준의 발상들에 기초한 진리나 정의에 대한 구상 사이를 잇는 긴밀한 연관이다. 언어에 기초한 사유(thought)와 이성(reason) 그리고 이해력(intelligibility)의 구상(포스트구조주의적이거나 비트겐 슈타인적인)과의 이러한 결정적인 단절의 범위와 중요성을 과장하기는 어려울 것이다. 이 단절은 회복된 진리—다양한 분과나 주제 영역들에서 구체적인 맥락에 한정하여 발전된 진리 개념—를 제공하며, 또한 언제나 그 자체의 의식적 범위와 현재 사용할 수 있는 지식의 한계를 넘어서게 될 진리의 장소로서 회복된 주체를 제시한다.

그러므로 '진실성(veracity)'[330]과 '진리(truth)'를 가르는 바디우의 구별에서 전자는 언어 또는 공동체적으로 공유된 표현 수단에 대한 모종의 준거를 수반하며 이를 필요로 한다. 또한, 그가 이해하는 바에 따를 때, 언어, 의식, 판단 그리고 '백과사전적' 차원—거기서 진실한(ve-ridical) 의견으로 정립되었기에 인정받거나 인식적으로 안정된 것의 영역에 속하는 것이라면 무엇이든 발견할 수 있는—사이의 관계도 그렇다. 이에 따라 바디우는 '인간은 [만물의] 척도'라는 프로타고라스의 상대주의적 교설이나, 혹은 진리가 언제나 인간 지식의 범위와 한계에 따라야 한다는 (오늘날의 사유의 유파들에 의해 수용되는) 관념에 확고하게 반대하는 편에 선다. 이는 또한 그가 칸트의 자기 선포적인 '코페르니쿠스적 혁명'에 의해, 즉 철학은 오직 존재론적 주제로부터 인식론적 주제로 관심의 초점을 완전히 전환함으로써만이 구원될 수 있

---

330 [veridicity와 같은 뜻으로 쓰이는 단어.]

다는 관념에 의해 열린 발전의 장 전체를 기각하는 이유이기도 하다. 칸트는 그러한 변화가 철학자들의 관심을, 객관적이고도 정신에서 독립된 실재의 본성에 관한 결코 대답할 수 없는 문제들로부터, 본질적으로 이해(오성悟性, understanding)와 이성(reason)과 판단(judegement)이라는 정신의 선험적 역량에 관해 밝힐 수 있는 무언가에 관련되는 이상 인간적 인지의 경계 안에 놓이는 문제들로, 돌려놓는 온전히 이로운 결과를 가져올 것이라고 믿었다.[331] 반대로, 바디우의 관점에서, 주체를 어떤 방식으로든 그 자체의 알 수 없는(곧, 선험적으로 연역되지만 순수하게 예지적[noumenal][332]이며 따라서 경험적으로/심리학적으로 공허한) 자기성(selfhood)의 가능성에 의해 놓이는 조건들 아래 공존하는 다양한 '능력들(faculties)'의 변질되기 쉬운 조합으로 보는 구상에 의존하는 칸트에게는 권장할만한 것이 아무것도 없다.[333]

특히 바디우는 칸트가 감각적 직관과 이해[오성] 개념 사이를 매개하는 결정적인 능력으로서, 그리고 따라서 모든 행위나 경험적 앎의 심급을 가능케 할 뿐만 아니라—다른 능력들의 허가(dispensation) 아래—실천 이성(윤리)과 미학적 감상(평가, appreciation)의 기초를 제공하는 것으로서, '판단'에 할당하는 역할을 수용할 수 없다. 바디우의 사유 방식에 따를 때, 이것은 칸트의 존재론으로부터 인식론으로 물러나는 후퇴로부터, 그리고 그 이후로는 진리는 인간적으로 얻을 수 있는

---

331   Kant, *Critique of Pure Reason* (op. cit.).

332   [noumenon은 일반적으로 본체나 실체로 번역되기도 하는데, 오직 이성에 의해서만 사유될 수 있는 예지적 대상이나 절대적 실체를 지칭한다. 이것은 다른 말로 하면 칸트의 물자체(thing itself)이다.]

333   칸트가 제시한 다양한 능력들(faculties) 사이에서 일어나는 이러한 '주도권 순환'의 체계에 관한 통찰력 있는 주해를 보려면, Gilles Deleuze, *Kant's Critical Philosophy: The Doctrine of the Faculties* (trans.) Hugh Tomlinson and Barbara Habberjam (London: Athlone Press, 1984) 참고.

지식을 통해 이해되어야 하며 지식은 진리와 지식 사이에 판단의 범위와 한계를 정립하는 다양한 판단의 유형이나 양상들을 통해 이해되어야 한다는 (오늘날의 여러 사상가들에게 뜻밖의 영향력을 미친) 관념으로 물러나는 후퇴로부터 유래된 전적으로 잘못된 결과일 뿐이다. 바디우의 대응은, 앞에서 본 그대로, 존재론을 제1 철학으로서 재단언하며, 또한 주체를 칸트의 방식에 따라 괴리적이지만 그럼에도 기이하게도 통합된 다양한 힘들이 협동적으로 나타나는 장소라고 사유해서는 안 된다고 주장하는 것이다. 오히려 우리는—더욱 큰 형식적 정확성을 동원하여—주체의 역할과 그 엄격하게 독특한 효과들을 어떠한 형식의 존재론적 특정(specification)도 벗어나는 것으로서 정의하고자 노력해야 하는데, 왜냐하면 주체는 개입하여 어떤 한 진리절차를 창조하거나, 발견하거나, 발명하거나, 고안하거나, 충실하게 지탱하거나 또는 추가적으로 발전시킬 것이며, 이 진리절차는 시작이 끝을 알지 못하지만 그럼에도 그 끝이—바디우가 여기서 '전미래적(future anterior)' 시점이라 지칭하는 것으로부터 볼 때—그 자체의 궁극적인 정당화를 이루게 될 것이기 때문이다.

그러므로 바디우가 제안하는 새로운 시작은 존재론을 그 자체의 정당한 자리에 회복시키고, 그럼으로써 철학의 개념적 자원들의 발전을 수학과 논리 그리고 형식 과학들의 엄격한 관할권 너머에 놓인 조사의 영역들에 적용되는 것으로 나타내는 그러한 시작이다. 더구나 그 시작은 무관함(irrelevance)에 이를 정도로 추상적이지 않으며— '개인적인'으로부터 '제대로 훈련되지 않은(ill-disciplined)'이나 '완전히 변덕스러운'에 이르는—철학적으로 경멸적인 의미에 따라 '주체적인' 것이 아닌 그러한 인간 주체의 구상에 도달하고자 하는 철학의 오랫동안 빈번히 좌절된 시도에 관해서도 동일한 전환적 효과를 가져올 것이다. 바디우가 『존재와 사건』에서 달성하고자 하는 것은 바로 그러한 유효한 [주체의] 구상이며, 그가 구체적인(specific) 탐구의 맥락에서 일어난 마찬가지로 구체적인 사건들—발전들 혹은 발견들—에서 기인하는 다양한 구체적 진리절차들을 직접적으로 참조하여 펼쳐내는 구상이다. 더구나 그는 주체들이 오로지 어떤 영역에 특수한(domain-specific) 사건을 통해 그리고 (그들의 삶이 그 이후로 사건의 아직 지각되지 않은 귀결들을 끝까지 추구하는 데 바쳐지는 이상) 그들 자신의 삶이나 관련된 분과의 미래 발전에 관한 사건의 전환적 효과를 통해 실존으로 진입한다고 주장한다. 그러므로 바디우의 '주체(subject)'라는 말의 사용 방식은 칸트에서 훗설에 이르는 철학자들에 의한 상대적으로 전문화된 사용 방식 뿐만 아니라, 개인적, 심리학적, 경험적 측면을 보다 폭넓게 아우르는 의미를 나타내는 일상적 어법에 관련된 사용 방식과도 거의 공유되는 부분이 없다. 실제로 바디우는 그 단어의 의미가 (1) 'subject = 인격, 개인, 인간 존재자, 1인칭적 정체성의 위치' 등, 그리고 (2) 'subject = 테마, 주제, 학과, 또는 조사(investigation)의 초점'으로 나뉘게 된 어떤 복잡한 의미상의 전환이 일어나기 이전의 단계를 가리킨다.[334] 이로써 그는—하이데거와 같이 모호하거나 완전히 거짓된 어원학에 골몰하지 않고서—주체들[subjects](의미 1)을 그들이 결정적으로 개입했던 어떤 주제들[subjects](의미 2)로부터 핵심적인 윤곽이나 또는 주된 개별적 특징들을 획득하는 자들로 생각하는 것이 가장 타당하다고 주장할 수 있게 된다.

실제로—그리고 여기서 바디우 논증의 역설적인 핵심에 닿게 되는

---

334 이러한 의미론적 역사에 관해 추가로 살펴려면, Raymond Williams, *Keywords: A Vocabulary of Culture and Society*, rev. edn (Oxford: Oxford University Press, 1985) 참고.

데―우리는 칸트 너머의 데카르트에게로 되돌아가 [데카르트와] 비견될 만한 명료성과 설득력으로 관련된 주제들을 정립하는 정식을 찾아야 한다. 비록 바디우가 주체에게 투명한 혹은 특권화된 1인칭의 인식적 접근을 통해 명백한 지식[앎]을 성취할 능력이 있다고 보는 주체 개념에 관해 데카르트와 충돌하기는 하지만―그것도 단호하게―그는 어쨌든 자신이 진리 또는 정당성의 핵심이라고 간주하는 무엇을 기각해버린 자들로부터 그 핵심을 되찾는 데 열중한다. 말하자면, 데카르트와 라캉을 묶어내는 이 그럴싸해 보이지 않는 결합으로 책을 결론짓는 주된 근거는 두 사상가 모두 널리 유포된 고질적인 오독에 노출되어왔다는 점이다. 한편으로 그러한 오독에서 나타나는 경향은 데카르트가 『성찰(Meditations)』이 아닌 그 자신의 다른 저술에서 어떻게 주체[subject](의미 1)가 본질적으로―그/그녀가 진리 추구를 위해 최선의 노력을 경주하는 주제[subject](의미 2)에 관여하는 중요한 개입의 지점들을 구성하는―사유의 절차나 방법 혹은 규약들에 속박된다고 보는 구상을 향해 나아가게 되었는지에 관해 은폐하는 것이다. 다른 한편으로 그러한 오독은, 마찬가지로, 데카르트의 안다고 가정되는 주체(subject-presumed-to-know)에 대한 라캉의 정신분석적으로 촉발된 도전과 (라캉 자신의 시기 이후로 현재에 이르기까지) 정확히 상반되는 교설들의 주장을 정립하는 데 필요한 무엇으로 무너져내린 데카르트의 변형 사이 상호 의존의―거의 공생하는―관계가 얼마나 긴밀한 것인지에 관해 숨긴다.

그래서 바디우가 이 두 사람을 함께 얽어매는 목적은 라캉이 (인식에 특권을 부여하는) 정통적인 데카르트적 접근법에 제기하는 실질적인 문제들을 부정하기 위한 것이 아니라, 라캉을 통해 데카르트를 읽는 방식이 이러한 상호 연루의 정도를 밝힐 수 있다는 점을 입증하기 위한 것이다. 그런 접근법은 이성을 프로이트와 라캉이 제기한 편재하는 무의식의 영향력 아래 둠으로써 그 특권을 말소하고자 하는 라캉의 동기가 어떤 방식으로 합리적인 사유의 절차들에 의지할 필요와 상충하는지 보인다. 동시에 그 접근법은 정신과 세계의 고정점이라 가정되는 자율적인 **코기토**에 대한 데카르트의 호소가 어떻게 의식적 성찰(반영, reflection)의 투명하고 자기 근거적이라 가정되는 성격을 회피하는 무엇에서 그 한계에 봉착하게 되는지 드러낸다. 이러한 결합된 방식의 입증에서 부각되는 것은 앎을(그리고 이에 관련된 의식을) 이성과 진리의 기준으로 다루거나 혹은 어떤 진정한 라캉의 방향에서 이성과 진리 뿐만 아니라 전통적으로 특권화된 앎과 의식의 권리를 기각하는 외양을 꾸며내는 어떠한 접근법도 불충분하다는 점이다. 이것이 그저 외양일 뿐이라는 점—그러한 접근법이 그러한 목적을 일관적으로 공언할 수 없을 뿐만 아니라 논리에 따라 정합적인 합리적 설득력을 갖춘 논증을 제시한다고 말할 수 없다는 점—에 대한 지적을 라캉의 (외견상) 반反데카르트적 입장에 대한 전면적인 논박으로 받아들여서는 안 된다. 오히려 그것은 먼저 **코기토**와 그리 긴밀하게 연결되어 있지 않은 합리주의적 교훈들에 관련된 '다른' 데카르트들을 상기하게 하며, 두 번째로 무의식과 그 구조적인—심지어 체계적인—작용에 대한 '비합리주의적' 이해와 거의 관련이 없는 라캉 자신의 매우 형식화된 이해를 상기하게 한다.

그러므로 표면적으로 현저하게 상반되는 두 사상가를 나란히 두는 병치의 방식은 바디우에게 『존재와 사건』의 중심적 테제를 재단언할 수 있는 수단을 제공한다. 이 방식은 의식적이거나, 성찰[반영]적인, 또는 인식적으로 접근 가능한 사유의 경계를 넘어서는 사유의 역량에 관한 잘 정리된 놀라운 기록에 관련되는 동시에 수용된 지식이나 인정된 방법의 한계 너머로 향하는 모험에 있어 자극제이자 검문소로 작용하는 진리절차의 명령에 종속된 채로 유지된다. 바디우가 라캉으로부터 가장 현저하게 이탈하는 지점은 언어에 특별한 중요성을 부가하지 않는 데 있으며, 언어적 의미나 재현의 구조에 의지하지 않을 때 사유는 대체로 가장 엄격하거나 풍부하거나 창의적인 형태로 유지된다고 가정하는 데 있다. 이런 이유로 바디우는, 그 자신이 내놓은 모든 맹렬한 반대 취지의 주장이나 혹은 데카르트로부터 내려와 칸트와 훗설에게 그리고 타락한(특히 미국의 자아심리학적[ego-psychological]) 형태의 정신분석의 주창자들에게 이어지는 주권 또는 자율권을 가진 주체를 상상하는 모든 관념에 라캉의 사유가 미치는 극히 파괴적인 불안정화의 효과에도 불구하고, 라캉을 상당 부분 데카르트의 계보에 속한다고 간주한다. 라캉을 라캉 자신이 저술을 통해 강력하게 도전했던 사유의 전통에 묶는 것은 소쉬르 언어학에서 기원하는 형태의 언어 우선적 테제에 동의한다는 점이다. 그 테제는, 한 다른 영역에서, 대체로 합리주의 철학이나 경험주의 철학에서 공히 의문이 제기되지 않을 정도의 주된 요소를 이루었던 이전의 '관념의 길(way of ideas)'로 예시화되는 표상주의적(representationalist) 교설을 지속했다고 여겨질 수 있다.[335]

이러한 오래도록 정립되어 있었으나 오류를 담고 있는 패러다임에 관해, 바디우는 인식론이 탐구의 주된 초점의 자리에서 존재론을 대체하고, 이후에 궁극적인 지식과 진리의 지평을 표시하는 것으로서 언어 개념에 의해 대체되는 이중적인 우선성의 전도顚倒(inversion)가 일어남에 있어 도구 역할을 했다고 간주한다. 그래서 라캉의 정신분석은 뒤

---

335 Rorty, *Philosophy and the Mirror of Nature* (op. cit.); 또한 Ian Hacking, *Why Does Language Matter to Philosophy?* (Cambridge: Cambridge University Press, 1975).

를 돌아보면서도 앞을 내다보는 양상을, 즉 한편으로 오래된 데카르트
적 관념의 길에 대한 현대적인 곧 '언어화된(linguistified)' 형태에 부
분적으로 사로잡힌 채로 유지되지만, 다른 한편으로—데카르트적 관
념의 길의 형식적이며 통상 수학적인 표명 양식을 통해—어떤 새롭고
도, 전체적으로 보다 적합한 패러다임으로 가는 내재적인 전이의 지점
을 표시하는 양상을 지닌다. 바디우의 서술에 따를 때, "관건이 되는
것은 라캉이 천재적으로 정확성(exactitude) 혹은 일치(adquation)라
고 명명했던 것으로부터 마침내 완전하게 절연되는, 그러나 지나치게
언어에만 결합된 그의 몸짓이 참된 것(true)의 역(inverse)으로 지속되
도록 하는, 진리(truth)의 역사를 향한 열림이다"(p. 433). 이런 방식으
로 형식주의와 기호 논리에 대한 의지 그리고 간헐적으로 이어지는 개
념적 엄정함에 대한 탐구는—그의 여러 적대자들에게 아무리 의심스
럽더라도—라캉의 작업에서 특징적으로 나타났던 언어적 관념론의 압
력을 상쇄하기에 충분하지만, 구조주의나 초기 포스트구조주의의 사유
방식과의 결정적인 단절을 가능케 하는 것은 아니다. 라캉의 사유에서
이러한 난관으로부터 앞으로 나아갈 길을 지시했다고 여겨질 무엇은
사유가 정립된(인식적으로 공인되거나 혹은 언어적으로 전달 가능한)
지식의 경계를 넘어설 수 있는 방식을 이해하는 데 있어 유일하게 적합
한 수단을 제공했던 근래 수학의 발전상에 대한 보다 일관된 관여였다.

　그러므로 라캉은『존재와 사건』전체에 걸친 여러 중요한 단계에서
모습을 드러냈던 그러한 엄선된 사유의 스승들(maîtres à penser) 중 마
지막 사람으로서 명예로운 자리를 얻게 된다. 이러한 자리매김은 무엇
보다 바디우가 그러한 진전들을 보증하고 이해하기 위해 구비된 가장
훌륭한(혹은 유일한) 분과학으로서—인식론이나 언어 철학이 아니라
—존재론을 향한 집합론으로 촉발된 회귀의 도래와 동일시하는 그러

한 사유의 지형의 획기적인 전환으로 들어가는 경로에서, 세례자 요한
(John the Baptist)과 같이, 문턱에 자리한 라캉의 위치에 따른 것이다.
'존재론 우선'의 입장을 받아들인 귀결들 중 한 가지는 발전이나 진보
에 관한 이야기에 새롭게 갱신된 신뢰성을 부여하고, 그런 이야기가 가
시적으로든 비가시적으로든 인용부호들에 둘러싸여야 한다고 요구하
지 않게 되는 것이다. 왜냐하면 그러한 입장의 수용이 두 가지 주된 실
재론적/객관주의적 수칙―(1) 진리는 언제나 얻을 수 있는 지식의 한
계를 능가하지 않을 것이다, (2) 지식은 언제나 현재 인정되는 이러저
러한 공동체의 언어에서 적합한 표현을 찾을 수 있는 모든 것을 초월할
것이다―을 수반하기 때문이다. 덧붙여, 형식 과학들과 관련하여, 바
디우의 집합론적 설명으로부터 (3) 어느 시점에 주어진 지식의 상태에
내재하는 결함―진리의 결손―은 지금까지 다소간 성공적으로 시야
에서 가려졌던 잠재적 긴장이나 모순 또는 아포리아들에 대한 보다 발
전된 파악을 통해 밝혀지리라 간주할 수 있다는 귀결이 따라나온다.

그러므로, 이 마지막 성찰의 마지막 페이지에서, 바디우는 엄청나게
길고 복잡한 논증의 과정을 거친 이후에 책의 도입부를 되돌아보며 거
기에서 장래의 약속으로 시작된 무언가를 입증하는 증거를 제공했다고
주장한다. 요컨대 그는 어떤 방식으로 "존재론적 문제에 대한 수학적
결정이라는 가정 아래, 철학사 전체를 그리스적 기원부터 새롭게 검토
하는 것이 가능"한지 보였기를 바라는데, 그럴 경우에 "우리는 하이데
거가 배치했던 것과 완전히 다른 연속성과 주기성을 보게 될 것이
다"(p. 435). 여기에 덧붙여 말할 수 있는 것은 [그의 작업이] 헤겔의
『정신 현상학(Phenomenology of Mind)』 이래 [저술된] 개별 철학책에
서 시도된 어떤 것과도 완전히 다른―그리고 그 이상으로 모험적인―
인간의 지성적, 과학적, 정치적, 예술적 노력의 모든 주된 영역에 걸쳐

진리를 추구하는 탐구의 구상이라는 점이다. 나는 이 자세한 주해의 과정에서 바디우가 도입부의 자신만만한 야심과 종결부의 마찬가지로 높은 성취감에 대한 진술을 완전히 정당화한다고 간주할 충분한 근거를 제공했기 바란다. 앞으로『존재와 사건』은 그 철학적 도전과 수학적 복잡성과 윤리적 입장에 결합된—그럼에도 윤리를 흔히 의심스럽거나 완전히 혐오스러운 정치적 목적에 복무하는 담론이라 간주하는 그의 명백한 의심을 요구하는—정치적 관여의 힘에 대한 깊은 이해를 갖춘 더 많은 독자들에 의해 읽히게 될 것이다.[336] 이러한 전망은 정통적인 사유의 습관을 뒤흔들고 불안정하게 하는 이 책의 비범한 힘에 의해 사유의 반동적 습관을 극복하는 데 도움이 될 수 있을 것이다. 그러한 습관이 명시적으로 보수적인 성격을 지닌 습관이건, 혹은—바디우의 '자연스러운' 독자 층을 고려할 때, 보다 전형적으로—급진적인 외양을 한 포스트구조주의나 '강한' 언어 구성주의의 수사법과 결코 급진적이지 않은(사실상 뚜렷하게 보수적인) 그 영향을 파악해내지 못하는 사유의 실패를 조합하는 습관이건 말이다. 그때쯤이면『존재와 사건』은, 진리를 근본적인 관건으로 삼는 모든 분과에서 중심적인 주제들을 수학에 정통한 방식으로 재사유함으로써, 바디우가 결정적인 개입을 실행했다고 평가되는 몇 사람의 선택된 인물들에게 부여하는, 사유의 역사에서 중요하고도 전환적인 에피소드라는 사건적 지위를 얻게 될 것이며, 이 책에는 충분히 그럴만한 자격이 있다.

토의 주제

– 바디우의 사유와 라캉의 정신분석에 대해, 그리고 바디우의 사유와

---

336   특히 Badiou, *Ethics*.

라캉을 거친 데카르트의 주체 중심의 인식론이나 혹은 '순수한 탐구의 기획'의 복잡한 관계에 대해, 당신은 어떻게 생각하는가?

- 바디우의 기획에 있어 수학의 중심성과 함께 보다 전반적인 그의 사유의 형식적·추상적 주형을 고려할 때, 우리는 그가 정신분석의 주장을 향한 여러 분석 철학자들의 명시적인 의심 혹은 직접적인 적대성을 공유하리라 기대할 수도 있을 것이다. 이런 기대는 어떤 이유로 사실과 부합하지 않는가?

- 당신은 바디우가 지금 『존재와 사건』의 도입부에서 내놓았던, 이 책이 중요한 저술일 뿐만 아니라 근대 사유의 역사에서 전환적 사건이 될 것이라는 약속을 완수했다고 말할 것인가? 만일 그렇다면, 정확히 그 전환의 본성은 어떤 것이며, 당신이 가장 강렬하고도 깊은 영향이 느껴질 것으로 기대하는 분과이나 주제영역 혹은 보다 폭넓은 (예를 들어, 사회적이거나 정치적인) 관련 영역들은 어떤 것인가?

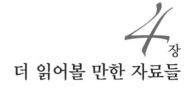

4장

더 읽어볼 만한 자료들

바디우는 명백히 생산적인 저자로서 최근에는 더욱더 많은 책을 써내고 있다. 따라서 이것은 이 안내서를 통해 처음으로 그의 저술에 접근하게 된 사람들의 필요에 알맞은 매우 선택적인 서지목록이 될 것이다. 이 목록에는 다음 근거에 따라 선택된 항목들이 포함한다.

1. 이 항목들은 『존재와 사건』에서 발전된 주제 및 발상들에 중요하게 관련되며,
2. 그의 기획 전반에 중심적이며,
3. 지면 제한으로 인해 그의 작업에서 내가 적절하게 다루거나 논의할 수 없었던 측면을 해명하는 것이어야 한다.

다행히도 2006년과 2007년 말에 각각 바디우의 저술과 주석들을 매우 자세히 업데이트한 두 개의 서지목록이 온라인으로 제공되었다. 첫 번째 서지목록은 앨런 애슈턴(Alan Ashton)이 학술지 *Cosmos and History*에 올렸다. 이 목록에서 나는 놓치기 쉬운 몇 가지 상세한 내용을 파악하는 데 큰 도움을 얻었고, 그러한 훌륭한 자료를 제공해 준 이 학술지의 저자와 편집자(들) 그리고 출판사에게 큰 감사를 보낸다. 두 번째 서지목록은 주로 자크 라캉의 저술에 관한 토론에 할애된 웹사이트에서 얻을 수 있으며, 따라서 그 범위에 있어 상당히 정신분석적 편향

이 나타난다. 두 서지목록에서 자료를 얻을 수 있었기에, 나는 이 안내서에서 비전문가들에게 가장 빈번히 사용될 법한 항목들에만 집중할 수 있었다. 보다 일반적인 성격을 가진(예를 들어, 수리 철학, 논리, 인식론, 존재론, 정치 이론, 정신분석 등에 관한) 저술들은 각 장의 주에서 제시했기에 그런 성격의 서지에 관해서는 중복을 피하기 위해 이 목록에서 배제했다. 대체로 독자들은 바디우의 사유에 추가로 보다 야심찬 수준에 이르기까지 관여하는 목적에 있어 가장 훌륭하고도 접근 가능한 자료들에 대한 충분한 안내를 받게 될 것이다.

1. 영어판으로 구할 수 있는 바디우의 다른 책들

Manifesto for Philosophy (trans.) Norman Madarasz (Albany, NY: State University of New York Press, 1999) ;『철학을 위한 선언』, 길, 2010.

Deleuze: The Clamor of Being (trans.) Louise Burchill (Minneapolis: Unversity of Minnesota Press, 2000) ;『들뢰즈 - 존재의 함성』, 이학사, 2001).

Ethics: An Essay on the Understanding of Evil (trans.) Peter Hallward (London: Verso, 2001) ;『윤리학: 악에 대한 의식에 관한 에세이』, 동문선, 2001).

Infinite Thought: Truth and the Return to Philosophy (trans. and ed.) Oliver Feltham and Justin Clemens (London: Continuum, 2003).

Saint Paul: The Foundation of Universalism (trans.) Ray Brassier (Stanford, CA: Stanford University Press, 2003) ;『사도 바울: 제국에 맞서는 보편주의 윤리를 찾아서』, 새물결, 2008.

Theoretical Writings (trans.) Ray Brassier (London: Continuum, 2004).

Handbook of Inaesthetics (trans.) Alberto Toscano (Stanford U. P., 2005)

;『비미학』, 이학사, 2005.

Metapolitics (trans.) Jason Barker (London: Verso, 2005).

Briefings on Existence: A Short Treatise on Transitory Ontology (trans.) Norman Madarasz (New York: State University of New York Press, 2006).

The Century (trans.) Alberto Toscano (London: Polity Press, 2007) ;『세기』, 이학사, 2014.

The Concept of Model: An Introduction to the Materialist Epistemology of Mathematics (trans.) Zachary Luke Fraser and Tzuchien Tho(Victoria: re.press, 2007).

Polemics (trans.) Steven Corcoran (London: Verso, 2007).

The Meaning of Sarkozy (trans.) David Fernbach (London: Verso, 2008).

Number and Numbers (trans.) Robin MacKay (London: Polity Press, 2008).

Logics of Worlds (trans.) Alberto Toscano (London: Continuum, 2009).

Theory of the Subject (trans.) Bruno Bosteels (London:Continuum, 2009).

2. 영어로 번역된 바디우의 글

'On a Finally Objectless Subject', (trans.) Bruce Fink, in Eduardo Cadava, Peter Connor and Jean- Luc Nancy (eds), *Who Comes After the Suject?* (London: Routledge, 1991), pp. 24-32.

'Gilles Deleuze, The Fold: Leibniz and the Baroque', (trans.) Thelma Sowley, in Constantin Boundas and Dorothea Olkowski (eds), *Deleuze and the Theatre of Philosophy* (New York: Columbia University Press, 1994), pp. 51-69.

'Philosophy and Politics', (trans.) Thelma Sowley, *Radical Philosophy*(July/ August 1999), pp. 29-32.

'Metaphysics and the Critique of Metaphysics', (trans.) Alberto Toscano, *Pli: Warwick Journal of Philosophy*, No. 10 (2000), pp. 174-90.

'On a Contemporary Usage of Frege', (trans.) Sam Gillespie and Justin Clemens, *Umbr(a)* 2000, pp. 99-115.

'The Ethic of Truths: Construction and Potency', (trans.) Selma Sowley, *Pli: Warwick Journal of Philosophy*, No. 12 (2001), pp. 245-55.

'Who is Nietzsche?', (trans.) Alberto Toscano, *Pli: Warwick Journal of Philosophy*, No. 11 (2001), pp. 1-10.

'Logic of the Site', (trans.) Steve Corcoran and Bruno Bosteels, *Diacritics*, Vol. 33, No. 3 (2003), pp. 141-50.

'Some Replies to a Demanding Friend', (trans.) Peter Hallward, in *Think Again: Alain Badiou and the Future of Philosophy* (London: Continuum, 2004), pp. 232-7.

'The Adventure of French Philosophy', *New Left Review*, No. 35 (2005), pp. 67-77.

'Democratic Materialism and the Materialist Dialectic', *Radical Philosophy*, No. 130 (2005), pp. 20-4.

'Lacan and the pre-Socratics', (ed.) Slavoj Zizek, in *Lacan: The Silent Partners* (London: Verso, 2006), pp. 7-16.

3. 영어권에서 출간된 바디우에 관한 책과 글들

Ashton, Paul, A. J. Bartlett and Justin Clemens (eds), *The Praxis of Alain Badiou* (Victoria: Re.Press, 2006).

Balibar, Etienne, 'The History of Truth: Alain Badiou in French Philosophy', in Hallward (ed.) (2004), pp. 21-38.

Barker, Jason, *Alain Badiou: A Critical Introduction* (London: Pluto Press, 2002) ;『알랭 바디우 비판적 입문』, 이후, 2009.

Bensaid, Daniel, 'Alain Badiou and the Miracle of the Event', in Hallward (ed.) (2004), pp. 94-105.

Bosteels, Bruno, 'Alain Badiou's Theory of the Subjet: The Recommence-ment of Dialectical Materialism? (Parts 1 and 2)', *Pli: Warwick Journal ofPhilosophy*, No. 12 (2001), pp. 200-29 and No. 13 (2002), pp. 173-208.

Bosteels, Bruno, 'On the Subject of the Dialectic', in Hallward (ed.),(2004), pp. 150-64.

Bosteels, Bruno, 'Can Change Be Thought? A Dialogue with Alain Badiou', in Riera (ed.) (2005), pp. 237-61 .

Brassier, Ray, 'Nihil Unbound: Remarks on Subtractive Ontology and Think-ing Capitalism', in Hallward (ed.) (2004), pp. 50-8.

Brassier, Ray, 'Badiou's Materialist Epistemology of Mathematics', *Angelaki: Journal of the Theoretical Humanities*, Vol. 10, No. 2 (2005), pp. 135-50.

Clemens, Justin, 'Platonic Meditations', *Pli: Warwick Journal of Philosophy*, No. 11 (2001), pp. 200-29.

Clemens, Justin, *The Romanticim of Contemporary Theory: Institution, Aes-thetics, Nihilism* (Aldershot: Ashgate, 2003).

Copjec, Joan, 'Gai Savoir Sera: The Science of Love and the Insolence of Chance', in Riera (ed.) (2005), pp. 119-35.

Critchley, Simon, 'Demanding Approval: On the Ethics of Alain Badiou', *Radical Philosophy*, Vol. 100 (2000), pp. 16-27.

Critchley, Simon, 'On the Ethics of Alain Badiou', in Riera (ed.) (2005), pp. 215–35.

de Beistegui, Miguel, 'The Ontological Dispute: Badiou, Heidegger, and Deleuze', in Riera (ed.) (2005), pp. 45–58.

Desanti, Jean Toussaint, 'Some Remarks on the Intrinsic Ontology of Alain Badiou', in Hallward (ed.) (2004), pp. 59–66.

Dews, Peter, 'Uncategorical Imperatives: Adorno, Badiou and the Ethical Turn', *Radical Philosophy*, No. 111 (2002), pp. 33–7.

Dews, Peter, 'States of Grace: The Excess of the Demand in Badiou's Ethics of Truths', in Hallward (ed.) (2004), pp. 106–19.

Düttmann, Alexander Garcia, 'What Remains of Fidelity after Serious Thought', in Hallward (ed.) (2004), pp. 202–7.

Eagleton, Terry, 'Subjects and Truths', *New Left Review*, No. 9 (2001), pp. 155–60.

Feltham, Oliver, *Alain Badiou: Live Theory* (London: Continuum, 2008).

Fraser, Zachary Luke, 'The Law of the Subjet: Alain Badiou, Luitzen Brouwer and the Kripkean Analyses of Forcing and the Heyting Calculus', *Cosmos and History*, Vol. 1, Nos. 1–2 (2006), pp. 94–133.

Gillespie, Sam, 'Placing the Void: Badiou on Spinoza', *Angelaki: Journal of the Theoretical Humanities*, Vol. 6, No. 3 (December 2001), pp. 63–77.

Gillespie, Sam, 'Beyond Being: Badiou's Doctrine of Truth', *Commuication and Cognition*, Vol. 36, No. 1–2 (2003), pp. 5–30.

Gillespie, Sam, *The Mathematics of Novelty: Badiou's Minimalist Metaphysics* (Victoria: re.press, 2008).

Hallward, Peter, *Badiou: A Sujet to Truth* (Minneapolis: University of Minnesota Press, 2003) ;『진리를 향한 주체』, 길, 2016.

Hallward. Peter (ed.), *Think Again: Alain Badiou and the Future of Philosophy* (London: Contiuum, 2004).

Hallward, Peter, 'Depending on Inconsistency: Badiou's Answer to the "Guiding Question of All Contemporary Philosophy"' , *Polygraph*, Vol. 17 (2005), pp. 11-25.

Hewlett, Nick, 'Engagement and Transcendence: The Militant Philosophy of Alain Badiou' , *Modern and Contemporary France*, Vol. 12, No. 3 (2004), pp. 335-52.

Ingram, James D., 'Can Universalism Still Be Radical? Alain Badiou's Politics of Truth' , *Constellations*, Vol. 1 2, No. 4 (2005), pp. 561-73.

Kaufman, Eleanor. 'Why the Family Is Beautiful (Lacan against Badiou)' , *Diacritics*, Vol. 32, Nos. 3/4 (2002), pp. 135-51.

Laclau, Ernesto, 'An Ethics of Militant Engagement' , in Hallward (ed.) (2004), pp. 120-37.

Leçercle, Jean-Jacques, 'Cantor, Lacan, Mao, Beckett, Même Combat: The Philosophy of Alain Badiou' , *Radical Philosophy*, No. 93 (1999), pp. 6-13.

Leçercle, Jean-Jacques, 'Badiou's Poetics' , in Hallward (ed.) (2004), pp. 208-17.

MacCannell, Juliet Flower, 'Alain Badiou: Philosophical Outlaw' , in Riera (ed.) (2005), pp. 137-84.

Macherey, Pierre 'The Mallarmé of Alain Badiou' , in Riera (ed.)(2005), pp. 109-15.

Madarasz, Norman, 'On Alain Badiou's Treatment of Category Theory in

View of a Transitory Ontology', in Riera (ed.) (2005), pp. 23-43.

May, Todd, 'Badiou and Deleuze on the One and the Many', in Hallward (ed.) (2004), pp. 67-76.

Mount, B. Madison, 'The Cantorian Revolution: Alain Badiou on the philosophy of set theory', *Polygraph*, No. 17 (2005), pp. 41-91 .

Nancy, Jean-Luc, 'Philosophy without Conditions', in Hallward (ed.)(2004), pp. 39-49.

Norris, Christopher, 'Some Versions of Platonism: Mathematics and Ontology According to Badiou', *Philosophical Frontiers*, Vol. 3, No. 1 (January to June 2008), pp. 1-26.

Norris, Christopher, 'Alain Badiou: Truth, Mathematics and the Claim of Reason', *Pli: The Warwick Journal of Philosophy*, Vol. 19 (2008), pp. 189-217.

Noys, Benjamin, 'The Provocations of Alain Badiou', *Theory, Culture and Society*, Vol. 20, No. 1 (2003), pp. 123-32.

Rancière, Jacques, 'Aesthetics, Inaesthetics Anti-Aesthetics', in Hallward(ed.) (2004), pp. 218-31.

Riera, Gabriel (ed.), *Alain Badiou: Philosophy and its Conditions* (New York: State University of New York Press, 2007).

Smith, Daniel W., 'Mathematics and the Theory of Multiplicities: Badiou and Deleuze Revisited', *Southern Journal of Philosophy*, Vol. 41, No. 3 (2003), pp. 411-49.

Smith, Daniel W., 'Badiou and Deleuze on the Ontology of Mathematics', in Hallward (ed.) (2004), pp. 77-93.

Smith, Brian A., 'The Limits of The Subject in Badiou's *Being and Event*',

Cosmos and History, Vol. 1 , Nos. 1–2 (2006), pp. 134–58.

Strathausen, Carsten, 'The Badiou-Event', *Polygraph*, No. 17 (2005), pp. 275–93.

Toscano, Alberto, 'From the State to the World? Badiou and Anti-Capitalism', *Communication and Cognition*, Vol. 37, Nos. 3–4 (2004), pp. 199–223.

Toscano, Alberto, 'Communism as Separation', in Hallward (ed.)(2004), pp. 138–49.

Wilkens, Matthew, 'Introduction: The Philosophy of Alain Badiou', *Polygraph*, No. 17 (2005), pp. 1–9.

Žižek, Slavoj, 'Psychoanalysis in Post-Marxism: The Case of Alain Badiou', *South Atlantic Quarterly*, Vol. 97, No. 2 (1998), pp. 235–61.

Žižek, Slavoj, 'Is There a Politics of Subtraction? Badiou versus Lacan', *Communication and Cognition*, Vol. 36, Nos. 1–2 (2003), pp. 103–19.

Žižek, Slavoj, 'From Purification to Subtraction: Badiou and the Real', in Hallward (ed.) (2004), pp. 165–81 .

옮긴이의 말

알랭 바디우는 더는 소개가 필요하지 않을 정도로 적어도 식자층 사이에 이름이 알려진 철학자다. 그의 명성은 비단 프랑스에 국한된 것이 아니며 오늘날 세계적으로도 널리 알려지게 되었기에, 프랑스의 계관 철학자라거나 가장 저명한 철학자라거나 하는 별달리 의미도 없는 명칭으로 경쟁할 필요조차 없는 지위에 이르렀다.

그가 내놓는 철학 체계는 '포스트(post)'라는 이름이 앞에 붙는 이론 및 사상들이 주를 이루게 된 시대에, 빛을 잃은 것만 같던 존재, 사건, 진리, 주체 등 종래의 개념들을 붙들고 전개되지만, 그런데도 인습적인 방식으로 과거로부터 내려오는 개념들의 관계를 유지하지 않으며, 자기만의 방식으로 전유하여 이 개념들에 오늘날에도 여전히 유효한 의미를 부여하고 부정할 수 없는 설득력을 드러낸다. 바디우의 체계는 처음으로 완결성을 갖춘 대작이자 존재의 체계에 균열을 내는 사건과 이를 선언하는 주체가 만들어 내는 진리를 설파하는 『존재와 사건』, 그 후속작으로 실존 또는 나타남으로 이루어진 세계 내에서 실존들 간의 관계와 그 변전의 여러 단계들에 대해 탐구하는 『세계의 논리』를 거쳐, 최근에 출간된 존재와 사건 3연작의 마지막 저술이자 완전하게 나타난 진리들의 편에서 존재와 나타남을 바라보는 『진리들의 내재성』으로 완결된 체계의 구성에 이르게 되었다.

이제 번역하여 출간하게 된 이 책은 이 세 권의 대작 중 첫 번째 책인

『존재와 사건』을 소개하는 책으로, 영국의 저명한 철학자 크리스토퍼 노리스가 『존재와 사건』의 각 장과 절을 연속적으로 따라가며 읽고 정리하여 나름의 해석과 비평을 더해 소개한 것이다. 과거 10년쯤 전에 내가 처음으로 바디우를 읽기 시작하면서 구해 읽었던 책이기도 하다. 그 당시는 국내에 출간된 바디우 번역서가 몇 권 되지 않았던 시절이라, 바디우에 관심을 가진 사람이라면 꼼짝없이 프랑스어 원서나 영어 번역서를 구해서 읽어야 했다. (개인적으로 그때는 아직 영어책만 읽을 수 있던 시절이라 영미권에서 출간된 책들을 구해다 읽을 수밖에 없었다.)

문제는 아직 바디우의 철학에 익숙지 않았던 때라 바디우 본인의 글을 읽는다고 하더라도 이해하기가 만만치 않더라는 것인데, 당연히 이럴 경우에 찾아야 할 것은 좀 더 이해를 돕기 위해 잘 정리하고 해설해 놓은 2차 저작물이었고 바로 노리스의 이 해설서가 그런 책 중 하나였다. 당시 노리스는 국내에서 자크 데리다에 관한 소개서(『데리다』, 크리스토퍼 노리스 저, 1999년, 시공사)로 잘 알려진 인물이었다. 그 책에 대한 평이 원체 좋았기에 이름을 기억하고 있던 학자였는데, 그런 실력 있는 학자가 『존재와 사건』에 대해서도 비슷한 작업을 했다니 책을 구해 읽는 데 전혀 망설일 이유가 없었다.

그때는 그다지 생각하지 않고 읽어서 별달리 불만 없이 꾸역꾸역 읽었다는 기억이 남지만, 이참에 번역을 위해 다시 책을 접하게 되면서 원서 자체에 여러 가지 불만이 생겼다. 여기서 밝혀두자면, 먼저, 노리스의 끔찍한 만연체와 바디우가 『존재와 사건』 자체에서 쓴 특정한 표현을 노리스 본인의 말로 고쳐 쓰면서 번역하기가 너무나 까다롭게 되었다는 점을 들 수 있겠다. 노리스의 영어 문장 자체를 읽을 때는 별생각 없이 읽었으나, 이걸 옮기려고 하다 보니 끝나야 할 곳에서 끝나지 않고 이어지는 문장을 어떻게 처리해야 할 것인지에 대한 고민이 반복되었고, 어쩔 수 없이 생각의 단위별로 문장을 끊어서 옮길 수밖에 없는 경우가 빈번히 발생했다. 원서 출판사의 편집 과정에서, 예를 들면, 어느 부분에서는 노리스가 바디우의 원글을 잘못 인용했거나 중요한 개념어들을 혼동하는 경우가 있었고, 책의 목차 역시 이 책이 해설하는 바디우의『존재와 사건』원서의 장절 체제를 반영하지 않아서 독자에게 혼란을 초래할 가능성도 있었다.

이러한 문제점들은 거의 3년에 걸친 번역 과정에서 편집자와의 협의 및 확인을 거쳐 내용상의 정확성과 독자 편의를 위한 수정 사항들을 반영하는 과정에서 거의 해소되었다고 본다. 이제 우리말로 번역 출간하게 된『바디우의『존재와 사건』입문』은 우리말 책 번역자와 편집자의 수많은 고민과 열정 어린 노력이 녹아 들어간 책이라고 말할 수 있다.

원서상에 이러저러한 미비한 점이 있었음에도, 꼼꼼히 확인하고 오류들을 수정하여 번역 출판하는 이 책은 바디우의 사상에 대해 어느 정도 관심을 가지고 그의 주저를 읽어보려 하는 독자들에게 있어 일독의 가치가 충분하다. 가장 먼저, 국내에서 출간된『존재와 사건』번역서에 여러 문제가 있기에, 책의 흐름을 장절별로 상당히 자세히 따라가며 읽는 노리스의 입문서는 그러한 해석이나 개념어 번역 상의 문제점들을 파악하는 데 도움이 될 것이다. 한 가지 예를 들자면, forçage 혹은 forcing이라는 수학 개념의 번역어로 과거에 잘못 선택한 단어 '촉성促成'을 계속 사용하는데, 이는 원래 농업에서 작물을 더 빠르게 자라게 한다는 의미를 담은 말로 본래 수학에서 가져온 개념인 forcing(강제) 개념에 대한 오해를 일으킬 가능성이 크다.『존재와 사건』우리말 번역서에는 이와 유사한 상황들이 여럿 있지만,『바디우의『존재와 사건』입문』출간을 통해 그러한 문제들을 다소나마 해소하고자 했다. 둘째,

『존재와 사건』 본문을 다루는 장에 들어가면 각 장 말미에 몇 가지 질문이 제시되어, 독자가 주된 논점을 파악하여 펼쳐지는 내용을 좀 더 정확히 읽어낼 수 있도록 돕는다. 또한 여러 사람이 함께 읽고 진행하는 독서 토론의 가이드라인이 될 수도 있을 것이다. 셋째, 무엇보다 바디우의『존재와 사건』이라는 엄청나게 '큰 책'을 바로 읽고 의미를 파악하기에 부담을 느낄 입문자 혹은 그보다 약간 높은 수준의 독자에게 도움이 될 것이다. 특히『존재와 사건』의 전모를 파악하기 바란다면, 바디우의 주저에 바로 도전하기보다 이 입문서와 함께 피터 홀워드의 『알랭 바디우: 진리를 향한 주체』, 제이슨 바커의『알랭 바디우 – 비판적 입문』 같은 바디우 해설서를 살펴볼 것을 권한다.

　이 책의 번역 작업은 여러 차례 수정을 거쳐 될 수 있으면 읽기 좋게 만드는 데 중점을 뒀지만, 그럼에도 여전히 이 책의 내용을 읽어내기는 만만치 않을 것이다. 이렇게 번듯한 번역서가 나왔다 하더라도 철학서를 본다는 것은 기본적으로 외국어로 된 책을 보는 것과 마찬가지이기 때문이다. 바디우 본인의 말을 빌자면, "철학은 인내를 요하며, 그 개념들은 서서히 파악되어야 하고, 지나치게 서두르는 독자들은 장애물이 많은 텍스트적 지형과 약간은 생소한 용어에 좌절해야 한다." 철학은 우리가 살고 있는 익숙한 세계와 별개인 진리를 다루기에, 철학을 통해 진리에 접근하기 바라는 사람이라면 철학의 말에 익숙해져야 하며 거기에는 상당한 시간이 요구되기 마련이다. 이 책이 바디우의 철학으로 들어가고자 하는 독자들에게 작으나마 접근할 수 있는 길로서 도움이 되기를 기대한다.

박성훈

찾아보기

31, 325, 349

~의 비교(comparison of) 317-9

~의 식별 불가능성(indiscernibility of) 406

~의 유형론(typology of the) 192-3

순수한 ~의 이론(theory of the pure) 93-116

일자에 대한 ~의 우위(priority of over the one) 77-8, 92-3

자연적 ~ (natural) 222-3, 319-20

다수성(multiplicity) 69, 74-5, 87

다수들의 ~ (of multiples) 325, 349

다수들의 무한한 ~ (infinite, of multiples) 218-230

일관적 ~ 대 비일관적 ~ (consistent vs. inconsistent) 74-6, 87-9, 109, 113-5, 142, 151-2, 292, 223, 371

다수의 전횡(tyranny of the majorty) 398, 400

다원주의(pluralism) 300

단독성(singularties) 25, 149, 164-6, 322, 352

단일성(unity) 76, 174, 181, 353

대각선화[대각선 논법] (칸토어) 323, 340

대륙 철학(continental philosophy) 481

대상/주체 변증법(object/subject dia-lectic) 326-7, 433

대상들의 직관(intuition of objects) 97

대항 상태(counter-state) 301

'대화 치료'('talking cure')(정신분석) 374

더밋, 마이클(Dummett, Michael) 04, 306-7, 326

데이빗슨, 도날드(Davidson, Donald) 430

데카르트, 르네(Descartes, René) 61, 70, 78, 92, 207, 227, 269, 435-56

돌출[항](excrescences) 149, 164, 256, 297

동원(mobilization) 255-7

동일자들의 식별 불가능성(identicals, indiscernibility of) 75

'두 문화' 논쟁('two cultures' controversy) 189

들뢰즈, 질(Deleuze, Gilles) 83-5, 169-3, 176, 295-6, 335

|ㄹ|

라이프니츠, 고트프리트(Leibniz, Gottfried) 51, 74-5, 106, 111, 115-6, 133, 190, 272, 300, 314, 334-90

라캉 정신분석(Lacanian psychoanalysis) 58, 157, 208, 250, 271, 333, 374-5, 453

라캉, 자크(Lacan, Jacques) 44, 250, 271, 279, 333, 374-5, 381, 408,